G. [from old catalog] Stu

rmer

Geschichte der eisenbahnen

G. [from old catalog]
Stu
rmer

Geschichte der eisenbahnen

ISBN/EAN: 9783743359321

Hergestellt in Europa, USA, Kanada, Australien, Japan

Cover: Foto ©ninafisch / pixelio.de

Manufactured and distributed by brebook publishing software (www.brebook.com)

G. [from old catalog] Stu

rmer

Geschichte der eisenbahnen

Geschichte der Eisenbahnen.

I.

Entwickelung

und jetzige Gestaltung sämmtlicher Eisenbahnnetze

der Erde

von

Dr. G. Stürmer,
Oberlehrer an der Realschule zu Bromberg.

Bromberg 1872.

Mittler'sche Buchhandlung

H. Heyfelder.

Vorwort.

In der reichhaltigen Literatur des Eisenbahnwesens fehlt ein Werk, in welchem die allmälige Entwickelung der Eisenbahnnetze der einzelnen Länder speciell dargestellt und bis auf die neueste Zeit fortgeführt wird. Diese Lücke auszufüllen, ist die vorliegende Schrift bestimmt. Dieselbe giebt nach einer kurzen Geschichte der Spurwege und der Locomotive die Entwickelungsgeschichte der europäischen und aussereuropäischen Eisenbahnnetze, indem bei jedem Lande der jetzige Bestand des Eisenbahnnetzes und die Eröffnungszeiten der einzelnen Strecken in chronologischer Reihenfolge angegeben werden, so dass die Länge der am Schlusse jedes Jahres im Betriebe befindlichen Eisenbahnen daraus ersehen werden kann. Die Längenangaben sind überall auf Kilometer reducirt, doch ist auch das landesübliche Wegemaass (bei Deutschland die Reichsmeile = 7500 Meter, bei Oesterreich die österreichische Meile = 7586 Meter, bei England und Nordamerika die englische Meile = 1609 Meter, bei Russland der Werst = 1067 Meter) daneben angeführt. Die finanziellen und Verkehrsverhältnisse der einzelnen Bahnen sind unberücksichtigt geblieben.

Das Material zu vorliegender Schrift findet sich in den Statistiken der einzelnen Länder und in den Eisenbahnjournalen zerstreut. Hauptsächlich sind folgende Werke dabei benutzt: für Deutschland die Statistik der preussischen Eisenbahnen, Band 1—17, die vom Vereine deutscher Eisenbahnen herausgegebene Statistik, Band 1—20, Michaelis Deutschlands Eisenbahnen, für Oesterreich J. Kohn's Eisenbahnjahrbuch, für Grossbritannien Returns by the Board of Trade, Bradshaw's Railway Manual und Railway Guide, J. Francis History of the English Railway, für Frankreich die Statistique Centrale des chemins de fer, für Belgien F. Loisel's Annuaire des chemins de fer Belges, für Russland die Statistique des chemins de fer Russes par J. Hovyn de Tranchère, für Holland

Reisgids voor Nederland, für Spanien Indicador Oficial de los caminos de hierro, für Nordamerika Appleton's Railway Guide, für die übrigen Länder die Eisenbahnzeitung von Etzel und Klein, 1843—1860, die Zeitung des Vereins deutscher Eisenbahn-Verwaltungen, 1861—1871, Hauchecorne's statistische Uebersichten, Behm's Moderne Verkehrsmittel in Petermann's geographischen Mittheilungen, Koch's Eisenbahn-Stationsverzeichniss u. a. m. Wenn für einige aussereuropäische Länder eine Vollständigkeit namentlich in Angabe der Eröffnungsdaten bis auf die neueste Zeit leider noch nicht zu erreichen war, so liegt der Grund hiervon in der Schwierigkeit, die nöthigen Angaben zu erhalten.

Da die Zugabe einer Eisenbahnkarte die Herausgabe des Werkes zu sehr vertheuert haben würde, so ist dieselbe unterblieben. Als auf eine brauchbare Ergänzung des Buches mache ich auf die von Dr. Koch in Leipzig herausgegebene historische Eisenbahnkarte aufmerksam.

Bromberg im August 1872.

Dr. Stürmer.

Inhalts-Verzeichniss.

	Seite
Geschichte der Spurwege und der Locomotive	1
Deutschland	9
Oesterreich	67
Grossbritannien	89
Frankreich	127
Belgien	150
Niederlande	159
Schweiz	163
Italien	168
Spanien und Portugal	178
Dänemark	185
Schweden und Norwegen	188
Russland	193
Türkei, Rumänien und Griechenland	201
Kleinasien	204
Ostindien	205
Java	207
Algier	208
Aegypten	208
Britische Besitzungen in Afrika	209
Vereinigte Staaten von Nordamerika	210
Britisch Nordamerika	236
Mexico	237
Columbia	238
Honduras	238
Cuba	238
Jamaika	239
Venezuela	239
Britisch Guiana	239
Brasilien	239
La Plata Staaten	240
Uruguay	241
Paraguay	241
Peru	241
Chile	242
Australien	243
Zusammenfassende Tabelle	246

Der grossartige Aufschwung, welchen das Eisenbahnwesen, dieser mächtige Kulturfactor der Neuzeit, genommen hat, hat sich in dem kurzen Zeitraume eines Menschenalters vollzogen. Noch ist das fünfte Jahrzehnt nicht verflossen, seit am 27. September 1825 die erste für den öffentlichen Verkehr bestimmte Eisenbahn von Stockton nach Darlington eröffnet wurde, und bereits ist fast der ganze Erdball mit einem Eisenbahnnetze bedeckt. Im Norden von Europa und Amerika reichen die Schienenstränge bis nahe an die Polargrenze; Asien, Afrika und selbst Australien sind von Eisenbahnen durchzogen, und immer enger werden die Maschen des eisernen Netzes. Täglich fahren auf sämmtlichen Bahnen der Erde, die eine Länge von 234000 Kil. haben, gegen drei Millionen Menschen, täglich werden auf denselben gegen dreissig Millionen Centner Fracht befördert; über 50000 Locomotiven und eine Million Wagen dienen diesem riesigen Verkehr, und das in Eisenbahnen angelegte Kapital beträgt über 12000 Millionen Thaler. Natürliche Hindernisse kennt man bei Anlage einer Bahn fast nicht mehr; die breitesten Ströme, selbst Meeresarme werden überbrückt, über die unwegsamen Höhen der Alpen brauset das Dampfross an den tiefsten Abgründen vorüber oder sucht sich seinen Weg durch das Innere der Berge.

Bei der vollständigen Umwälzung aber, welche das Eisenbahnwesen im Verkehr der Völker unter einander wie der Einzelnen hervorgebracht hat, vergessen wir zu leicht, von wie geringfügigem Anfange es ausgegangen ist, mit welchen Vorurtheilen und Hindernissen es zu kämpfen hatte, welche Summe von Scharfsinn und Erfindungsgabe aufgewendet werden musste, bis es zu der heutigen Stufe seiner Entwickelung gelangte. Es soll deshalb im Folgenden zuerst in allgemeinen Umrissen die Geschichte der Spurwege und des darauf angewendeten Transportmittels, der Locomotive, bis zu ihrem jetzigen Entwickelungsstandpunkte gegeben und sodann die Entwickelung des Eisenbahnwesens der einzelnen Länder speciell dargestellt werden.

Auf den naheliegenden Gedanken, den Fahrzeugen, welche schwere Lasten fortbewegen sollten, ein festes Geleis darzubieten, verfiel man schon in den ältesten Zeiten, machte aber davon nur in beschränktem Maasse und auf kurzen Strecken Gebrauch. Den frühesten Anzeichen von Spurbahnen begegnen wir in Egypten, wo die beim Baue der Pyramiden benutzten Steinbahnen mit vertieften Geleisen noch zu erkennen sind, so wie in den grossen Ruinenstädten Balbeck und Palmyra und in den Tempelstrassen der alten Griechen, auf denen die schweren Opferfuhrwerke sich bewegten. Man hat in den Propyläen des Cerestempels zu Eleusis wohlerhaltene, sorgfältig in Stein ausgehauene Geleise gefunden, die sogar mit Ausweichestellen versehen waren und überall dieselbe Spurweite zeigten. Wahrscheinlich war die unter der Herrschaft der Bakchiaden in Corinth ums Jahr 700 v. Chr. auf dem Isthmus eingerichtete Fahrbahn (Diolkos), mittelst deren die Schiffe auf Rollgestellen vom corinthischen zum saronischen Meerbusen geschafft wurden, ebenfalls eine Art Spurbahn. Auch die Steinbahnen der alten Römer, bei denen vertiefte Geleise für die Wagen angebracht waren und deren Spuren sich noch in Pompeji finden, sind hierher zu rechnen. In den späteren Perioden verschwindet die Spurbahn, um in den Händen der Römer der ebenen, für den Marsch des Fussvolks und der Reiterei bestimmten Heerstrasse Platz zu machen.

Nach Verlauf von vielen Jahrhunderten finden wir die Spurbahn in anderer Gestalt als Holzbahn (Riegelbahn) in den deutschen Bergwerken des Harzes wieder. Zum Transport der Erze von den Gruben zu den Hütten wurden zwei starke Balken gelegt, die durch Querhölzer gestützt und in ihrer parallelen Lage erhalten wurden, und auf deren ebenen Oberfläche die Räder des gewöhnlichen Landfuhrwerkes rollten. Um aber die öftere Erneuerung der kostspieligen Balken zu vermeiden, schien es vortheilhaft, auf dieselben dünnere Bohlen zu legen, die nach ihrer Abnutzung mit leichterer Mühe und weniger Kosten erneuert werden konnten, auch versah man sie wohl, um das Abgleiten der Wagen zu verhüten, auf der Innenseite mit Rändern und benagelte diese sowohl als die Bohlen selbst an besonders schwierigen Stellen, etwa in starken Krümmungen oder bei grossen Steigungen hie und da mit Streifen Bandeisen zu grösserer Dauerhaftigkeit.

Als die Königin Elisabeth von England, um dem dortigen Bergbaue aufzuhelfen, geschickte Bergleute aus Deutschland kommen liess, wurde diese Einrichtung auch in jenes Land hinüber verpflanzt. Wir finden, dass kurze Zeit nachher, etwa ums Jahr 1620, in den Steinkohlenbergwerken von Newcastle solche Holzbahnen mit Vortheil angewendet wurden, und dass ein Pferd auf denselben eine Last von etwa 40 bis 50 Centnern bewegte. In Folge der bedeutenden Reibung der eisernen Räder auf den hölzernen Schienen fing man in der zweiten Hälfte des achtzehnten Jahrhunderts an, dieselben mit eisernen Schienen zu benageln und an der Peripherie der Räder einen vorstehenden Ring anzubringen, um das Abgleiten zu verhindern. Der Zufall begünstigte diese Verwandlung der Holzbahn in eine Eisenbahn; der geringe Stand der Eisenpreise im Jahre 1767 hatte Mr. Reynolds, einen der Directoren der Eisenwerke von Colebrooke Dale veranlasst, das Eisen, welches, um die Hochöfen im Gauge zu erhalten, in Vorrath gegossen werden musste, in Form von concaven Platten herstellen und einstweilen einen der Spurwege damit belegen zu lassen. Bald aber zeigte sich die neue Bahn so vortheilhaft, trotz ihres hohen Preises, dass man beschloss, nicht bloss die Platten liegen zu lassen, sondern auch neue dazu zu legen. Von hier aus verbreitete sich die neue Eisenbahn schnell nach den andern Berg- und Hüttenwerken Englands, und schon in den siebenziger Jahren liess auch in Deutschland der Maschinen-Director Friedrichs in Clausthal eiserne Schienen für den Transport von der Grube Dorothea zum Pochwerke legen und erfand die zur Befahrung dienenden Wagen.

Die Schienen wurden damals allgemein auf Langhölzern befestigt, die wiederum auf Querhölzern ruhten. Im Jahre 1793 ersetzten Jos. Burns und Mr. Outram in Derbyshire die Holzunterlage durch Steinblöcke, auf denen die drei Fuss langen und unten mit einer Rippe versehenen Schienenstücke ruhten; die so erbauten Wege erhielten den Namen Outram's Ways oder Tramways, ein Name, der sich bis auf die neueste Zeit für die Strassenbahnen grosser Städte erhalten hat. Weil jedoch der vortheilhaften Anwendung der gusseisernen Schienen ihre grosse Sprödigkeit und Zerbrechlichkeit entgegenstand, so war es ein bedeutender Schritt in der Entwickelung der Eisenbahn, als ums Jahr 1805 Nixon auf der Walbottle Grube Versuche mit schmiedeeisernen Schienen machte und als 1820 John Berkinshaw auf dem Bedlington-Eisenwerke bei Durham das Walzen der Schienen erfand. Der Letztere gab den Schienen statt des bis dahin gebräuchlichen rechteckigen einen pilzförmigen Querschnitt, um den Rädern eine grössere Oberfläche darzubieten, ohne das Gewicht der Schienen bedeutend vermehren zu müssen, walzte sie in einer Länge von 15 Fuss und liess sie auf Querschwellen befestigen. Hiermit war die Grundlage für alle seitdem in Aufnahme gekommenen Oberbausysteme gewonnen; die weitere Entwickelung derselben, als die Einführung der breitbasigen Vignolesschienen, der Laschenverbindung, den Uebergang von den schmiedeeisernen zu den Gussstahlschienen und den an einigen Orten ausgeführten ganz eisernen Oberbau übergehen wir hier, als vorzugsweise in die Technik des Eisenbahnwesens gehörig, und wenden uns nun zu der Geschichte der Transportmittel auf Eisenbahnen.

In der ersten Periode der Eisenbahn wurde allein die Muskelkraft von Menschen und Pferden als bewegende Kraft benutzt. Da wo diese, bei hoher Steigung, wenig wirken konnte, richtete man es so ein, dass die herabrollenden beladenen Wagen die leeren mittelst eines um eine Rolle geführten Taues heraufzogen; auf diese Weise wurde die Schwerkraft als Zugkraft benutzt und es entstanden die sogenannten selbstwirkenden Rampen, deren erste im Jahre 1788 auf der Ketley-Eisenhütte in England angelegt wurde. Als später die Dampfmaschine in ausgedehnterem Maasse bei fast allen mechanischen Vorrichtungen angewendet wurde, benutzte man auch solche, um mittelst eines von ihr zu den Wagen geführten Seiles letztere stark geneigte Abhänge hinauf zu ziehen. Es scheint, dass im Jahre 1808 zu **Birtley Fall** in der Grafschaft Durham die erste Anwendung der stehenden Dampfmaschine zum Eisenbahnbetriebe gemacht wurde.

Auch der Luftdruck wurde als bewegendes Mittel benutzt, zuerst zu Anfange des neunzehnten Jahrhunderts nach dem Vorschlage eines dänischen Ingenieurs, dessen System später durch die Engländer **Clegg** und **Samuda** verbessert und zur praktischen Ausführung gebracht wurde. Die atmosphärische Eisenbahn besteht aus einer hermetisch verschlossenen Röhre, in der sich ein Kolben bewegen kann, welcher mittelst einer Stange mit den ausserhalb befindlichen Wagen in Verbindung steht. Wird nun auf einer Seite des Kolbens die Luft aus der Röhre ausgepumpt oder wenigstens verdünnt, so treibt der Luftdruck den Kolben und die daran befestigten Wagen nach dieser Seite. Hierbei macht aber der luftdichte Verschluss der Röhrenspalte, durch welche die Kolbenstange nach den Wagen geht, fast unüberwindliche Schwierigkeiten, und für grössere Strecken hat das System der atmosphärischen Eisenbahn deshalb keine Anwendung gefunden. Nur einige kurze Bahnen, z. B. von **Paris** nach **St. Germain** und von **Kingstown** bei Dublin nach **Dalkey** wurden nach diesem System erbaut und eine Zeitlang betrieben.

Erst dann, als es gelang, der Dampfmaschine die Eigenschaft der eigenen Ortsveränderung oder die Locomotivkraft zu geben, hatte man diejenige Bewegkraft gefunden, welche die grosse und schnelle Verbreitung der Eisenbahn zur Folge hatte. Zwar hatte schon im Jahre 1784 **James Watt** ein Patent auf bewegliche Dampfmaschinen zur Fortschaffung von Wagen auf Eisenbahnen genommen, allein dasselbe scheint nirgends zur Anwendung gekommen zu sein. Der Erste, welcher unzweifelhaft die Idee zur Ausführung brachte, war der Amerikaner **Oliver Evans**, dessen Locomotive, die den Namen **Oructer Amphibolus** führte, im Winter 1803—4 auf einer besonders zu diesem Zwecke angelegten Eisenbahn im Angesicht von 20,000 Zuschauern durch die Strassen von **Philadelphia** bis an den Schuylkillfluss ihren Lauf nehmen konnte.

Der Mangel an Geldmitteln, welcher Evans hinderte, eine Strecke Schienenweg anzulegen, wie er es beabsichtigt hatte, war wahrscheinlich der Grund, dass wir später diese Maschine zur Bewegung eines Bootes angewendet finden, und dass alle seine Bestrebungen, den Werth der Erfindung seinen Zeitgenossen begreiflich zu machen, selbst noch im Jahre 1809 in Amerika fruchtlos blieben. Von diesem Jahre her datirt auch seine denkwürdige Prophezeihung: „Die jetzige Generation will sich mit Kanälen begnügen, die nächste wird Eisenbahnen und Pferde vorziehen, aber ihre mehr aufgeklärten Nachkommen werden meinen Dampfwagen als die grösste Vollkommenheit des Transportes anwenden." Wir wissen, dass es so langer Zeit nicht bedurfte, um diese Prophezeihung wahr zu machen.

Fast gleichzeitig waren **Trevithik** und **Vivian** in England mit dem Bau eines Dampfwagens beschäftigt, und derselbe kam im Jahre 1804 auf der Eisenbahn von **Merthyr Tydvil** in Wales in Gang. Er hatte nur einen horizontal liegenden Cylinder von 8 Zoll Durchmesser und 4 Fuss

6 Zoll Kolbenhub, und die Uebertragung der Bewegung vom Kolben auf die Räder geschah mittelst einer Kurbelstange und zweier Zahnräder, an deren Axe die Triebräder befestigt waren. Diese Maschine soll einen Zug von 200 Centnern Gewicht mit einer Geschwindigkeit von 7 Kilometern in einer Stunde fortgeschafft haben.

Das grosse Hinderniss, welches längere Zeit der erfolgreichen Anwendung der Dampfwagen auf Eisenbahnen entgegenstand, war die Meinung, dass die Reibung zwischen Rädern und Schienen nicht stark genug sei, um eine forttreibende Bewegung hervorzubringen, sondern dass sich die Räder um sich selbst drehen müssten. Man gab sich alle erdenkliche Mühe, um über diesen eingebildeten Berg hinweg zu kommen. Trevithik selbst construirte noch neben den Schienen eine besondere Holzbahn, in welche vorragende Nagelköpfe der Räder eingreifen und ein Zurücklaufen derselben verhindern sollten. Blenkisop brachte 1811 an einer der Schienen eine gezähnte Stange an, in welche die Zähne eines von der Maschine in Bewegung gesetzten Rades eingriffen, um so den Wagen fortzutreiben. Chapman liess 1812 an beiden Enden der Bahn eine deren ganze Länge einnehmende Kette befestigen, die um eine unter der Maschine befindliche und mit einer Rinne versehene Rolle geschlungen war; wurde die Rolle durch die Maschine gedreht, so rückte diese, da die Kette nicht gleiten konnte, auf der Bahn fort. Das hierbei angewendete Princip findet bekanntlich jetzt bei der Kettendampfschifffahrt Anwendung. Brunton construirte im Jahre 1813 einen Dampfwagen mit zwei Krücken, die, von der Maschine in Bewegung gesetzt, wie die Hufe eines Pferdes wirkten. Dass bei allen diesen Einrichtungen ein ungeheurer Kraftverlust herbeigeführt wurde, und eine grosse Geschwindigkeit nicht erzielt werden konnte, ist einleuchtend.

Erst im Jahre 1814 wurde der Umstand erkannt, dass es solcher Mittel nicht bedürfe und dass die Reibung der Radkränze auf den Schienen hinreiche, die Maschine auf horizontalen oder wenig geneigten Strecken fortzutreiben, und zwar war es der später so berühmt gewordene Georg Stephenson, der in diesem Jahre die erste brauchbare Maschine für die Eisenbahn der Killingworth-Kohlenwerke baute. Sie hatte zwei Cylinder von 8 Zoll Durchmesser und 2 Fuss Hub, einen cylinderischen 8 Fuss langen Kessel, und die Bewegung des Kolbens wurde mittelst Kurbelstangen und Zahnrädern auf die Achsen des Wagens übertragen. Diese Locomotive zog ausser ihrem eigenen Gewichte acht beladene Wagen von 30 Tonnen Gewicht mit einer Geschwindigkeit von 6 Kilometern in einer Stunde. Auch die mitunter bedeutenden Stösse, welche durch die Zahnräder hervorgebracht wurden, wurden bald vermieden, indem Stephenson bei einer neuen Locomotive die Kraft der Maschine ohne Hülfe von Zahnrädern den Locomotivrädern unmittelbar mittheilte.

Man machte nun den Vorschlag, diese Maschine auf einer öffentlichen, auch für Personenverkehr bestimmten Eisenbahn, die zwischen Stockton und Darlington angelegt werden sollte, anzuwenden, und endlich kam dieselbe nach langem Verzuge im Jahre 1825 zu Stande und wurde am

27. September desselben Jahres dem Betriebe übergeben. Die neue Eisenbahn zeigte sich namentlich für den Gütertransport erfolgreich und es wurde deshalb eine zweite Bahn zwischen den verkehrsreichen Städten Liverpool und Manchester projectirt. Da aber auf derselben ein noch weit regerer Verkehr als auf der Stocktonbahn zu erwarten war, und die damalige Locomotive doch noch nicht allen Anforderungen genügte, so schrieb man eine Prämie für die beste Locomotive aus.

Am 6. October 1829 erschienen auf der dazu ausgewählten ebenen Bahn bei Rainhill vier Locomotiven zum Kampfe um diesen Preis, nämlich the Sans Pareil von Hackworth, the Novelty von Braithwaite und Erickson, the Rocket von Robert Stephenson, dem Sohne des vorher erwähnten Georg, und the Perseverance von Burstall. Der Preis wurde einstimmig Stephenson's Rackete, welche allein allen Bedingungen entsprochen hatte, zuerkannt. Der Hauptvorzug derselben bestand in der erhöhten Dampferzeugungsfähigkeit der Maschine durch Anwendung vieler Röhren von geringer Dimension, welche den Kessel von einem Ende zum andern durchzogen. Auf diese Einrichtung hatte sich zwar schon im Jahre 1827 Seguin, der Director der Eisenbahn von St. Etienne nach Lyon, ein Patent geben lassen, aber seine Maschine gelangte erst später zur Ausführung. Bei dem Versuche zog Rocket ausser ihrem Tender zwei beladene Wagen von 190 Centner Gewicht mit einer mittleren Geschwindigkeit von 22 und einem Maximum der Geschwindigkeit von 32 Kilometern in einer Stunde.

Mit Stephenson's Maschine Rocket nahm das Eisenbahnwesen eine völlig veränderte Gestalt an und erreichte nach und nach seine gegenwärtige Bedeutsamkeit. Stephenson wurde mit dem Bau sämmtlicher Maschinen der Liverpool-Manchester-Bahn beauftragt, und, wie vorauszusehen war, konnte eine Fabrikation in den Händen eines solchen Mannes nicht stationär bleiben; so kam es denn auch, dass mit Beibehaltung des Princips eine Verbesserung der anderen folgte und dass die Erfahrung diese Fortschritte rechtfertigte. Die nicht geahnte Grossartigkeit des Personen- und Güterverkehrs auf der neuen Bahn rief immer steigende Ansprüche an die Leistungsfähigkeit der Maschinen hervor, denen man zunächst durch Verlängerung des Kessels auf 7 bis 8 Fuss und Vergrösserung der Heizfläche und durch ein erhöhtes Gesammtgewicht zu entsprechen suchte. Bei dieser Gewichtsvergrösserung stellte sich aber auch das Bedürfniss schwererer Bahnschienen heraus, so dass man nach einiger Zeit das ursprüngliche Gewicht derselben von 35 auf 66 Pfund für den laufenden Meter erhöhte.

Ohne zu sehr in's Detail zu gehen, können an dieser Stelle nicht alle die Verbesserungen, die im Laufe der letzten vierzig Jahre bei den Locomotiven angebracht wurden, speciell angeführt werden; nur einiges davon sei noch kurz erwähnt.

Im Verhältniss zu der späteren raschen Verbreitung der Eisenbahnen auf dem Continente war der Fortschritt in dem ersten Decennium von 1830 bis 1840 gering; denn die englischen Eisenbahn-Ingenieure hatten so enge

Grenzen rücksichtlich der Anwendung von Steigungen und Krümmungen für den Locomotivbetrieb angewiesen, dass die Anwendung der Locomotive auf nicht flachem Lande in den meisten Fällen problematisch blieb. Zuerst und frühzeitig sagte sich Nordamerika von den Fesseln der Britischen Grundsätze los; bereits 1833 bauten Baldnin und Norris in Philadelphia eine eigenthümliche Gattung von Locomotiven mit beweglichem Vordergestell, die sich ganz besonders zum Befahren scharfer Bahnkurven eignete, und die noch heute fast in ganz Amerika ausschliesslich im Gebrauche ist. Zugleich wurde die Steuerung der Maschine verbessert, und statt der beweglichen Excentrics der alten englischen Maschine wurden vier feste excentrische Scheiben angebracht, wovon zwei für jeden Cylinder, die eine zum Vorwärts-, die andere zum Rückwärtsgange dienten, eine Steuerung, die bis zur neuesten Zeit fast allgemein beibehalten wurde, wenn auch eine grosse Mannigfaltigkeit in den übrigen Steuerungsorganen entstand.

Fortwährend war man auch bestrebt, bei den Maschinen die Erzeugung veränderlicher Expansion des Dampfes zu ermöglichen. Der Franzose Clapeiron war der erste, welcher im Jahre 1839 auf der Bahn von Paris nach St. Germain eine Locomotive anwendete, bei welcher während des dritten Theiles des Kolbenlaufes der Zutritt des Dampfes abgesperrt und mittelst Expansion gefahren wurde, wodurch bedeutend an Dampf und Brennmaterial gespart werden konnte. Von grösster Bedeutung hierfür war die Einführung der sogenannten Coulissensteuerung durch Robert Stephenson im Jahre 1842, d. h. eines geschlitzten Zwischenstücks zur Verbindung der Excentrics, in welchem die Schieberstange auf und nieder bewegt werden kann.

Im Jahre 1846 erfand der Ingenieur Crampton seine Schuellzug-Locomotive, deren Vorzüge darin bestehen, dass die Triebräder, statt unter dem Dampfkessel, hinter demselben liegen, wodurch man im Stande ist, grössere Triebräder anzuwenden und zugleich den Kessel viel tiefer zu legen.

Auf dem Continente trat der Locomotivbau durch die Anlage der Semmeringbahn im Jahre 1851 in ein neues Stadium, und es ist aus dieser Epoche hauptsächlich durch das Verdienst des österreichischen Technikers W. Engerth ein neues eigenthümliches System entstanden, das mit Vortheil für starke Steigungen und enge Curven in Anwendung kommt. Durch Kuppelung der drei Achsen der Locomotive und der zwei Achsen des Tenders wurde ein bedeutendes Adhäsionsgewicht hervorgebracht, wobei doch sämmtliche Räder in den beiden durch die Kuppelungsbolzen verbundenen drehbaren Gestellen sich mit Leichtigkeit den schärfsten Curven anschmiegen können.

Bei noch stärkeren Steigungen, wo auch die gekuppelten Gebirgs-Locomotiven nicht mehr ausreichend sind, wird in den letzten Jahren nach dem Vorschlage des Engländers Fell, der die provisorische Bahn über den Mont Cénis baute, zwischen den gewöhnlichen Schienen eine dritte erhöhte gelegt, gegen welche in horizontaler Richtung zwei Rollen, welche mit der Locomotive in entsprechender Verbindung stehen, gepresst werden können.

Noch anders ist die Einrichtung der im Jahre 1869 eröffneten Eisenbahn auf den 6000 Fuss hohen Mount Washington im Staate New Hampshire, bei welcher Steigungen von 1 zu 3 vorkommen, und der im Jahre 1870 eröffneten Bahn auf den Rigi. Diese Bahnen haben zwischen den beiden Schienen eine starke schmiedeeiserne Zahnstange, in welche ein an der Locomotive befindliches Rad mit Stahlzapfen eingreift; der Wagen ist zu grösserer Sicherheit ebenfalls mit einem solchen Rade versehen, und die Achsen dieser Räder können durch Bremsbänder sehr schnell und wirksam gebremst werden.

Das für secundäre Bahnen bestimmte, im Jahre 1867 erfundene System Larmanjat besteht darin, dass nur eine einzige Mittelschiene vorhanden ist, auf welcher die Last der Wagen vorzugsweise ruht, während sie zu beiden Seiten nur Balancirräder haben. Die Locomotive ruht dabei hauptsächlich auf Triebrädern, welche auf macadamisirten Streifen zu beiden Seiten der Mittelschiene laufen; so dass bei ihnen die nöthige Zugkraft durch den vergrösserten Reibungscoefficienten und nicht, wie bei der gewöhnlichen Eisenbahn, durch eine nur zu diesem Zwecke erforderliche, sonst nutzlose Vermehrung des adhärirenden Gewichts erreicht wird. Dieses sowohl als das für schmalspurige Eisenbahnen bestimmte Fairlie-System, dessen Eigenthümlichkeit in einer neuen Art von Buffern und Kuppelungen besteht, welche das Passiren des Zuges durch Curven erleichtert, müssen noch die Probe einer Anwendung in grösserem Maassstabe bestehen.

Wir haben in dem Vorhergehenden die allgemeine Geschichte der Eisenbahnen und der Transportmittel auf denselben bis zu ihrer jetzigen Gestaltung in kurzen Umrissen dargestellt, und wenden uns nun zu der Entwickelung der Eisenbahnnetze der einzelnen Länder, wobei wir mit Deutschland beginnen und darauf Grossbritannien als dasjenige Land, in welchem das neue Transportmittel zuerst zur Geltung kam, folgen lassen. Für jedes Land werden nach einem kurzen geschichtlichen Ueberblicke seines Eisenbahnwesens der jetzige Bestand des Eisenbahnnetzes und die Eröffnungsdaten der einzelnen Strecken in chronologischer Folge gegeben, so dass daraus der jedesmalige Bestand am Ende der einzelnen Jahre ersehen werden kann. Die Längen sind sowohl in Kilometern, als auch in dem speciellen Landesmaasse angegeben.

Deutschland.

Die Art und Weise, in welcher sich das deutsche Eisenbahnwesen in der ersten Zeit gestaltete, ist ganz abweichend von der der Nachbarländer. Während in Belgien und bald nachher auch in Frankreich ein einheitliches Bahnnetz festgestellt und in seinen einzelnen Theilen nach Maassgabe ihrer Wichtigkeit ausgeführt wurde, sehen wir in Deutschland, der damaligen politischen Zerstückelung des grossen Landes gemäss, im Anfange planlos, ohne Rücksicht auf allgemeine Zwecke und grossen Verkehr, in dieser und jener Provinz, in diesem und jenem Staate ein Stück Eisenbahn entstehen, hier durch Privatassociationen, dort durch den Willen der Staatsgewalt. Das Ganze combinirte sich aus einer nicht unbedeutenden Zahl grösserer und kleinerer Verwaltungen, jede zunächst separatistisch ihre speciellen Interessen wahrend und fast jede nach anderen Principien geleitet und organisirt.

Die zuerst ausgeführten Bahnen waren Privatbahnen, die Bahn von **Nürnberg nach Fürth 1835** und die **Leipzig-Dresdener 1837 und 1838**, letztere besonders durch die Bemühungen des Nationaloekonomen **Friedr. List**. In Norddeutschland war es Braunschweig, welches die Vortheile des Eisenbahnbaues am frühesten erkannte und von dem verbesserten Communikationsmittel Nutzen zu ziehen suchte. Hier nahm die Staatsregierung selbst den Bau in die Hand, bereits im Jahre 1838 wurde die Bahn von **Braunschweig nach Wolfenbüttel** eröffnet, und als es sich später um die Verbindung des Ostens und Westens von Norddeutschland handelte, hat Braunschweig nicht gesäumt, seinen Antheil daran alsbald herzustellen. Von andern Deutschen Staaten folgten Baden, Hannover und Württemberg dem Beispiele Braunschweigs und bauten gleich anfänglich ihre Eisenbahnen auf Staatskosten, dagegen bildete sich in Preussen ein eigenthümliches gemischtes System heraus.

Die preussische Regierung überliess Anfangs, dem Beispiele Englands folgend, die Ausführung von Eisenbahnen ganz der Privatindustrie und erliess am 3. November 1838 das noch heute gültige Gesetz über die Eisenbahn-Unternehmungen und insbesondere über das Verhältniss der Eisenbahn-Gesellschaften zum Staate und zum Publikum. Es wurden hiernach eine nicht unbedeutende Anzahl von Eisenbahnlinien theils vollendet, — die **Berlin-Potsdamer, Düsseldorf-Elberfelder, Berlin-Anhalter, Magdeburg-Leipziger und Rheinische** — theils in Angriff genommen

— Berlin-Stettiner, Berlin-Frankfurter, Magdeburg-Halberstädter, Bonn-Cölner und Oberschlesische. — Nachdem jedoch vielfach die Erwartungen auf eine hohe Rente von den in Eisenbahnen angelegten Capitalien empfindlich getäuscht worden waren, kühlte sich der rege Eifer, mit dem Anfangs die Capitalisten sich zu den Eisenbahn-Anlagen gedrängt hatten, merklich ab, so dass für manche ernstlich projectirte Strecken keine Theilnahme mehr zu finden war. Und doch forderten sowohl die industriellen als auch namentlich die militairischen Verhältnisse des preussischen Staates dringend, dass in möglichst naher Zeit die getrennten Landestheile durch Eisenbahnen in nahe Verbindung gesetzt würden; besonders waren zwei grosse, sich in Berlin schneidende Linien erforderlich, eine, um den Osten des Staates mit dem Westen, die andere, um den Norden mit der Südspitze Schlesiens zu verbinden.

Die preussische Regierung entschloss sich deshalb im Jahre 1842, den Privatunternehmern für ihr Anlage-Capital eine mässige Zinsgarantie zu bewilligen und sie dadurch zum Baue der nöthigen Bahnen zu ermuntern. Auf diese Weise wurden in den Jahren 1842 bis 1847 mit Staatsunterstützung die Niederschlesisch-Märkische, die Oberschlesische, die Cöln-Mindener, die Stargard-Posener und die Bergisch-Märkische Bahn ins Leben gerufen, wogegen der Staats-Regierung ziemlich weitgehende Rechte eingeräumt und dadurch den Unternehmungen der Charakter einer Privatunternehmung schon in Etwas genommen wurde.

Die tiefgehende Krisis, welche in den Jahren 1846 und 1847 den Geldmarkt heimsuchte und durch die politischen Ereignisse des Jahres 1848 noch mehr gesteigert wurde, wirkte überall störend und hemmend auch auf die Eisenbahnunternehmungen ein. Mehrere neu gebildete Gesellschaften waren nahe daran, sich aufzulösen. Deshalb fasste die preussische Regierung den Entschluss, für die Zukunft den Eisenbahnbau nicht mehr ausschliesslich der Privatindustrie zu überlassen, sondern die zur Vervollständigung des preussischen Eisenbahnnetzes noch fehlenden und die etwa künftig als ein Bedürfniss sich herausstellenden Bahnen selbst für Rechnung des Staates zu bauen. Es wurden demzufolge in den Jahren 1849 bis 1862 die Preussische Ostbahn, die Westfälische und Saarbrücker Bahn auf Staatskosten gebaut, und mit der Aachen-Düsseldorfer und Ruhrort-Crefelder Bahn in den Jahren 1849 und 1850 Verträge abgeschlossen, wonach die Regierung gegen Zinsgarantie den vollständigen Ausbau dieser Linien übernahm und sich die Verwaltung und Leitung des Betriebes für immer unbeschränkt übergeben liess. In ein ähnliches Verhältniss, wie zu diesen beiden Bahnen, trat die Regierung in den nächsten Jahren noch zu mehreren anderen, bereits im Betriebe befindlichen Bahnen, so mit der Bergisch-Märkischen 1850, der Stargard-Posener 1851, der Cöln-Crefelder 1853, der Prinz Wilhelmsbahn 1854, der Rhein-Nahebahn 1856, der Oberschlesischen 1856 und der Wilhelmsbahn 1857. Die Niederschlesisch-Märkische Bahn aber ging 1850 in Staatsverwaltung über und wurde im Jahre 1852 vollständig an den Staat abgetreten.

Auch in einigen anderen deutschen Staaten sahen sich die Regierungen genöthigt, um dem Eisenbahnwesen aufzuhelfen, die Verwaltung von Privatbahnen zu übernehmen. So ging in Sachsen im Jahre 1847 die Sächsisch-Bayerische, 1850 die Chemnitz-Riesaer, 1851 die Sächsich-Schlesische, zuletzt 1868 die Albertsbahn in das Eigenthum des Staates über, und dieser übernahm auch die Verwaltung der Loebau-Zittauer und Zittau-Reichenberger Bahn. In Bayern war die München-Augsburger Privatbahn schon 1844 vom Staate gekauft worden und dieser baute seitdem alle Bahnen des Landes mit Ausnahme kleinerer Zweigbahnen auf eigene Kosten; erst im Jahre 1856 wurde wieder die Concession für ein grösseres Eisenbahnnetz an die bayerische Ostbahngesellschaft ertheilt.

Durch die Vereinigung von grösseren Bahncomplexen in einer Hand nahm das deutsche Eisenbahnwesen einen neuen Aufschwung. Den Verkehr hindernde Lücken in dem Eisenbahnnetze wurden allmählig ausgefüllt, Anschlüsse mit den Bahnen der Nachbarländer ins Leben gerufen und es wuchs die Länge der im Betriebe befindlichen Bahnen von 5856 Kilom. (780 Meil.) im Jahre 1850 bis auf 11,089 Kilom. (1478 Meil.) im Jahre 1860.

Von nicht zu unterschätzendem Einflusse, namentlich auf die Einheitlichkeit des Betriebes, der bis dahin bei den einzelnen Bahnen ein sehr verschiedener gewesen war, war auch die Stiftung des Vereins deutscher Eisenbahn-Verwaltungen am 2. December 1847, hervorgegangen aus einer am 10. November 1846 geschlossenen Vereinigung preussischer Eisenbahndirectionen. Derselbe umfasste am 1. Januar 1872 sämmtliche deutsche und österreichische Eisenbahnen, ausserdem einige anschliessende niederländische, belgische und russische Bahnen in einer Gesammtausdehnung von 36205 Kilom. (4694 Meil.) und hat im August 1871 sein fünf und zwanzigjähriges Bestehen in Berlin feierlich begangen.

Das letzte Jahrzehnt des deutschen Eisenbahnwesens seit 1860 kennzeichnet sich durch das Bestreben, das Bahnnetz sowohl für die gewöhnlichen Verkehrszwecke als auch für die Zwecke der Landesvertheidigung geeigneter zu machen, wohin z. B. die Vollendung der Küstenbahn Danzig-Stettin-Lübeck zu rechnen ist, ferner durch die Einrichtung zahlreicher Trajectanstalten und grossartiger Brückenbauten über die den Verkehr noch hemmenden Ströme, durch vermehrte Anschlüsse an die Eisenbahnen der benachbarten Länder, durch das Entstehen von Parallel- oder Concurrenzbahnen in einzelnen Hauptrichtungen des Verkehrs und endlich in den letzten Jahren durch eine ganze Reihe von Fusionen mehrerer Bahnen mit einander, z. B. der Altona-Kieler und Schleswigschen, der Oberschlesischen mit der Neisse-Brieger und Wilhelmsbahn, der vier Pfälzischen Bahnen, der Mecklenburgischen und Friedrich-Franzbahn u. s. w.

Am 1. Januar 1872 waren auf dem Gebiete des deutschen Kaiserreichs 20,980 Kilom. (2797 Meil.) für den allgemeinen Verkehr im Betriebe, wozu noch ca. 1125 Kilom. (150 Meil.) Industrie- und Pferdebahnen kommen.

Das deutsche Eisenbahnnetz am 1. Januar 1872.

I. Preussische Bahnen.

A. Staatsbahnen.

	Reichsmeil. à 7500 M.	Kilom.	Jahr der Eröffnung.
1. Preussische Ostbahn.			
Berlin-Königsberg-Eydtkuhnen	103,50	776,3	1851—67
Cüstrin-Frankfurt	4,02	30,1	57
Dirschau-Danzig	4,16	31,2	52
Danzig-Neufahrwasser	1,51	11,3	67
Bromberg-Otloczyn	8,38	62,9	61—62
Verbindungsb. Eydtkuhnen-Wirballen	0,16	1,2	61
Verbindungsb. Otloczyn-Alexandrowo	0,57	4,3	62
Schneidemühl-Conitz	11,03	82,7	71
Dirschau-Pr. Stargardt	3,31	24,8	71
Insterburg-Rothfliess	14,28	107,1	71
(Thorn) Mocker-Jablonowo	7,35	55,1	71
Im Bau befindlich:			
Conitz-Pr. Stargardt	9,62	72,0	
Jablonowo-Rothfliess	18,01	135,0	
Petershagen-Rüdersdorf	0,75	5,6	
2. Niederschlesisch-Märkische Bahn.			
Berlin-Breslau	47,76	358,2	42—6
Kohlfurt-Görlitz	3,78	28,3	46—7
Berliner Ringbahn	3,27	24,5	71
Breslauer Verbindungsbahn	0,31	2,3	48
Kohlfurt-Altwasser	17,30	129,8	65—8
Görlitz-Lauban	3,41	25,6	65
Ruhbank-Liebau	2,50	18,8	69
Liebau-Oesterr. Grenze (verpachtet)	0,58	4,4	69
3. Westfälische Bahn.			
Hamm-Paderborn-Warburg	17,42	130,6	50—3
Warburg-Provinzgrenze (verpachtet)	0,61	4,6	51
Münster-Hamm	4,66	34,9	48
Münster-Rheine	5,14	38,6	56
Altenbecken-Höxter-Grenze	6,23	46,7	64—5

	Meil.	Kilom.	Jahr der Eröffnung.
Braunschweigische Grenze-Holzminden (gepachtet)	0,29	2,2	65
Rheine-Emden	18,64	139,8	54—6
4. Saarbrücker Bahn.			
Pfälzische Grenze bei Boxbach-Lothring. Grenze bei Forbach	4,21	31,6	50—2
Grenze-Forbach (gepachtet)	0,64	4,8	52
Saarbrücken-Trier	11,45	85,9	58—60
Conz-Luxemb. Grenze bei Wasserbillig	0,68	5,1	61
Saarbrücken-Saargemünd	2,39	17,9	70
5. Hannoversche Bahn.			
Hannover-Braunschweigische Grenze bei Vechelde	5,61	42,1	43—4
Hildesheim-Celle	7,07	53,0	45—6
Celle-Harburg	16,88	126,6	47
Hannover-Minden	8,59	64,4	47
Wunstorf-Bremen	13,57	101,8	47
Bremen-Weserbahnhof	0,19	1,4	47
Hannover-Cassel	22,19	166,4	53—6
Nordstemmen-Hildesheim	1,49	11,1	53
Löhne-Osnabrück-Rheine	12,57	94,3	55—6
Bremen-Geestemünde	8,19	61,5	62
Burg-Lesum-Vegesack	0,79	6,0	62
Lüneburg-Hohnstorf	2,18	16,3	64
Göttingen-Arenshausen	2,68	20,1	67
Northeim-Nordhausen	9,20	69,0	68—9
Herzberg-Osterode-Badenhausen	2,14	16,0	70—71
Goslar-Vienenburg (verpachtet)	1,75	13,1	66
6. Nassauische Bahn.			
Wiesbaden-Wetzlar	24,93	186,9	57—63
Biebrich-Station Curve	0,25	1,9	62
Diez-Zollhaus	1,47	11,0	70
Limburg-Hadamar	1,07	8,1	70
7. Taunusbahn. (Seit 1. Januar 1872 in Verwaltung der Nassauischen Bahn.)			
Frankfurt-Wiesbaden	5,59	41,9	39—40
Anschluss Curve Castel-Biebrich	0,24	1,8	40
Höchst-Soden	0,90	6,8	47
8. Bebra-Hanauer Bahn.			
Bebra-Hanau	19,28	144,6	66—8
Im Bau:			
Elm-Bayerische Grenze gegen Gmünden	3,2	24,0	72
9. Main-Weser-Bahn.			
Cassel-Frankfurt a. M.	26,55	199,2	49—52

B. Privatbahnen in Staats-Verwaltung.

	Meil.	Kilom.	Jahr der Eröffnung.
10. Oberschlesische Bahn.			
Breslau-Myslowitz	26,16	196,2	42—6
Myslowitz-Oesterr. Grenze bei Slupna (gepachtet)	0,24	1,8	47
Myslowitz-Oswiecim (2 Kil. in Oesterr.)	3,05	22,9	59—63
Morgenroth-Tarnowitz	2,32	17,4	59
Schoppinitz-Russ. Grenze bei Sosnowice	0,24	1,8	59
Cosel-Oesterr. Grenze bei Oderberg	7,16	53,7	46—8
Oesterr. Grenze-Oderberg (gepachtet)	0,44	3,3	48
Neudza-Kattowitz	9,86	74,0	52—8
Ratibor-Leobschütz	5,07	38,0	55—6
Brieg-Neisse	5,85	43,9	47—8
Breslau-Posen	22,04	165,3	56
Lissa-Glogau	5,92	44,4	57—8
Posen-Stargard	22,73	170,5	47—8
Breslau-Strehlen	4,9	36,7	71
Im Bau:			
Gleiwitz-Beuthen-Schoppinitz	4,0	30,0	72
Posen-Thorn	18,83	141,2	72
Inowraclaw-Bromberg	5,99	44,9	72
Strehlen-Glatz-Mittelwalde-Grenze	13	97,5	
Cosel-Neisse-Frankenstein mit Zweigbahnen nach Leobschütz u. Jägerndorf	24,5	183,8	
11. Bergisch-Märkische Bahn.			
Düsseldorf-Elberfeld	3,54	26,5	38—41
Elberfeld-Dortmund	7,77	58,3	47—8
Dortmund-Soest	7,19	53,9	55
Hengstei-Holzwickede	2,45	18,4	67
Verbindungscurve bei Cabel	0,17	1,3	68
Unna-Hamm	2,35	17,6	66
Dortmund-Duisburg	7,27	54,5	60—2
Witten-Langendreer	0,70	5,3	60
Mülheim-Oberhausen	0,69	5,2	62
Styrum-Ruhrort	1,28	9,6	67
Steele-Hattingen-Heinrichshütte	1,28	9,6	69
Steele-Vohwinkel	4,49	33,7	47
Haan-Mülheim	3,92	29,4	67—8
Ohligs-Solingen	0,75	5,6	67
Mülheim-Bensberg	1,86	13,9	68—70
Rittershausen-Remscheid	2,33	17,5	68
Viersen-Niederl. Grenze	2,57	19,3	66
Niederl. Grenze-Venlo (gepachtet)	0,41	3,1	66
Aachen-Düsseldorf	11,48	86,0	52—4
Gladbach-Homberg (Ruhrort)	5,61	42,1	49—51

	Meil.	Kilom.	Jahr der Eröffnung.
Hagen-Siegen	14,16	106,2	59—61
Herdecke-Einhaus	0,29	2,2	60
Letmathe-Iserlohn	0,73	5,5	64
Gerstungen-Cassel-Haveda	15,22	114,1	48—9
(excl. der mit der Main-Weser-Bahn gemeinschaftlichen Strecke Cassel-Guntershausen von 13,9 Kilom.)			
Warburg-Haveda (gepachtet)	0,61	4,6	51
Hümme-Carlshafen	2,21	16,6	48
M. Gladbach-Odenkirchen	1,00	7,5	70
Neuss-Düsseldorf	0,95	7,2	70
Schwerte-Arnsberg	5,87	44,0	70
Hagen-Oberhagen	0,32	2,4	71
Im Bau befindlich:			
Ruhrthalb.: Düsseldorf-Kupferdreh	4,75	35,5	72
Heinrichshütte-Herdecke	3,0	22,5	
Arnsberg-Warburg	12,5	93,8	
Kettwig-Mülheim	1,9	14,2	
Fröndenberg-Menden	0,66	4,9	
Volmethalb.: Oberhagen-Brügge	2,7	20,3	
Finnentrop-Olpe-Rothemühle	4,66	35,0	
Rittershausen-Witten	2,25	16,9	
Lennep-Wipperfürth	2,33	17,5	
Odenkirchen-Jülich-Düren } Jülich-Stollberg	9,0	67,5	
Aachen-Welkenrädt (Belg. Gr.)	0,66	4,9	
Bochum-Essen	1,87	14,0	
Mülheim a./R.-Deutz	0,56	4,2	72
12. Rhein-Nahe-Bahn.			
Bingerbrück-Neunkirchen	16,19	121,5	58—60

C. Privatbahnen in eigener Verwaltung.

	Meil.	Kilom.	Jahr der Eröffnung.
13. Tilsit-Insterburger Bahn.			
Tilsit-Insterburg	7,19	53,9	65
14. Ostpreussische Südbahn.			
Pillau-Königsberg-Prostken (Russische Grenze)	32,52	243,9	65—71
15. Berlin-Stettiner Bahn.			
Berlin-Stettin	17,92	134,5	42—3
Stettin-Stargard	4,62	34,6	46
Neustadt-Ew.-Wrietzen	4,03	30,2	67
Pasewalk-Mecklenb. Grenze	3,06	23,0	67
Stargard-Danzig	44,57	334,2	59—70

	Meil.	Kilom.	Jahr der Eröffnung.
Belgard-Colberg	4,82	36,2	59
Angermünde-Stralsund	22,50	168,9	63
Pasewalk-Stettin	4,94	37,0	63
Züssow-Wolgast	2,36	17,7	63
Zu bauen:			
Angermünde-Schwedt	c. 2,5	19,0	
16. Märkisch-Posener Bahn.			
Frankfurt a./O.-Posen	23,2	174,0	70
Bentschen-Guben	13,16	98,7	70
17. Halle-Sorau-Gubener Bahn.			
Guben-Cottbus-Falkenberg	15,54	116,5	71
Im Bau:			
Falkenberg-Halle	12,69	95,2	
Cottbus-Sorau	7,88	59,1	72
18. Cottbus-Grossenhainer Bahn.			
Im Betriebe der Leipz.-Dresdener Bahn	10,65	79,9	70
19. Berlin-Görlitzer Bahn.			
Berlin-Görlitz	27,72	207,9	66—7
Zu bauen:			
Görlitz-Grenze gegen Reichenberg	c. 5	37,5	
Lübbenau-Sächs. Grenze gegen Camenz	c. 8	60	
Weisswasser-Muskau	c. 1,5	11,2	
20. Niederschlesische Zweigbahn.			
Hansdorf-Glogau	9,54	71,5	46
Sagan-Sorau	1,69	12,7	71
21. Breslau-Schweidnitz-Freiburger Bahn.			
Breslau-Waldenburg	10,06	75,5	43 u. 53
Liegnitz-Frankenstein	12,94	97,1	44—58
Liegnitz-Glogau-Rothenburg	16,46	123,5	69—71
Projectirt:			
Breslau-Raudten	9,7	72,7	
Rothenburg-Stettin-Swinemünde	34,9	261,8	
Altwasser-Friedland-Böhm. Grenze	3,8	28,5	
22. Rechte Oderufer-Eisenbahn.			
Breslau-Vossowska	16,99	127,5	68
Oppeln-Tarnowitz	10,16	76,2	57—8
Tarnowitz-Beuthen-Dziedtiz	10,56	79,2	69—70
23. Breslau-Warschauer Bahn.			
Oels-Poln. Wartenberg	3,33	25,0	71
Im Bau:			
Wartenberg-Podzamcze (Wilhelmsbr.)	c. 4	30,0	72
24. Berlin-Hamburger Bahn.			
Berlin-Hamburg	38,16	286,2	42—6

	Meil.	Kilom.	Jahr der Eröffnung.
Büchen-Lauenburg	1,73	13,0	51—3
Altona - Hamburger Verbindungsbahn			
Hamburger Theil	0,60	4,5	66
Im Bau:			
Wittenberge-Lüneburg-Jesteburg	18,17	136,3	
25. Berlin-Potsdam-Magdeburger Bahn.			
Berlin-Magdeburg	19,62	147,2	38—48
Im Bau:			
Burg-Magdeburg	3,0	22,5	
Magdeburg-Helmstedt	6,25	46,9	
Sudenburg-Magdeburg Bahnhof	0,75	5,6	
Eisleben-Schöningen	2,25	16,9	
Zehlendorf-Kohlhasenbrück	1,38	10,0	
26. Berlin-Anhaltische Bahn.			
Berlin-Cöthen	20,39	152,9	40—1
Jüterbogk-Riesa	10,63	79,7	48
Wittenberg-Halle	8,89	66,7	59
Bitterfeld-Leipzig	4,23	31,7	59
Verbindungsbahn in Leipzig	0,08	0,6	59
Dessau-Bitterfeld	3,38	25,3	57
Rosslau-Zerbst (Leopoldsb.) gepachtet	1,76	13,2	63
Projectirt:			
Zerbst-Magdeburg	4,54	34,0	
Wittenberg-Falkenberg	7,25	54,4	
27. Magdeburg-Cöthen-Halle-Leipziger Bahn.			
Magdeburg-Leipzig	15,84	118,8	39—40
Schönebeck-Stassfurt	2,97	22,3	57
Halle-Arenshausen	22,41	168,0	65—67
Im Bau:			
Arenshausen-Münden	3,53	26,5	13. 3. 72
28. Magdeburg-Halberstädter Bahn.			
Magdeburg-Halberstadt-Thale	11,74	88,1	43, 62
Magdeburg-Wittenberge	14,26	106,9	49—51
Verbindungsbahn in Magdeburg	0,08	0,6	51
Wegeleben-Cöthen	9,36	70,2	46, 65
Halberstadt-Vienenburg	4,92	36,9	69
Frohse-Ballenstedt	1,86	14,0	68
Güsten-Stassfurt	0,89	6,7	65
Berlin-Lehrte	31,86	239,0	71
Stendal-Salzwedel	7,63	57,2	70
Aschersleben-Cönnern	3,79	28,4	71
Im Bau:			
Salzwedel-Uelzen	c. 6,5	48,7	
Halle-Cönnern	3,61	27,1	
Vienenburg-Neukrug	3,75	28,1	

	Meil.	Kilom.	Jahr der Eröffnung.
Langelsheim-Clausthal	3,12	23,4	
Heudeber-Wernigerode	1,25	9,4	
Magdeburg-Neuhaldensleben bis zur Berlin-Lehrter Bahn	c. 7	52	
29. Thüringische Bahn.			
Halle-Gerstungen	25,27	189,5	46—9
Corbetha-Leipzig	4,20	31,5	56
Dietendorf-Arnstadt	1,35	10,1	67
Weissenfels-Gera	7,95	59,6	59
Gotha-Leinefelde	8,95	67,1	70
Gera-Eichicht	10,24	76,8	71
Werrabahn: Eisenach-Lichtenfels	20,16	151,2	58—9
Coburg-Sonneberg	2,65	19,9	58
Im Bau:			
Leipzig-Zeitz	5,97	44,8	
30. Nordhausen-Erfurter Bahn.			
Nordhausen-Erfurt (excl. 9,6 Kilom. gemeinschaftl. Strecke mit Halle-Cassel)	9,14	68,5	69
31. Cöln-Mindener Bahn.			
Cöln-Minden	35,05	262,9	45—7
Oberhausen Ruhrort	1,29	9,7	48
Oberhausen Emmerich	8,09	60,7	56
Emmerich-Niederl. Grenze (verpachtet)	1,57	11,8	56
Deutz-Giessen (incl. Rheinbrücke)	22,12	165,9	59—62
Betzdorf-Siegen	2,29	17,2	61
Haltern-Münster-Osnabrück	12,32	92,5	70—1
Haltern-Wanne	3,30	24,7	70
Herne-Stadt Castrop	0,84	6,3	70
Im Bau:			
Venlo-Hamburger Bahn: Venlo-Wesel	6,37	47,8	
Wesel-Haltern	5,52	41,4	
Osnabrück-Hamburg	31,2	234,0	
Emscherthalbahn: Castrop-Dortmund Wanne-Sterkrade Sterkrade-Meiderich	c. 4,5	33,8	
Scheldethalbahn: Von Dillenburg ins Scheldethal mit Abzweigung ins Eibachthal	1,55	11,6	
32. Rheinische Bahn.			
Cöln-Aachen-Herbesthal	11,45	85,9	39—43
Herbesthal-Eupen	0,70	5,3	64
Cölner Stadt- und Ringbahn	0,17	1,3	59
Cöln-Bingen	20,49	153,7	44—59
Coblenzer Stadtbahn und Rheinbrücke	0,21	1,6	64

	Meil.	Kilom.	Jahr der Eröffnung.
Ehrenbreitenstein-Oberlahnstein	0,82	6,2	64
Cöln-Cleve	15,69	117,7	55—63
Cleve-Niederl. Grenze bei Elten	1,83	13,7	65
Grenze bei Elten-Zevenaar (gepachtet)	0,66	5,0	65
Cleve-Niederl. Grenze bei Cranenburg	1,70	12,7	65
Grenze bei Cranenburg-Nymwegen (gepachtet)	1,85	13,9	65
Kempen-Grenze gegen Venlo	2,65	19,9	68
Grenze-Venlo (gepachtet)	0,41	3,1	66
Neuss-Düren	5,85	43,9	69
Düren-Call	7,16	53,7	64—7
Call-Trier	15,7	117,7	70—1
Osterath-Wattenscheid	6,54	49,0	66—8
Ehrenbreitenstein-Troisdorf	9,80	73,7	69—71
Obercassel-Bonn (Traject)	0,45	3,4	70
Hochfeld-Duisburg	0,43	3,2	70
Stollberg-Alsdorf	1,70	12,7	72
Im Bau:			
Friedrich Wilhelmshütte-Siegburg	0,19	1,4	
Ehrang-Quint	0,43	3,2	1. 4. 72.
Wattenscheid-Dortmund mit Zweig nach Hörde	3,77	28,3	
Langenbrahm-Oberhausen u. Zechenb.	2,78	20,9	
33. Crefeld, Kreis Kempener Industriebahn.			
Viersen-Süchteln-Crefeld-Hüls	3,26	24,5	70
Süchteln-Grefrath	0,84	6,3	70
Süchteln-Oed-Kempen-Hüls	2,80	21,0	72
34. Homburger Bahn.			
Frankfurt a./M.-Homburg	2,42	18,2	60
35. Frankfurt-Hanauer Bahn.			
Frankfurt-Aschaffenburg	5,57	41,8	48, 54
Frankfurter Verbindungsbahn	0,78	5,9	59
36. Lübeck-Büchener Bahn.			
Lübeck-Büchen	6,32	47,4	51
Lübeck-Hamburg	8,49	63,7	65
37. Glückstadt-Elmshorner Bahn.			
Glückstadt-Itzehoe	4,44	39,3	45, 57
38. Altona-Kieler Bahn.			
Altona-Kiel	14,14	106,1	44
Neumünster-Rendsburg	4,64	34,8	45
Neumünster-Neustadt	8,33	62,5	66
Ascheberg-Kiel	3,61	27,1	66
Altona-Blankenese	1,31	9,8	67
Altona-Hamburg (Holsteinischer Theil)	0,32	2,4	65
Rendsburg-Flensburg	8,33	62,5	54, 69

	Meil.	Kilom.	Jahr der Eröffnung.
Nordschleswigsche Weiche-Jütl. Grenze	9,94	74,6	64—66
Jütländ. Grenze-Wamdrup (gepachtet)	0,50	3,8	66
Jübeck-Tönning	6,42	48,2	54, 69
Woyens-Hadersleben	1,61	12,0	66
Tingleff-Tondern	3,50	26,3	67
Rothenkrug-Apenrade	1,0	7,5	68

Von ausländischen Bahnen liegen folgende Strecken in Preussen:

Grand Central Belge.

Aachen-Niederl. Grenze geg. Mastricht	1,13	8,5	53

Niederländische Staatsbahn.

Salzbergen-Niederl. Grenze gegen Almelo	2,9	21,8	65

II. Die übrigen deutschen Bahnen.

89. Sächsische Staatsbahn.

	Meil.	Kilom.	Jahr der Eröffnung.
Dresden-Grenze bei Bodenbach	7,23	54,2	48—52
Oesterr. Grenze-Bodenbach (gepachtet)	1,47	11,0	51
Dresden-Görlitz	13,61	102,1	45—7
Löbau-Zittau	4,53	34,0	48
Zittau-Reichenberg (21,8 Kilometer in Oesterreich)	3,56	26,7	59
Zittau-Warnsdorf	1,37	10,2	68, 71
Dresden-Chemnitz	10,69	80,2	55—69
Floeha-Annaberg	5,68	42,6	66
Niederwiesa-Hainichen	2,32	17,4	69
Leipzig-Hof	22,86	171,5	42—51
Werdau-Zwickau	1,25	9,4	45
Zwickau-Schwarzenberg	5,43	40,7	58
Niederschlema-Schneeberg	0,70	5,3	59
Riesa-Chemnitz	8,83	66,2	47—52
Wüstenbrand-Lugau	1,64	12,3	58
Chemnitz-Gössnitz	6,09	45,7	58
Glauchau-Zwickau	2,0	15,0	58
Herlasgrün-Eger (14,6 Kilometer in Oesterreich)	13,55	101,6	65
Gössnitz-Gera (Privatbahn)	4,64	34,8	65
Greiz-Brunn (Privatbahn)	1,37	10,3	65
Borna-Kieritzsch	0,90	6,8	67
Radeberg-Camenz	3,25	24,4	71
Im Bau:			
Annaberg-Weipert	2,55	19,1	

	Meil.	Kilom.	Jahr der Eröffnung.
Chemnitz-Borna	7,34	55,7	8. 4. 72
Wittgensdorf-Limbach	0,86	6,5	8. 4. 72
Narsdorf-Rochlitz	1,27	9,5	8. 4. 72
Narsdorf-Penig	1,35	10,1	8. 4. 72
Camenz-Preuss. Grenze gegen Senftenberg	c. 1,5	11,3	
Plauen-Oelsnitz	2,57	19,3	
40. Leipzig-Dresdener Bahn.			
Leipzig-Riesa-Dresden	15,40	115,5	37—9
Borsdorf-Meissen-Coswig	14,18	106,4	60—68
Pristewitz-Grossenhain	0,64	4,8	62
Im Betrieb:			
Cottbus-Grossenhain (siehe preussische Bahnen Nr. 18).			
Im Bau:			
Nossen-Freiberg	3,14	23,5	
41. Mecklenburg. Friedrich-Franz-Bahn.			
Hagenow-Rostock	15,43	115,7	47—50
Bützow-Güstrow	1,81	13,6	50
Kleinen-Wismar	2,11	15,8	48
Güstrow-Preuss. Grenze bei Strassburg	15,51	116,3	64—67
Lübeck-Kleinen	7,90	59,3	70
42. Oldenburgische Bahn.			
Bremen-Oldenburg	5,91	44,3	67
Oldenburg-Leer	7,31	54,8	69
Oldenburg-Wilhelmshafen	6,98	52,4	67
Sande-Jever	1,73	13,0	71
Im Bau:			
Hude-Brake	3,40	25,5	
Oldenburg-Quakenbrück	c. 8	60,0	
43. Braunschweigische Bahn.			
Hannov. Grenze bei Vechelde-Oschersleben	11,28	84,6	38—44
Wolfenbüttel-Harzburg	4,45	33,4	40—41
Jerxheim-Holzminden-Preuss. Grenze	17,42	130,7	56—8
Jerxheim-Helmstedt	2,92	21,9	58
Goslar-Vienenburg (gepachtet)	1,75	13,1	66
Seesen-Badenhausen	2,08	15,4	71
Im Bau:			
Braunschweig-Helmstedt	5,23	38,8	
Projectirt:			
Vechelde-Hildesheim	c. 4,0	30,0	
44. Oberhessische Bahn.			
Giessen-Fulda	14,17	106,3	69—71
Giessen-Gelnhausen	9,30	69,7	69—70

	Meil.	Kilom.	Jahr der Eröffnung.
45. Main-Neckar-Bahn.			
Frankfurt a./M.-Heidelberg	11,68	87,6	46
Frankfurt a./M.-Offenbach	1,1	8,3	48—9
46. Hessische Ludwigsbahn.			
Mainz-Worms-Bayerische Grenze	6,31	47,4	53
Mainz-Bingen	4,28	32,1	59
Mainz-Darmstadt-Aschaffenburg	9,95	74,6	58
Mainz-Frankfurt a./M.	3,56	26,7	63
Worms-Alzey-Bingen	8,44	63,3	64—70
Mainz-Armsheim	4,76	35,7	71
Darmstadt-Hofheim	5,07	38,0	69
Worms-Bensheim	3,20	24,0	69—70
Darmstadt-Wiebelsbach	3,76	28,2	70—1
Babenhausen-Erbach	5,11	38,4	70—1
Im Bau:			
Armsheim-Pfälz. Grenze gegen Kirchheimbolanden			
Armsheim-Flonheim	0,74	5,6	
Monsheim-Grenze geg. Grünstadt und Marnheim	0,85	6,4	
Projectirt:			
Babenhausen-Hanau	2,8	21,0	
Erbach-Badische Grenze bei Eberbach	c. 3,5	26,2	
Biblis-(Riedbahn)-Mannheim	c. 3,0	22,5	
47. Pfälzische Bahnen.			
Preuss. Grenze bei Bexbach-Ludwigshafen-Hess. Grenze bei Worms	16,65	124,9	48—53
Schifferstadt-Speyer	1,22	9,1	47
Speyer-Germersheim	1,81	13,6	64
Homburg-Zweibrücken	1,46	11,0	57
Schwarzenacker-St. Ingbert	2,72	20,4	66—7
Ludwigshafen-Mitte der Rheinbrücke	0,25	1,9	67
Neustadt-Weissenburg	6,24	46,8	55
Winden-Maximiliansau	2,15	16,1	64
Winden-Bergzabern	1,36	10,2	70
Neustadt-Dürkheim	2,07	15,5	65
Landstuhl-Kusel	3,85	28,7	68
Hochspeyer-Münster am Stein	6,59	49,4	70—71
Im Bau:			
Dürkheim-Grenze gegen Monsheim	2,87	21,5	
Freinsheim-Frankenthal	1,58	11,0	
Kaiserslautern-Enkenbach	1,66	12,5	
Langmeil-Grenze bei Alzey	3,43	25,7	
Marnheim-Grenze bei Monsheim	1,29	9,7	
Landau-Germersheim	2,70	20,3	

	Meil.	Kilom.	Jahr der Eröffnung.
Projectirt:			
Bliescastel-Saargemünd	2,6	19,5	
Germersheim-Wörth	3,0	22,5	
Landau-Zweibrücken mit Zweigbahn nach Pirmasens	c. 9,0	67,5	
48. Bayerische Staatsbahn.			
Lindau-Augsburg-Hof	73,62	552,2	44—53
Bamberg-Aschaffenburg	25,23	189,2	52—4
Ulm-Augsburg-München	19,20	144,0	39—40 u. 53—54
München-Salzburg	21,61	162,1	54—60
Rosenheim-Kufstein	4,56	34,2	58
Freilassing-Reichenhall	1,97	14,8	66
Haidhausen-Simbach	15,35	115,1	71
München-Kirchseon-Rosenheim	8,74	65,5	71
Ansbach-Würzburg	11,84	88,8	64
Fürth-Rottendorf (Würzburg)	13,61	102,1	65
München-Ingolstadt-Gunzenhausen	21,60	162,0	67—70
Treuchtlingen-Pleinfeld	2,45	18,4	69
Pasing-Peissenberg	7,0	52,5	54, 65—66
Tutzing-Penzberg	3,02	22,7	65
Neuenmarkt-Bayreuth	2,78	20,8	53
Gunzenhausen-Ansbach	3,59	26,9	59
Hochstadt-Stockheim	3,26	24,5	61—3
Holzkirchen-Schliersee	3,40	25,5	61—9
Neu Ulm-Kempten	11,35	85,1	62—3
Oberkotzau-Eger	7,30	54,7	65
Schweinfurt-Kissingen	3,42	25,6	71
Zu bauen:			
Regensburg-Donauwörth-Offingen	22,23	166,7	
Rosenheim-Mühldorf	7,94	59,6	
München-Buchloe	9,17	68,8	
Buchloe-Memmingen-Grenze	7,64	57,3	
Peissenberg-Biessenhofen	5,95	44,6	
Weilheim-Partenkirchen	5,0	37,5	
Mittenwald-Grenze	3,22	24,1	
Biessenhofen-Füssen-Grenze	4,73	35,5	
Augsburg-Ingolstadt	8,04	60,3	
Landshut-Ingolstadt	7,94	59,5	
Mühldorf-Vilshofen	10,15	76,1	
Donauwörth-Treuchtlingen	5,05	37,9	
Nürnberg-Ansbach-Crailsheim	11,24	84,3	
Nürnberg-Bayreuth	13,0	97,5	
Ebenhausen-Meiningen	9,74	73,0	
Gemünden-Burgsinn-Grenze	2,78	20,5	
Aschaffenburg-Miltenberg	4,85	36,4	
Wassertrüdingen-Dinkelsbühl	3,2	24,0	

	Meil.	Kilom.	Jahr der Eröffnung.
Lindau-Grenze gegen Bregenz	0,76	5,7	
Projectirte Vicinalbahnen:			
Holzkirchen-Tölz	2,9	21,7	
Siegelsdorf-Langenzenn	0,77	5,8	
Georgensgemünd-Spalt	0,94	7,0	
Schwaben-Erding	1,9	14,2	
Rothenburg-Steinach	1,5	11,2	
Immenstadt-Sonthofen	1,1	8,2	
Schwabmünchen-Kaufering	2,6	19,5	
49. Bayerische Ostbahnen.			
München-Regensburg-Nürnberg	38,81	291,1	58—9
Geiselhöring-Passau	12,5	93,8	59—60
Passau-Grenze (verpachtet)	0,20	1,5	61
Schwandorf-Furth	9,14	68,5	61
Furth-Grenze (verpachtet)	0,90	6,7	61
Irrenlohe-Bayreuth	13,21	99,1	63
Weiden-Eger	8,08	60,6	64—5
Deggendorf-Plattling	1,18	8,9	66
Nürnberg-Neumarkt	4,85	36,4	71
Zu bauen:			
Neumarkt-Regensburg	9,4	70,5	
Neufahrn-Obertraubling	4,17	31,3	
Sünching-Straubing	1,20	9,0	
Cham-Straubing	5,89	44,2	
Straubing-Mühldorf	10,84	81,3	
Weiden-Vilseck-Neukirchen	6,25	46,9	
Tirschenreuth-Wiesau (Vicinalbahn)	1,44	10,8	
Mariaort-Laberthal (Vicinalbahn)	1,5	11,3	
50. Ludwigsbahn.			
Nürnberg-Fürth	0,8	6,0	35
51. Badische Staatsbahn.			
Mannheim-Heidelberg-Carlsruhe-Basel	35,86	269,0	40—55
Basel-Constanz	19,40	145,5	56—63
Mannheim-Mitte Rheinbrücke	0,16	1,2	67
Heidelberg-Heidingsfeld (Würzburg)	21,22	159,2	62—66
Königshofen-Mergentheim	0,98	7,4	69
Meckesheim-Jagstfeld	5,01	37,6	68—9
Durlach-Mühlacker	5,19	38,9	59—63
Carlsruhe-Maxau	1,30	9,7	62—65
Mannheim-Carlsruhe	8,27	62,0	70
Rastatt-Gernsbach	1,99	14,9	69
Oos-Baden	0,56	4,2	45
Appenweier-Kehl-Mitte Rheinbrücke	1,86	13,9	44, 61
Offenburg-Hausach	4,42	33,2	66
Dinglingen-Lahr (Privatbahn)	0,42	3,2	65

	Meil.	Kilom.	Jahr der Eröffnung.
Freiburg-Breisach (Privatbahn)	3,0	22,5	71
Basel-Schopfheim	2,96	22,2	62
Waldshut-Mitte Rheinbrücke	0,23	1,7	59
Radolfzell-Messkirch	5,12	38,4	67—70
Singen-Villingen	8,42	63,2	66—9
Zu bauen:			
Hausach-Villingen	6,90	51,8	
Schwackenreuth-Pfullendorf	2,16	16,2	
Messkirch-Mengen	2,51	18,8	
Donaueschingen-Oberlauchringen (Wutachthalb.)	5,50	41,2	
Stühlingen-Beriugen	2,0	15,0	
Neckargemünd-Eberbach	2,5	18,7	
52. Württembergische Staatsbahn.			
Bruchsal-Stuttgart-Friedrichshafen	36,69	275,2	45—53
Bietigheim-Jagstfeld	5,44	40,8	48—66
Heilbronn-Crailsheim	11,64	87,3	62—7
Crailsheim-Goldshöfe	4,07	30,5	66
Crailsheim-Mergentheim	7,93	59,5	69
Jagstfeld-Osterburken	5,05	37,9	69
Cannstatt-Nördlingen	14,84	111,3	61—3
Aalen-Heidenheim	2,97	22,3	64
Plochingen-Villingen	19,97	149,8	59—69
Unterboihingen-Kirchheim(Privatbahn)	0,87	6,5	64
Tübingen-Hechingen	3,28	24,6	69
Rottweil-Immendingen	4,96	37,2	69—70
Ulm-Scheer	11,42	85,6	68—70
Herbertingen-Kisslegg	7,44	55,8	69—70
Pforzheim-Wildbad	3,07	23,0	68
Zuffenhausen-Weil der Stadt	3,40	25,5	68—9
Im Bau:			
Scheer-Sigmaringen	1,0	7,5	
Kisslegg-Leutkirch	1,6	12,0	
Weil der Stadt-Nagold	5,73	43,0	
Pforzheim-Calw	3,57	26,8	
Nagold-Horb	3,08	23,1	
Hechingen-Balingen	2,28	17,1	
53. Elsass-Lothringische Bahnen.	102,13	766	
Schweizer Grenze bei Basel (St. Louis) bis zur Bayerischen Grenze bei Weissenburg	27,47	206	39—55
Mühlhausen-Französ. Grenze bei Altmünsterol (Belfort)	5,2	39	57
Lutterbach-Wesserling	3,73	28	39, 63
Sennheim-Sentheim	1,86	14	69
Bollweiler-Gebweiler	0,94	7	70

	Meil.	Kilom.	Jahr der Eröffnung.
Colmar-Münster	2,54	19	68
Schlettstadt-Markirch	2,80	21	64
Strassburg-Kehl	1,06	8	61
Königshofen (Strassburg)-Barr	4,54	34	64
Molsheim-Mutzig und Wesselnheim	2,27	17	64
Wendenheim-Avricourt-Dieuze	13,86	104	51—52, 64
Hagenau-Bening-Carling	15,46	116	64—69
Styring-Metz-Pagny	12,0	90	50—2
Metz-Luxemb. Grenze bei Bettemburg	6,13	46	54—9
Diedenhofen-Franz. Grenze bei Fontoy	2,27	17	63
Zu bauen:			
Thionville-Carling	7,60	57	
Metz-Franz. Grenze gegen Verdun	2,27	17	
Wesserling-Grenze gegen Remiremont	1,06	8	
Saarburg-Saargemünd	7,2	54	
Salonne-Salzburg (Chateau Salins)	0,4	3	
Salonne-Vic	0,4	3	
Mutzig-Schirmeck	c. 3,0	22	

Ausser den schon angeführten Strecken älterer Bahnen waren im Anfange des Jahres 1872 folgende Bahnen im Bau befindlich oder dazu vorbereitet:

	Meil.	Kilom.
Tilsit-Memel	12,45	94,0
Pomm. Centralbahn: Wangerin-Conitz	19,54	146,5
Posen-Creuzburg	26,6	200,0
Berliner Nordbahn: Berlin-Stralsund	c. 29,0	217,0
Halberstadt-Blankenburg	2,55	19,1
Hannover-Altenbekener Bahn	14,9	111,8
mit der Deister Zweigb. (Weetzen-Haste)	3,6	27,0
Löhne-Vienenburg und Grauhof-Goslar	c. 20	150,0
Saalbahn: Grossheringen-Saalfeld	c. 10	75,0
Oberlausitz. Bahn: Kohlfurt-Falkenberg	c. 20,0	150,0
Langwedel-Uelzen	12,98	97,3
Lübeck-Eutin	4,4	33,0
Neumünster-Tönning	10,5	78,8
Boxtel (Niederlande)-Wesel	12,4	94,0
Wesel-Bocholt	2,7	20,3
Moselbahn: Coblenz-Trier	c. 15	112,5
Hanau-Offenbach	1,8	13,5

Deutschlands Industrie- und Pferdebahnen.

(Die Angaben über die Privatanschlüsse beziehen sich für die Preussischen Bahnen auf das Jahr 1870, für die übrigen auf das Jahr 1869, weil spätere Angaben nicht vorlagen.)

	Meil.	Kilom.	Jahr der Eröffnung.
Berlin-Charlottenburg-Westend-Pferdebahn	1,14	8,5	65—71
Hamburger Pferdebahn.			
Hamburg-Wandsbeck	1,0	7,5	66
Zweig nach der Hamb.-Lübecker Bahn	0,17	1,3	66
Zweig nach Barmbeck	0,45	3,4	67
Schürbeck-Uhlenhorst	0,23	1,7	68
Hamburg-Eimsbüttel	0,68	5,1	68
Lägerdorf-Itzehoer Pferdebahn	0,9	6,8	69
Stuttgarter Pferdebahn.			
Stuttgart-Berg-Neckarbrücke	0,5	3,8	68—69
Cottbus-Schwielochsee (Goyatz)	4,20	31,5	46
Preussische Ostbahn.			
5 Privat-Anschlüsse	0,74	5,5	
Niederschlesisch-Märkische Bahn.			
25 Privat-Anschlussgeleise	2,17	16,3	
Westfälische Bahn.			
13 Privat-Anschlüsse	0,38	2,8	
Saarbrücker Bahn.			
11 Zweigbahnen nach den fiskalischen Kohlengruben	2,06	15,4	50—61
Ensdorf-Grube Kronprinz	0,29	2,2	61
St. Johann-Saarhafen bei Malstadt	0,30	2,3	66
13 Privat-Anschlüsse	1,04	7,8	
Hannoversche Bahn.			
Zweigbahn am Piesberge bei Osnabrück	0,26	1,7	57
Peine-Ilsederhütte	1,03	7,8	65
Geestemünde-Bremerhafen	0,53	4,0	62
27 Privat-Anschlüsse	0,71	5,3	

	Meil.	Kilom.	Jahr der Eröffnung.
Oberschlesische Bahn.			
Schwientochlowitz-Königshütte	0,39	2,9	60
Gleiwitz-Gleiwitzer Hütte	0,12	0,9	50
Zabrze-Coaksanstalt u. Königin Luisengrube	0,25	1,9	46
Morgenroth-Carl Emanuelsgrube	0,39	2,9	55
Kattowitz-Carolinengrube (Hohenlohehütte)	0,70	5,3	59
Idaweiche-Idahütte (aufgegeben)	0,15	1,1	52
Idaweiche-Emanuelssegen	0,86	6,5	52
Friedrichsgrube-Lazisk	1,28	9,6	65
Cosel-Clodnitzkanal	0,10	0,8	56
Zur Mokraugrube bei Orzesche	0,04	0,3	56
Zur Mariahütte bei Orzesche	0,09	0,7	
Kunigundenweiche-Luisenglücksgrube	0,37	2,8	61
Podbor-Gogolin	0,50	3,8	69
Pferdebahnen der Oberschl. Bahn im Hüttenrevier.	12,0	90,0	51—57
143 Privat-Anschlüsse.	6,64	49,8	
Bergisch-Märkische Bahn.			
Duisburg-Rheinhafen und Hochfeld	0,58	4,4	59
Duisburg-Rheinhausener Verbindungsb.	0,18	1,3	67
Düsseldorf-Rheinhafen	0,21	1,6	
Langendreer-Laer	0,41	3,1	63
Laer-Dahlhausen	1,2	9,0	70
Bochum-Riemke-Herne	0,95	7,1	67—70
Kohlscheid-Kämpchen	0,29	2,2	53
248 Privat-Anschlüsse	23,47	176,0	
Ostpreussische Südbahn.			
2 Privat-Anschlüsse	0,07	0,5	
Berlin-Stettiner Bahn.			
Colberger Hafenbahn	0,16	1,2	64
Wolgaster Hafenbahn	0,15	1,1	64
Greifswalder Hafenbahn	0,23	1,7	65
Stralsunder Hafenbahn	0,38	2,9	65
Nach dem Finowkanale	0,06	0,5	67
10 Privat-Anschlüsse	0,22	1,7	
Breslau-Schweidnitz-Freiburger Bahn.			
18 Anschlussbahnen	1,80	13,5	
Rechte Oderuferbahn.			
Tichau-Mittel Lazisk	0,97	7,3	70
Nach Carolinengrube	0,41	3,1	70
Nach Abendsterngrube	0,21	1,6	70
Nach Morgensterngrube	0,1	0,8	70

	Meil.	Kilom.	Jahr der Eröffnung.
Nach Mochbern	0,55	4,1	71
Breslauer Verbindungsbahn	0,4	3,0	70
Chorzow-Königshütte	0,5	3,7	71
Berlin-Hamburger Bahn.			
Hamburger Hafenbahn	0,24	1,8	
3 Privat-Anschlüsse	0,23	1.7	
Berlin-Görlitzer Bahn.			
1 Anschlussgeleise	0,12	9,0	
Tilsit-Insterburger Bahn.			
Tilsit-linkes Memelufer	0,08	0,6	67
Berlin-Anhaltische Bahn.			
17. Anschlussgeleise	1,29	9,7	
Magdeburg-Leipziger Bahn.			
Stassfurt-Lödderburg	0,45	3,4	57
22 Kohlen- und Industriebahnen zur Hauptbahn	2,55	19,0	
12 Anschlüsse an die Halle-Casseler Bahn	0,70	5,2	
Magdeburg-Halberstädter Bahn.			
Biendorf-Gerlebogk und Abzweigungen	1,22	9,2	57
Tangermünde-Väthen	0,12	0,9	58
25 andere Privat-Anschlüsse	1,0	7,5	
Thüringische Bahn.			
Fröttstedt-Waltershausener Pferdebahn	0,5	3,8	48
Erfurt-Ilversgehofen	0,57	4,3	64
Dürenberger Salinenbahn	0,18	1,4	68
17 Privat-Anschlüsse	1,88	14,1	
Cöln-Mindener Bahn.			
Verbindungsbahn Carshof-Wehrhahnen bei Düsseldorf	0,33	2,5	63
Umgangsbahn bei Ruhrort	0,54	4,1	64
Duisburger Rhein- und Ruhrhafenbahn	0,36	2,7	47
Oberhausen-Zeche Prosper	0,85	6,4	
Gelsenkirchen-Zeche Carolinenglück, Rhein, Elbe, Holland, Hannover	1,11	8,4	66
Wanne-Zeche Königsgrube-Hannover-Wattenscheid	0,69	5,2	66—69
Essen-Berge Borbeck	0,41	3,1	64
Minden-Weserhafen	0,06	0,5	64
Hüggelbahn: Hasbergen (b.Osnabrück)-Georg-Marienhütte-Gruben am Rothen Berge	1,46	11,0	65—70
81 Privat-Zweigbahnen	15,89	119,2	

	Meil.	Kilom.	Jahr der Eröffnung.
Rheinische Bahn.			
Hennef-Ruppichtroth-Waldbröl (Brölthaler Bahn)	4,07	30,6	62—70
Abzweigung ders. ins Sauerbacher Thal	0,33	2,5	62
24 Privat-Anschlüsse	4,11	34,6	
Taunusbahn.			
Zweigbahn nach der Griesheimer Fabrik	0,25	1,9	69
Altona-Kieler Bahn.			
Rendsburg-Carlshütte	0,73	5,5	
Sächsische Staatsbahn.			
Bei Zwickau: Oberhohndorf-Reinsdorfer Kohlenbahn	1,77	13,3	60
Bockwaer Kohlenbahn	1,93	14,5	54
14 andere Kohlenbahnen	3,2	24,0	
Bei Chemnitz: 7 Zweig-Bahnen der Chemnitz-Würschnitzer Bahn	0,5	3,8	58
14 Privat-Anschlüsse an die Sächs.-bayerische Bahn			
11 Privat-Anschlüsse an die Niedererzgebirgische Bahn			
6 Privat-Anschlüsse an die Obererzgebirgische Bahn	c. 1,5	11,3	
3 Privat-Anschlüsse an die Voigtländische Bahn			
5 Privat-Anschlüsse an die Chemnitz-Annaberger Bahn			
4 Privat-Anschlüsse an die Sächs.-Schlesische Bahn	0,1	0,8	
4 Privat-Anschlüsse an die Sächs.-Böhmische Bahn	0,35	2,6	
Dresden-Tharandter Bahn: Nach dem Döhlener Kunstschacht	0,06	0,5	55
Nach dem Elbquai	0,30	2,3	56
Nach dem Augustusschacht	0,13	1,0	56
Potschappel-Hainichen	2,0	15,0	56
Potschappel-Hermsdorf	0,7	5,2	56
Nach der Thodeschen Fabrik	0,1	0,8	56
Leipzig-Dresdener Bahn.			
5 Privat-Anschlüsse	0,32	2,4	
Braunschweigische Bahn.			
Büddenstedt-Trendelbusch	0,39	2,9	64
15 andere Anschlussgeleise	0,56	4,2	
Hessische Ludwigsbahn.			
Nach d. Hafenbassin auf d. Gustavsburg	0,23	1,7	68
2 Anschlussgeleise	0,17	1,3	

	Meil.	Kilom.	Jahr der Eröffnung.
Pfälzische Bahnen.			
St. Ingbert nach den Kohlengruben	0,29	2,2	67
17 Privat-Anschlüsse	1,1	8,2	
Bayerische Staatsbahn.			
In die Torfstiche von Haspelmoor	1,1	8,2	45
In die Torflager von Kolbermoor	0,7	5,3	67
54 andere Anschlüsse	4,5	3,4	
Bayerische Ostbahn.			
Nach den Steinbrüchen von Vilshofen	0,42	3,2	68
Haidhof-Maximiliansbütte	0,37	2,8	69
17 andere Privat-Anschlüsse	1,2	9,0	
Badische Bahn.			
Von Mannheim zum Rheinhafen	0,39	2,9	
Würtembergische Bahn.			
17 Anschlussbahnen	1,34	10,0	
Elsass-Lothringische Bahnen.			
Hagendingen-Moyeuvre (Eisenwerke)	3,5	26,2	54
Styring-Wendel (Kohlenwerke v. Petite Rosselle)	1,08	8,1	57
Maizières-Steinbrüche von Jaumont	1,10	8,2	66
Ars sur Moselle-zu den Eisenwerken	0,2	1,5	63
26 andere Privat-Anschlüsse	1,28	9,6	

Geschichtstafel der Deutschen Eisenbahnen.

Tag der Eröffnung.	Eröffnete Strecke.	Name der Bahn.	Länge in Kilom.	Am Schlusse des Jahres. Kilom.
7. Dec. 1835	Nürnberg-Fürth	Ludwigsbahn	6,0	6,0
24. Apr. 1837	Leipzig-Althen	Leipzig-Dresdener	7,5	
12. Nov. "	Althen-Gerichshainer D.	"	7,5	21,0
11. Mai 1838	Gerichsh. Damm-Machern	"	2,3	
19. Juli "	Dresden-Weintraube	"	7,5	
31. " "	Machern-Wurzen	"	7,5	
16. Sept. "	Wurzen-Dahlen	"	18,1	
16. " "	Weintraube-Oberau	"	12,1	
22. " "	Potsdam-Zehlendorf	Berl.-Potsd.-Magd.	14,2	
29. Oct. "	Zehlendorf-Berlin	"	12,2	
3. Nov. "	Dahlen-Oschatz	Leipzig-Dresdener	9,0	
21. " "	Oschatz-Riesa	"	15,1	
1. Dec. "	Braunschw.-Wolfenbüttel	Braunschw. Bahn	11,9	
20. " "	Düsseldorf-Erkrath	Bergisch-Märkische	8,6	139,5
8. Apr. 1839	Riesa-Oberau	Leipzig-Dresdener	28,9	
29. Juni "	Magdeburg-Schönebeck	Magdeb.-Leipziger	14,9	
2. Aug. "	Cöln-Müngersdorf	Rheinische Bahn	7,2	
1. Sept. "	München-Lochhausen	Bayer. Staatsbahn	11,0	
7. " "	Schönebeck-Saale	Magdeb.-Leipziger	12,4	
26. " "	Frankfurt-Höchst	Taunusbahn	7,7	
27. Oct. "	Lochhausen-Olching	Bayer. Staatsbahn	7,0	
24. Nov. "	Höchst-Hattersheim	Taunusbahn	7,0	
7. Dec. "	Olching-Maisach	Bayer. Staatsbahn	4,0	239,6
10. März 1840	Castel-Wiesbaden	Taunusbahn	8,5	
13. Apr. "	Hattersheim-Castel	"	18,7	
22. Mai "	Nannhofen-Maisach	Bayer. Staatsbahn	7,0	
19. Juni "	Saale-Cöthen	Magdeb.-Leipziger	22,6	
1. Juli "	Müngersdorf-Lövenich	Rheinische Bahn	6,6	
22. " "	Cöthen-Halle	Magdeb.-Leipziger	35,7	
3. Aug. "	Castel-Biebrich	Taunusbahn	1,8	
10. " "	Vienenburg-Harzburg	Braunschw. Bahn	8,3	
18. " "	Halle-Leipzig	Magdeb.-Leipziger	33,2	
22. " "	Wolfenbüttel-Schladen	Braunschw. Bahn	16,6	

Tag der Eröffnung.	Eröffnete Strecke	Name der Bahn.	Länge in Kilom.	Am Schlusse des Jahres. Kilom.
1. Sept. 1840	Dessau-Cöthen	Berlin-Anhalter	21,3	
12. " "	Mannheim-Heidelberg	Badische	19,0	
14. " "	Althegnenberg-Nannhofen	Bayer. Staatsb.	8,0	
4. Oct. "	Augsburg-Althegnenberg	"	22,0	468,9
21. Mai 1841	Erkrath-Vohwinkel	Bergisch-Märk.	12,4	
1. Juli "	Berlin-Jüterbogk	Berlin-Anhalter	62,8	
18. Aug. "	Coswig-Dessau	"	22,2	
28. " "	Wittenberg-Coswig	"	14,5	
1. Sept. "	Lövenich-Aachen	Rheinische	56,5	
3. " "	Vohwinkel-Elberfeld	Bergisch-Märk.	5,5	
10. " "	Jüterbogk-Wittenberg	Berlin-Anhalter	32,1	
31. Oct. "	Schladen-Vienenburg	Braunschweigische	8,5	683,4
17. Mai 1842	Hamburg-Bergedorf	Berlin-Hamburger	15,7	
22. " "	Breslau-Ohlau	Oberschlesische	26,3	
30. Juli "	Berlin-Neustadt-Ew.	Berlin-Stettiner	45,2	
3. Aug. "	Ohlau-Brieg	Oberschlesische	14,3	
19. Sept. "	Leipzig-Altenburg	Sächs. Staatsb.	39,2	
23. Oct. "	Berlin-Frankfurt a./O.	Niederschl.-Märk.	81,3	
15. Nov. "	Neust.-Ew.-Angermünde	Berlin-Stettiner	25,6	931,0
10. Apr. 1843	Heidelberg-Carlsruhe	Badische	54,0	
28. Mai "	Brieg-Oppeln	Oberschlesische	41,0	
16. Juli "	Magdeburg-Halberstadt	Magdeb.-Halberst.	58,4	
16. " "	Wolfenbütt.-Oschersleben	Braunschweigische	54,6	
15. Aug. "	Angermünde-Stettin	Berlin-Stettiner	63,7	
15. Oct. "	Aachen-Herbesthal	Rheinische	15,6	
22. " "	Hannover-Lehrte	Hannoversche	16,6	
29. " "	Breslau-Freiburg	Breslau-Freiburger	57,6	
3. Dec. "	Lehrte-Peine	Hannoversche	18,8	1311,3
15. Fbr. 1844	Cöln-Bonn	Rheinische	29,4	
15. März "	Altenburg-Crimmitschau	Sächs. Staatsb.	28,6	
1. Mai "	Carlsruhe-Rastatt	Badische	24,0	
6. " "	Rastatt-Oos	"	8,0	
19. " "	Peine-Braunschw. Grenze	Hannoversche	6,7	
19. " "	Braunschw.-Hannov. Gr.	Braunschweigische	18,1	
1. Juni "	Oos-Offenburg	Badische	40,0	
1. " "	Appenweier-Kehl	"	12,0	
21. Juli "	Königszelt-Schweidnitz	Breslau-Freiburger	9,7	
25. Aug. "	Nürnberg-Bamberg	Bayrische Staatsb.	59,0	
18. Sept. "	Altona-Kiel	Altona-Kieler	106,1	
—18. Oct. "	Liegnitz-Breslau	Niederschl.-Märk.	63,0	
20. Nov. "	Donauwerth-Oberhausen	Bayerische Staatsb.	36,0	1751,9
	Ausserd. Industrieb. u. d. Torfstich. v. Haspelmoor	"	8,2	
19. Juli 1845	Elmshorn-Glückstadt	Glückst.-Elmsh.	16,9	
25. " "	Oos-Baden	Badische	4,2	
31. " "	Offenburg-Freiburg	"	62,0	

Tag der Eröffnung.	Eröffnete Strecke.	Name der Bahn.	Länge in Kilom.	Am Schlusse des Jahres. Kilom.
6. Sept. 1845	Crimmitschau-Zwickau	Sächs. Staatsb.	19,9	
18. „ „	Neumünster-Rendsburg	Altona-Kieler	31,5	
1. Oct. „	Bunzlau-Liegnitz	Niederschl.-Märk.	45,4	
15. „ „	Lehrte-Celle	Hannoversche	27,7	
22. „ „	Cannstatt-Untertürkheim	Württembergische	3,7	
31. „ „	Oppeln-Schwientochlowitz	Oberschlesische	97,7	
7. Nov. „	Untertürkheim-Obertürkh.	Württembergische	2,9	
17. „ „	Dresden-Radeberg	Sächs. Staatsb.	16,6	
20. „ „	Obertürkheim-Esslingen	Württembergische	3,7	
20. Dec. „	Deutz-Düsseldorf	Cöln-Mindener	38,4	
21. „ „	Radeberg-Bischofswerda	Sächs. Staatsb.	20,3	2142,8
1. Jan. 1846	Cosel-Ratibor	Oberschlesische	32,1	
9. Febr. „	Düsseldorf-Duisburg	Cöln-Mindener	23,5	
15. „ „	Lichtenfels-Bamberg	Bayerische Staatsb.	30,0	
29. Apr. „	Stettin-Stargard	Berlin-Stettiner	34,6	
28. Mai „	Oberhausen-Augsburg	Bayerische Staatsb.	2,0	
31. „ „	Werdau-Reichenbach	Sächs. Staatsb.	17,3	
6. Juni „	Halle-Weissenfels	Thüringische	31,6	
22. „ „	Langen-Heppenheim	Main-Neckar	39,9	
23. „ „	Bischofswerda-Bautzen	Sächs. Staatsb.	19,6	
12. Juli „	Hildesheim-Lehrte	Hannoversche	25,3	
16. „ „	Frankfurt a./M.-Langen	Main-Neckar	13,0	
1. Aug. „	Heppenheim-Heidelberg	„	34,7	
7. „ „	Potsd.-Friedrichst.-Magd.	Berl.-Potsd.-Magd.	117,3	
1. Sept. „	Frankfurt a./O.-Bunzlau	Niederschl.-Märk.	168,5	
10. „ „	Cöthen-Bernburg	Magdeb. Halberst.	20,2	
1. Oct. „	Hansdorf-Glogau	Niederschl. Zweigb.	71,5	
5. „ „	Schwientochlow.-Myslow.	Oberschlesische	16,9	
15. „ „	Berlin-Boitzenburg	Berlin-Hamburger	225,2	
15. „ „	Neuenmarkt-Lichtenfels	Bayerische Staatsb.	44,0	
15. „ „	Cannstatt-Ludwigsburg	Württembergische	17,8	
15. Nov. „	Kohlfurt-Hennersdorf	Niederschl.-Märk.	22,0	
14. Dec. „	Esslingen-Plochingen	Württembergische	8,9	
15. „ „	Boitzenburg-Bergedorf	Berlin-Hamburger	45,3	
19. „ „	Weissenfels-Weimar	Thüringische	55,4	
23. „ „	Bautzen-Löbau	Sächsische Staatsb.	21,5	3280,9
	Ausserdem:			
24. Juni „	Cottbus-Goyatz	Cottbus-Goyatz	31,6	
	Zabrzę-Coaksanstalt	Oberschlesische	1,9	
1. Apr. 1847	Weimar-Erfurt	Thüringische	21,5	
1. Mai „	Ratibor-Annaberg	Oberschlesische	20,3	
1. „ „	Celle-Harburg	Hannoversche	126,6	
1. „ „	Hagenow-Schwerin	Friedrich-Franz	27,8	
10. „ „	Erfurt-Gotha	Thüringische	27,9	
15. „ „	Duisburg-Hamm	Cöln-Mindener	89,3	
22. „ „	Höchst-Soden	Taunusbahn	6,8	

Tag der Eröffnung.	Eröffnete Strecke.	Name der Bahn.	Länge in Kilom.	Am Schlusse des Jahres. Kilom.
1. Juni 1847	Freiburg-Müllheim	Badische	29,0	
11. „ „	Neustadt-Ludwigshafen	Pfälzische	29,4	
11. „ „	Schifferstadt-Speyer	„	9,1	
14. „ „	Müllheim-Schliengen	Badische	6,0	
24. „ „	Gotha-Eisenach	Thüringische	28,8	
1. Juli „	Löbau-Reichenbach	Sächsische	9,8	
25. „ „	Brieg-Bösdorf	Oberschlesische	35,9	
1. Aug. „	Rendsburg-zur Eider	Altona-Kieler	0,8	
10. „ „	Stargard-Woldenberg	Oberschlesische	66,5	
25. „ „	Augsburg-Kaufbeuern	Bayerische Staatsb.	59,0	
29. „ „	Riesa-Döbeln	Sächsische	24,9	
1. Sept. „	Reichenbach-Görlitz	„	14,3	
1. „ „	Hennersdorf-Görlitz	Niederschl.-Märk.	6,3	
22. „ „	Döbeln-Limmritz	Sächsische	5,3	
9. Oct. „	Elberfeld-Schwelm	Bergisch-Märkische	10,5	
11. „ „	Bietigheim-Ludwigsburg	Württembergische	8,9	
11. „ „	Plochingen-Süssen	„	27,5	
13. „ „	Myslowitz-Slupna	Oberschlesische	1,8	
15. „ „	Hamm-Minden	Cöln-Mindener	111,7	
15. „ „	Hannover-Minden	Hannoversche	61,4	
8. Nov. „	Friedrichshaf.-Ravensburg	Württembergische	20,0	
1. Dec. „	Vohwinkel-Steele	Bergisch-Märkische	32,1	
12. „ „	Wunstorf-Bremen	Hannoversche	103,2	4306,3
	Ausserdem:			
	von Duisburg nach d. Hafen	Cöln-Mindener	2,7	
3. Fbr. 1848	Verbindungsb. in Breslau	Niederschl.-Märk.	2,3	
30. März „	Grebenstein-Carlshafen	Bergisch-Märkische	27,9	
16. Apr. „	Sachsenhausen-Offenbach	Main-Neckar	4,5	
26. Mai „	Münster-Hamm	Westfälische	34,9	
10. Juni „	Löbau-Zittau	Sächsische	34,0	
20. „ „	Woldenberg-Wronke	Oberschlesische	54,6	
1. Juli „	Jüterbogk-Herzberg	Berlin-Anhalter	38,4	
1. „ „	Homburg-Kaiserslautern	Pfälzische	35,4	
12. „ „	Schwerin-Wismar	Friedr.-Franz	32,4	
14. „ „	Wronke-Samter	Oberschlesische	18,1	
25. „ „	Bietigheim-Heilbronn	Württembergische	29,7	
1. Aug. „	Dresden-Pirna	Sächsische Staatsb.	16,1	
10. „ „	Samter-Posen	Oberschlesische	31,3	
19. „ „	Fürstenstadt Magdeburg-Fürstenwall	Berlin-Potsd.-M.	3,5	
20. „ „	Cassel-Grebenstein	Bergisch-Märkische	21,8	
1. Sept. „	Annaberg-Oesterr. Grenze	Oberschlesische	1,3	
10. „ „	Frankfurt a.-M.-Hanau	Frankfurt-Hanau	16,6	
18. „ „	Bebra-Guxhagen	Bergisch-Märkische	41,1	
1. Oct. „	Herzberg-Riesa	Berlin-Anhalter	41,3	
14. „ „	Oberhausen-Ruhrort	Cöln-Mindener	9,7	

Tag der Eröffnung.	Eröffnete Strecke.	Name der Bahn.	Länge in Kilom.	Am Schlusse des Jahres. Kilom.
1. Nov. 1848	Hof-Neuenmarkt	Bayerische Staatsb.	56,0	
8. „ „	Schliengen-Efringen	Badische	15,0	
20. „ „	Plauen-Hof	Sächs. Staatsb.	46,0	
26. „ „	Boesdorf-Neisse	Oberschlesische	8,0	
2. Dec. „	Kaiserslautern-Frankenst.	Pfälzische	15,4	
28. „ „	Schwelm-Dortmund	Bergisch-Märkische	47,8	4989,4
	Ausserdem: die Pferdebahn Fröttstedt-Waltershausen	Thüringische	3,8	
1. Apr. 1849	Nürnberg-Schwabach	Bayer. Staatsb.	15,0	
15. Mai „	Oettingen-Donauwörth	„	39,0	
26. „ „	Ravensburg-Biberach	Württembergische	46,8	
6. Juni „	Bexbach-Homburg	Pfälzische	7,2	
6. „ „	Frankenstein-Neidenfels	„	11,3	
14. „ „	Süssen-Geislingen	Württembergische	10,4	
9. Juli „	Magdeburg-Seehausen	Magdeb.-Halberst.	93,0	
15. Aug. „	Seehausen-Wittenberge	„	10,9	
20. „ „	Gunzenhausen-Oettingen	Bayer. Staatsb.	30,0	
25. „ „	Neidenfels-Neustadt	Pfälzische	6,4	
29. „ „	Guxhagen-Guntershausen	Bergisch-Märkische	3,0	
29. „ „	Cassel-Guntershausen	Main-Weser	13,9	
15. Sept. „	Hümme-Haueda	Bergisch-Märkische	15,8	
25. „ „	Eisenach-Gerstungen	Thüringische	24,3	
25. „ „	Gerstungen-Bebra	Bergisch-Märkische	21,1	
30. „ „	Schwabach-Gunzenhausen	Bayer. Staatsb.	48,0	
5. Oct. „	Viersen-Homberg	Bergisch-Märkische	33,6	
18. „ „	Frankfurt a./M.-Sachsenhausen	Main-Neckar	3,8	
19. Dec. „	Guntershausen-Wabern	Main-Weser	20,1	5443,0
2. Jan. 1850	Wabern-Treysa	„	26,7	
4. März „	Treysa-Kirchhain	„	28,6	
10. „ „	Frankfurt a./M.-Friedeberg	„	33,5	
3. Apr. „	Kirchhain-Warburg	„	15,1	
9. Mai „	Pirna-Königstein	Sächs. Staatsb.	17,5	
13. „ „	Kleinen-Rostock	Friedrich-Franz	71,3	
13. „ „	Bützow-Güstrow	„	13,6	
1. Juni „	Ulm-Bieberach	Württembergische	37,1	
9. „ „	Königstein-Krippen	Sächsische	6,6	
29. „ „	Geislingen-Ulm	Württembergische	32,6	
25. Juli „	Marburg-Lollar	Main-Weser	21,4	
25. Aug. „	Lollar-Giessen	„	8,9	
1. Oct. „	Hamm-Paderborn	Westfälische	76,1	
15. „ „	Bexbach-Preuss.Grenze	Pfälzische	1,4	
15. „ „	Bayer. Grenze-Neunkirchen-Reden	Saarbrücker	9,7	
1. Dec. „	Friedberg-Butzbach	Main-Weser	13,3	5856,4

Tag der Eröffnung.	Eröffnete Strecke.	Name der Bahn.	Länge in Kilom.	Am Schlusse des Jahres. Kilom.
	Ausserdem:			
15. Oct. 1850	Nach den Gruben Reden und Heinitz	Saarbrücker	4,0	
	Gleiwitz-Gleiwitzer Hütte	Oberschlesische	0,9	
20. Jan. 1851	Efringen-Haltingen —	Badische	6,0	
28. März „	Warburg-Haueda	Main-Weser	4,6	
6. April „	Krippen-Grenze bei Bodenbach —	Sächsische	10,3	
1. Mai „	Butzbach-Langgöns	Main-Weser	8,1	
15. Juni „	Verbindungsbahn in Magdeburg	Magdeb.-Halberst.	0,6	
15. Juli „	Reichenbach-Plauen —	Sächsische	24,9	
20. „ „	Leipziger Verbindungsb.	„	5,0	
27. „ „	Kreuz-Bromberg —	Preuss. Ostbahn	145,4	
15. Oct. „	Berliner Verbindungsbahn	Nied.-Märkische	10,8	
15. „ „	Gladbach-Viersen	Bergisch-Märkische	8,5	
15. „ „	Lübeck-Büchen —	Lübeck-Büchener	47,4	
15. „ „	Büchen-Palmschleuse	Berlin-Hamburger	11,8	
25. „ „	Elbbrücke in Wittenberge	Magdeb.-Halberst.	3,0	6142,8
	Ausserd. Kohlenbahn. der	Saarbrücker	4,5	
1. April 1852	Kaufbeuren-Kempten	Bayer. Staatsbahn	45,0	
19. „ „	Dresdener Verbindungsb.	Sächsische	3,7	
15. Mai „	Giessen-Langgöns	Main-Weser	9,6	
1. Aug. „	Bamberg-Hassfurt	Bayer. Staatsbahn	30,0	
6. „ „	Bromberg-Danzig	Preuss. Ostbahn	158,6	
12. „ „	Rheidt-Gladbach	Bergisch-Märkische	3,8	
1. Sept. „	Limmritz-Chemnitz	Sächsische	36,0	
19. Oct. „	Marienburg-Braunsberg	Preuss. Ostbahn	83,8	
3. Nov. „	Hassfurt-Schweinfurt	Bayer. Staatsbahn	22,0	
12. „ „	Herzogenrath-Rheidt	Bergisch-Märkische	44,0	
12. „ „	Traject bei Ruhrort	„	—	
15. „ „	Reden-Grenze bei Forbach	Saarbrücker	21,9	
1. Dec. „	Kattowitz-Idaweiche	Oberschlesische	4,7	6605,0
	Ausserdem:			
1. „ „	Idaweiche-Idahütte	„	1,1	
1. „ „	Idaweiche-Emanuelssegen	„	6,5	
	Kohlenzweigbahn der	Saarbrücker	2,7	
17. Jan. 1853	Aachen-Herzogenrath	Bergisch-Märkische	13,2	
17. „ „	Gladbach-Oberkassel	„	24,2	
23. März „	Mainz-Oppenheim	Hess. Ludwigsbahn	18,2	
1. Mai „	Hannover-Alfeld	Hannoversche	49,7	
1. „ „	Kempten-Immenstadt	Bayer. Staatsbahn	39,0	
1. Juli „	Palmschleuse-Lauenburg	Berlin-Hamburger	1,2	
10. „ „	Oppenheim-Alsheim	Hess. Ludwigsbahn	11,0	
15. „ „	Freiburg-Waldenburg	Breslau-Freiburger	17,9	
22. „ „	Paderborn-Warburg	Westfälische	54,5	

Tag der Eröffnung.	Eröffnete Strecke.	Name der Bahn.	Länge in Kilom.	Am Schlusse des Jahres. Kilom.
23. Juli 1853	Alsheim-Osthofen	Hess. Ludwigsbahn	7,0	
2. Aug. „	Braunsberg-Königsberg	Preuss. Ostbahn	61,9	
25. „ „	Osthofen-Worms	Hess. Ludwigsbahn	8,0	
1. Sept. „	Immenstadt-Oberstaufen	Bayer. Staatsbahn	19,0	
15. „ „	Nordstemmen-Hildesheim	Hannoversche	11,1	
26. „ „	Neu Ulm-Burgau	Bayer. Staatsbahn	37,0	
26. „ „	Augsburg-Dinkelscherben	„	25,0	
1. Oct. „	Bruchsal-Bietigheim	Württembergische	54,9	
12. „ „	Oberstaufen-Lindau	Bayer. Staatsbahn	51,2	
23. „ „	Aachen-Gr. geg. Mastricht	Aachen-Mastrichter	8,5	
15. Nov. „	Ludwigshaf.-Hess. Grenze bei Worms	Pfälzische	18,4	
23. „ „	Worms-Bayer. Grenze	Hess. Ludwigsbahn	3,2	
28. „ „	Neuenmarkt-Bayreuth	Bayer. Staatsbahn	20,8	7140,8
	Ausserdem:			
27. Jan. „	Kohlenbahn Kohlscheidt-Kämpchen	Bergisch-Märkische	2,2	
1. Mai 1854	Burgau-Dinkelscherben	Bayer. Staatsbahn	19,0	
21. „ „	Pasing-Planegg	„	3,8	
1. Juni „	Neu Ulm-Ulm	„	4,0	
22. „ „	Hanau-Aschaffenburg	Frankfurt-Hanauer	25,2	
24. „ „	München-Grosshesselohe	Bayer. Staatsbahn	10,0	
1. Juli „	Schweinfurt-Würzburg	„	48,0	
16. „ „	Planegg-Gauting	„	7,5	
1. Aug. „	Alfeld-Göttingen	Hannoversche	58,5	
10. Sept. „	Gauting-Mühlthal	Bayer. Staatsbahn	3,8	
1. Oct. „	Würzburg-Aschaffenburg	„	89,2	
16. „ „	Obercassel-Düsseldorf	Bergisch-Märkische	0,8	
25. „ „	Rendsburg-Flensburg	Altona-Kieler	79,1	
25. „ „	Oster Orsted-Tönning	„	33,1	
21. Nov. „	Papenburg-Emden	Westfälische	42,5	
15. Dec. „	Mühlthal-Starnberg	Bayer. Staatsbahn	6,0	7571,3
	Ausserdem:			
	Kohlenb. Zwickau-Bockwa	Sächsische	7,1	
1. Jan. 1855	Nendza-Czernitz	Oberschlesische	15,8	
1. „ „	Ratibor-Woinowitz	„	7,9	
21. Febr. „	Haltingen-Basel (3 Kil. in der Schweiz.)	Badische	6,0	
28. Juni „	Dresden-Tharandt	Sächsische	13,6	
9. Juli „	Dortmund-Soest	Bergisch-Märkische	53,9	
18. „ „	Neustadt-Landau	Pfälzische	18,5	
15. Oct. „	Bonn-Rolandswerth	Rheinische	11,8	
15. Nov. „	Cöln-Neuss	„	36,0	
21. „ „	Löhne-Osnabrück	Hannoversche	47,5	
26. „ „	Landau-Weissenburg	Pfälzische	28,3	
1. Dec. „	Schweidnitz-Reichenbach	Breslau-Freiburger	18,8	7826,4

Tag der Eröffnung.	Eröffnete Strecke.	Name der Bahn.	Länge in Kilom.	Am Schlusse des Jahres. Kilom.
	Ausserdem:			
20. Nov. 1855	Nach d. Döhlener Kunstschächten	Sächsische	0,5	
	Morgenroth-Carl Emanuelgrube	Oberschlesische	2,9	
21. Jan. 1856	Rolandswerth-Rolandseck	Rheinische	2,1	
26. „ „	Neuss-Crefeld	„	16,6	
3. Febr. „	Basel-Säckingen	Badische	33,0	
15. „ „	Emmerich-Niederl. Grenze	Cöln-Mindener	11,8	
22. März „	Corbetha-Leipzig	Thüringische	31,5	
2. Mai „	Lingen-Papenburg	Westfälische	66,2	
8. „ „	Göttingen-Münden	Hannoversche	33,9	
17. „ „	Verbindgsb. b. Rendsburg	Altona-Kieler	2,5	
28. Juni „	Münster-Rheine-Lingen	Westfälische	69,7	
28. „ „	Osnabrück-Rheine	Hannoversche	46,8	
1. Juli „	Oberhausen-Dinslaken	Cöln-Mindener	14,0	
5. Aug. „	Börssum-Kreiensen	Braunschweigische	60,7	
11. „ „	Mosbacher Curve-Rüdesh.	Nassauische	25,6	
23. Sept. „	Münden-Cassel	Hannoversche	24,3	
1. Oct. „	Czernitz-Orzesche	Oberschlesische	34,7	
1. „ „	Woinowitz-Leobschütz	„	30,1	
20. „ „	Dinslaken-Emmerich	Cöln-Mindener	46,7	
27. „ „	Breslau-Posen	Oberschlesische	165,3	
30. „ „	Säckingen-Waldshut	Badische	23,0	
30. Dec. „	Orzesche-Nicolai	Oberschlesische	9,8	
31. „ „	Liegnitz-Königszelt	Breslau-Freiburger	46,7	8617,4
	Ausserdem:			
2. Apr. „	Nach der Elbe und dem Augustusschachte	Sächsische	3,3	
17. Oct. „	Potschappel-Hainichen	„	15,0	
25. Nov. „	Potschappel-Hermsdorf	„	5,0	
30. Dec. „	Zur Mokraugrube	Oberschlesische	0,3	
30. „ „	Zum Clodnitzkanale	„	0,8	
	Heinitz-Grube-Dechenschächte	Saarbrücker	0,6	
11. Febr. 1857	Wiesbad.-Mosbach. Curve	Nassauische	5,3	
16. „ „	Tarnowitz-Zawadzky	Rechte Oderufer	34,5	
12. Mai „	Schönebeck-Stassfurt	Magdeb.-Leipziger	22,3	
15. „ „	Homburg-Zweibrücken	Pfälzische	11,0	
17. Aug. „	Dessau-Bitterfeld	Berlin-Anhalter	25,3	
12. Oct. „	Frankfurt a./O.-Kreuz	Preuss. Ostbahn	134,9	
12. „ „	Dirschau-Marienburg	„	17,5	
16. „ „	Glückstadt-Itzehoe	Glückst.-Elmshorn	16,1	
1. Nov. „	Grosshesselohe-Rosenheim	Bayerische Staatsb.	63,0	
30. Dec. „	Lissa-Blockhausplateau bei Glogau	Oberschlesische	42,9	8990,5

Tag der Eröffnung.	Eröffnete Strecke.	Name der Bahn.	Länge in Kilom.	Am Schlusse des Jahres. Kilom.
	Ausserdem:			
1. Apr. 1857	Biendorf-Gerlebogk und Abzweigungen	Magdeburg-Halberstädter	9,2	
11. Juli „	Stassfurt-Lödderburg	Magdeb.-Leipziger	3,4	
1. Sept. „	Zweigbahn am Piesberge	Hannoversche	1,7	
1851—1857	Schmalspurige Zweigbahn	Oberschlesische	90,0	
11. Jan. 1858	Glauchau-Zwickau	Sächsische	15,0	
21. „ „	Rolandseck-Remagen	Rheinische	6,9	
24. „ „	Oppeln-Zawadzky	Rechte Oderufer	41,7	
15. Mai „	Zwickau-Schwarzenberg	Sächsische	40,7	
18. „ „	Oderbrücke bei Glogau	Oberschlesische	1,5	
1. Juni „	Klosterkrug-Schleswig	Klosterkr.-Schlesw.	4,8	
1. Juli „	Oberlahnstein-Ems	Nassauische	12,8	
15. „ „	Bingerbrück-Creuznach	Rhein-Nahe	15,1	
20. „ „	Jerxheim-Helmstedt	Braunschweigische	21,9	
1. Aug. „	Cölner Verbindungsbahn	Rheinische	4,2	
1. „ „	Mainz-Darmstadt	Hess. Ludwigsbahn	33,0	
5. „ „	Rosenheim-Oest. Grenze bei Kufstein	Bayerische Staatsb.	32,0	
15. „ „	Remagen-Neuwied	Rheinische	23,3	
1. Nov. „	Reichenbach-Frankenstein	Breslau-Freiburger	21,9	
1. „ „	Eisenach-Coburg	Werrabahn	130,4	
1. „ „	Coburg-Sonneberg	„	19,9	
3. „ „	München-Landshut	Bayerische Ostbahn	75,0	
15. „ „	Neuwied-Coblenz	Rheinische	13,5	
15. „ „	Chemnitz-Gössnitz	Sächsische	45,7	
15. „ „	Wüstenbrand-Lugau	„	12,3	
18. „ „	Darmstadt-Aschaffenburg	Hess. Ludwigsbahn	41,6	
16. Dec. „	Saarbrücken-Merzig —	Saarbrücker	37,7	
20. „ „	Nicolai-Jdaweiche	Oberschlesische	9,0	9650,4
	Ausserdem:			
1. Apr. „	Mülheim-Essen (Pferdeb.)		11,0	
1. Juli „	Nach Grube Friedrichsthal	Saarbrücker	1,2	
22. Sept. „	Tangermünde-Vaethen	Magdeb.-Halberst.	0,9	
1. Jan. 1859	Deutz-Hennef	Cöln-Mindener	30,8	
24. „ „	Coburg-Lichtenfels	Werrabahn	20,8	
31. „ „	Verbindungsb. in Frankfurt u./M.	Frankfurt-Hanauer	5,9	
1. Febr. „	Bitterfeld-Halle	Berlin-Anhalter	29,0	
1. „ „	Bitterfeld-Leipzig u. Verbindungsbahn	„	32,3	
9. „ „	Weissenfels-Zeitz	Thüringische	31,0	
19. März „	Zeitz-Gera	„	28,6	
21. „ „	Hagen-Letmathe	Bergisch-Märkische	21,1	
9. Mai „	Nürnberg-Hersbruck	Bayerische Ostbahn	29,1	
1. Juni „	Stargard-Cöslin	Berlin-Stettiner	135,8	

Tag der Eröffnung.	Eröffnete Strecke.	Name der Bahn.	Länge in Kilom.	Am Schlusse des Jahres. Kilom.
1. Juni 1859	Belgard-Colberg	Berlin-Stettiner	36,2	
25. ,, ,,	Myslowitz-Neuberun	Oberschlesische	18,8	
1. Juli ,,	Gunzenhausen-Ansbach	Bayerische Staatsb.	26,9	
3. Aug. ,,	Wittenberg-Bitterfeld	Berlin-Anhalter	37,7	
15. ,, ,,	Durlach-Wilferdingen	Badische	12,8	
16. ,, ,,	Waldshut-Mitte Rheinbrücke	,,	1,7	
24. ,, ,,	Kattowitz-Russ. Grenze bei Sosnowice	Oberschlesische	1,8	
15. Sept. ,,	Morgenroth-Tarnowitz	,,	17,4	
19. ,, ,,	Niederschlema-Schneebrg.	Sächsische	5,3	
20. ,, ,,	Plochingen-Reutlingen	Württembergische	34,2	
15. Oct. ,,	Hennef-Eitorf	Cöln-Mindener	12,1	
17. ,, ,,	Mainz-Bingen	Hess. Ludwigsbahn	32,1	
22. ,, ,,	Rheinbrücke bei Cöln	Cöln-Mindener	0,5	
1. Dec. ,,	Zittau-Oesterreich. Grenze gegen Reichenberg	Sächsische	4,9	
5. ,, ,,	Cölner Stadt- und Ringbahn	Rheinische	1,3	
12. ,, ,,	Hersbruck-Landshut	Bayerische Ostbahn	187,0	
12. ,, ,,	Geiselhöring-Straubing	,,	32,0	
15. ,, ,,	Creuznach-Oberstein	Rhein-Nahe	53,2	
22. ,, ,,	Coblenz-Bingen	Rheinische	62,5	10593,2
	Ausserdem:			
1. Jan. ,,	Von Duisburg nach dem Rhein-Ruhr-Canal und Hochfelde	Bergisch-Märkische	4,4	
1. Dec. ,,	Kattowitz-Karolinengrube und Hohenlohehütte	Oberschlesische	5,3	
1. Febr. 1860	Dortm.-Zeche Germania	Bergisch-Märkische	6,4	
7. Mai ,,	Rosenheim-Traunstein	Bayerische Staatsb.	52,0	
26. ,, ,,	Merzig-Trier	Saarbrücker	48,2	
26. ,, ,,	Oberstein-Neunkirchen	Rhein-Nahe	53,2	
6. Juni ,,	Königsberg-Stallupönen	Preussische Ostb.	142,0	
9. Juli ,,	Ems-Nassau	Nassauische	8,3	
16. ,, ,,	Letmathe-Altena	Bergisch-Märkische	9,0	
16. ,, ,,	Herdecke-Einhaus	,,	2,2	
1. Aug. ,,	Eitorf-Wissen	Cöln-Mindener	27,9	
15. ,, ,,	Stallupönen-Eydtkuhnen	Preussische Ostb.	11,1	
15. ,, ,,	Traunstein-Oesterr. Gr. bei Salzburg	Bayerische Staatsb.	31,8	
10. Sept. ,,	Frankfurt a./M.-Homburg	Homburger	18,2	
20. ,, ,,	Straubing-Passau	Bayerische Ostbahn	61,8	
26. Oct. ,,	Witten-Langendreer	Bergisch-Märkische	5,3	
26. ,, ,,	Langendreer-Zeche Engelsburg bei Bochum	,,	9,5	

Tag der Eröffnung.	Eröffnete Strecke.	Name der Bahn.	Länge in Kilom.	Am Schlusse des Jahres. Kilom.
1. Dec. 1860	Coswig-Meissen	Leipzig-Dresdener	9,0	11089,1
	Ausserdem:			
15. Aug. „	Schwientochlowitz-Königshütte	Oberschlesische	2,9	
	Nach Grube Reden durch das Russbachthal	Saarbrücker	1,5	
1. Dec. „	Oberhohndorf-Reinsdorf	Sächsische	13,3	
7. Jan. 1861	Schwandorf-Cham	Bayerische Ostbahn	49,0	
10. „ „	Wissen-Betzdorf	Cöln-Mindener	11,4	
10. „ „	Betzdorf-Siegen	„	17,2	
20. Febr. „	Hochstadt-Gundelsdorf	Bayer. Staatsbahn	21,0	
1. Juli „	Betzdorf-Burbach	Cöln-Mindener	18,2	
1. „ „	Kehl-Mitte Rheinbrücke	Badische	1,9	
4. „ „	Wilferdingen-Pforzheim	„	13,5	
25. „ „	Cannstatt-Wasseralfingen	Württembergische	74,2	
6. Aug. „	Altena-Siegen	Bergisch-Märkische	76,1	
29. „ „	Conz-Grenze bei Wasserbillig	Saarbrücker	5,1	
1. Sept. „	Passau-Oesterr. Grenze	Kaiser. Elisabethb.	1,5	
20. „ „	Cham-Furth	Bayer. Ostbahn	19,5	
15. Oct. „	Furth-Oesterr. Grenze	Böhm. Westbahn	6,7	
15. „ „	Reutlingen-Rottenburg	Württembergische	25,2	
24 „ „	Bromberg-Thorn	Preuss. Ostbahn	49,9	
23. Nov. „	Holzkirchen-Miesbach	Bayer. Staatsbahn	17,3	11496,8
	Ausserdem:			
3. Apr. „	Ensdorf-Grube Kronprinz	Saarbrücker	2,2	
15. Mai „	Von Grube Heydt durch das Burbachthal	„	0,6	
1. Nov. „	Kunigundenweiche-Louisenglücksgrube	Oberschlesische	2,8	
12. Jan. 1862	Burbach-Giessen	Cöln-Mindener	65,0	
23. „ „	Bremen-Geestemünde	Hannoversche	61,5	
22. Febr. „	Rüdesheim-Oberlahnstein	Nassauische	56,6	
1. März „	Engelsburg-Mülheim-Oberhausen	Bergisch-Märkische	29,2	
1. Mai „	Mülheim-Duisburg	„	8,1	
5. Juni „	Basel-Schopfheim (3 Kilom. in der Schweiz)	Badische	22,2	
2. Juli „	Halberstadt-Thale	Magdeb.-Halberst.	29,7	
5. „ „	Nassau-Limburg	Nassauische	26,3	
4. Aug. „	Heilbronn-Hall	Württembergische	53,4	
5. „ „	Carlsruhe-Maxau	Badische	9,5	
11. „ „	Tharandt-Freiberg	Sächsische	26,5	
4. Oct. „	Zeche Germania-Langendreer	Bergisch-Märkische	6,5	
12. „ „	Ulm-Memmingen	Bayer. Staatsbahn	50,2	

Tag der Eröffnung.	Eröffnete Strecke.	Name der Bahn.	Länge in Kilom.	Am Schlusse des Jahres. Kilom.
14. Oct. 1862	Limburg-Weilburg	Nassauische	29,4	
14. „ „	Pristewitz-Grossenhain	Leipzig-Dresdener	4,8	
23. „ „	Heidelberg-Mosbach	Badische	53,1	
4. Dec. „	Thorn-Otloczyn-Russische Grenze	Preuss. Ostbahn	14,4	
8. „ „	Burg-Lesum-Vegesack	Hannoversche	6,0	
	Biebrich-Station Curve	Nassauische	1,9	12048,1
	Ausserdem:			
23. Jan. „	Geestemünde-Bremerhaf.	Hannoversche	4,0	
6. Nov. „	Ziehwaldstollen der Grube König	Saarbrücker	0,3	
	Hennef-Ruppichtroth	Brölthalbahn	19,7	
	Zweigb. in's Sauerbacher Thal	„	2,5	
3. Jan. 1863	Mainz-Frankfurt a. M. u. Rheinbrücke	Hess. Ludwigsbahn	26,7	
10. „ „	Weilburg-Wetzlar	Nassauische	22,6	
1. März „	Gundelsdorf-Stockheim	Bayerische Staatsb.	3,5	
5. „ „	Crefeld-Cleve	Rheinische	65,1	
16. „ „	Angermünde-Anclam	Berlin-Stettiner	104,6	
16. „ „	Pasewalk-Stettin	„	37,0	
16. „ „	Neuberun-Oesterr. Grenze bei Oswiecim	Oberschlesische	2,1	
29. Mai „	Pforzheim-Mühlacker	Badische	12,6	
1. Juni „	Memmingen-Kempten	Bayerische Staatsb.	34,9	
1. „ „	Verbindungsb. bei Steele	Bergisch-Märkische	1,6	
13. „ „	Waldshut-Constanz	Badische	89,5	
1. Oct. „	Irrenlohe-Weiden	Bayerische Ostbahn	39,9	
3. „ „	Wasseralfingen-Nördling.	Württembergische	37,1	
1. Nov. „	Anclam-Stralsund	Berlin-Stettiner	64,3	
1. „ „	Züssow-Wolgast	„	17,7	
1. „ „	Rosslau-Zerbst	Berlin-Anhalter	13,2	
1. Dec. „	Weiden-Bayreuth	Bayerische Ostbahn	59,2	12650,7
	Ausserdem:			
3. Jan. „	Nach dem Hafen-Bassin auf der Gustavsburg	Hess. Ludwigsbahn	1,7	
21. Sept. „	Langendreer-Lär	Bergisch-Märkische	3,1	
26. Oct. „	Steele-Dahlhausen		3,9	
1. Dec. „	Verbindungsb. b. Düsseld.	Cöln-Mindener	2,5	
	Königshütte-Erbreichschacht	Oberschlesische	1,1	
1. März 1864	Herbesthal-Eupen	Rheinische	5,3	
14. „ „	Winden-Maximiliansau	Pfälzische	16,1	
14. „ „	Speyer-Germersheim	„	13,6	
15. „ „	Lüneburg-Hohnstorf und Traject	Hannoversche	16,3	

Tag der Eröffnung.	Eröffnete Strecke.	Name der Bahn.	Länge in Kilom.	Am Schluss des Jahres. Kilom.
31. Apr. 1864	Letmathe-Iserlohn	Bergisch-Märkische	5,5	
15. Apr. „	Nordschlesw. Weiche-Rothenkrug	Altona-Kieler	38,4	
1. Juni „	Coblenzer Stadtbahn und Rheinbrücke	Rheinische	1,6	
1. „ „	Ehrenbreitenstein - Oberlahnstein	„	6,2	
1. Juli „	Ansbach-Würzburg	Bayerische Staatsb.	88,8	
15. Aug. „	Weiden-Mitterteich	Bayerische Ostbahn	39,5	
15. Sept. „	Aalen-Heidenheim	Württembergische	22,3	
21. „ „	Unterboihingen-Kirchh.	„	6,5	
1. Oct. „	Altenbecken-Höxter	Westfälische	41,4	
1. „ „	Rothenkrug-Woyens	Altona-Kieler	20,0	
6. „ „	Düren-Euskirchen	Rheinische	30,4	
1. Nov. „	Rottenburg-Eyach	Württembergische	12,6	
15. „ „	Güstrow-Neubrandenburg	Friedrich Franz	87,7	
5. Dec. „	Worms-Monsheim	Hess. Ludwigsbahn	11,5	13114,4
	Ausserdem:			
1. März „	Kattowitz - Ferdinandsgrube	Oberschlesische	1,5	
10. „ „	Büddenstedt - Trendelbusch	Braunschweigische	2,9	
23. „ „	Wolgaster Hafenbahn	Berlin-Stettiner	1,1	
3. Mai „	Colberger Hafenbahn	„	1,2	
15. „ „	Minden-Weserhafen	Cöln-Minden	0,5	
1. Oct. „	Erfurt-Ilversgehofen	Thüringische	4,3	
1. Nov. „	Umgangsbahn bei Ruhrort	Cöln-Minden	4,1	
1. Dec. „	Stadtbahnhof Essen-Borbeck	„	3,1	
1. Mai 1865	Cleve-Niederl. Grenze bei Elten	Rheinische	13,7	
6. „ „	Neustadt-Dürkheim	Pfälzische	15,5	
8. „ „	Rheinbrücke bei Maxau	Pfälz. und Badische	0,2	
17. Juni „	Tilsit-Insterburg	Tilsit-Insterburger	53,9	
19. „ „	Fürth-Rottendorf(Würzb.)	Bayerische Staatsb.	102,1	
1. Juli „	Starnberg-Tutzing	„	11,1	
1. „ „	Euskirchen-Mechernich	Rheinische	14,1	
1. Aug. „	Lübeck-Hamburg	Lübeck-Büchener	63,7	
9. „ „	Cleve-Grenze bei Cranenburg	Rheinische	12,7	
1. Sept. „	Halle-Eisleben	Magdeb.-Leipziger	37,8	
11. „ „	Pillau-Königsberg	Ostpreuss. Südbahn	47,7	
20. „ „	Kohlfurt-Reibnitz	Niederschl.-Märk.	62,9	
20. „ „	Görlitz-Lauban	„	25,6	
30. „ „	Altona - Hamburger Verbindungsbahn	Altona-Kieler	2,4	

Tag der Eröffnung.	Eröffnete Strecke.	Name der Bahn.	Länge in Kilom.	Am Schlusse des Jahres. Kilom.
2. Oct. 1865	Salzbergen - Niederländ. Grenze gegen Almelo	Niederländ. Staatsbahn	21,8	
10. „ „	Wegeleben-Bernburg	Magdeb.-Halberst.	50,0	
10. „ „	Güsten-Stassfurt	„	6,7	
10. „ „	Höxter-Kreiensen	Westf.u.Braunschw.	51,8	
15. „ „	Mitterteich-Grenze gegen Eger	Bayerische Ostbahn	13,4	
16. „ „	Tutzing-Penzberg	Bayerische Staatsb.	22,7	
23. „ „	Greiz-Brunn	Sächsische	10,3	
1. Nov. „	Herlasgrün-Grenze gegen Eger	„	87,0	
1. „ „	Oberkotzau-Grenze gegen Eger	Bayerische Staatsb.	22,4	
5. „ „	Dinglingen-Lahr	Badische	3,2	
28. Dec. „	Gössnitz-Gera	Sächsische	34,8	13899,9
	Ausserdem:			
10. März „	Greifswalder Hafenbahn	Berlin-Stettiner	1,7	
10. „ „	Stralsunder Hafenbahn	„	2,9	
21. Juni „	Berlin-Charlottenburger	Pferdebahn	7,5	
1. Mai „	Peine-Ilseder Hütte	Hannoversche	7,8	
16. Aug. „	Friedrichsgrube-Laziak	Oberschlesische	9,6	
1. Oct. „	Georg Marienhütte-Herminengrube bei Osnabrück	Hüggelbahn	4,5	
18. Jan. 1866	Unna-Hamm	Bergisch-Märkische	17,6	
22. „ „	Bebra-Hersfeld	Bebra-Hanauer	13,4	
29. „ „	Viersen-Kaldenkirchen	Bergisch-Märkische	17,6	
1. Febr. „	Chemnitz-Annaberg	Sächsische Staatsb.	55,4	
1. „ „	Tutzing-Peissenberg	Bayerische Staatsb.	20,3	
1. März „	Deggendorf-Plattling	Bayerische Ostbahn	8,9	
22. „ „	Goslar-Vienenburg	Hannoversche	13,1	
1. Mai „	Hadersleben-Woyens	Altona-Kieler	12,0	
14. „ „	Borsdorf-Grimma	Leipzig - Dresdener	19,8	
31. „ „	Neumünster-Neustadt	Altona-Kieler	62,5	
31. „ „	Ascheberg-Kiel	„	27,1	
1. Juli „	Freilassing-Reichenhall	Bayerische Staatsb.	14,8	
2. „ „	Offenburg-Hausach	Badische	33,2	
10. „ „	Eisleben-Nordhausen	Magdeb.-Leipziger	60,5	
16. „ „	Hamburg - Altona (Hamburger Theil)	Berlin-Hamburger	4,5	
20. Aug. „	Reibnitz-Hirschberg	Niederschl.-Märk.	10,7	
25. „ „	Mosbach-Osterburken	Badische	28,2	
1. Sept. „	Osterath-Essen	Rheinische	40,0	
6. „ „	Singen-Engen	Badische	14,5	
11. „ „	Heilbronn-Jagstfeld	Württembergische	11,1	
13. „ „	Berlin-Cottbus	Berlin-Görlitzer	114,6	
24. „ „	Königsberg-Bartenstein	Ostpreuss. Südbahn	58,4	

Tag der Eröffnung.	Eröffnete Strecke.	Name der Bahn.	Länge in Kilom.	Am Schlusse des Jahres. Kilom.
1. Oct. 1866	Hersfeld-Fulda	Bebra-Hanauer	42,6	
1. „ „	Cüstrin-Gusow	Preussische Ostb.	19,0	
29. „ „	Kaldenkirchen-Grenze gegen Venlo	Bergisch-Märkische	1,7	
1. Nov. „	Osterburken-Würzburg	Badische	77,9	
1. „ „	Woyens-Jütländ. Grenze (Farris)	Altona-Kieler	16,2	
15. „ „	Goldshöfe-Crailsheim	Württembergische	30,5	
26. „ „	Schwarzenacker-Hassel	Pfälzische	14,2	
1. Dec. „	Eyach-Horb	Württembergische	8,1	
27. „ „	Monsheim-Alzey	Hess. Ludwigsbahn	18,4	14786,7
	Ausserdem:			
15. Febr. „	Herminengrube-Rother Berg	Hüggelbahn	3,0	
1. „ „	Pluto (Wanne) - Königsgrube	Cöln-Mindener	1,5	
1. Apr. „	Gelsenkirchen-Carolinenglück	„	6,9	
1. „ „	Nach Zeche Hannover	„	1,5	
15. Mai „	St. Johann-Saarhafen bei Malstadt	Saarbrücker	7,5	
16. Aug. „	Hamburg-Wandsbeck und Zweigbahn	Hamburger Pferdebahn	1,3	
1. Jan. 1867	Neustadt-Ew.-Wriezen	Berlin-Stettiner	30,2	
1. „ „	Pasewalk-Neubrandenburg	Berlin-Stettiner u. Friedrich-Franz	51,6	
14. „ „	Borna-Kieritzsch	Sächsische Staatsb.	6,8	
25. Febr. „	Mannheim-Ludwigshafen	Pfälzische und Bad.	3,1	
1. Apr. „	Hengstei-Holzwickede	Bergisch-Märkische	18,4	
1. Mai „	Wächtersbach-Hanau	Bebra-Hanauer	32,8	
16. „ „	Dietendorf-Arnstadt	Thüringische	10,1	
19. „ „	Altona-Blankenese	Altona-Kieler	9,8	
1. Juni „	Hassel-St. Ingbert	Pfälzische	6,2	
26. „ „	Tingleff-Tondern	Altona-Kieler	26,3	
9. Juli „	Nordhausen-Arenshausen	Magdeb.-Leipziger	69,7	
15. „ „	Oldenburg-Bremen	Oldenburger	44,3	
20. „ „	Radolfzell-Stockach	Badische	17,4	
1. Aug. „	Göttingen-Arenshausen	Hannoversche	20,1	
15. „ „	Hirschberg-Dittersbach	Niederschlesische	47,2	
15. „ „	Dittersbach-Waldenburg	„	4,8	
3. Sept. „	Oldenburg-Wilhelmshafen (Heppens)	Oldenburgische	52,4	
25. „ „	Haan-Opladen	Bergisch-Märkische	17,3	
25. „ „	Ohligs-Solingen	„	5,6	
1. Oct. „	Berlin-Gusow	Preussische Ostb.	63,4	
1. „ „	Danzig-Neufahrwasser	„	11,3	

Tag der Eröffnung.	Eröffnete Strecke.	Name der Bahn.	Länge in Kilom.	Am Schlusse des Jahres. Kilom.
8. Oct. 1867	Horb-Thalhausen	Württembergische	36,9	
10. „ „	Lauda-Hochhausen	Badische	12,5	
28. „ „	Grimma-Leisnig	Leipzig-Dresdener	22,6	
1. Nov. „	Bartenstein-Rastenburg	Ostpreuss. Südbahn	45,1	
1. „ „	Mechernich-Call	Rheinische	9,2	
2. „ „	Styrum-Ruhrort	Bergisch-Märkische	9,6	
14. „ „	München-Jngolstadt	Bayerische Staatsb.	80,8	
10. Dec. „	Hall-Crailsheim	Württembergische	33,9	
31. „ „	Cottbus-Görlitz	Berlin-Görlitzer	93,3	15679,4
	Ausserdem:			
8. Juni „	Zweigb. nach Barmbeck	Hamburg. Pferdeb.	3,4	
1. Juli „	St. Ingbert-Kohlengruben	Pfälzische	2,2	
1. Sept. „	Duisburg-Rheinhausen	Bergisch-Märkische	1,3	
11. Dec. „	Bochum-Königsgrube und Gussstahlfabrik	„	1,8	
„	Nach dem Finowkanale	Berlin-Stettiner	0,5	
„	Von Tilsit nach d. linken Memelufer	Tilsit-Insterburger	0,6	
„	Nach den Torfstichen von Kolbermoor	Bayerische Staatsb.	5,3	
1. Jan. 1868	Essen-Wattenscheid	Rheinische	9,0	
1. „ „	Kempen-Gr. gegen Venlo	„	19,9	
2. „ „	Zittau-Groschönau	Sächsische	8,0	
7. „ „	Frose-Ballenstedt	Magdeb.-Halberst.	14,0	
8. Apr. „	Opladen-Mülheim	Bergisch-Märkische	12,1	
28. Mai „	Waldenburg-Altwasser	Niederschl.-Märk.	4,2	
2. Juni „	Leisnig-Döbeln	Leipzig-Dresdener	13,6	
11. „ „	Pforzheim-Wildbad	Württembergische	23,0	
15. „ „	Engen-Donaueschingen	Badische	34,9	
19. „ „	Call-Sötenich	Rheinische	1,5	
25. „ „	Meckesheim-Rappenau	Badische	28,0	
1. Juli „	Verbindungscurve b. Cabel	Bergisch-Märkische	1,3	
1. „ „	Fulda-Neuhof	Bebra-Hanau	13,3	
1. „ „	Wächtersbach-Steinau	„	13,3	
1. „ „	Börssum-Jerxheim	Braunschweigische	23,5	
23. „ „	Thalhausen-Rottweil	Württembergische	6,7	
2. Aug. „	Ulm-Blaubeuren		17,1	
1. Sept. „	Rittershausen-Remscheid	Bergisch-Märkische	17,5	
12. „ „	Rothenkrug-Apenrade	Altona-Kieler	7,5	
22. „ „	Landstuhl-Kusel	Pfälzische	28,7	
23. „ „	Zuffenhausen-Ditzingen	Württembergische	7,5	
15. Oct. „	Hochhausen-Wertheim	Badische	18,9	
25. „ „	Döbeln-Nossen	Leipzig-Dresdener	18,8	
15. Nov. „	Breslau-Vossowska	Rechte Oderufer	127,5	
1. Dec. „	Mülheim-Bergisch Gladbach	Bergisch-Märkische	9,4	

Tag der Eröffnung.	Eröffnete Strecke.	Name der Bahn.	Länge in Kilom.	Am Schlusse des Jahres. Kilom.
1. Dec. 1868	Northeim-Herzberg	Hannoversche	27,2	
8. „ „	Rastenburg-Lyck	Ostpreuss. Südbahn	78,3	
15. „ „	Neuhof-Steinau	Bebra-Hanauer	29,2	
22. „ „	Nossen-Meissen	Leipzig-Dresdener	22,6	16315,9
	Ausserdem:			
29. Juli „	Stuttgart-Berg	Stuttgarter Pferdeb.	3,8	
22. Juni „	Dürrenberger Salinenbahn	Thüringische	1,4	
5. Sept. „	Hamburg-Eimsbüttel	Hamburg. Pferdeb.	5,1	
15. Nov. „	Schürbeck-Uhlenhorst	„	1,7	
1. „ „	Bochum-Zeche Hannibal	Bergisch-Märkische	5,9	
	Nach den Steinbrüchen von Vilshofen	Bayerische Ostbahn	3,2	
1. März 1869	Halberstadt-Vienenburg	Magdeb.-Halberst.	36,9	
4. „ „	Freiburg-Flöha	Sächsische	27,3	
4. „ „	Niederwiesa-Hainichen	„	17,4	
15. Apr. „	Darmstadt-Gernsheim	Hess. Ludwigsbahn	25,4	
1. Juni „	Gernsheim-Rosengarten	„	16,3	
1. „ „	Rastatt-Gernsbach	Badische	14,9	
13. „ „	Blaubeuren-Ehingen	Württembergische	16,4	
15. „ „	Oldenburg-Leer	Oldenburgische	54,8	
29. „ „	Tübingen-Hechingen	Württembergische	24,6	
1. Juli „	Cöslin-Stolp	Berlin-Stettiner	67,3	
15. „ „	Rottweil-Tuttlingen	Württembergische	27,5	
25. „ „	Saulgau-Waldsee	„	29,0	
26. „ „	Tarnowitz-Beuthen	Rechte Oderufer	14,2	
1. Aug. „	Herzberg-Nordhausen	Hannoversche	41,8	
1. „ „	Miesbach-Schliersee	Bayerische Staatsb.	8,2	
5. „ „	Rappenau-Jagstfeld	Badische	8,4	
16. „ „	Donaueschingen-Villingen	„	13,8	
17. „ „	Nordhausen-Erfurt	Nordhaus.-Erfurter	68,5	
26. „ „	Rottweil-Villingen	Württembergische	26,1	
1. Sept. „	Neuss-Düren	Rheinische	43,9	
27. „ „	Jagstfeld-Osterburken	Württembergische	37,9	
2. Oct. „	Treuchtlingen - Gunzenhausen	Bayerische Staatsb.	23,5	
2. „ „	Treuchtlingen-Pleinfeld	„	18,4	
10. „ „	Riedlingen-Mengen	Württembergische	17,1	
10. „ „	Herbertingen-Saulgau	„	8,2	
23. „ „	Crailsheim-Mergentheim	„	59,5	
23. „ „	Königshofen-Mergentheim	Badische	7,4	
27. „ „	Ehrenbreitenst.-Neuwied	Rheinische	16,6	
1. Nov. „	Hofheim-Bensheim	Hess. Ludwigsbahn	17,5	
1. Dec. „	Ditzingen-Weil der Stadt	Württembergische	18,0	
25. „ „	Liegnitz-Lüben	Breslau-Freiburger	20,6	
28. „ „	Steele-Dahlhausen (seit 1863 Industriebahn)	Bergisch-Märkische	3,9	

Tag der Eröffnung.	Eröffnete Strecke.	Name der Bahn.	Länge in Kilom.	Am Schlusse des Jahres. Kilom.
28. Dec. 1869	Dahlhaus.-Heinrichshütte	Bergisch-Märkische	5,7	
29. „ „	Ruhbank-Liebau-Oesterr. Grenze	Niederschl.-Märk.	23,2	
29. „ „	Eggebeck-Schleswig-Klosterkrug (dafür aufgegeben 37,3 Kilom. alte Strecken.)	Altona-Kieler	24,9	
29. „ „	Jübeck-Sollbrück	„	6,1	
29. „ „	Giessen-Grünberg	Oberhessische	23,3	
29. „ „	Giessen-Hungen	„	21,8	17214,9
Ausserdem:				
1. März „	Königsgrube-Riemke	Bergisch-Märkische	3,0	
1. Juni „	Lägerdorf-Itzehoeer	Pferdebahn	6,8	
20. Juli „	Berg-Neckarbrücke in Canstatt	Stuttgarter Pferdeb.		
1. Aug. „	Nach der Griesheimer Fabrik	Taunusbahn	1,9	
5. „ „	Haidhof-Maximilianshütte	Bayerische Ostbahn	2,8	
5. „ „	Nach d. Saline b. Rappenau	Badische	1,2	
21. Oct. „	Königssteele-Deimelsberg	Bergisch-Märkische		
3. Nov. „	Königsgrube-Zeche Hannover-Wattenscheid	Cöln-Mindener	3,7	
11. „ „	Podbor-Gogolin	Oberschlesische	3,8	
1. Jan. 1870	Münster-Haltern-Wanne	Cöln-Mindener	67,2	
1. „ „	Limburg-Hadamar	Nassauische	8,1	
10. „ „	Nach dem Localbahnhof Ingolstadt	Bayer. Staatsbahn	4,7	
1. Febr. „	Gladbach-Odenkirchen	Bergisch-Märkische	7,5	
1. „ „	Beuthen-Schoppinitz	Rechte Oderufer	16,6	
3. „ „	Stockach-Messkirch	Badische	21,0	
15. „ „	Hochfeld-Duisburg	Rheinische Bahn	3,2	
15. März „	Stendal-Salzwedel	Magdeb.-Halberst.	57,2	
11. Apr. „	Gotha-Mühlhausen	Thüringische	39,9	
12. „ „	Ingolstadt-Treuchtlingen	Bayer. Staatsbahn	53,0	
13. „ „	Winden-Bergzabern	Pfälzische	10,2	
21. „ „	Cottbus-Grossenhain	Leipzig-Dresdener	79,9	
1. Mai „	Lübeck-Kleinen	Friedrich Franz	59,3	
1. Juni „	Schwerte-Arnsberg	Bergisch-Märkische	44,0	
1. „ „	Dietz-Zollhaus	Nassauische	11,0	
1. „ „	Saarbrücken-Saargemünd	Saarbrücker	17,9	
15. „ „	Ehingen-Riedlingen	Württembergische	31,3	
24. „ „	Schoppinitz-Dziedítz	Rechte Oderufer	48,4	
26. „ „	Posen-Frankfurt a./O.	Märkisch-Posener	174,0	
26. „ „	Bentschen-Guben	„	98,7	
29. „ „	Babenhausen-Gr. Umstadt	Hess. Ludwigsbahn	11,2	
29. „ „	Armsheim-Bingen	„	25,7	

Tag der Eröffnung.	Eröffnete Strecke.	Name der Bahn.	Länge in Kilom.	Am Schlusse des Jahres. Kilom.
29. Juni 1870	Hungen-Nidda	Oberhessische	13,3	
1. Juli „	Danzig-Zoppot	Berlin-Stettiner	11,3	
11. „ „	Neuwied-Obercassel und	Rheinische	44,3	
	Traject nach Bonn	„	3,4	
26. „ „	Tuttlingen-Immendingen	Württembergische	9,7	
27. „ „	Neuss-Düsseldorf	Bergisch-Märkische	7,2	
29. „ „	Grünberg-Alsfeld	Oberhessische	37,0	
4. Aug. „	Mannheim-Carlsruhe	Badische	68,0	
12. „ „	Rosengarten-Worms	Hess. Ludwigsbahn	2,8	
1. Sept. „	Stolp-Zoppot	Berlin-Stettiner	119,8	
15. „ „	Waldsee-Kisslegg	Württembergische	18,6	
27. „ „	Herne-Stadt Castrop	Cöln-Mindener	6,3	
3. Oct. „	Mühlhausen-Leinefelde	Thüringische	27,2	
10. „ „	Herzberg-Osterode	Hannoversche	12,8	
15. „ „	Berg. Gladbach-Bensberg	Bergisch-Märkische	4,5	
29. „ „	Hochspeyer-Winnweiler	Pfälzische	17,3	
30. „ „	Alsfeld-Lauterbach	Oberhessische	19,0	
30. „ „	Nidda-Büdingen	„	19,8	
1. Nov. „	Viersen-Crefeld-Hüls	Crefeld-Kempener Industriebahn	24,5	
1. „ „	Süchteln-Grefrath	„	6,3	
1. „ „	Armsheim-Alzey	Hess. Ludwigsbahn	7,7	
13. „ „	Mengen-Scheer	Württembergische	3,7	
16. „ „	(Call) Sötenich-Gerolstein	Rheinische	46,1	
30. „ „	Büdingen-Gelnhausen	Oberhessische	14,8	
27. Dec. „	Gr. Umstadt-Wiebelsbach	Hess. Ludwigsbahn	3,9	
27. „ „	Darmstadt-Ober Ramstadt	„	12,2	
31. „ „	Lauterbach-Salzschlirf	Oberhessische	6,8	18667,2
	Ausserdem:			
16. März „	Breslauer Verbindungsb.	Rechte Oderufer	3,0	
30. Apr. „	Grube Maria bei Höngen-Märzbrück	Rheinische	5,6	
27. Mai „	Riemke-Herne	Bergisch-Märkische	2,4	
24. Juni „	Nach Carolinengrube	Rechte Oderufer	3,1	
24. „ „	Nach der Abendsterngrube	„	1,6	
24. „ „	Tichau-Mittel-Laziak	„	7,3	
27. Aug. „	Georg Marienhütte-Hasbergen	Hüggelbahn	3,5	
1. Sept. „	Nach d. Morgensterngrube	Rechte Oderufer	0,8	
6. „ „	Ruppichteroth-Waldbröl	Brölthalbahn	10,9	
10. Oct. „	Dahlhausen-Lär	Bergisch-Märkische	9,0	
9. Jan. 1871	Lüben-Niederzarkau	Breslau-Freiburger	36,1	
16. „ „	Schneidemühl-Flatow	Preuss. Ostbahn	32,0	
16. „ „	Dirschau-Pr. Stargardt	„	24,8	
16. „ „	Insterburg-Gerdauen	„	44,8	
1. Febr. „	Spandau-Gardelegen	Magdeb.-Halberst.	124,2	

Tag der Eröffnung.	Eröffnete Strecke.	Name der Bahn.	Länge in Kilom.	Am Schlusse des Jahres. Kilom.
1. März 1871	Obercassel-Troisdorf	Rheinische	9,0	
1. „ „	Breslauer-Verbindungsb. (dafür die alte aufgebeben, 2,3 Kilom)	Oberschlesische	3,8	
15. „ „	München-Grafing-Rosenheim	Bayer. Staatsbahn	65,5	
1. Mai „	Haidhausen-Neuoetting	„	88,6	
15. „ „	Ober Ramstadt-Reinheim	Hess. Ludwigsbahn	7,5	
16. „ „	Winnweiler-Münster am Stein	Pfälzische	32,1	
1. Juni „	Neuoetting-Simbach	Bayer. Staatsbahn	26,5	
28. „ „	Reinheim-Wiebelsbach	Hess. Ludwigsbahn	8,5	
15. Juli „	Berlin-Spandau	Magdeb.-Halberst.	13,0	
15. „ „	Gerolstein-Trier	Rheinische	70,1	
17. „ „	Berliner Ringbahn (dafür aufgegeben die alte Verbindungsb. 10,8 Kilom.)	Niederschl.-Märk.	24,5	
31. „ „	Salzschlirf-Fulda	Oberhessische	20,2	
15. Aug. „	Gr. Schönau-Warnsdorf	Sächs. Staatsbahn	2,2	
1. Sept. „	Cottbus-Guben	Halle-Gubener	37,7	
1. „ „	Osterode-Badenhausen-Seesen	Hannoversche und Braunschweig.	18,6	
1. „ „	Münster-Osnabrück	Cöln-Mindener	50,0	
15. „ „	Freiburg-Alt Breisach	Badische	22,5	
1. Oct. „	Breslau-Strehlen	Oberschlesische	36,7	
1. „ „	Niederzarkau-Glogau-Rothenburg	Breslau-Freiburger	69,1	
1. „ „	Camenz-Radeberg	Sächs. Staatsbahn	27,7	
9. „ „	Schweinfurt-Kissingen	Bayer. Staatsbahn	25,6	
15. „ „	Aschersleben-Cönnern	Magdeb.-Halberst.	28,4	
15. „ „	Sande-Jever	Oldenburgische	13,0	
16. „ „	Hagen-Oberhagen	Bergisch-Märkische	2,4	
1. Nov. „	Lyck-Prostken	Ostpreuss. Südbahn	16,4	
1. „ „	Gardelegen-Lehrte	Magdeb.-Halberst.	101,8	
10. „ „	Oels-Poln. Wartenberg	Breslau-Warsch.	25,0	
15. „ „	Flatow-Conitz	Preuss. Ostbahn	50,7	
20. „ „	Thorn(Mocker)-Jablonowo	„	55,1	
27. „ „	Gerdauen-Rothfliess	„	62,3	
1. Dec. „	Cottbus-Falkenberg	Halle-Sorau-Guben.	78,8	
2. „ „	Nürnberg-Neumarkt	Bayerische Ostbahn	36,4	
18. „ „	Arnsberg-Meschede	Bergisch-Märkische	19,8	
18. „ „	Mainz-Armsheim	Hess. Ludwigsbahn	35,7	
20. „ „	Gera-Eichicht	Thüringische	76,8	
24. „ „	Wiebelsbach-Erbach	Hess. Ludwigsbahn	23,3	
31. „ „	Sagan-Sorau	Niederschl. Zweigb.	12,7	
10. Mai „	Elsass-lothring. Bahnen	kommen an Deutschland	766,0	20980,0

Tag der Eröffnung.	Eröffnete Strecke.	Name der Bahn.	Länge in Kilom.	Am Schlusse des Jahres. Kilom.
	Ausserdem:			
10. März 1871	Verbindungsbahn nach Mochbern	Rechte Oderufer	4,1	
6. Mai ”	Chorzow-Königsgrube	”	3,7	
12. Sept. ”	Amberg-Erzbergwerke	Bayerische Ostbahn		
30. ” ”	Westend-Pferdebahn	Berliner Pferdebahn	1,0	
5. Jan. 1872	Stolberg-Alsdorf	Rheinische	12,7	
8. ” ”	Mülheim a./R.-Deutz	Bergisch-Märkische	4,2	
1. Febr. ”	Düsseldorf-Kupferdreh	”	35,5	
1. März ”	Wartenberg-Kempen	Breslau-Warsch.	20,5	
1. ” ”	Kottbus-Forst	Halle-Sorau-Guben.	22,0	
13. ” ”	Arenshausen-Münden	Magdeb.-Leipziger	26,5	
1. Apr. ”	Ehrang-Quint	Rheinische	3,2	
1. ” ”	Karf-Beuthen	Oberschlesische	2,8	
8. ” ”	Borna-Chemnitz	Sächs. Staatsbahn	55,7	
8. ” ”	Narsdorf-Rochlitz	”	9,5	
8. ” ”	Narsdorf-Penig	”	10,1	
8. ” ”	Wittgensdorf-Limbach	”	6,5	
13. ” ”	Hannover-Hameln	Hannov.-Altenbeck.	51,0	
1. Mai ”	Weetzen-Barsinghausen	”	27,0	
1. ” ”	Falkenberg-Eilenburg	Halle-Sorau-Guben.	45,7	
6. ” ”	Elm-Gemünden	Bebra-Hanauer	46,0	
	Im Laufe des Jahres 1872 werden voraussichtlich noch eröffnet:			
	Jablonowo-Osterode	Preuss. Ostbahn	} 95	
	Rothfliess-Allenstein	”		
	Posen-Thorn	Oberschlesische	141	
	Inowraclaw-Bromberg	”	45	
	Meschede-Warburg	Bergisch-Märkische	73	
	Kettwig-Mülheim	”	14	
	Forst-Sorau	Halle-Sorau-Guben.	37	
	Eilenburg-Halle	”	50	
	Kempen-Wilhelmsbrück	Bresl.-Warschauer	10	
	Wittenberge-Lüneburg	Berlin-Hamburger	136	
	Magdeburg-Helmstedt	Berl.-Potsd.-Magd.	47	
	Braunschweig-Helmstedt	Braunschweigische	39	
	Halle-Cönnern	Magdeb.-Halberst.	27	
	Heudeber-Wernigerode	”	9	
	Leipzig-Zeitz	Thüringische	45	
	Altenburg-Zeitz	Altenburg-Zeitzer	25	
	Friedrich-Wilhelmshütte-Siegburg	Rheinische	3,7	
	Oberhausen-Langenbrahm	”	21	

Tag der Eröffnung	Eröffnete Strecke.	Name der Bahn.	Länge in Kilom.	Am Schlusse des Jahres. Kilom.
	Hameln-Altenbecken	Hannov.-Altenbeck.	60	
	Camenz-Grenze geg. Senftenberg	Sächsische	11	
	Plauen-Oelsnitz	"	19	
	Ebersbach-Löbau	"	9	
	Annaberg-Weipert	"	19	
	Osnabrück-Hamburg	Cöln-Mindener	234	
	Nossen-Freiberg	Leipzig-Dresdener	23	
	Landau-Germersheim	Pfälzische	20	
	Marnheim-Monsheim	"	10	
	Hude-Brake	Oldenburgische	25	
	Siegelsdorf-Langenzenn	Bayer. Vicinalbahn	6	
	Schwabach-Erding	"	14	
	Schwackenreuth-Pfullendorf	Badische	16	
	Messkirch-Mengen	"	19	
	Weil der Stadt-Nagold	Württembergische	43	
	Kisslegg-Leutkirch	"	12	

Tabelle über die Entwickelung d**
nach Provinze**

Es waren im Betriebe (excl. Industrie

Name der Provinz.	1838 Kil.	1839 Kil.	1840 Kil.	1841 Kil.	1842 Kil.	1843 Kil.	1844 Kil.
A. Alte Provinzen.							
Preussen	—	—	—	—	—	—	—
Brandenburg	26,4	26,4	26,4	98,2	250,3	271,0	271,0
Pommern	—	—	—	—	—	43,0	43,0
Posen	—	—	—	—	—	—	—
Schlesien	—	—	—	—	40,6	139,2	211,9
Sachsen	—	27,3	84,3	116,4	116,4	193,0	193,0
Westfalen	—	—	—	—	—	—	—
Rheinprovinz	8,6	15,8	22,4	96,8	96,8	112,4	141,8
Zusammen	35,0	69,5	133,1	311,4	504,1	758,6	860,7
B. Neue Provinzen.							
Schleswig-Holstein	—	—	—	—	—	—	106,1
Hannover	—	—	7,8	15,8	15,8	51,2	57,9
Hessen-Nassau (Hessen-Cassel (incl. Homburg)	—	—	—	—	—	—	—
Hessen-Nassau Nassau	—	10,0	31,0	31,0	31,0	31,0	31,0
Hessen-Nassau Frankfurt a./M.	—	4,7	4,7	4,7	4,7	4,7	4,7
Lauenburg	—	—	—	—	—	—	—
Jahdegebiet	—	—	—	—	—	—	—
Hohenzollern	—	—	—	—	—	—	—
Zusammen	—	14,7	43,0	51,5	51,5	86,9	199,7

Preussischen Eisenbahnnetzes
;eordnet.

)ahnen) am Schlusse des Jahres.

1845 Kil.	1846 Kil.	1847 Kil.	1848 Kil.	1849 Kil.	1850 Kil.	1851 Kil.	1852 Kil.	1853 Kil.	1854 Kil.	1855 Kil.
—	—	—	—	—	—	3,8	223,1	285,0	285,0	285,0
271,0	582,3	616,9	642,0	642,9	642,9	653,7	653,7	653,7	653,7	653,7
43,0	77,6	109,5	109,5	109,5	109,5	109,5	109,5	109,5	109,5	109,5
—	—	—	85,1	85,1	85,1	226,7	249,8	249,8	249,8	249,8
355,0	555,8	635,2	646,8	646,8	646,8	646,8	651,5	669,4	669,4	711,9
193,0	322,8	333,3	399,0	502,0	502,0	505,6	505,6	505,6	505,6	505,6
—	—	183,4	266,1	266,1	342,2	346,8	346,8	401,3	401,3	472,8
180,2	203,7	268,1	277,8	311,4	321,1	329,6	399,3	445,2	446,0	493,8
1042,2	1742,2	2146,4	2426,3	2563,8	2649,6	2822,5	3139,3	3319,5	3320,3	3482,1
154,5	159,0	159,8	159,8	159,8	159,8	159,8	159,8	159,8	272,0	272,0
85,6	110,9	359,6	359,6	359,6	359,6	359,6	359,6	420,4	508,8	538,7
—	—	10,5	114,1	195,1	291,6	291,6	291,6	291,6	299,8	299,8
31,0	31,0	37,8	37,8	37,8	37,8	37,8	37,8	37,8	37,8	37,8
4,7	11,0	11,0	16,1	19,9	23,4	23,4	23,4	23,4	23,4	23,4
—	27,7	27,7	27,7	27,7	27,7	77,3	77,3	78,5	78,5	78,5
—	—	—	—	—	—	—	—	—	—	—
—	—	—	—	—	—	—	—	—	—	—
275,8	339,6	606,4	715,1	799,9	899,9	949,5	949,5	1011,5	1220,3	1250,2

Tabelle über die Entwickelung des
nach Provinzen
Es waren im Betriebe (excl. Industrie-

Name der Provinz.	1856 Kil.	1857 Kil.	1858 Kil.	1859 Kil.	1860 Kil.	1861 Kil.	1862 Kil.	1863 Kil.
A. Alte Provinzen.								
Preussen	285,0	302,5	302,5	302,5	455,6	467,8	482,2	482,2
Brandenburg	653,7	784,7	784,7	784,7	784,7	784,7	784,7	854,6
Pommern	109,5	109,5	109,5	281,5	281,5	281,5	281,5	435,8
Posen	351,1	385,2	385,2	385,2	385,2	422,9	422,9	422,9
Schlesien	897,2	944,4	1018,5	1056,5	1056,5	1056,5	1056,5	1053,6
Sachsen	520,1	548,6	548,6	685,3	685,3	685,3	715,0	715,0
Westfalen	553,4	553,4	553,4	574,5	606,9	700,3	726,1	727,7
Rheinprovinz	585,0	585,0	685,7	840,4	944,5	979,1	1034,2	1116,8
Zusammen	3955,0	4213,3	4388,1	4910,6	5200,2	5378,1	5503,1	5813,0
B. Neue Provinzen.								
Schleswig-Holstein	274,5	290,9	295,7	295,7	295,7	295,7	295,7	295,7
Hannover	716,9	716,9	716,9	716,9	716,9	716,9	773,4	773,4
Hessen-Nassau { Hessen-Cassel (incl. Homburg)	310,4	310,4	310,4	310,4	314,4	314,4	314,4	314,4
Hessen-Nassau { Nassau	63,4	68,7	81,5	81,5	98,4	98,4	234,9	240,0
Hessen-Nassau { Frankfurt a. M.	23,4	23,4	23,4	29,3	34,9	34,9	34,9	44,6
Lauenburg	78,5	78,5	78,5	78,5	78,5	78,5	78,5	78,5
Jahdegebiet	—	—	—	—	—	—	—	—
Hohenzollern	—	—	—	—	—	—	—	—
Zusammen	1467,1	1488,8	1506,4	1512,3	1538,8	1538,8	1731,8	1746,6
Königreich Preussen zusammen	—	—	—	—	—	—	—	—

Preussischen Eisenbahnnetzes
corduct.

ahnen) am Schlusse des Jahres.

1864 Kil.	1865 Kil.	1866 Kil.	1867 Kil.	1868 Kil.	1869 Kil.	1870 Kil.	1871 Kil.	Flächeninhalt i. geogr. Quadr.-Ml.	Auf 1 ☐Ml. kommen au Eisenbahn. Kil.
482,2	581,8	640,2	696,6	774,9	774,9	836,2	1110,3	1179	0,9
854,0	854,0	987,6	1125,5	1125,5	1125,5	1328,7	1527,8	724	2,1
435,8	435,8	435,8	443,0	443,0	510,3	580,1	580,1	575	1,0
422,9	422,9	422,9	422,9	422,9	422,9	529,4	541,4	526	1,0
1058,6	1147,1	1157,8	1274,6	1406,3	1464,3	1551,3	1724,7	732	2,4
715,0	777,7	838,2	909,7	916,5	1008,3	1112,6	1232,6	458	2,7
774,6	779,9	797,5	815,9	820,6	830,2	947,7	1004,9	367	2,8
1157,5	1198,0	1257,3	1299,0	1365,0	1425,5	1590,4	1669,5	490	3,4
5900,6	6197,2	6537,3	6987,2	7274,7	7561,9	8476,4	9391,3		
354,1	401,8	522,6	558,7	566,2	559,9	559,9	559,9	321	1,7
789,7	811,5	822,3	840,6	867,8	908,3	921,1	1002,9	699	1,4
314,4	314,4								
242,8	242,8	657,8	690,6	746,4	746,4	773,1	793,3	283	2,8
44,6	44,6								
78,5	78,5	78,5	78,5	78,5	78,5	78,5	78,5	21	3,7
—	—	—	0,4	0,4	0,4	0,4	0,4	0,25	1,6
—	—	—	7,5	7,5	12,0	12,0	12,0	21	0,6
1824,1	1896,6	2081,2	2176,3	2266,8	2305,5	2345,0	2417,0		
—	—	8618,5	9163,5	9541,5	9867,4	10821,4	11838,3	6396	1,8

Tabelle über die Entwickelu[ng]
nach Staa[t]

Länge (in Kilom.) der im Betriebe befindlichen Bah[n]

Name des Staates.	1835	1836	1837	1838	1839	1840	1841	1842	
Preussen . .	—	—	—	35,0	69,5	133,1	311,4	504,1	7[?]
Die 1866 an Preuss. gekommen. Staaten siehe einzeln in der vorigen Tabelle . .	—	—	—	—	14,7	43,0	51,5	51,5	5[?]
Königr. Sachsen .	—	—	15,0	86,6	115,5	127,1	127,1	157,3	15[?]
Sachs.-Weimar-Eis.	—	—	—	—	—	—	—	—	
Sachs.-Kob.-Gotha	—	—	—	—	—	—	—	—	
Sachsen-Altenburg	—	—	—	—	—	—	—	9,0	
Sachsen-Meiningen	—	—	—	—	—	—	—	—	
Anhalt . . .	—	—	—	—	—	44,2	71,9	71,9	7[?]
Braunschweig .	—	—	—	11,9	11,9	29,5	29,5	29,5	6[?]
Oldenburg . .	—	—	—	—	—	—	—	—	—
Mecklenb.-Schwerin	—	—	—	—	—	—	—	—	
Mecklenb.-Strelitz .	—	—	—	—	—	—	—	—	
Schwarzburg-Sond.	—	—	—	—	—	—	—	—	
Schaumburg-Lippe	—	—	—	—	—	—	—	—	
Reuss ältere Linie	—	—	—	—	—	—	—	—	
Reuss jüngere Linie	—	—	—	—	—	—	—	—	
Hamburg . .	—	—	—	—	—	—	—	15,7	15
Lübeck . . .	—	—	—	—	—	—	—	—	—
Bremen . . .	—	—	—	—	—	—	—	—	
Hessen-Darmstadt	—	—	—	—	—	8,0	8,0	8,0	8
Baden . . .	—	—	—	—	—	19,0	19,0	19,0	7[?]
Württemberg . .	—	—	—	—	—	—	—	—	
Bayern . . .	6,0	6,0	6,0	6,0	28,0	65,0	65,0	65,0	6[?]
Deutschland	6,0	6,0	21,0	139,5	239,6	468,9	683,4	931,0	13[?]

des Deutschen Eisenbahnnetzes
geordnet.

(excl. Industrie- und Pferdebahnen) am Schlusse des Jahres.

1844	1845	1846	1847	1848	1849	1850	1851	1852	1853	1854	1855
860,7	1042,2	1742,2	2146,4	2426,3	2563,8	2649,6	2822,5	3189,3	3319,5	3320,3	3482,1
199,7	275,8	339,6	606,4	715,1	799,9	899,9	949,5	949,5	1011,5	1220,3	1250,2
161,8	218,6	277,0	316,2	412,0	412,0	436,1	476,3	516,0	516,0	516,0	529,6
—	—	29,1	54,2	54,2	71,4	71,4	71,4	71,4	71,4	71,4	71,4
—	—	—	42,6	42,6	42,6	42,6	42,6	42,6	42,6	42,6	42,6
33,1	33,1	33,1	33,1	33,1	33,1	33,1	33,1	33,1	33,1	33,1	33,1
—	—	0,2	0,2	0,2	0,2	0,2	0,2	0,2	0,2	0,2	0,2
71,9	71,9	92,1	92,1	92,1	92,1	92,1	92,1	92,1	92,1	92,1	92,1
84,0	84,0	84,0	84,0	84,0	84,0	84,0	84,0	84,0	84,0	96,6	96,6
—	—	—	—	—	—	—	—	—	—	—	—
—	—	81,1	106,9	141,3	141,3	226,2	226,2	226,2	226,2	226,2	226,2
—	—	—	—	—	—	—	—	—	—	—	—
—	—	—	24,7	24,7	24,7	24,7	24,7	24,7	24,7	24,7	24,7
—	—	—	—	—	—	—	—	—	—	—	—
15,7	15,7	17,0	17,0	17,0	17,0	17,0	17,0	17,0	17,0	17,0	17,0
—	—	—	—	—	—	—	9,6	9,6	9,6	9,6	9,6
—	—	—	6,1	6,1	6,1	6,1	6,1	6,1	6,1	6,1	6,1
8,0	8,0	59,9	59,9	63,1	63,1	110,6	118,7	128,3	175,7	175,7	175,7
157,0	223,2	252,6	287,6	302,6	302,6	302,6	308,6	308,6	330,6	330,6	333,6
—	10,3	37,0	93,4	123,1	180,3	250,0	250,0	250,0	282,9	283,9	283,9
160,0	160,0	236,0	333,5	451,9	608,8	610,2	610,2	707,2	897,6	1104,9	1151,7
1751,9	2142,8	3280,9	4306,3	4989,4	5443,0	5856,4	6142,8	6605,9	7140,8	7571,3	7826,4

Tabelle über die Entwicke[lung]
nach Sta[...]

Länge in Kilom. der im Betriebe befindlichen B[...]

Name des Staates.	1856	1857	1858	1859	1860	1861	1862
Preussen	3955,0	4213,3	4388,1	4910,6	5200,2	5378,1	5503,1
Die 1866 an Preuss. gekommen. Staaten siehe einzeln in der vorigen Tabelle	1467,1	1488,8	1506,4	1512,3	1538,8	1538,8	1731,8
Königr. Sachsen	546,6	546,6	660,3	680,3	689,3	689,3	720,6
Sachs.-Weimar-Eis.	71,4	71,4	88,9	88,9	88,9	88,9	88,9
Sachs.-Kob.-Gotha	42,6	42,6	76,4	89,3	89,3	89,3	89,3
Sachsen-Altenburg	33,1	33,1	33,1	34,1	34,1	34,1	34,1
Sachsen-Meiningen	0,2	0,2	99,2	99,2	99,2	99,2	99,2
Anhalt	92,1	111,2	111,2	111,2	111,2	111,2	111,2
Braunschweig	128,8	128,8	150,7	150,7	150,7	150,7	150,7
Oldenburg	—	—	—	5,7	30,9	30,9	30,9
Mecklenb.-Schwerin	226,2	226,2	226,2	226,2	226,2	226,2	226,2
Mecklenb.-Strelitz	—	—	—	—	—	—	—
Schwarzburg-Sond.	—	—	—	—	—	—	—
Schaumburg-Lippe	24,7	24,7	24,7	24,7	24,7	24,7	24,7
Reuss ältere Linie	—	—	—	—	—	—	—
Reuss jüngere Linie	—	—	—	11,1	11,1	11,1	11,1
Hamburg	17,0	17,0	17,0	17,0	17,0	17,0	17,0
Lübeck	9,6	9,6	9,6	9,6	9,6	9,6	9,6
Bremen	6,1	6,1	6,1	6,1	6,1	6,1	17,1
Hessen-Darmstadt	175,7	175,7	242,3	274,4	274,4	274,4	280,0
Baden	385,6	385,6	385,6	400,1	400,1	415,5	497,3
Württemberg	283,9	283,9	283,9	318,1	318,1	417,5	470,9
Bayern	1151,7	1225,7	1340,7	1623,6	1769,2	1884,2	1934,4
Elsass-Lothringen	—	—	—	—	—	—	—
Deutschland	8617,4	8990,5	9650,4	10593,2	11089,1	11496,8	12048,1

des Deutschen Eisenbahnnetzes
geordnet.

(excl. Industrie- und Pferdebahnen) am Schlusse des Jahres.

1864	1865	1866	1867	1868	1869	1870	1871	Flächeninhalt L geogr. Quadr.-Ml.	Auf 1 ☐Ml. kommen an Eisenbahn. Kil.
5900,6	6197,2	8618,5	9163,5	9541,5	9867,4	10821,4	11838,3	6396	1,8
1824,1	1896,6	—	—	—	—	—	—	—	—
720,6	807,6	882,8	912,2	975,2	1019,9	1040,8	1070,7	272	3,9
88,9	88,9	88,9	88,9	88,9	88,9	88,9	133,9	66	2,0
89,3	89,3	89,3	96,9	96,9	96,9	116,9	116,9	36	3,2
34,1	65,1	65,1	65,1	65,1	65,1	65,1	65,1	24	2,7
99,2	99,2	99,2	99,2	99,2	99,2	99,2	116,0	45	2,6
124,4	156,2	156,2	156,2	164,9	164,9	164,9	179,3	42	4,2
150,7	197,2	199,5	199,5	221,5	221,5	221,5	245,1	67	3,6
30,9	30,9	30,9	122,9	122,9	159,5	159,5	172,5	116	1,5
306,9	306,9	306,9	306,9	306,9	306,9	362,2	362,2	244	1,5
7,0	7,0	7,0	35,6	35,6	35,6	35,6	35,6	49	0,7
—	—	—	2,5	2,5	35,6	35,6	45,6	15	3,0
24,7	24,7	24,7	24,7	24,7	24,7	24,7	24,7	8	3,1
—	10,3	10,3	10,3	10,3	10,3	10,3	10,3	5	2,0
11,1	14,9	14,9	14,9	14,9	14,9	14,9	19,9	15	1,3
17,0	21,7	26,2	26,2	26,2	26,2	26,2	26,2	7	3,7
9,6	20,3	20,3	20,3	20,3	20,3	24,3	24,3	5	4,8
17,1	17,1	17,1	21,4	21,4	21,4	21,4	21,4	5	4,3
308,5	308,5	326,9	326,9	326,9	431,2	597,8	672,8	139	4,8
564,4	567,8	697,1	728,2	813,0	860,9	951,4	973,9	278	3,5
551,7	551,7	601,4	664,7	716,0	972,4	1028,2	1028,2	354	2,9
2233,6	2420,8	2503,5	2592,4	2621,1	2671,2	2756,4	3031,1	1378	2,2
—	—	—	—	—	—	—	766,0	274	2,8
13114,4	13899,9	14786,7	15679,4	16315,9	17214,9	18667,2	20980,0	9901	2,1

Tabelle über die Entwickelung der
Betriebslänge in Kilometern

Name der Bahn.	Jahr der Concession.	1840	1842	1844	1846	1848	1850
1. Ludwigsbahn	1834	6	6	6	6	6	6
2. Leipzig-Dresdener	1835	115	115	115	115	115	115
3. Berlin-Potsd.-Magdeb.	1845	26	26	26	144	147	147
4. Braunschweigische	1837	37	45	118	118	118	118
5. Düsseldorf-Elberfeld.	1837	9	26	26	26	26	26
6. Magdeburg-Leipziger	1837	119	119	119	119	119	119
7. Rheinische	1837	14	70	86	86	86	86
8. Bayerische Staatsbahn	1840	59	59	154	230	345	477
9. Taunusbahn	1838	44	44	44	50	50	50
10. Berlin-Anhalter	1839	21	153	153	153	233	233
11. Badische	1838	19	19	157	223	273	273
12. Berlin-Hamburger	1845	—	16	16	286	286	286
13. Oberschlesische	1841	—	41	82	198	198	199
14. Berlin-Stettiner	1840	—	71	134	169	134	134
15. Sächsisch-Bayerische	1842	—	39	68	105	—	—
16. Niederschles.-Märk.	1843	—	81	144	380	399	400
17. Magdeburg-Halberst.	1842	—	—	58	58	58	58
18. Hannoversche	1841	—	—	42	95	389	389
19. Breslau-Schweidnitz-Freiburger	1841	—	—	67	67	67	67
20. Köln-Bonner	1841	—	—	29	29	29	29
21. Altona-Kieler	1842	—	—	106	138	138	138
22. Glückst.-Elmshorner	1844	—	—	—	17	17	17
23. Württembergische	1843	—	—	—	37	123	250
24. Sächsisch-Schlesische	1843	—	—	—	78	102	102
25. Köln-Mindener	1843	—	—	—	62	275	275
26. Wilhelmsbahn	1844	—	—	—	32	57	57
27. Thüringische	1844	—	—	—	87	169	193
28. Main-Neckar	1843	—	—	—	88	92	96
29. Cöthen-Bernburger	1844	—	—	—	20	20	20
30. Niederschles. Zweigb.	1844	—	—	—	71	71	71
31. Mecklenburgische	1846	—	—	—	—	60	145
32. Pfälzische	1838	—	—	—	—	89	116
33. Brieg-Neisser	1846	—	—	—	—	41	44
34. Stargard-Posener	1846	—	—	—	—	205	205
35. Sächsische Staatsbahn	1842	—	—	—	—	231	255

Deutschen Eisenbahn-Gesellschaften.
am Schlusse des Jahres.

1852	1854	1856	1858	1860	1862	1864	1866	1868	1870	1871
6	6	6	6	6	6	6	6	6	6	6
115	115	115	115	124	129	129	149	227	387	387
147	147	147	147	147	147	147	147	147	147	147
118	118	179	200	200	200	203	261	284	284	300
26	26	26	—	—	—	—	—	—	—	—
119	119	119	144	144	144	144	243	312	312	312
86	86	86	177	293	293	402	504	544	702	781
574	937	937	1034	1150	1239	1366	1592	1673	1780	1987
50	50	50	50	50	50	50	50	50	52	52
232	233	233	258	357	357	370	370	370	370	370
279	279	341	341	356	456	558	715	828	957	979
298	299	299	299	299	299	299	299	299	304	304
211	211	380	707	718	721	728	728	728	959	1000
134	134	134	134	341	341	567	572	625	824	824
—	—	—	—	—	—	—	—	—	—	—
400	400	400	400	400	400	400	499	555	574	585
58	58	58	58	58	88	225	282	296	390	657
389	551	801	803	803	874	890	898	806	860	863
67	85	151	173	173	173	173	173	173	193	298
29	29	43	—	—	—	—	—	—	—	—
138	138	141	141	141	141	141	237	247	477	477
17	17	17	33	33	33	33	33	33	33	33
250	305	305	305	339	492	570	620	745	1073	1073
—	—	—	—	—	—	—	—	—	—	—
275	275	336	336	407	519	529	539	539	616	666
57	57	156	178	178	178	178	187	187	—	—
193	193	225	375	455	455	460	460	471	538	615
96	96	96	96	96	96	96	96	96	96	96
20	20	20	29	29	29	—	—	—	—	—
71	71	71	71	71	71	71	71	71	71	84
145	145	145	145	145	145	145	145	145	—	—
116	134	181	192	192	192	221	251	290	290	322
44	44	44	44	44	44	44	44	44	—	—
—	—	—	—	—	—	—	—	—	—	—
448	448	448	562	594	621	621	823	876	921	950

Tabelle über die Entwickelung der Betriebslänge in Kilometern

Name der Bahn.	Jahr der Concession.	1848	1850	1852	1854
36. Bergisch-Märkische	1844	58	58	58	58
37. Prinz Wilhelmsbahn	1845	32	32	32	32
38. Kurfürst Friedr. Wilhelms-Nordbahn	1844	91	145	149	149
39. Münster-Hammer	1846	35	35	35	35
40. Frankfurt-Hanauer	1843	17	17	17	42
41. Magdeburg-Wittenberger	1845	—	104	107	107
42. Main-Weser	1845	—	181	199	199
43. Ruhrort-Crefelder	1846	—	34	42	42
44. Westfälische	1849	—	76	76	130
45. Saarbrücker	1847	—	14	48	48
46. Preussische Ostbahn	1847	—	—	593	655
47. Lübeck-Büchener	1850	—	—	47	47
48. Aachen-Düsseldorfer	1846	—	—	48	88
49. Hessische Ludwigsbahn	1845	—	—	—	47
50. Aachen-Mastrichter	1846	—	—	—	36
51. Schleswigsche	1853	—	—	—	112
52. Albertsbahn	1854	—	—	—	—
53. Nassauische	1853	—	—	—	—
54. Oppeln-Tarnowitzer	1856	—	—	—	—
55. Rhein-Nahebahn	1856	—	—	—	—
56. Bayerische Ostbahn	1856	—	—	—	—
57. Homburger	1853	—	—	—	—
58. Friedrich-Franzbahn	1861	—	—	—	—
59. Tilsit-Insterburger	1862	—	—	—	—
60. Ostpreussische Südbahn	1863	—	—	—	—
61. Bebra-Hanauer	1863	—	—	—	—
62. Berlin-Görlitzer	1864	—	—	—	—
63. Oldenburger	1864	—	—	—	—
64. Oberhessische	1868	—	—	—	—
65. Nordhausen-Erfurter	1867	—	—	—	—
66. Crefeld Kreis Kempener	1868	—	—	—	—
67. Märkisch-Posener	1864	—	—	—	—
68. Halle-Sorauer	1868	—	—	—	—
69. Breslau-Warschauer	1870	—	—	—	—

tschen Eisenbahn-Gesellschaften.
Schlusse des Jahres.

	1858	1860	1862	1864	1866	1868	1870	1871
12	139	197	316	493	533	781	865	887
32	32	32	32	—	—	—	—	—
49	149	149	149	149	149	—	—	—
-	—	—	—	—	—	—	—	—
42	42	48	48	48	48	48	48	48
07	107	107	107	—	—	—	—	—
99	199	199	199	199	199	199	199	199
42	42	42	42	—	—	—	—	—
04	204	204	204	245	253	393	393	393
48	87	137	145	145	147	147	165	165
55	602	755	824	824	843	917	917	1187
47	47	47	47	47	111	111	111	111
88	88	88	88	—	—	—	—	—
47	122	154	154	194	212	212	335	410
65	93	93	93	93	93	—	—	—
112	117	117	117	175	207	241	—	—
38	38	38	38	38	38	—	—	—
26	44	52	166	189	189	189	208	208
—	76	76	76	76	76	204	299	303
—	15	121	121	121	121	121	121	121
—	75	385	453	592	622	622	625	661
—	—	18	18	18	18	18	18	18
—	—	—	—	88	88	116	321	321
—	—	—	—	—	54	54	54	54
—	—	—	—	—	104	227	227	244
—	—	—	—	—	56	145	145	145
—	—	—	—	—	115	208	208	208
—	—	—	—	—	—	97	151	164
—	—	—	—	—	—	—	159	176
—	—	—	—	—	—	—	68	68
—	—	—	—	—	—	—	31	31
—	—	—	—	—	—	—	273	273
—	—	—	—	—	—	—	—	116
—	—	—	—	—	—	—	—	25

Bemerkungen zu vorstehender Tabelle.

Zu Nr. 2. Incl. Cottbus-Grossenhain.
Zu Nr. 3. Die Berlin-Potsdamer Bahn (conc. 1837) wurde 1845 mit der Berlin-Potsdam-Magdeburger vereinigt.
Zu Nr. 5. 1857 mit der Bergisch-Märkischen Bahn vereinigt.
Zu Nr. 8. Die Augsburg-Münchener Bahn (conc. 1837) wurde 1844 Staatsbahn.
Zu Nr. 12. Incl. der Hamburg-Bergedorfer Bahn.
Zu Nr. 15. 1847 Staatsbahn.
Zu Nr. 16. Incl. der Berlin-Frankfurter Bahn, conc. 1841.
Zu Nr. 20. 1857 mit der Rheinischen Bahn vereinigt.
Zu Nr. 21. Incl. Rendsburg-Neumünster.
Zu Nr. 24. 1851 Staatsbahn.
Zu Nr. 26. 1870 mit der Oberschlesischen Bahn vereinigt.
Zu Nr. 27. Incl. der Werrabahn.
Zu Nr. 29. 1864 mit der Magdeburg-Halberstädter Bahn vereinigt.
Zu Nr. 31. 1870 mit der Friedrich-Franz-Bahn vereinigt.
Zu Nr. 33. 1870 an die Oberschlesische Bahn.
Zu Nr. 34. 1851 an die Preussische Ostbahn, 1857 an die Oberschlesische Bahn.
Zu Nr. 37. 1863 an die Bergisch-Märkische Bahn.
Zu Nr. 38. 1868 an die Bergisch-Märkische Bahn.
Zu Nr. 39. 1855 an die Westfälische Bahn.
Zu Nr. 41. 1863 an die Magdeburg-Halberstädter Bahn.
Zu Nr. 43. 1864 an die Bergisch-Märkische Bahn.
Zu Nr. 48. 1864 an die Bergisch-Märkische Bahn.
Zu Nr. 50. 1867 an den Grand Central Belge.
Zu Nr. 51. 1870 an die Altona-Kieler Bahn.
Zu Nr. 52. 1868 an die Sächsische Staatsbahn.
Zu Nr. 54. Seit 1868 Rechte Oderufer-Eisenbahn.

Oesterreich.

Wenn gleich Oesterreich von allen Staaten des Continents sich der ersten Eisenbahn rühmen kann, nämlich der besonders durch die Bemühungen des Ritters Franz von Gerstner in's Leben gerufenen Pferdebahn von Linz nach Budweis, erbaut 1825—1832, und wenn auch dieser bald einige ähnliche Pferdebahnen von Prag nach Lana, von Linz nach Gmunden, auch Locomotivbahnstrecken der Kaiser-Ferdinands-Nordbahn und der Wien-Gloggnitzer Bahn folgten, so erlangte das österreichische Eisenbahnwesen eine bedeutendere und systematische Ausdehnung doch erst dann, als im Jahre 1841 die Anlage von Eisenbahnen auf Staatskosten angeordnet und deren Hauptrichtungen vorgezeichnet wurden.

Der Bau der Staatsbahnen wurde so eifrig betrieben, dass bereits in den Jahren 1844 und 45 die Strecken Mürzzuschlag-Graz und Olmütz-Prag dem Betriebe übergeben werden konnten. Während des weiteren Ausbaues der nördlichen Linie bis zur sächsischen Grenze und der südlichen bis Triest erfuhr das Institut der Staatsbahnen noch dadurch eine weitere Ausdehnung, dass einige Privatbahnen in das Eigenthum des Staates übergingen, ein Umstand, der durch die ungünstige Lage der Privatbahnen nach dem Jahre 1848 veranlasst wurde. Auf diese Weise übernahm der Staat im Jahre 1850 die Krakau-Oberschlesische, die Mailand-Comoer und die ungarische Centralbahn, 1852 die lombardisch-venetianische Ferdinandsbahn, 1853 die Wien-Gloggnitzer, 1854 die Neustadt-Oedenburger Bahn. Insofern die vorstehenden Bahnen noch nicht vollendet waren, wurden dieselben vom Staate ausgebaut, welcher damals auch den Uebergang über den Semmering bewerkstelligte (1854) und den Bau der Tyroler und der südöstlichen Staatsbahn energisch betrieb. Zu gleicher Zeit wurden mit den Nachbarstaaten Bayern, Sachsen, Sardinien und dem Kirchenstaate Verträge wegen des Eisenbahnanschlusses geschlossen.

Aus finanziellen Gründen wurde später, unter gleichzeitiger Aufgabe des bisherigen Systems, die Privatthätigkeit zum Ausbau des Eisenbahnnetzes wieder herangezogen und ihre Betheiligung durch Gewährung umfassender Begünstigungen angeregt. Dies geschah einerseits durch den Entschluss der Regierung, die Staatsbahnen an Privatgesellschaften zu überlassen und andererseits durch das neue Concessionsgesetz vom Jahre 1854, mit welchem zugleich ein vollständiges Eisenbahnnetz, welches die zu bauenden Linien enthielt, veröffentlicht wurde. Von den Staatsbahnen gingen die nördliche und südöstliche im Jahre 1855 an die österreichische Staats-Eisenbahngesellschaft, die östliche 1858 theils an die Kaiser Ferdinands Nordbahn, theils an die galizische Carl Ludwigsbahn, die südliche ebenfalls 1858 an die vereinigte südösterreichische, lombardische und centralitalienische Eisenbahngesellschaft über, welche letztere sich in Folge des Friedens von Villafranca in zwei grosse Sectionen theilte, von denen die eine das österreichische, die andere das italienische Bahnnetz umfasst.

Begünstigt von dem Zuflusse ausländischen Capitals entstand nun innerhalb weniger Jahre ausser den genannten eine ganze Reihe von Unternehmungen, welche eine namhafte Anzahl der in dem vorher erwähnten Gesetze aufgeführten Bahnlinien bauten. Bald aber trat durch Handelskrisen, durch die gedrückten politischen Verhältnisse und die allgemeine Finanznoth eine beinahe totale Stockung in der Entwickelung des österreichischen Eisenbahnnetzes ein, die bis zum Jahre 1866 andauerte. Seitdem ist für die Erweiterung und den Ausbau des österreichischen Bahnnetzes eine neue Aera angebrochen, namentlich sind die beiden letzten Jahre hervorzuheben, da im Jahre 1870 1574 Kilom. und 1871 gar 2137 Kilom. Eisenbahnen dem Verkehr übergeben wurden, Längen, wie sie kaum ein anderes Land aufweisen kann. Am Schlusse des Jahres 1871 waren in der österreichischen Monarchie 11899 Kilom. für den allgemeinen Verkehr und 418 Kilom. Pferde- und Industriebahnen im Betriebe.

Das österreichische Eisenbahnnetz umfasste zu Anfang des Jahres 1872 folgende Bahnen (excl. Industrie- und Pferdebahnen):

	Oesterr. Ml. à 7586 M.	Kilom.	Jahr der Eröffnung.
1. Alfoeld-Fiumaner Bahn.			
Grosswardein-Szegedin-Essegg	45,49	345,1	1869—71
Verbindungsbahn bei Szegedin	0,52	3,9	70
Essegg-Villany	5,84	44,3	70
2. Arad-Temesvarer Bahn.			
Im Betriebe der Theissbahn (siehe diese).			
3. Aussig-Teplitzer Bahn.			
Aussig-Komotau	8,51	64,6	58—70
4. Böhmische Nordbahn.			
Bakov-Rumburg	12,04	91,8	67—9

	Meil.	Kilom.	Jahr der Eröffnung.
Kreibitz-Neudoerfel-Warnsdorf	1,49	11,3	69
Bodenbach-Tannenberg	5,12	38,9	69
Im Bau:			
Bensen-Böhm. Leipa	2,7	20,4	
Rumburg-Schluckenau-Grenze	1,71	12,9	
Rumburg-Georgswalde	1,0	7,6	
5. Böhmische Westbahn.			
Prag-bayer. Grenze bei Tuuss	24,27	184,1	61—62
Bayer. Grenze-Furth (gepachtet)	0,88	6,7	62
Chrast-Radnitz	1,31	9,9	63
6. Buschtěhrader Bahn.			
Prag-Lana-Komotau	16,53	125,4	63—71
Wejhybka-Kralup	3,43	26,0	55—57
Prager Verbindungsbahn	0,25	1,9	68
Priesen-Carlsbad-Eger	14,65	111,1	70—71
Tirschnitz-Franzensbad	0,5	3,8	71
Im Bau:			
Komotau-Weipert	7,70	58,4	
Hostiwic-Smichow	2,77	21,0	
Komotau-Brunnersdorf	c. 1,5	11,4	
7. Dux-Bodenbacher Bahn.			
Dux-Bodenbach	6,7	50,8	71
Im Bau:			
Ossegg-Komotau	4,6	34,9	
8. Fünfkirchen-Barcser Bahn.			
Fünfkirchen-Barcs	8,93	67,7	68
9. Galizische Carl Ludwigsbahn.			
Krakau-Lemberg	45,04	341,7	56—61
Lemberg-Tarnopol-Podwolszyska-Russische Grenze	25,37	192,5	69—71
Bierzanow-Wieliczka	0,61	4,6	57
Podlęce-Niepolomice	0,64	4,9	58
Krazne-Brody	5,62	42,6	69
Zu banen:			
Brody-Russ. Grenze gegen Radziwilow	0,96	7,3	
10. Graz-Köflacher Bahn.			
Graz-Koeflach	5,24	39,8	60
Projectirt:			
Lieboch-Schwauberg mit Abzweigung nach Stainz	6,0	45,5	
Hohenstadt-Zöptauer Bahn.			
(siehe Staats-Eisenbahngesellschaft).			
11. Kaiser Ferdinands-Nordbahn.			
Wien-Krakau	54,10	410,4	38—56

	Meil.	Kilom.	Jahr der Eröffnung.
Florisdorf-Jedlersee	0,14	1,1	41
Gänserndorf-Marchegg	2,40	18,2	48
Lundenburg-Brünn	7,94	60,2	39
Prerau-Olmütz	3,03	23,0	41
Schönbrunn-Troppau	3,76	28,5	55
Dzieditz-Bielitz	1,48	11,2	55
Trzebinia-Grenze bei Myslowitz	3,52	26,7	47
Preuss. Grenze-Myslowitz (gepachtet)	0,23	1,8	47
Szczakowa-Granica	0,21	1,8	48
Oderberg-preuss. Grenze bei Annaberg (verpachtet)	0,45	3,3	48
Brünn-Olmütz-Sternberg	15,17	115,1	69—70
Nezamislitz-Prerau	3,50	26,6	69
Ostrau-Friedland	4,37	33,2	71
12. Kaiser Franz Josefs-Bahn.			
Wien-Budweiss-Pilsen	46,01	349,0	68—70
Gmünd-Prag	24,43	185,3	71
Im Bau:			
Verbindungsbahnen in Prag	0,80	6,1	28. 1. 72
Pilsen-Eger	13,82	104,8	10. 1. 72
Absdorf-Krems	4,2	31,9	
Budweis-Wessely	4,9	37,2	
18. Kaiserin Elisabeth-Bahn.			
Wien-Linz-Salzburg	41,33	313,5	58—60
Salzburg-bayer. Grenze (verpachtet)	0,70	5,3	60
Penzing-Hetzendorf	0,78	5,9	60
Wels-bayer. Grenze bei Passau	10,24	77,8	61
Grenze-Passau (gepachtet)	0,21	1,5	61
Lambach-Gmunden	3,79	28,7	35—6 (55)
Linz-Budweis	16,5	125,2	28—32 umgebaut 71
Neumarkt-Braunau	7,71	58,5	70
Salzburg-Hallein	2,40	18,2	71
Im Bau:			
Wartberg-St. Valentin	2,69	20,4	
Hetzendorf-Donaulände bei Albern	2,52	19,1	
18. Kaschau-Oderberger Bahn.			
Kaschau-Abos	2,10	15,9	70
Abos-Eperies	2,15	16,3	70
Oderberg-Iglo	35,09	266,2	69—71
Im Bau:			
Iglo-Abos	8,98	68,0	18. 3. 72
15. Kronprinz Rudolfs-Bahn.			
St. Valentin-Weyer	8,21	62,3	68—9
Rottenmann-Villach	30,38	230,5	68—9
St. Michael-Leoben	1,47	11,1	68

	Meil.	Kilom.	Jahr der Eröffnung.
St. Veit-Klagenfurt	2,36	17,9	69
Launsdorf-Mösel-Hüttenberg	3,91	29,6	69—70
Tarvis-Laibach	13,66	103,6	70
Im Bau:			
Weyer-Rottenmann	11,1	84,2	
Kleinreifling-Amstetten	6,1	46,3	
Villach-Tarvis	c. 3,0	22,7	
Hieflau-Eisenerz	c. 2,0	15,2	
16. Lemberg-Czernowitz-Jassy-Bahn.			
Lemberg-Czernowitz	35,09	266,2	66
Czernowitz-Suczawa	11,86	90,0	69
17. Mohacs-Fünfkirchener Eisenbahn.			
Mohacs-Fünfkirchen	8,02	60,9	54—7
18. Oesterreichische Nordwestbahn.			
Jedlersee-Stockerau-Jungbunzlau	45,85	347,8	41, 69—71
Deutschbrod-Pardubitz	12,18	92,4	71
Pardubitz-Rossitz	0,37	2,8	71
Gross Wossek-Parschnitz	17,01	129,0	70—1
Pelsdorf-Hohenelbe	0,58	4,4	71
Wostromiersch-Jitschin	2,28	17,3	71
Trautenau-Freiheit	1,29	9,8	71
Im Bau:			
Wien-Jedlersee	0,7	5,3	
Zellerndorf-Siegmundsherberg	2,61	19,8	
19. Oesterr. Staats-Eisenbahngesellschaft.			
Wien-Strelitz (-Brünn)	18,81	142,7	70
Brünn-Rossitz-Segen-Gottes	3,16	23,9	56
Brünner Verbindungsbahn	0,12	0,9	70
Grussbach-Znaim	3,31	25,1	70
Brünn-Prag-Bodenbach	50,61	384,0	45—51
Bodenbach-sächs. Grenze (verpachtet)	1,50	11,0	51
Olmütz-Böhm. Trübau	10,76	81,6	45
Stadlau-Marchegg	4,62	35,1	70
Marchegg-Pest-Bazias	86,18	653,8	46—58
Jassenova-Oravicza	4,95	37,6	56
Oravicza-Steyerdorf	4,35	33,0	63 (69)
Valkany-Perjamos	5,70	43,2	70
Wien-Raab-Neu Szöny	20,70	157,0	45—6
Hohenstadt-Zöptan	2,90	22,0	71
20. Oesterreichische Südbahn.			
Wien-Triest	76,11	577,4	41—57
Mödling-Laxenburg	0,62	4,7	45
Wiener Neustadt-Oedenburg	4,22	32,0	47
Wiener Neustadt-Grammat-Neusiedl	4,49	34,1	71
Marburg-Villach	21,71	164,7	63—4

	Meil.	Kilom.	Jahr der Eröffnung.
Steinbrück-Sissek	16,56	125,6	62
Agram-Carlstadt	6,50	49,3	65
Bruck-Leoben	2,26	17,1	68
Nabresina-italien. Grenze bei Cormons	6,55	49,7	60
Pragerhof-Ofen	43,52	330,1	60—61
Stuhlweissenburg-Neu Szöny	10,50	79,7	60
Oedenburg-Gross Kanisza	21,79	165,3	65
Keresztur-Barcs	9,36	71,0	68
Innsbruck-Kufstein	9,66	73,3	58
Kufstein-bayer. Grenze (verpachtet)	0,29	2,2	58
Insbruck-italien. Grenze bei Ala	29,99	227,5	59—67
Villach-Franzensveste	27,78	210,7	71
Im Bau:			
St. Peter-Fiume	7,27	55,1	
21. Erste Siebenbürger Bahn.			
Arad-Carlsburg	27,80	210,9	68
Piski-Petrozseny	10,42	79,1	70
22. Ostrau-Friedländer Bahn.			
Im Betriebe der Kaiser Ferdinands-Nordbahn.			
23. Salzburg-Halleiner Bahn.			
Im Betriebe der Kaiserin Elisabeth-Bahn			
24. Süd-Norddeutsche Verbindungsbahn.			
Pardubitz-Reichenberg	21,16	160,4	57—59
Josefstadt-preuss. Grenze bei Liebau	8,42	63,9	59—69
Preuss. Grenze-Liebau (gepachtet)	0,58	4,4	69
Projectirt:			
Reichenberg-Grenze bei Seidenberg	c. 3,5	26,5	
Eisenbrod-Tannwald	c. 2	15,2	
25. Theissbahn.			
Czegled-Kaschau	49,01	371,8	47—60
Szolnok-Arad	18,79	142,6	58
Puespoek-Ladány-Grosswardein	8,96	68,0	58
Arad-Temesvar	7,54	57,2	71
26. Turnau-Kralup-Prager Bahn.			
Turnau-Kralup	11,44	86,8	65
Im Bau:			
Neratowitz-Prag	4,58	34,8	
27. Ungarische Nordostbahn.			
Debreczin-Szathmar	13,92	105,6	71
Szerencs-Saturalja-Ujhely	5,99	45,5	71

	Meil.	Kilom.	Jahr der Eröffnung.
Im Bau:			
Szathmar-Szigeth	15,20	115,3	
Kiralyhaza-Kaschau	25,20	191,2	
Batyu-Muncacs	3,34	25,3	
Nyiregyhaza-Czap-Ungvár	12,60	95,6	
28. Ungarische Ostbahn.			
Grosswardein-Klausenburg	20,07	152,3	70
Karlsburg-Maros-Vasarhely	14,76	112,0	71
Im Bau:			
Klausenburg-Kocsard	c. 6,0	45,5	
Toevis-Kronstadt	33,67	255,4	
Kl. Koepisch-Hermannstadt	5,78	43,8	
Gyeres-Thorda	1,12	8,5	
39. Ungarische Staatsbahn.			
Pest-Losoncz-Altsohl	28,13	213,4	67—71
Hatvan-Miskolcz	15,14	114,9	70
Vamos Gyoerk-Gyoengyoes	1,45	11,0	70
Miskolcz-Banréve u. Verbindungsbahn	6,0	45,5	71
Zakany-Agram	13,53	102,6	70
Im Bau:			
Altsohl-Ruttek	c. 13,0	98,6	
Carlstadt-Fiume	22,9	173,7	
Füzes Abony-Erlau	2,2	16,7	
Hatvan-Szolnok	9,07	68,8	
Altsohl-Neusohl	2,6	19,7	
Pest-Ofener Verbindungsbahn	1,25	9,5	
Theissholcz-Ronitz	4,9	37,2	
Theissholcz-Vashegy	5,1	38,7	
Szigeth-Slatina	0,5	3,8	
Miskolcz-Diosgyoer	1,0	7,6	
30. Ungarische Westbahn.			
Raab-Steinamanger	15,43	117,0	71
Im Bau:			
Steinamanger-Graz	17,87	134,6	
Stuhlweissenburg-Klein Zell	15,05	114,2	
31. Erste Ungarisch-Galizische Bahn.			
Legenye-Mihalyi-Homonna	8,50	64,5	71
Im Bau:			
Homonna-Przemysl	26,66	202,2	
32. Wiener Neustadt-Grammat Neusiedler Bahn.			
Im Betriebe der Südbahn.			

74

	Meil.	Kilom.	Jahr der Eröffnung.
38. Wiener Verbindungsbahn. (den 6 in Wien mündenden Bahnen gehörig.)			
Südbahnhof-Nordbahnhof	0,63	4,8	57—9
Von ausländischen Bahnen liegen in Oesterreich:			
Von der Zittau-Reichenberger Bahn.			
Reichenberg-sächs. Grenze	2,87	21,8	59
Sächsische Staatsbahn.			
Eger-sächs. Grenze gegen Voitersreuth	1,94	14,6	65
Bayerische Staatsbahn.			
Eger-bayerische Grenze gegen Hof	4,25	32,3	65
Bayerische Ostbahn.			
Eger-bayer. Grenze gegen Mitterteich	1,02	7,7	65
Oberschlesische Bahn.			
Oswięcim - preussische Grenze gegen Neuberun	0,27	2,0	68
Im Bau begriffene oder dazu vorbereitete Bahnen:			
Leoben-Vordernberger Bahn	2,1	15,9	
Mährisch-Schlesische Centralbahn.			
Olmütz-Jägerndorf-Gr. bei Leobschütz	11,95	90,7	
Jägerndorf-Troppau	3,16	24,0	
Jägerndorf-Grenze gegen Neisse	3,37	25,6	
Kriegsdorf-Römerstadt	1,9	14,4	
Freudenthal-Würbenthal	3,0	22,8	
Vorarlberger Bahn.			
Bludenz-Feldkirch-Bregenz-bayerische Grenze	8,16	61,9	
Lautrach-St. Margarethen	1,22	9,1	
Feldkirch-Buchs	2,34	17,7	
Ebensee-Ischler Bahn	c. 2,0	15,2	
Pilsen-Priesener Bahn.			
Pilsen-Priesen	14,9	113,0	
Schabogluck-Dux	6,8	51,6	
Obernitz-Brüx	0,8	6,1	
Prag-Duxer Bahn	18,0	136,5	
Bialathalbahn.			
Bilin-Aussig	4,23	32,1	
Elbebahn und Niederlipka-Wildenschwert.			
Nimburg-Tetschen	17,74	134,6	

	Meil.	Kilom.	Jahr der Eröffnung.
Hlinsko-Wildenschwert-Niederlipka-Grenze	12,9	97,9	
Lisa-Prag	3,99	30,3	
Chlumetz-Geiersberg	11,60	88,0	
Goemoerer Bahnen.			
Bánréve-Fuelek	6,3	47,8	
Bánréve-Dobschau	8,9	67,5	
Feled-Theissholcz	6,1	46,8	
Bánréve-Nadasd	3,7	28,0	
Donau-Draubahn.			
Zákány-Dómbovár-Battaszek	22,0	166,9	
Ungarische Nordwestbahn.			
Komorn-Neuhäusel-Trenczin	20,3	154,0	
Lundenburg-Grussbach	5,0	37,9	
Postelberg-Lobositz-Liebenau	18,5	140,3	
Dniester-Bahn.			
Chyrow-Stryi	14,1	107,0	
Beskid-Bahn. (Albrechtsb.)			
Lemberg-Stryi-Beskid Stryi-Stanislaw	33,7	255,6	

Oesterreichs Pferde- und Industriebahnen.

	Meil.	Kilom.	Jahr der Eröffnung.
Pressburg-Tyrnauer Bahn.			
Pressburg-Tyrnau-Szered	8,33	63,2	40—6
Wiener Tramway.			
Schottenring-Dornbach	0,97	7,3	65—6
Schottenring-Burgring-Aspernbrücke	0,45	3,4	68
Schottenring-Franz-Josefs-Quay-Aspernbrücke	0,27	2,0	69
Aspernbrücke-Praterstern-Bäder	0,29	2,2	68
Schottenring-Nussdorfer Linie-Döbling	0,43	3,3	69—20
Burgring-Mariahilf-Penzing	0,70	5,3	69—70
Pester Tramway.			
Heuplatz-Neu-Pester Hafendamm	1,29	9,8	66
Kerepeser Strasse-Stadtwäldchen	0,48	3,6	68
Zriny-Nordbahnhof-Steinbruch	1,03	7,8	68
Uelloer Strasse-Steinbruch	0,45	3,4	69

	Meil.	Kilom.	Jahr der Eröffnung.
Ofener Tramway.			
Kettenbrückenkopf-Altofen	0,81	6,1	68
Auwinkel Linie	0,9	6,8	69
Brünner Tramway.			
Kiosk-Karthaus	0,51	3,9	69
Kiosk-Stadtbahnhof	0,15	1,1	69
Kiosk-Altbrünn	0,56	4,2	69
Zeil-Obrowitz	0,19	1,4	70
Altbrünn-Schreibwald	0,47	3,6	70
Bahnring-Rossitzer Bahnhof	0,22	1,7	70
Temesvarer Tramway.			
Linie Fabrik und Josefstadt	0,87	6,6	69
Arader Tramway.			
8 Strecken	1,38	10,5	69—70
Aussig-Teplitzer Bahn.			
33 Kohlenbahnen	2,85	21,6	
Böhmische Westbahn.			
Rokitzan-Miröschau	1,26	9,6	69
Nuerschan-Wilkischen	1,87	14,2	61
Nuerschan-Pankraz-Grube	0,56	4,3	61
Nuerschan-Humbolds-Schacht	0,27	2,1	66
Nuerschan-Littitz	1,04	7,9	67
Staab-Mantau	0,44	3,3	66
Zum Lazarusschachte	0,08	0,6	68
Buschtěhrader Bahn.			
Lana-Pinie	1,72	13,1	
Kladno-Nucic mit Abzweigungen nach dem Amalienschachte und nach Tachlowic	4,62	35,0	57
Luzna-Rakonic	0,81	6,2	71
Graz-Koeflacher Bahn.			
5 Kohlenbahnen	0,51	3,9	
Kaiser Ferdinands-Nordbahn.			
Ostrau-Michalkowitz und Zweigbahnen	2,64	20,0	62
Szczakowa-Dąbrowa	0,51	3,9	58
Szczakowa-Jaworzno	1,0	7,6	56
30 andere Privatanschlüsse	1,19	9,0	
Kaiserin Elisabeth-Bahn.			
Wolfsegg-Breitenschützing	1,6	12,1	
Thomasroith-Attnang	1,65	12,5	
Oesterr. Staats-Eisenbahn-Gesellschaft.			
Segen Gottes-Simsonschacht mit drei Zweigbahnen	0,58	4,4	62

	Mell.	Kilom.	Jahr der Eröffnung.
Nach der Kleinschwechater Brauerei	0,44	3,3	67
Tot Megyer-Zuckerfabrik in Surany	1,25	9,5	67
26 andere Privatanschlüsse	1,88	14,3	
Oesterreichische Südbahn.			
Zum Kohlenwerke Bresno b. Römerbad	0,75	5,7	
Hrastnigger Kohlenbahn	0,50	3,8	
Sagorer Kohlenbahn	0,89	6,7	
Matzleinsdorfer Zweigbahn	0,27	2,0	67
Bükk-Cseperegher Zuckerfabrik	0,6	4,5	68
Andere Privatanschlüsse	0,33	2,5	
Südnorddeutsche Verbindungsbahn.			
15 Privatanschluss-Geleise	1,6	12,1	

Geschichtstafel der Oesterreichischen Eisenbahnen.

Tag der Eröffnung.	Eröffnete Strecke.	Name der Bahn.	Länge in Kilom.	Am Schlusse des Jahres. Kilom.
Sept. 1828	Budweis-Kerschbaum	Elisabethbahn	64,5	64,5
21. Oct. 1830	Prag-Lana-Pinie	Buschtěhrader	56,9	121,4
	(Nach v. Reden 1833—36 erb.)			
1. Aug. 1832	Kerschbaum-Linz	Elisabethbahn	66,4	187,8
Oct. 1834	Linz-Maxlhaid	„	23,0	210,8
1. Apr. 1835	Maxlhaid-Wels	„	5,0	
1. Aug. „	Wels-Lambach	„	11,0	226,8
1. Mai 1836	Lambach-Gmunden	„	28,7	255,5
23. Nov. 1837	Florisdorf-Dt. Wagram	Kais. Ferd.-Nordb.	13,1	268,6
6. Jan. 1838	Wien-Florisdorf	„	4,5	
16. Apr. „	Dt. Wagram-Gänserndorf	„	12,8	285,9
9. Mai 1839	Gänserndorf-Dürnkrut	„	18,7	
6. Juni „	Dürnkrut-Lundenburg	„	33,4	
7. Juli „	Lundenburg-Brünn	„	60,2	398,2
17. Aug. 1840	Mailand-Monza	Südbahn	13,0	
27. Sept. „	Pressburg-St. Georgen	Pressb.-Tyrnauer	15,2	426,4
1. Mai 1841	Lundenburg-Hradisch	Kais. Ferd.-Nordb.	56,1	
16. „ „	Baden-Wiener Neustadt	Südbahn	22,0	
29. „ „	Mödling-Baden	„	11,0	
20. Juni „	Wien-Mödling	„	15,0	
30. „ „	St. Georgen-Bösing	Pressb.-Tyrnauer	5,0	
26. Juli „	Florisdorf-Stockerau	Kais. Ferd.-Nordb. (seit 1871: 20,3 österr. Nordwestbahn)	21,4	
1. Sept. „	Hradisch-Prerau	Kais. Ferd.-Nordb.	45,3	

Tag der Eröffnung.	Eröffnete Strecke.	Name der Bahn.	Länge in Kilom.	Am Schlusse des Jahres. Kilom.
17. Oct. 1841	Prerau-Olmütz	Kais. Ferd.-Nordb.	23,0	
24. „ „	Wien.Neust.-Neunkirchen	Südbahn	15,0	640,2
5. Mai 1842	Neunkirchen-Gloggnitz	„	11,0	
15. Aug. „	Prerau-Leipnik	Kais. Ferd.-Nordb.	15,1	
12. Dec. „	Padua-Mestre	Südbahn	29,0	695,3
23. Oct. 1844	Mürzzuschlag-Graz	„	92,0	787,3
24. Aug. 1845	Olmütz-Prag	Staatseisenb.-Ges.	247,0	
28. Sept. „	Mödling-Laxenburg	Südbahn	4,7	
20. Dec. „	Bösing-Cziffer	Pressb.-Tyrnauer	19,0	1058,0
13. Jan. 1846	Venedig-Mestre	Südbahn	8,0	
13. „ „	Vicenza-Padua	„	30,0	
15. Febr. ,.	Mailand-Treviglio	„	32,0	
1. Juni „	Cziffer-Tyrnau	Pressb.-Tyrneuer	9,0	
2. „ „	Graz-Cilly	Südbahn	127,0	
15. Juli „	Pest-Waitzen	Staatseisenbahn	34,1	
12. Sept. „	Wien-Bruck	„	41,3	
1. Nov. „	Tyrnau-Szered	Pressb.-Tyrnauer	15,0	1354,4
1. Mai 1847	Leipnik-Oderberg	Kais. Ferd.-Nordb.	77,9	
20. Aug. „	Wiener Neust.-Oedenburg	Südbahn	32,0	
1. Sept. „	Pest-Czegled	Staatseisenbahn	75,9	
1. „ „	Czegled-Szolnok	Theissbahn	28,0	
13. Oct. „	Krakau-Trzebinia-Preuss. Grenze bei Myslowitz	Kais. Ferd.-Nordb.	63,8	1632,0
1. Apr. 1848	Szczakowa-Granica	„	1,8	
20. Aug. „	Gänserndorf-Pressburg	Ferd.-Nordb. und Staatseisenbahn	37,2	
1. Sept. „	Oderberg-Preuss. Grenze	Kais. Ferd.-Nordb.	3,3	1674,3
1. Jan. 1849	Brünn-Böhm. Trübau	Staatseisenbahn	90,3	
2. Juli „	Verona-Vicenza	Südbahn	48,0	
16. Sept. „	Cilly-Laibach	„	85,0	
6. Oct. „	Camnago-Monza	„	16,0	
15. Nov. „	Cucciago-Camnago	„	9,0	
7. Dec. „	Cucciago-Camerlata	„	7,0	1929,6
1. Juni 1850	Prag-Lobositz	Staatseisenbahn	86,6	
1. Oct. „	Lobositz-Aussig	„	19,0	
15. „ „	Gran-Waitzen	„	41,7	
16. Dec. „	Pressburg-Gran	„	137,3	2214,2
6. Apr. 1851	Aussig-Bodenbach-Sächs. Grenze	„	33,7	
7. „ „	Verona-Mantua	Südbahn	39,0	
14. Oct. „	Treviso-Mestre	„	18,0	2304,9
3. Sept. 1853	Czegled-Felegyhaza	Staatseisenbahn	49,3	2354,2
4. Apr. 1854	Felegyhaza-Szegedin	„	64,5	
24. „ .,	Verona-Coccaglio	Südbahn	88,0	
17. Juli ..	Gloggnitz-Mürzzuschlag	„	56,0	
1. Dec. „	Fünfkirchen-Ueszoeg	Moh.-Fünfkirchen	7,6	2570,3

Tag der Eröffnung.	Eröffnete Strecke.	Name der Bahn.	Länge in Kilom.	Am Schlusse des Jahres. Kilom.
30. Apr. 1855	Treviso-Pordenone	Südbahn	57,0	
15. Oct. „	Pordenone-Casarsa	„	15,0	
8. Nov. „	Kladno-Kralup	Buschtěhrader	21,7	
17. Dec. „	Oderberg-Dzieditz	Kais. Ferd.-Nordb.	47,8	
17. „ „	Dzieditz-Bielitz	„	11,2	
17. „ „	Schönbrunn-Troppau	„	28,5	
24. „ „	Bruck-Raab	Staatseisenbahn	77,1	2828,6
2. Jan. 1856	Brünn-Segen Gottes	„	23,9	
25. Febr. „	Krakau-Dembica	Galiz. Carl Ludw.	112,3	
1. März „	Dzieditz-Trzebinia	Kais. Ferd.-Nordb.	48,6	
11. Aug. „	Raab-Neu Szoeny	Staatseisenbahn	38,6	
1. Nov. „	Jassenova-Oravicza	„	37,6	
1. „ „	Jassenova-Basiasch	„	22,8	
20. „ „	Laibach-Adelsberg	Südbahn	63,0	3175,4
	Ausserdem:			
	Szczakowa-Jaworzno	Kais. Ferd.-Nordb.	7,6	
26. Jun. 1857	Bierzanow-Wieliczka	Galiz. Carl Ludw.	4,6	
2. Mai „	Ueszoeg-Mohacs	Moh.-Fünfkirchener	53,3	
11. „ „	Szolnok-Debreczin	Theissbahn	120,0	
27. Juli „	Adelsberg-Triest	Südbahn	80,4	
13. Oct. „	Treviglio-Coccaglio	„	50,0	
15. „ „	Südbahnhof-Hauptzollamt	Wiener Verbindgsb.	3,0	
4. Nov. „	Pardubitz-Josefstadt	Südnordd. Verb.	39,1	
16. „ „	Szegedin-Temesvar	Staatseisenbahn	114,4	
1. Dec. „	Wejhybka-Kladno	Buschtěhrader	4,3	3644,5
	Ausserdem:			
1. Dec. „	Kladno-Nucic und Abzweigungen	Prager Eisenindustrie-Gesellsch.	35,0	
22. Apr. 1858	Puespoek-Ladany-Grosswardein	Theissbahn	68,0	
20. Mai „	Aussig-Teplitz	Aussig-Teplitzer	20,0	
1. Juni „	Josefstadt-Falgendorf	Südnorddeutsche	39,0	
20. Juli „	Temesvar-Jassenova	Staatseisenbahn	94,8	
5. Aug. „	Kufstein-Bayer. Grenze	Bayer. Staatsbahn	2,2	
16. Sept. „	Podleze-Niepolomice	Galiz. Carl Ludw.	4,9	
18. Oct. „	Mailand-Magenta	Südbahn	27,0	
25. „ „	Szolnok-Arad	Theissbahn	142,6	
4. Nov. „	Dembica-Rzeszow	Galiz. Carl Ludw.	45,5	
21. „ „	Wien-Linz	Kaiser. Elisabethb.	189,0	
24. „ „	Innsbruck-Kufstein	Südbahn	73,3	
1. Dec. „	Falgendorf-Turnau	Südnorddeutsche	43,8	4394,1
	Ausserdem:			
	Szczakowa-Dabrowa	Kais. Ferd.-Nordb.	3,9	
28. März 1859	Verona-Trient	Südbahn	87,0	
1. Apr. „	Turnau-Reichenberg	Südnorddeutsche	39,0	
1. Mai „	Josefstadt-Schwadowitz	„	36,0	

Tag der Eröffnung.	Eröffnete Strecke.	Name der Bahn.	Länge in Kilom.	Am Schlusse des Jahres. Kilom.
16. Mai 1859	Botzen-Trient	Südbahn	54,5	
24. „ „	Debreczin-Miskolcz	Theissbahn	136,0	
1. Juli „	Linz-Lambach	Kaiser. Elisabethb.	37,5	
1. „ „	Hauptzollamt-Nordbahuh.	Wiener Verbindgsb.	1,8	
15. Nov. „	Rzeszow-Przeworsk	Galiz. Carl Ludw.	34,1	
1. Dec. „	Reichenberg-Sächs. Gr.	Zittau-Reichenberg.	21,8	
	An Italien abgetreten: Peschiera - Mailand - Magenta und Camerlata		216	4586,8
	Ausserdem Kohlenb. der	Aussig-Teplitzer	2,0	
1. März 1860	Lambach-Frankenmarkt	Kaiser. Elisabethb.	42,0	
1. Apr. „	Pragerhof-Kanizsa	Südbahn	110,5	
3. „ „	Graz-Koeflach	Graz-Koeflacher	39,8	
1. Juni „	Stuhlweissenburg-Neu Szoeny	Südbahn	79,7	
21. Juli „	Casarsa-Udine	„	34,0	
1. Aug. „	Frankenmarkt-Salzburg	Kaiser. Elisabethb.	45,0	
15. „ „	Salzburg-Bayer. Grenze	Bayer. Staatsbahn	5,3	
15. „ „	Miskolcz-Kaschau	Theissbahn	87,8	
1. Oct. „	Nabresina-Udine	Südbahn	70,7	
4. Nov. „	Przeworsk-Przemysl	Galiz. Carl Ludw.	53,1	
20. Dec. „	Penzig-Hetzendorf	Elisabethbahn	5,9	5160,6
	Industriebahn Karbitz-Herbitz	Aussig-Teplitzer	2,0	
20. März 1861	Kanizsa-Stuhlweissenburg	Südbahn	150,6	
1. Apr. „	Stuhlweissenburg-Ofen	„	69,0	
1. Sept. „	Wels-Bayerische Grenze bei Passau	Kaiser. Elisabethb.	77,8	
15. Oct. „	Skurnian-Bayerische Gr. gegen Furth	Böhmische Westb.	71,1	
5. Nov. „	Przemysl-Lemberg	Galiz. Carl Kudw.	96,7	
	Ausserdem:			
1. Oct. „	Nürschan-Wilkischen	Böhmische Westb.	10,6	
1. „ „	Dombraka Bahn	„	3,0	
16. „ „	Pancrazb. nach Nürschan	„	4,3	5625,8
15. Juli 1862	Prag-Skurnian	„	113,0	
1. Oct. „	Steinbrück-Sissek	Südbahn	125,6	5864,4
	Ausserdem:			
10. Aug. „	Segen Gottes-Oslawaner Simsonschacht	Brünn-Rossitzer	4,4	
15. Dec. „	Ostrau-Michalkowitz	Kais. Ferd.-Nordb.	20,0	
16. März 1863	Oswiecim-Preuss. Grenze	Oberschlesische	2,0	
2. Apr. „	Chrast-Radnitz	Böhmische Westb.	9,9	
1. Juni „	Marburg-Klagenfurt	Südbahn	127,0	
1. Nov. „	Prag-Wejhybka	Buschtěhrader	24,9	6003,2

Tag der Eröffnung.	Eröffnete Strecke.	Name der Bahn.	Länge in Kilom.	Am Schlusse des Jahres. Kilom.
	Ausserdem:			
1. Nov. 1863	Oravicza-Anina	Staatseisenbahn	33,0	
	Kohlenbahnen der	Aussig-Teplitzer	2,8	
30. Mai 1864	Klagenfurt-Villach	Südbahn	37,7	6040,9
1. Juni 1865	Agram-Carlstadt	„	49,3	
21. Sept. „	Oedenburg-Gross Kanizsa	„	165,3	
15. Oct. „	Turnau-Kralup	Turnau-Kraluper	86,8	
15. „ „	Eger-Bayer. Grenze gegen Mitterteich	Bayerische Ostbahn	7,7	
1. Nov. „	Eger-Bayer. Grenze gegen Oberkotzau	Bayer. Staatsbahn	32,3	
1. „ „	Eger-Sächs. Grenze gegen Herlasgrün	Sächs. Staatsbahn	14,6	6396,9
	Ausserdem:			
	Schottenring-Hernals	Wiener Tramway	3,8	
	Kohlenbahnen der	Aussig-Teplitzer	1,5	
1. Sept. 1866	Lemberg-Czernowitz	Lemberg-Czernow.	266,2	
	Abgetreten an Italien: die venetianischen Bahnen		362	6301,1
	Ausserdem:			
26. Apr. „	Hernals-Dornbach	Wiener Tramway	3,5	
1. Aug. „	Heuplatz-Neupester Hafendamm	Pester Pferdebahn	9,8	
1. Jan. „	Staab-Mantau	Böhm. Westbahn	2,1	
16. Oct. „	Nürschan - Humboldschacht	„	3,3	
2. Apr. 1867	Pest-Hatvan	Ungar. Staatsbahn	67,2	
19. Mai „	Hatvan-Salgo Tarjan	„	56,0	
15. Juli „	Teplitz-Dux	Aussig-Teplitzer	10,0	
24. Aug. „	Innsbruck-Botzen	Südbahn	123,0	
14. Nov. „	Bakov-Böhm. Leipa	Böhm. Nordbahn	44,5	6601,8
	Ausserdem:			
1. Mai „	Nürschan-Littitz	Böhm. Westbahn	7,9	
	Kohlenbahnen der	Aussig-Teplitzer	2,2	
	Nach der Kleinschwechater Brauerei	Staatseisenbahn	3,3	
	Tot Megyer-Zuckerfabrik in Surany	„	9,5	
	Matzleinsdorfer Zweigb.		2,0	
27. Apr. 1868	Prag (Sandthor) - Prag (Staatsbahnhof)	Buschtěhrader	5,5	
16. Mai „	Fünfkirchen-Barcs	Fünfkirch.-Barcser	67,7	
1. Aug. „	Schwadowitz-Königshain	Südnorddeutsche	26,4	
15. „ „	St. Valentin-Steyer	Kronpr. Rudolfsb.	20,3	
1. Sept. „	Keresztur-Barcs	Südbahn	71,0	
1. „ „	Bruck-Leoben	„	17,1	

Tag der Eröffnung.	Eröffnete Strecke.	Name der Bahn.	Länge in Kilom.	Am Schlusse des Jahres. Kilom.
1. Sept. 1868	Budweis-Pilsen	Franz Josefsbahn	136,0	
19. Oct. „	St. Michael-Villach	Rudolfsbahn	175,2	
1. Dec. „	St. Michael-Leoben	„	11,1	
22. Dec. „	Arad-Carlsburg	I. Siebenbürgische	210,9	7311,1
	Ausserdem:			
30. Juni „	Schottenring-Praterstern-Bäder	Wiener Tramway	5,6	
9. Mai „	Kerepeser Strasse-Stadtwäldchen	Pester Pferdebahn	3,6	
1. Juli „	Zriny-Steinbruch	„	7,8	
17. Mai „	Kettenbrücke-Altofen	Ofener Pferdebahn	6,1	
15. Nov. „	Auwinkel Linie	„	6,8	
18. Mai „	Zum Lazarusschachte	Böhmische Westb.	0,6	
1. Sept. „	Bück-Csepereghel Zuckerfabrik	Südbahn	4,5	
	Kohlenbahnen der	Aussig-Teplitzer	2,4	
16. Jan. 1869	Böhm. Leipa-Rumburg	Böhmische Nordb.	46,8	
16. „ „	Kreibitz-Neudörfel-Warnsdorf	„	11,3	
16. „ „	Bodenbach-Tannenberg	„	38,9	
1. Febr. „	Oderberg-Teschen	Kaschau-Oderberg.	30,9	
14. Apr. „	St. Veit-Klagenfurt	Kaiser Rudolfsbahn	17,9	
22. „ „	Wejhyka-Lana	Buschtěhrader	13,1	
12. Juli „	Lemberg-Zloczow	Galiz. Carl Ludw.	75,5	
12. „ „	Krasne-Brody	„	42,6	
30. Aug. „	Brünn-Prerau	Ferdinands-Nordb.	87,8	
11. Sept. „	Zombor-Szegedin	Alfoeldbahn	100,3	
29. „ „	Rottenmann-St. Michael	Rudolfsbahn	55,3	
30. „ „	Launsdorf-Mösel	„	24,7	
7. Oct. „	Steyer-Weyer	„	42,0	
20. „ „	Oravicza-Anina	Staatseisenbahn	33,0	
28. „ „	Czernowitz-Suczawa	Lemberg-Czernow.	90,0	
1. Nov. „	Budweis-Eggenburg	Franz Josefsbahn	132,8	
6. Dec. „	Kolin-Goltschjenikau	Oesterr. Nordwestb.	31,9	
29. „ „	Königshain-Preuss. Gr. bei Lieban	Südnorddeutsche	1,5	8187,4
	Ausserdem:			
	Schottenring-Nussdorfer Linie	Wiener Tramway	2,1	
18. Aug. „	Mariahilf-Penzing	„	3,7	
14. „ „	Uellocr Str.-Steinbruch	Pester Pferdebahn	3,4	
8. Juli „	Fabrik-Josephstadt	Temesvar. Pferdeb.	6,6	
21. Oct. „	Arader Strassenbahn	Arader Pferdebahn	3,6	
17. Aug. „	Kiosk-Karthaus	Brünner Tramway	3,9	
1. Oct. „	Kiosk-Stadthof	„	1,1	
	Kiosk-Altbrünn	„	4,2	

Tag der Eröffnung.	Eröffnete Strecke.	Name der Bahn.	Länge in Kilom.	Am Schlusse des Jahres. Kilom.
19. Mai 1869	Rokitzan-Miröschau	Böhmische Westb.	9,6	
31. Aug. „	Karbitz-Austria-Zeche u. andere Zweigbahnen	Aussig-Teplitzer	8,0	
1. Nov. „	Salgo Tarjan-Kohlenwerke	Ungar. Staatsbahn		
1. Jan. 1870	Brünner Verbindungsbahn	Staatseisenbahn	0,9	
4. „ „	Zakany-Agram	Ungar. Staatsbahn		
9. „ „	Hatvan-Miskolcz	„	102,6	
15. März „	Vamos Gyoeck-Gyoengyoes	„	114,9 11,0	
23. Juni „	Wien-Eggenburg	Franz Josefsbahn	80,2	
1. Juli „	Nezamislitz-Olmütz-Sternberg	Ferdinands-Nordb.	53,9	
16. „ „	Csaba-Vasarhely	Alfoeldbahn	65,6	
28. Aug. „	Pisky-Petrozseny	I. Siebenbürgische	79,1	
1. Sept. „	Kaschau-Eperies	Kaschau-Oderberg.	32,2	
7. „ „	Grossward.-Klausenburg	Ungarische Ostbahn	152,3	
15. „ „	Grussbach-Strelitz	Staatseisenbahn	50,1	
15. „ „	Grussbach-Znaim	„	25,1	
16. „ „	Valkany-Szt. Miklos	„	25,0	
19. „ „	Carlsbad-Eger	Buschtěhrader	52,7	
1. Oct. „	Mösel-Hüttenberg	Rudolfsbahn	4,9	
8. „ „	Dux-Komotau	Aussig-Teplitzer	34,6	
16. Juni „	Szt. Miklos-Perjamos	Staatseisenbahn	18,2	
25. „ „	Trautenau-Parschnitz	Oesterr. Nordwestb.	4,2	
27. „ „	Kolin-Jungbunzlau	„	54,3	
16. Nov. „	Vasarhely-Szegedin und Verbindungsbahn	Alfoeldbahn	28,4	
24. „ „	Wien-Grussbach	Staatseisenbahn	92,6	
24. „ „	Stadlau-Marchegg	„	35,1	
14. Dec. „	Laibach-Tarvis	Rudolfsbahn	103,6	
20. „ „	Neumarkt-Braunau	Elisabethbahn	58,5	
20. „ „	Zombor-Essegg	Alfoeldbahn	66,2	
20. „ „	Essegg-Villany	„	44,3	
21. „ „	Deutschbrod-Goltschjenikau	Oesterr. Nordwestb.	43,2	
21. „ „	Gross Wossek-Wostromiersch	„	49,0	
21. „ „	Trautenau Pelsdorf	„	27,6	
22. „ „	Zloczow-Tarnopol	Galiz. Carl Ludw.	64,0	9761,6
	Ausserdem:			
20. Mai „	Nussdorfer Linie-Döbling	Wiener Tramway	1,2	
2. Juni „	Burgring-Mariahilf	„	1,6	
8. „ „	Zeil-Obrowitz	Brünner Tramway	1,4	
19. Juli „	Altbrünn-Schreibwald	„	3,6	
18. Oct. „	Bahuring-Rossitzer Bahnh.	„	1,7	

Tag der Eröffnung.	Eröffnete Strecke.	Name der Bahn.	Länge in Kilom.	Am Schlusse des Jahres. Kilom.
23. Aug. 1870	Michalkowitz-Dombra	Ferdinands-Nordb.	2,0	
	Pester Strassenbahn-Ergänzungsstrecken	Pester Tramway	1,0	
	Arader Strassenbahn	Arader Tramway	6,9	
	Kohlenbahnen der	Aussig-Teplitzer	0,7	
1. Jan. 1871	Ostrau-Friedland	Ferdinands-Nordb.	33,2	
8. „ „	Teschen-Sillein	Kaschau-Oderberg	69,8	
25. „ „	Iglau-Deutschbrod	Oesterr. Nordwestb.	25,0	
4. Febr. „	Lana-Komotau	Buschtehrader	83,8	
6. Apr. „	Arad-Temesvar	Theissbahn	57,2	
13. „ „	Pardubitz-Rossitz	Oesterr. Nordwestb.	2,8	
20. „ „	Budweis-Zartlesdorf (dafür die Pferdebahn aufgegeben 55 Kil.)	Elisabethbahn	49,3	
23. „ „	Iglau-Znaim	Oesterr. Nordwestb.	98,6	
4. Mai „	Salgó Tarján-Losoncz	Ungar. Staatsbahn	37,2	
1. Juni „	Deutschbrod-Pardubitz	Oesterr. Nordwestb.	92,4	
1. „ „	Wostromer-Pelsdorf	„	48,2	
13. „ „	Miskolcz-Bánréve u. Verbindungsbahn	Ungar. Staatsbahn	45,5	
18. „ „	Losoncz-Altsohl	„	53,0	
25. „ „	Debreczin-Nagy Károly	Ungar. Nordostb.	69,6	
15. Juli „	Salzburg-Hallein	Elisabethbahn	18,2	
1. Sept. „	Wiener Neust.-Grammat Neusiedl	Südbahn	34,1	
3. „ „	Gemünd-Cercan Pisely	Franz Josefsbahn	143,4	
14. „ „	Grosswardein-Csaba	Alfoeldbahn	88,5	
25. „ „	Nagy Károly-Szathmar	Ungar. Nordostb.	36,0	
28. „ „	Hohenstadt-Zöptau	Staatseisenbahn	22,0	
1. Oct. „	Raab-Steinamanger	Ungar. Westbahn	117,0	
1. „ „	Pelsdorf-Hohenelbe	Oest. Nordwestbahn	4,4	
2. „ „	Dux-Bodenbach	Dux-Bodenbacher	50,8	
4. „ „	Tarnopol-Podwoloczyska-Russische Grenze	Galiz. Carl Ludw.	53,0	
26. „ „	Szerencs-Satoralja Ujhely	Ungar. Nordostb.	45,5	
1. Nov. „	Znaim-Stockerau	Oest. Nordwestb.	74,5	
20. „ „	Villach-Franzensveste	Südbahn	210,7	
20. „ „	Karlsburg-Maros Vasarhely	Ungar. Ostbahn	112,0	
8. Dec. „	Sillein-Poprad	Kaschau-Oderberg.	139,0	
9. „ „	Priesen-Carlsbad	Buschtehrader	58,4	
9. „ „	Tirschnitz-Franzensbad	„	3,8	
12. „ „	Poprad-Iglo	Kaschau-Oderberg.	26,5	
14. „ „	Cercan Pisely-Prag	Franz Josefsbahn	41,9	
17. „ „	Trautenau-Freiheit	Oesterr. Nordwestb.	9,8	
25. „ „	Wostromiersch-Jitschin	„	17,8	
	Legenye Mihalyi-Homonna	Ungarisch-Galiz.	64,5	11898,6

Tag der Eröffnung.	Eröffnete Strecke.	Name der Bahn.	Länge in Kilom	Am Schlusse des Jahres. Kilom.
	Ausserdem:			
1. März 1871	Luzna-Rakonitz	Buschtěhrader	6,2	
1. „ „	Schwatzer Zweigbahn u. a.	Aussig-Teplitzer	6,0	
	Zeltweg-Fohnsdorf	Rudolfsbahn	8,2	
7. Jan. 1872	Satoralja Ujhely-Mihalyi	Ungar. Nordostb.	15,9	
10. „ „	Absdorf-Krems	Franz Josefsbahn	31,9	
28. „ „	Pilsen-Eger	„	104,8	
18. März „	Iglo-Abos	Kaschau-Oderberg.	68,0	
1. Mai „	Penzing-Kaiserebersdorf	Elisabethbahn	17,7	
6. „ „	Toevis-Mediasch	Ungar. Ostbahn	c. 60	
12. „ „	Komotau-Weipert	Buschtěhrader	58,4	
	Im Laufe des Jahres 1872 sollen noch eröffnet werden:			
	Böhm. Leipa-Bensen	Böhm. Nordbahn	20	
	Komotau-Brunnersdorf	Buschtěhrader	11	
	Smichow-Hostiwic	„	21	
	Summerau-St. Valentin	Kaiser. Elisabethb.	56	
	Linz-Gaisberg	„	28	
	Weyer-Rottenmann	Kronpr. Rudolfsb.	84	
	Klein Reifling-Amstetten	„	46	
	Neratowitz-Prag	Turnau-Kralnper	85	
	Przemysl-Homonna	Ungarisch-Galiz.	202	
	Szathmar-Szigeth	Ungar. Nordostb.	115	
	Kiralyhaza-Kaschau	„	191	
	Batyu-Muncacs		25	
	Klausenburg-Thorda	Ungar. Ostbahn	76	
	Mediasch-Kronstadt	„	162	
	Altsohl-Ruttek	Ungar. Staatsbahn	98	
	Hatvan-Szolnok	„	69	
	Neuhäusel-Neutra	Ungar. Nordwestb.	45	
	Stuhlweissenburg-Kl. Zell	Ungar. Westbahn	114	
	Steinamanger-Graz	„	135	
	St. Peter-Fiume	Südbahn	55	
	Bludenz-Laiblach und Zweigbahn	Vorarlberger	89	
	Leoben-Vordernberg	Leoben-Vordernb.	16	

Tabelle über die Entwickelung

Betriebslänge in Kilome

Name der Bahn.	Jahr der Concession.	1840 Kil.	1842 Kil.	1844 Kil.	1846 Kil.	1848 Kil.
1. Kais.-Ferdinands-Nordbahn	1836	143	304	304	304	400
2. Mailand-Comoer	1839	13	13	13	13	13
3. Wien-Gloggnitzer	1838	—	74	74	120	152
4. Lombard.-Venet. Ferd.-Bahn	1837	—	29	29	99	99
5. Südliche Staatsbahn	1841	—	—	92	219	219
6. Nördliche Staatsbahn	1841	—	—	—	247	247
7. Ungarische Centralbahn	1844	—	—	—	34	157
8. Oestliche Staatsbahn	1844	—	—	—	—	67
9. Buschtěhrader	1853	—	—	—	—	—
10. Staatseisenbahn-Gesellschaft	1855	—	—	—	—	—
11. Mohacs-Fünfkirchener	1853	—	—	—	—	—
12. K. Elisabethbahn	1856	—	—	—	—	—
13. Theissbahn	1856	—	—	—	—	—
14. Südnorddeutsche Verbind.-B.	1856	—	—	—	—	—
15. Galizische Carl-Ludw.-Bahn	1857	—	—	—	—	—
16. Aussig-Teplitzer	1856	—	—	—	—	—
17. Oesterr. Südbahn	1858	—	—	—	—	—
18. Graz-Köflacher	1855	—	—	—	—	—
19. Böhmische Westbahn	1859	—	—	—	—	—
20. Turnau-Kraluper	1863	—	—	—	—	—
21. Lemberg-Czernowitzer	1864	—	—	—	—	—
22. Ungarische Staatsbahn	1862	—	—	—	—	—
23. Böhmische Nordbahn	1865	—	—	—	—	—
24. Kronprinz-Rudolfsbahn	1866	—	—	—	—	—
25. Kaiser-Franz-Josefsbahn	1865	—	—	—	—	—
26. Fünfkirchen-Barcser	1867	—	—	—	—	—
27. Erste Siebenbürger Bahn	1866	—	—	—	—	—
28. Kaschau-Oderberger	1865	—	—	—	—	—
29. Alföld-Bahn	1867	—	—	—	—	—
30. Oesterr. Nordwestbahn	1868	—	—	—	—	—
31. Ungarische Ostbahn	1868	—	—	—	—	—
32. Ungarische Nordostbahn	1868	—	—	—	—	—
33. Ungarische Westbahn	1869	—	—	—	—	—
34. Ungar.-Galiz.-Verb.-Bahn	1868	—	—	—	—	—
35. Dux-Bodenbacher	1869	—	—	—	—	—

Oesterreichischen Eisenbahngesellschaften.
am Schlusse des Jahres

1852 Kil.	1854 Kil.	1856 Kil.	1858 Kil.	1860 Kil.	1862 Kil.	1864 Kil.	1866 Kil.	1868 Kil.	1870 Kil.	1871 Kil.
400	400	510	603	603	623	623	623	623	765	778
—	—	—	—	—	—	—	—	—	—	—
152	—	—	—	—	—	—	—	—	—	—
—	—	—	—	—	—	—	—	—	—	—
553	808	622	775	—	—	—	—	—	—	—
466	466	—	—	—	—	—	—	—	—	—
336	450	—	—	—	—	—	—	—	—	—
67	67	205	—	—	—	—	—	—	—	—
—	57	79	89	89	89	89	89	75	141	293
—	—	1133	1314	1314	1314	1347	1347	1347	1622	1641
—	—	8	61	61	61	61	61	61	61	61
—	—	—	388	479	558	558	558	558	617	629
—	—	—	358	582	582	582	582	582	582	610
—	—	—	121	196	196	196	196	223	229	229
—	—	—	167	254	351	351	351	351	533	586
—	—	—	20	24	24	27	29	43	86	86
—	—	—	—	1394	1739	1903	1756	1967	1967	2212
—	—	—	—	40	40	40	40	40	40	40
—	—	—	—	—	195	205	210	219	228	228
—	—	—	—	—	—	—	87	87	87	87
—	—	—	—	—	—	—	266	266	531	575
—	—	—	—	—	—	—	—	123	352	487
—	—	—	—	—	—	—	—	44	141	141
—	—	—	—	—	—	—	—	207	455	463
—	—	—	—	—	—	—	—	136	349	531
—	—	—	—	—	—	—	—	68	68	68
—	—	—	—	—	—	—	—	211	290	290
—	—	—	—	—	—	—	—	—	63	298
—	—	—	—	—	—	—	—	—	305	393
—	—	—	—	—	—	—	—	—	210	603
—	—	—	—	—	—	—	—	—	152	264
—	—	—	—	—	—	—	—	—	—	151
—	—	—	—	—	—	—	—	—	—	117
—	—	—	—	—	—	—	—	—	—	64
—	—	—	—	—	—	—	—	—	—	51

Bemerkungen zu vorstehender Tabelle.

Zu Nr. 1. Incl. der Ostrau-Friedländer Bahn. Im Jahre 1858 übernahm die K. Ferdinands-Nordbahn die fertigen Strecken der östlichen Staatsbahn bis Krakau.

Zu Nr. 2. 1851 wurde die Mailand-Comoer Bahn von der südlichen Staatsbahn übernommen.

Zu Nr. 3. 1853 ging die Gloggnitzer Bahn an die südliche Staatsbahn über.

Zu Nr. 4. 1852 wurde die Ferdinandsbahn von der südlichen Staatsbahn übernommen.

Zu Nr. 5. 1859 ging die südliche Staatsbahn in den Besitz der österreichischen Südbahngesellschaft über.

Zu Nr. 6. 1855 ging die nördliche Staatsbahn in den Besitz der Staatseisenbahn-Gesellschaft über.

Zu Nr. 7. 1850 ging die ungarische Centralbahn in den Besitz der südöstlichen Staatsbahn und mit dieser 1855 in den Besitz der Staats-Eisenbahngesellschaft über.

Zu Nr. 8. Die Krakau-Oberschlesische Bahn wurde 1850 von der östlichen Staatsbahn übernommen und ging mit dieser 1857 theils an die Ferdinands-Nordbahn, theils an die Galizische Carl Ludwigsbahn über.

Zu Nr. 9. Die Buschtěhrader Bahn übernahm 1853 die seit 1830 bestehende Pferdebahn der Prag-Pilsener Gesellschaft.

Zu Nr. 10. 1855 ging die Wien-Raaber Bahn und 1870 die Brünn-Rossitzer Bahn in den Besitz der Staats-Eisenbahngesellschaft über.

Zu Nr. 12. 1857 wurde von der Kaiserin Elisabethbahn die seit 1828 bestehende Budweis-Linz-Gmundener Pferdebahn übernommen.

Zu Nr. 15. Die galizische Carl Ludwigsbahn übernahm 1858 die fertigen Strecken der östlichen Staatsbahn von Krakau bis Dembica mit der Zweigbahn nach Wieliczka.

Zu Nr. 17. Incl. der Bahn Wiener Neustadt-Grammat Neusiedl.

Zu Nr. 21. 1868 wurde die Firma der Gesellschaft in Lemberg-Czernowitz-Jassy-Eisenbahn umgeändert.

Zu Nr. 22. 1868 ging die ungarische Nordbahn in den Besitz der Regierung über; 1869 wurde die Firma derselben in Königlich Ungarische Staatsbahn umgeändert.

Grossbritannien.

Der 15. September 1830, der Eröffnungstag der Eisenbahn von Liverpool nach Manchester, bezeichnet den Beginn der Eisenbahnaera. Doch stiess auch dieser Fortschritt auf vielen Widerspruch und musste sich seinen Weg durch eine grosse Opposition hindurch erkämpfen. Die Inhaber der in Kanälen und Wegen angelegten Kapitalien, die Grundbesitzer, die eine Benachtheiligung ihres Besitzes fürchteten und die grosse Masse des Publikums waren heftig dagegen eingenommen. Deshalb folgten anfänglich der ersten Bahn nur langsam einige andere, zunächst die Grand Junction von Liverpool nach Birmingham, die London-Birmingham, die London-Southhampton-Bahn, sowie die Bahnen von London nach Bristol und nach Norwich.

Der Erfolg zeigte indessen bald, dass die bestehenden Eisenbahnen gut rentirten; es wurden deren bald mehr gebaut, und im Jahre 1845 besass England schon 2536 englische Meilen Eisenbahnen, deren Rentabilität sich bis auf 10 bis 15 Procent gehoben hatte. Nun brach auf einmal eine förmliche Eisenbahnmanie in England aus. In den Jahren 1845 bis 1846 wurden nicht weniger als 8590 engl. Meilen Eisenbahnen concessionirt. Nach dem natürlichen Laufe der Dinge folgte der Ueberspekulation alsbald der unvermeidliche Rückschlag, zeitweise Entwerthung der Aktien, Auflösung vieler Gesellschaften, und dann erst, seit dem Jahre 1848, die Periode einer ruhigeren und stetigeren Entwickelung, die sich besonders dadurch charakterisirt, dass eine Menge kleiner Gesellschaften sich zu einer Anzahl grösserer, etwa zwölf, fusionirten, welche den grösseren Theil des Landes unter sich theilten. Diese grossen Gesellschaften, denen noch jetzt zwei Drittheile aller englischen Bahnen gehören, machten sich heftige Concurrenz um den Besitz des Landes und beschafften durch Verschmelzung, Pachtungen und Garantien das Kapital zu vielen Linien, welche sonst nicht hätten unternommen werden können. So schritt der Eisenbahnbau, welchem die Regierung weder Unterstützung gewährte, noch irgend eine Beschränkung, ausser den im öffentlichen Interesse gebotenen, auferlegte, in den Jahren 1850 bis 1858 jährlich um beinahe 500 englischen Meilen fort, und Ende 1858 waren schon 9542 Meilen im Betriebe.

Da jetzt jedoch die grossen Compagnien ihre Fonds und ihren Eifer erschöpft hatten und der Ruhe bedurften, so schien die Ausdehnung des englischen Eisenbahnnetzes wieder mit Unterbrechung bedroht. Aber die zwanzig Jahre der Eisenbahnbauten hatten viele grosse Unternehmer herangebildet, die ein Geschäft daraus machten, für Bahnen, die ihnen vortheilhaft erschienen, das Kapital aufzubringen und sie auszuführen. Dieses System bildete sich allmälig aus, unterstützt durch das Steigen des Ertrages der Bahnen; der Bau wurde in beschleunigter Weise fortgesetzt und am Schlusse des Jahres 1871 besass Grossbritannien 15288 englische Meilen Eisenbahnen, wovon 10882 Meilen auf England und Wales, 2413 Meilen auf Schottland und 1993 Meilen auf Irland kamen.

Die Gesammtanlagekosten dieses grossartigen Eisenbahnnetzes betrugen Ende 1870 über 500 Millionen Pfund Sterling, es verkehrten auf denselben 9108 Locomotiven, 20653 Personenwagen und 244876 Güterwagen; es wurden 330 Millionen Passagiere und 2500 Millionen Centner Güter befördert und die Gesammteinnahmen betrugen über 43 Millionen Pfund Sterling.

Besonders grossartig ist der Eisenbahnverkehr in London, dessen viel verzweigte Eisenbahnlinien in den Kreuzungspunkten mitunter dreifach übereinander liegen. Die Metropolitanbahn allein beförderte im Jahre 1870 gegen 37 Millionen Passagiere, und die Zahl der Londoner Localzüge beträgt täglich gegen 3600, während 340 Züge von entfernteren Stationen ankommen oder dahin abgehen.

Im Allgemeinen haben die englischen Eisenbahnen, wie ein Blick auf eine Eisenbahnkarte zeigt, die Richtung nach der Metropole; London ist das Centrum, nach dem fast alle Hauptbahnen convergiren. Ausserdem aber ist jede andere grosse Stadt Englands wieder ein ähnliches Centrum, und so strahlen zahlreiche Linien von Manchester, Birmingham, Liverpool und den andern Sitzen der Industrie und des Verkehrs aus. Die Zahl der Eisenbahn-Gesellschaften in den vereinigten Königreichen betrug im Jahre 1870 599 und zwar 434 in England, 80 in Schottland und 85 in Irland, von denen aber die meisten im Betriebe der grossen Eisenbahn-Gesellschaften stehen. Dem Verkehr gegenüber ist durch das Railway Clearing House in London, in welchem die Abrechnungen der verschiedenen Gesellschaften besorgt werden, ein Zustand geschaffen, als ob alle Bahnen in einer einzigen Hand sich befänden.

Es folgen nun die Längenangaben der im Betriebe stehenden Eisenbahnen Grossbritanniens am Schlusse der einzelnen Jahre in englischen Meilen; die Längenangaben in Kilometern sind in der Tabelle am Schlusse des Buches zu finden.

Es standen im Betriebe am Schlusse des Jahres:

1825	38	Meilen,	1835	157	Meilen.	1841	1261	Meilen,
1830	86	,,	1837	184	,,	1842	1616	,,
1831	100	,,	1838	541	,,	1843	2036	,,
1832	116	,,	1839	619	,,	1844	2240	,,
1834	151	,,	1840	838	,,	1845	2536	,,

Es standen im Betriebe am Schlusse des Jahres:

1846	3142 Meilen,	1855	8335 Meilen,	1864	12789 Meilen,
1847	3945 „	1856	8710 „	1865	13289 „
1848	5127 „	1857	9447 „	1866	13854 „
1849	6032 „	1858	9542 „	1867	14247 „
1850	6621 „	1859	10002 „	1868	14625 „
1851	6890 „	1860	10433 „	1869	14938 „
1852	7336 „	1861	10865 „	1870	15145 „
1853	7686 „	1862	11551 „	1871	15288 „
1854	8054 „	1863	12322 „		

Im Folgenden wird eine detaillirte Darstellung dieses umfangreichen Eisenbahnnetzes gegeben, wobei wir, um in die grosse Menge einige Uebersichtlichkeit zu bringen, mit den von London ausgehenden Bahnen beginnen, und zwar zuerst die Westbahn und dann die nach Süden, Osten und Norden ausstrahlenden Bahnen aufführen.

A. Eisenbahnen in England.

1. Great Western.

	Engl. Meil. à 1609 Met.	Kilom.	Jahr der Eröffnung.
London (Paddington)-Bristol	118	190	1838—41
Reading-Weymouth-Portland	120	193	47
Didcot-Birmingham-Chester	160	258	44—50
Oxford-Worcester-Wolverhampton	90	145	
Worcester-Newport	65	104	51—61
Swindon-New Milford	208	335	45—52
Leominster-Kington	13	21	57
Southall-Brentford	4	7	59
West Drayton-Uxbridge	2	3	
Slough-Windsor	3	5	49
Maidenhead-Oxford	44	71	62—64
Twyford-Henley	5	8	
Reading-Basingstoke	16	26	48
Moulsford-Wallingford	9	14	66
Uffington-Faringdon	3	5	
Swindon-Gloucester	37	60	45
Chippenham-Calne	5	8	63
Bath-Trowbridge	8	13	
Bristol-Portskewet	13	21	63
Savernake-Marlborough	6	9	63
Melksham-Chippenham	6	10	63
Westbury-Salisbury	24	38	
Witham-Wells	14	22	58
Yeovil-Durston Junction	19	31	
Maiden Newton-Bridport	9	15	57
Culham-Abingdon	2	3	56
Princes Risbro-Aylesbury	9	14	
Hatton-Honeybourne		26	59

	Meil.	Kilom.	Jahr der Eröffnung.
Handsworth-Stourbridge	12	19	
Swan Village-Dudley	8	13	
Shifnal-Coalbrookdale	10	16	62
Wellington-Craven Arms	25	40	
Buildwas-Bridgnorth	10	16	
Wellington-Crewe	30	48	63—67
Shrewsbury-Hereford	51	82	64
Shrewsbury-Welshpool	20	32	
Ruabon-Dolgelly-Barmouth	50	80	48—68
Yarnton-Witney	8	13	61
Chipping Norton Zweigbahn	4	6	
Chipping Norton Jn.-Bourton on the Water	6	10	62
Hartlebury-Shrewsbury	35	64	62
Stourbridge-Birmingham	12	19	67
Hereford-Grange Court	23	37	55
Pontypool Road-Monmouth	18	29	57
Pontypool Road-Swansea	40	64	51
Minety-Cirencester	4	6	
Gloucester-Cheltenham	7	11	45
Landore-Swansea	5	8	
Johnston-Milford	4	6	63
2. Bristol-Exeter	75	121	44
Yatton-Clevedon	4	6	
Yatton-Wells	18	29	69—70
Weston Jn.-Weston Super Mare	2	3	
Taunton-Watchet	15	24	62
Taunton-Chard	15	24	
Tiverton Zweigbahn	5	8	48
3. West Somerset Mineral.			
Watchet-Combe Row	12	19	64
4. Devon und Somerset.			
Taunton-Wiveliscombe	9	14	71
5. Bristol-Portishead	10	16	67
6. Bristol, Port und Pier.			
Avonmouth-Clifton	6	10	65
7. South Devon, Cornwall u. West Cornwall.			
Exeter-Penzance	132	212	50—59
Newton-Dartmouth	15	24	59—64
Newton-Moretonhampstead	12	19	
Plymouth-Launceston	35	56	59—62
Truro-Falmouth	12	19	63
Churston-Brixham	3	5	
8. Bodmin-Wadebridge	14	22	

	Meil.	Kilom.	Jahr der Eröffnung.
9. East und West Junction.			
Kineton-Fenny Compton	7	11	71
10. Wrexham, Mold und Connah's Quay.			
Wrexham-Buckley	9	15	63
11. Wooferton-Tenbury-Bewdley	20	32	61—64
12. Rhymney.			
Cardiff-Nantybwch	29	46	58—71
13. Llynvi und Ogmore.			
Bridgend-Maesteg	8	13	61
Tondu Jn.-Porth Cawl	10	16	61—65
14. Monmouthshire.			
Newport-Nantyglo	21	34	52
Aberbeeg-Ebbw Vale	6	10	
Newport-Blaenavon	15	24	
15. Swansea Vale.			
Swansea-Brynamman	18	29	59—64
Upper Bank-Morriston	2	3	71
16. Neath-Brecon	33	53	64—67
17. Swansea-Mumbles (Oystermouth)	7	11	
18. Cowbridge-Llantrissant	6	10	65
19. Pembroke-Tenby-Whitland	27	43	
20. Carmarthen und Cardigan.			
Carmarthen-Llandyssil	20	32	64
21. Manchester und Milford.			
Carmarthen-Abrystwyth	56	90	67
22. Taff Vale.			
Cardiff-Merthyr	25	40	41
Treforest-Llantrissant	10	16	
Pontypridd-Treherbert	11	18	
Aberdare Zweig	7	11	47
23. London und South Western.			
London-Southhampton-Weymouth	141	227	40
Basingstoke-Exeter-Bidefort	171	276	51—60
Woking-Portsmouth	50	80	45—59
London-Reading	44	71	56
Kensington-Richmond	6	9	69
Kensington-Kew-Hounslow	4	6	
Wimbledon-Twickenham	7	11	63
Wimbledon-Croydon-Crystal Palace	8	13	55
Wimbledon-Leatherhead	10	16	59
Surbiton-Hampton Court	2	3	49
Weybridge-Virginia Water	10	16	

	Meil.	Kilom.	Jahr der Eröffnung.
Woking-Farnham	15	24	
Bishopstoke-Salisbury	22	35	47
Bishopstoke-Portsmouth	18	29	
Botley-Bishops Waltham	4	6	63
Fareham-Gosport	3	5	45
Southampton-Netley	5	8	65
Redbridge-Andover	24	39	65
Brockenhurst-Lymington	6	9	58
Ringwood-Bournemouth	11	18	62—70
Wimborne-Salisbury	19	30	66
Poole Zweigbahn	2	3	
Yeovil Jn.-Yeovil	1	2	
Chard Road-Chard	3	5	63
Seaton-Colyton	5	7	68
Exeter-Exmouth	11	18	
Yeoford Jn.-Okehampton	13	21	65—71
Guilford-Winchester	35	56	65
Petersfield-Midhurst	10	16	
Barnes-Feltham	7	11	
Twickenham-New Kingston	3	5	
Twickenham-Shepperton	7	11	
Staines-Windsor	7	11	

24. Somerset und Dorset.

	Meil.	Kilom.	Jahr der Eröffnung.
Wimborne-Burnham	61	98	54—63
Glastonbury-Wells	6	10	59

25. Isle of Wight.

	Meil.	Kilom.	Jahr der Eröffnung.
Ryde-Ventnor	12	19	64—66
Ryde Pier Head-St. Johns Road	3	5	71

26. Cowes-Newport . . . . 5 | 8 | 62

27. London, Brighton und South Coast.

	Meil.	Kilom.	Jahr der Eröffnung.
London-Brighton-Portsmouth	85	137	
Haywards Heath-Hastings	39	63	46
Three Bridges-Ford Jn.	31	50	59
Norwood-Dorking-Horsham	32	51	67
Wapping-Old Kent Road (East Lond.)	2	3	69
London Bridge-Victoria (South Lond.)	3	5	
South London-Sutton	12	19	
Tooting-Wimbledon	5	8	
Sydenham-Norwood-Victoria	10	16	
Norwood-Thornton Heath-Victoria	10	16	
Three Bridges-Tunbridge Wells	20	32	55
Lewes-Tunbridge Wells	37	60	58
Lewes-Brighton	7	11	
Lewes-Seaford	8	13	
Polegate-Hailsham	3	5	

	Meil.	Kilom.	Jahr der Eröffnung.
Polegate-Eastbourne	4	6	
Brighton-Kemp Town	3	4	69
Shoreham-Guilford	35	56	61
Ford Jn.-Littlehampton	2	3	
Burnham Jn.-Bognor	3	5	
Pulborough-Midhurst	11	18	66
Croydon-Wimbledon	6	10	
Sutton-Epsom Downs	4	6	65
Hayling-Havant	5	8	
28. London (Victoria)-Chatham-Dover.	78	125	58—61
Metropolitan Extension: Victoria-Kings Cross	9	14	
Beckenham-Kensington	6	10	
Swanley Jn.-Sevenoaks	8	13	
Sittingbourne-Sheerness	7	11	
Faversham-Ramsgate	27	43	63
Clapham Jn.-Kensington	3	5	
Brixton-Crystal Palace	2	3	
Farringdon Str.-Moorgate Street	1	2	
29. South Eastern.			
London (Charing Cross)-Dover	88	142	44
Ashford-Margate	34	55	46
London (New Cross)-Maidstone	43	69	
London Bridge-Bickley	12	19	57
London Bridge-Greenwich	4	6	
New Cross-Tunbridge	25	40	68
New Cross-Dartford	15	24	66
Caterham Zweigbahn	4	6	56
Red Hill-Reading	50	80	
Tunbridge Jn.-Hastings	30	48	51—2
Paddock Wood-Maidstone	10	16	44
Ashford-Hastings	25	44	51
Folkestone Zweigbahn	2	3	
Canterbury-Whitstable	5	8	
Minster-Deal	10	16	47
New Beckenham-Croydon	1	2	
30. Metropolitan u. Metropolitan-District.			
Moorgate Str.-Mansion House	15	24	63—71
Baker Str.-Swiss Cottage	2	3	68
Edgware Road-Hammersmith	4	6	
31. North London und West London.			
Chalk Farm-Broad Street	5	8	50
Dalston-Blackwall	5	8	
Kensington-Battersea	5	8	63

	Meil.	Kilom.	Jahr der Eröffnung.
82. Hampstead Junction.			
Willesden-North London	6	10	
83. North und South Western Junction.			
Willesden-Kingston und Hammersmith	6	10	57
84. London (Chalk Farm)-Tilbury-Southend	47	76	
85. Great Eastern.			
London (Bishopsgate)-Yarmouth	146	235	43—45
London-Ipswich-Norwich	114	183	46—49
Ipswich-Yarmouth	53	85	59—60
Bishopsgate-Ongar	23	37	
Peterborough-Wymondham	77	124	46
Bishopsgate-Woolwich	8	13	
Fenchurch Str.-Blackwall	4	6	
Fenchurch Str.-Bow-North London	4	6	68
Lea Bridge-Shern Hall Street	3	5	70
Angel Road-Enfield	5	8	
Broxbourne-Hertford	6	10	
St. Margarets-Buntingford	15	24	
Bishops Stortford-Braintree	18	29	69
Audley End-Bartlow	7	11	65—66
Shelford-Marks Tey	43	69	50
Melford-Bury	16	26	
Cambridge-Bury	28	45	51—54
Cambridge-Huntingdon	20	32	
St. Ives-March	20	32	
Ely-March	15	24	
Ely-Watlington	21	34	
Ely-Sutton	8	13	
Reedham-Lowestoft	11	18	47
Ely-Lynn-Wells	58	93	47—66
Heacham-Hunstanton	2	3	
East Dereham-Wells	22	35	57
Maldon-Braintree	12	19	
Colchester-Walton on the Naze	18	29	63—67
Wivenhoe-Brightlingsea	4	6	
Manningtree-Harwich	11	18	
Bentley-Hadleigh	7	11	47
Haughley Road-Bury	12	19	46
Mellis-Eye	3	5	67
Tivetshall-Beccles	19	31	60—3
Wickham Market-Framlingham	6	8	59
Saxmundham-Aldborough	9	14	60
Beccles-Lowestoft	9	14	60
Blackwall-Greenwich	3	5	

		Meil.	Kilom.	Jahr der Eröffnung.
36.	**Colne Valley.**			
	Chappel-Haverhill	19	31	60—63
37.	**Thetford-Watton**	9	14	69
38.	**Great Northern.**			
	London-York	191	307	50—70
	Peterborough-Doncaster	80	129	48
	Finsbury Park-Edgware	9	14	67
	Wood Green-Enfield	5	8	71
	Hatfield-St. Albans	6	10	
	Hatfield-Hertford	8	13	58
	Hatfield-Dunstable	17	27	58—60
	Hitchin-Cambridge	26	42	50
	Holme-Ramsey	6	10	63
	Essendine-Spalding-Lynn	43	69	60—65
	Essendine-Stamford-Sibson	12	19	57
	Grantham-Nottingham	23	37	50
	Bourne-Sleaford	15	24	71
	Grantham-Boston	32	51	56—9
	Honington-Lincoln	18	29	
	Doncaster-Wakefield-Leeds-Halifax	40	64	55
	Wakefield-Bradford	15	24	57
	Ardsley Jn.-Castleford	5	8	57
	Arksey-Knottingley-York	30	48	
	March-Spalding	19	31	
	Boston-Gt. Grimsby	47	76	48
	Firsby-Spilsby	4	6	
	Firsby-Wainfleet	4	6	71
	Kirkstead-Horncastle	8	13	55
39.	**Edenham-Little Bytham**	4	6	70
40.	**Midland.**			
	London-Sheffield-Morecambe	270	435	58
	Derby-Birmingham-Bristol	136	219	44
	Bedford-Hitchin	15	24	58
	Wellingborough-Northhampton	12	19	58
	Kettering-Huntingdon	28	45	
	Wigston-Rugby	20	32	
	Leicester-Birmingham	39	63	
	Leicester-Burton	30	48	
	Leicester-Coalville	5	8	
	Burton-Swadlincote	3	5	
	Syston Jn.-Peterborough	48	77	
	Peterborough-Wisbeach-Sutton Bridge	25	40	
	Trent-Clay Cross	21	34	
	Pye Bridge-Mansfield	8	13	

	Meil.	Kilom.	Jahr der Eröffnung.
Trent-Lincoln	40	64	
Nottingham-Sutton	15	24	
Rolleston Jn.-Mansfield	15	24	70—1
Derby-C. Donington-Trent	13	21	69
Derby-Ripley	10	16	
Derby-Worthington	15	24	
Duffield-Wirksworth	9	14	
Ambergate Jn.-Manchester	50	80	48
Chesterfield-Sheffield	12	19	70
Brightside-Rotherham	7	11	70
Swinton-Doncaster	10	16	
Cudworth-Barnsley	5	8	70
Sandal-Wakefield	3	5	
Methley-Castleford	3	5	
Calverley-Ilkley	10	16	
Shipley-Bradford	4	6	46
Keighley-Oxenhope	4	6	67
Skipton-Colne	10	16	
Clapham-Ingleton	6	10	
Wennington-Carnforth	9	15	67
Earby-Barnoldswick	2	3	71
Whitacre-Hampton Jn.	5	8	
Barnt Green-Evesham-Malvern	47	76	59
Worcester-Hereford-Brecon	60	97	
Stonehouse-Nailsworth	6	10	67
Cooley-Dursley	2	9	56
Mangotsfield-Bath	6	10	69
41. London und North Western.			
London-Birmingham-Stafford	142	228	38
Rugby-Tamworth-Stafford	51	82	47
Stafford-Lancaster-Carlisle	166	268	43—46
Crewe-Chester-Holyhead	106	171	47—50
Liverpool-Manchester-Leeds	74	119	30
Crewe-Ashton	32	51	
Birmingham-Wolverhampton	14	22	
Craven Arms-Llandovery	60	97	60
Shrewsbury-Hereford	51	82	
Merthyr-Abergavenny	18	29	
Dudley-Derby	40	64	
City und Suburban Line	17	27	
Willesden-Kensington-Victoria	8	13	52
Watford-Rickmansworth	5	8	
Watford-St. Albans	7	11	58
Cheddington-Aylesbury	7	11	
Leighton-Luton	12	19	
Bletchley-Cambridge	46	74	46—64

	Meil.	Kilom.	Jahr der Eröffnung.
Bletchley-Oxford	32	51	50
Verney Jn.-Banbury	22	35	50
Aylesbury-Verney Jn.	12	19	68
Wolverton-Newport Pagnell	4	6	67
Blisworth-Towcester	4	6	65
Blisworth-Peterborough	47	76	45
Northampton-Stamford	36	58	
Rugby-Leamington	15	24	
Rugby-Market Harborough	17	27	
Nuneaton-Leamington	16	26	44
Nuneaton-Leicester	19	31	62
Birmingham-Sutton Coldfield	7	11	62
Smethwick-Stourbridge	10	16	
Rugeley-Walsall	12	19	59
Stafford-Shrewsbury	29	47	
Hadley-Coalport	9	14	
Shrewsbury-Welshpool	20	32	
Hanwood-Minsterley	5	8	
Crewe-Shrewsbury	32	51	58
Shrewsbury-Hereford	51	82	
Whitchurch-Oswestry	18	29	
Acton-Northwich	5	8	69
Acton-Runcorn-Liverpool	20	32	
Warrington-Earlestown-Liverpool	19	31	
Wigan-Tyldesley-Manchester	16	26	
Wigan-St. Helens-Blackburn	22	36	69
Preston-Longridge	10	16	50
Preston-Fleetwood	20	32	
Kirkham Jn.-Lytham	6	10	
Poulton Jn.-Blackpool	4	6	
Lancaster-Morecambe	6	10	
Kendal-Windermere	10	16	47
Lowgill-Ingleton	20	32	61
Penrith-Whitehaven	40	64	64
Workington-Maryport	5	8	59
Chester-Mold-Rhyl	35	56	69
Llandudno Zweigbahn	3	5	63
Llandudno Jn.-Bettws-y-coed	15	24	63
Bangor-Llanberis	18	29	52—59
Carnarvon-Pwllheli	21	34	
Edge Hill-Warrington-Manchester	35	56	63
Edge Hill-Bootle	5	8	63
St. Helens Jn.-Rainford	8	13	
Newton Bridge-Preston	23	37	
Kenyon Jn.-Bolton	10	16	
Eccles-Wigan	15	24	64

	Meil.	Kilom.	Jahr der Eröffnung.
Ashton-Stockport	6	10	
Greenfield-Delph	4	6	
Greenfield-Oldham	4	6	55
Huddersfield-Kirkburton	6	10	
Mirfield-Normanton	15	24	
Batley-Birstal	3	5	
Sandbach-Northwich	10	16	
Cheadle Hulme-Macclesfield	10	16	
Stockport-Manchester	6	10	
Stockport-Buxton	15	24	64
Stockport-Warrington	20	32	
Guide Bridge-Rochdale	10	16	
James Bridge-Darlaston	3	5	
42. Llanelly und Vale of Towy.			
Swansea-Llandovery	36	60	58—67
Gower Road-Penclawdd	3	5	
Pontardulais-Llanelly	13	21	67
Pantyffynnon-Brynamman	7	11	
Llandillo-Carmarthen	13	21	65
43. Midwales.			
Llanidloes-Brecon	52	84	64
44. Brecon und Merthyr.			
Brecon-Newport	47	76	63
Ponsticill Jn.-Merthyr	6	10	
Pant-Dowlais	1	2	69
Pengam-Rhymney	5	8	
45. Potteries, Shrewsbury und North Wales.			
Shrewsbury-Llanyblodwell	21	34	66—70
Criggion-Kinnerley	5	8	71
46. Cambrian.			
Whitchurch-Welshpool-Pwllheli	132	212	59—67
Llanymynech-Llanfyllin	9	14	63
Abermule-Kerry	4	6	63
Moat Lane-Llanidloes	8	13	59
Glan Dovey Jn.-Aberystwyth	17	27	63—64
Barmuth Jn.-Dolgelly	8	13	69
47. Carnarvonshire.			
Carnarvon-Afon Wen	18	29	67
48. Festiniog.			
Portmadoc-Duffs und Dinas	14	22	65
49. Festiniog und Blaenau.			
Festiniog-Duffs	5	8	

	Meil.	Kilom.	Jahr der Eröffnung.
50. Mowddwy.			
Dinas Mowddwy-Cemmes Road	7	11	67
51. Shrewsbury und Hereford.			
Shrewsbury-Hereford	51	82	64
Craven Arms-Llandovery	60	97	
Wooferton-Bewdley	20	32	61—64
Leominster-Kington	13	21	57
52. Sirhowy.			
Newport-Nantybwch	20	32	
Trevil-Ebbw Vale	5	8	
Blaenavon-Brynmawr	5	8	
53. Anglesey Central.			
Gaerwen-Amlwch	18	29	67
54. Denbigh-Ruthin-Corwen.	19	31	62—64
Rhyl-Denbigh (Vale of Clwyd)	10	16	65
55. Garstang und Knotend.			
Garstang Jn.-Pilling	7	11	71
56. Birkenhead.			
Warrington-Birkenhead	33	53	
Helsby-Parkgate	20	32	63—66
57. Bishops Castle-Craven Arms.	11	18	66
58. Furness.			
Carnforth-Whitehaven	60	97	49—57
Ulverston-Ambleside	9	14	69
Dalton-Barrow-Piel	9	14	46
Foxfield-Coniston	10	16	59
59. Hoylake-Birkenhead	6	10	66
60. Maryport-Carlisle.	28	45	44
Aspatria-Mealsgate	6	10	66
Bull Gill-Cockermouth	7	11	67
61. Whitehaven, Cleator und Egremont.			
Whitehaven-Marrow Jn.	6	10	58
Moor Row-Sellafield	5	8	69
62. Manchester, South Jn. u. Altrincham.			
Oxford Road-Bowdon	8	13	
63. Stafford-Uttoxeter	15	24	67
64. Tal y Llyn.			
Towyn-Abergynolwyn	7	11	67
65. Blackpool-Lytham	7	11	63
66. Oldham, Ashton u. Guide Bridge Jn.			
Oldham-Manchester	5	8	61

	Mell.	Kilom.	Jahr der Eröffnung.
67. Lankashire und Yorkshire.			
Manchester-Wakefield-Normanton	45	72	44
Leeds-Halifax-Holmfirth	20	32	
Manchester-Preston Fleetwood	51	82	46
Lostock Jn.-Liverpool	20	32	48
Clifton Jn.-Colne	26	42	46
Liverpool-Southport	18	29	48
Miles Platting-Stalybridge	7	11	44
Middleton Zweigbahn	1	2	
Middleton Jn.-Rochdale	8	13	
Blue Pitts-Liverpool	35	56	48
Rochdale-Oldham	8	13	63
Rochdale-Facit	6	10	71
Todmorden-Acrington	12	19	
North Dean-Halifax	3	5	
Brighouse-Meltham	8	13	
Mirfield-Bradford	6	10	48
Thornhill-Dewsbury	4	6	
Thornhill-Heckmondwike	3	5	
Horbury-Dewsbury	3	5	
Wakefield-Barnsley	13	21	50
Wakefield-Hull	55	88	48
Wakefield-Leeds	10	16	
Wakefield-Doncaster	20	32	51
Clifton-Accrington	18	29	
Bolton-Chatburn	26	42	48—50
Horwich Jn.-Wigan	6	10	
Horwich Jn.-Horwich	2	3	
Preston-Liverpool	30	48	
Preston-Longridge	10	16	
Kirkham-Lytham	6	10	
Poulton-Blackpool	4	6	
Wigan-Blackburn	15	24	
Wigan-Preston	15	24	49
Wigan-Southport	18	29	
Rainford-St. Helens	3	5	
Rainford-Ormskirk	10	16	
Bury-Bolton	6	10	
Bury-Rochdale	8	13	
Ramsbottom-Bacup	8	13	46
Accrington-Preston	15	24	46
Rose Grove-Todmorden	10	16	
68. Manchester, Sheffield u. Lincolnshire.			
Manchester-Sheffield-Hull	107	172	43—49
Guide Bridge-Stalybridge	3	5	46
Ashton-Oldham	3	5	45

	Meil.	Kilom.	Jahr der Eröffnung
Hyde Jn.-Stockport	7	11	
Hyde-Hayfield	10	16	
Hyde Jn.-Macclesfield	15	24	69
Stockport-Altrincham-Helsby	36	58	62—71
Godley-Stockport-Liverpool	45	72	64
Dinting-Glossop	1	2	43
Penistone-Holmfirth	14	22	50
Penistone-Hull	65	105	59
Sheffield-Barnsley	20	32	57
Sheffield-Rotherham	6	10	70
Sheffield-Doncaster	25	40	
Woodhouse Jn.-Eckington	6	10	70
Retford-Lincoln	19	31	
Barnetby-Lincoln	30	48	48
Ulceby-Cleethorpes	13	21	
New Holland-Barton	7	11	

69. North Staffordshire.

	Meil.	Kilom.	Jahr der Eröffnung
Macclesfield-Uttoxeter-Derby	51	82	
Macclesfield-Stoke-Colwich	38	61	48
Rocester-Ashbourne	7	11	52
Uttoxeter-Stoke	16	26	
Tutbury-Burton	6	10	
Congleton-Stoke	13	21	59
Stoke-Leek	10	16	68
Kidsgrove-Crewe	9	14	
Stoke-Market Drayton	17	27	69
Stone-Stafford	9	14	48
Blyth Bridge-Hanley	6	10	

70. North Eastern.

	Meil.	Kilom.	Jahr der Eröffnung
Normanton-York-Berwick	257	413	47
Leeds-East Hartlepool	75	121	46—49
Saltburn-Benfieldside	60	258	25—50
Darlington-Tebay	50	80	56—61
York-Scarborough	43	69	45—47
Leeds-Hornsea	70	113	40—64
Hull-Withernsea	20	32	54
Newcastle-Carlisle	66	106	
Church Fenton-Pateley Bridge	30	48	62
York-Harrogate	18	29	47
York-Hull	42	68	
York-Selby-Doncaster	30	48	70
Pillmoor-Boroughbridge	8	13	
Pillmoor-Driffield	45	72	
Northallerton-Leyburn	18	29	56
Dalton-Richmond	10	16	
Ferry Hill-Spennymoor	4	6	

	Meil.	Kilom.	Jahr der Eröffnung.
Ferryhill-Hartlepool	17	27	
Castle Eden-Hendon	8	13	
Hetton-Shincliffe	4	6	
Leamside-Bishop Auckland	15	24	
Pensher-Sunderland	8	13	
Pelaw-Monkwearmouth	10	16	
Gateshead-Durham	15	24	68
Newcastle-Tynemouth	10	16	
Bilton-Alnwick	6	10	
Berwick-Kelso	23	37	
Arthington-Ilkley	10	16	64
Melberly-Northallerton	12	19	
Springwell-Jarrow	3	5	59
Newcastle-South Shields	10	16	
Picton-Whitby	40	64	65
Norton Jn.-Coxhoe	10	16	
Billingham Jn.-Port Clarence	6	10	46
Middlesborough-Guisborough	12	19	54
Bishop Auckland-Barnard Castle	12	19	
Bishop Auckland-Sunderland	26	42	44
Witton-Stanhope	12	19	62
Barnard Castle-Middleton in Teesdale	8	13	
Kirkby Stephen-Penrith	20	32	
Billington-Whitby	31	50	
Seamer-Hull	30	48	46
Selby-Beverley	30	48	64
Staddlethorpe-Doncaster	22	35	69
Scottswood-Durham	15	24	62
Haltwhistle-Alston	13	21	
71. Seaham-Sunderland	6	10	
72. Hexham und Allendale.			
Hexham-Catton Road	13	21	67—68
73. Blyth und Tyne.			
Newcastle-Morpeth	29	47	57
Backworth-Shields-Tynemouth	5	8	
Newsham-Blyth	6	10	60
Bedlington-North Seaton	6	10	
74. Northumberland Central.			
Scots Gap-Rotherbury	13	21	71

B. Eisenbahnen in Schottland.

75. North British.

	Meil.	Kilom.	Jahr der Eröffnung.
Berwick-Edinburgh	57	92	46
Edinburgh-Falkirk-Glasgow	47	76	

	Meil.	Kilom.	Jahr der Eröffnung.
Carlisle-Edinburgh-Dundee	148	238	62
Newcastle-Riccarton Jn.	63	101	62
Stirling-Thornton Jn.	35	56	50
Alloa-Ladybank	35	56	71
Reston-Boswells	30	48	
Drem-North Berwick	5	8	
Longniddry-Haddington	5	8	
Portobello-South Leith	3	5	
Portobello-Musselborough u. Dalkeith	5	8	32
Inveresk-Dalkeith-Polton	6	10	
Ratho-Morningside	25	40	
Bathgate-Coatbridge	17	27	
Ratho-South Queensferry	4	6	
Airdrie-Bo'ness	21	34	
Blackston Jn.-Bathgate	4	6	
Polmont Jn.-Grangemouth	6	10	
Lenzie-Killearn	14	22	
Cowlairs-Balloch	21	34	58
Dumbarton-Helensburgh	7	11	58
Maryhill-Milngavie	3	5	63
Carlisle-Silloth	23	37	56
Drumburgh-Port Carlisle	3	5	54
Longtown-Gretna Green	3	5	62
Riddings Jn.-Langholm	7	11	62
St. Boswells-Kelso	11	18	
Roxburgh Jn.-Jedburgh	11	18	56
Galashiels-Selkirk	6	10	56
Eskbank-Galashiels	37	60	55
Leadburn-Dolphinton	21	34	64
Thornton Jn.-Anstruther	19	31	64—67
Trinity-Polton	4	6	
Trinity-North Leith	4	6	
Markirch-Leslie	3	5	
Cowdenbeath-Kinross	8	13	66
Ladybank-Perth	13	21	
Leuchars-St. Andrews	5	8	52
Reedsmouth-Morpeth	27	44	65
Cambus-Alva	3	5	63
Eskbank-Springfield	3	5	66
Monkland Zweigbahn	5	8	62
76. Forth und Clyde Junction.			
Stirling-Balloch	30	48	56
77. Caledonian.			
Carlisle-Perth-Aberdeen	241	388	40—50
Edinburgh-Glasgow	47	76	69
Castle Douglas-Port Patrick	61	98	62

	Meil.	Kilom.	Jahr der Eröffnung.
Carstairs-Edinburgh	27	43	
Glasgow-Greenock	22	35	
Kirtlebridge-Brayton	21	34	69
Lockerbie-Dumfries	15	24	63
Symington-Peebles	19	31	60
Carstairs-Dolphinton	11	18	
Carstairs-Douglas	11	18	
Motherwell-Glasgow	12	19	
Cambuslang-Strathaven	15	24	
Motherwell-Lesmahagow	13	21	
Ayr Road-Stonehouse	5	8	
Netherburn-Blackwood	3	5	
Holytown-Morningside	11	18	64
Coatbridge-Glasgow	10	16	65
Greenhill-Glasgow	16	26	
Larbert-Falkirk	3	5	
Larbert-Denny	4	6	
Larbert-North Alloa	9	14	
Dunblane-Callander-Killin	26	42	58—71
Crieff Jn.-Crieff	9	14	56
Perth-Crieff	17	27	
Methven Zweigbahn	1	2	
Perth-Dundee-Broughty Ferry	25	40	47
Dundee-Meigle	10	16	59
Coupar Angus-Blairgowrie	5	8	55
Meigle-Alyth	5	8	61
Forfar-Broughty Ferry	15	24	
Kirriemuir Zweigbahn	4	6	54
Guthrie-Dundee	24	39	40—48
Bridge of Dun-Brechin	4	6	
Dubton-Montrose-Bervie	16	26	65
Auchengray-Wilsontown	1	2	69
Glasgow-Kilbride	10	16	
Glasgow-Burrhead-Stewarton	15	24	
Port Glasgow-Wemyss Bay	11	18	65
78. Glasgow und South Western.			
Glasgow-Dumfries-Carlisle	125	201	43—50
Dalry Jn.-Dalmellington	33	53	56
Paisley-Greenock	13	21	
Paisley-Renfrew	3	5	
Kilmarnock-Troon	9	14	
Hurlford-Newmilns	5	8	48
Mauchline-Ayr	8	13	
Auchinleck-Muirkirk	10	16	48
Dumfries-Castle Douglas	20	32	59
Castle Douglas-Kirkcudbright	10	16	64

	Meil.	Kilom.	Jahr der Eröffnung.
Kilwinning-Ardrossan	6	10	
Irvine-Kilmarnock	8	13	
Ayr-Girvan	22	35	60
79. Glasgow und Paisley Joint			
Glasgow-Paisley	7	11	
Ibrox-Govan	2	3	49
80. Great North of Scotland.			
Aberdeen-Lossiemouth	86	138	52—62
Aberdeen-Ballater (Deeside)	44	71	53—66
Dyce-Peterhead	44	71	
Maud Jn.-Fraserborough	16	26	
Kintore-Alford	16	26	59
Inverury-Old Meldrum	6	10	56
Inveramsay-Macduff	29	47	
Grange-Banff	16	26	59
Tillynaught Jn.-Portsoy	3	5	59
Craigellachie-Boat of Garten	33	53	
Orton-Rothes	3	5	58
81. Highland.			
Perth-Inverness-Bonar Bridge	202	325	55—64
Bonar Bridge-Helmsdale	43	69	68—71
Forres-Keith	30	48	58
Ballinluig-Aberfeldy	9	14	64
Dingwall-Strome Ferry	53	85	71
Alves-Burghead	7	11	62
Forres-Findhorn	3	5	60

C. Irische Eisenbahnen.

	Meil.	Kilom.	Jahr der Eröffnung.
82. Dublin und Drogheda.			
Dublin-Drogheda-Oldcastle	72	116	44—63
Howth Zweigbahn	4	6	46
83. Dublin und Belfast Junction.			
Drogheda-Portadown	56	90	50—52
Scarva Jn.-Banbridge	7	11	59
84. Newry-Armagh	21	34	61
85. Newry-Warrenpoint-Rostrevor	9	14	49—61
86. Ulster.			
Belfast-Armagh-Clones	65	105	39—63
Lisburn-Banbridge	17	27	63
Lisburn-Antrim	18	29	71
Portadown-Omagh	41	66	58
87. Belfast-Holywood-Bangor.	7	11	48—65

	Meil.	Kilom.	Jahr der Eröffnung.
88. Belfast und County Down.			
Belfast-Downpatrick-Newcastle	38	61	50—69
Comber-Donaghadee	14	22	50—61
Ballynahinch Zweigbahn	4	6	58
89. Belfast und Northern Counties.			
Belfast-Londonderry	94	151	48—52
Carrickfergus Jn.-Larne	15	24	48—63
Cookstown-Randalstown	29	47	56
Coleraine-Portrush	7	11	55
Newtown-Newtownlimavady	3	5	52
90. Irish North Western.			
Dundalk-Londonderry	122	196	47—59
Ballybay-Cootehill	9	14	60
Clones-Cavan	15	24	64
Bundoran Zweigbahn	36	58	
Fintona Zweigbahn	2	3	
Strabane-Stranorlar	14	22	63
91. Londonderry und Lough Swilly.			
Londonderry-Buncrana	12	19	
Londonderry-Farland	3	5	
92. Midland Great Western.			
Dublin-Galway	127	204	42—51
Clonsilla-Navan	23	37	62
Kilmessan-Athboy	12	19	64
Glasnevin-Liffey River	3	5	64
Mullingar-Sligo	84	135	55—62
Cavan-Multyfarnham	24	39	56
Streamstown-Clara	8	13	63
Athlone-Westport	83	134	60—66
Manulla Jn.-Foxford	12	19	68
93. Athenry-Ennis	36	58	69
94. Athenry-Tuam	16	26	60
95. Greath Southern und Western.			
Dublin-Cork	166	268	
Kildare Jn.-Kilkenny	51	82	48—50
Portarlington-Athlone	39	63	56—59
Roscrea-Portumna	34	55	57—68
Ballybrophy-Nenagh	19	31	63
Charleville-Limerick	26	42	62
Mallow-Fermoy	17	27	60
Mallow-Tralee	63	101	54—59
Cork-Youghal	27	43	59
Queenstown Zweigbahn	6	10	59

	Meil.	Kilom.	Jahr der Eröffnung.
96. Cork-Blackrock-Passage . . .	6	10	50
97. Cork-Bandon.	20	32	49—51
Kinsale Zweigbahn	11	18	63
Bandon-Dunmanway	18	29	
98. Cork-Macroom	25	40	66
99. Limerick-Ennis	25	40	59
100. Limerick-Foynes.	26	42	59
Ballingrane Jn.-Newcastle . . .	10	16	67
101. Limerick, Castle Connell u. Killaloe.			
Limerick-Nenagh	23	37	58—64
Bird-Hill-Killaloe	3	5	62
102. Waterford-Limerick	77	134	52
103. Waterford-Tramore	8	13	
104. Waterford, Central Irland und Kilkenny Junction.			
Waterford-Maryborough . . .	60	97	52
105. Waterford New Ross u. Wexford Jn.			
Bagenalstown-Mackmine . . .	35	56	58—71
106. Dublin, Wicklow und Wexford.			
Dublin-Enniscorthy	78	125	63
Dublin-Kingstown-Bray . . .	13	21	34—56
Woodenbridge-Shillelagh . . .	17	27	65

Geschichtstafel der Grossbritannischen Eisenbahnen.

(Die Eröffnungsdaten konnten namentlich für die ersten Jahre des Eisenbahnbaues nicht vollständig angegeben werden.)

Tag der Eröffnung.	Eröffnete Strecke.	Name der Bahn.	Länge in Kilom.
27. Sept. 1825	Stockton-Witton Park (Darlington)	North Eastern	41
15. Sept. 1830	Liverpool-Manchester	Lond. North West.	51
1832	Edinburgh-Dalkeith	North British	19
17. Dec. 1834	Dublin-Kingstown	Dubl. Wicklow.	10
1. Juli 1835	Von Hartlepool nach dem Dock	North Eastern	25
6. Juli 1837	Birmingham-Liverpool	Lond. North West.	125
4. Juni 1838	London-Maidenhead	Great Western	33
20. Sept. „	London-Birmingham	Lond. North West.	181

Tag der Eröffnung.	Eröffnete Strecke.	Name der Bahn.	Länge in Kilom.
1. Juli 1839	Maidenhead-Twyford	Gr. West.	12
Aug. „	Belfast-Lisburn	Ulster	12
29. Sept. „	York-Milford	N. Eastern	25
1. Apr. 1840	Dundee-Arbroath	Caled.	27
11. Mai „	London-Southampton	London S. West.	120
30. Juni „	Lancaster-Preston	London N. West.	33
1. Juli „	Hull-Selby	N. Eastern	50
„	Twyford-Reading	Gr. West.	12
30. Jan. 1841	Reading-Bristol	„	133
Mai „	Cardiff-Merthyr	Taff Vale	40
1842	Lisburn-Portadown	Ulster	28
Aug. „	Manchester-Crewe	London N. West.	50
12. Aug. 1843	Glasgow-Ayr	Glasgow S. West.	64
„	London-Cambridge	Gr. Eastern	92
„	Manchester-Glossop	Manch. Sheffield	24
6. Febr. 1844	London-Dover	S. Eastern	142
29. März „	Kingstown-Dalkey	Dubl. Wicklow	3
15. Apr. „	Durham-Sunderland	N. Eastern	24
30. „ „	Yarmouth-Norwich	Gr. Eastern	27
1. Mai „	Bristol-Exeter	Bristol Exeter	121
24. „ „	Dublin-Drogheda	Dublin Drogheda	51
27. „ „	Kensall Green-Kensington	West London	6
12. Juni „	Oxford-Didcot	Gr. West.	15
18. „ „	Darlington-Newcastle	N. Eastern	41
6. Juli „	Bristol-Gloucester	Gr. West.	60
8. Aug. „	Glossop-Woodhead	Manch. Sheffield	12
24. Sept. „	Paddock Wood-Maidstone	S. Eastern	16
1. Oct. „	Manchester-Normanton	Lancash. Yorksh.	60
Nov. „	Maryport-Carlisle	Maryport Carlisle	32
16. Dec. „	Coventry-Warwick	London N. West.	18
„ „	Woodhead-Sheffield	Manch. Sheffield	30
4. Jan. 1845	Gravesend-Rochester	S. Eastern	10
26. Apr. „	Woking-Guilford	London S. West.	9
3. Mai „	Gloucester-Cheltenham	Gr. West.	11
12. „ „	Swindon-Gloucester	„	60
28. „ „	Northampton-Peterborough	London N. West.	72
2. Juni „	Wilsontown-Coltness	Caled.	14
10. „ „	Glossop Zweig	Manch. Sheffield	3
7. Juli „	Norwich-Brandon	Gr. Eastern	61
11. „ „	York-Scarborough	N. Eastern	69
28. „ „	Bishop Stortford-Brandon	Gr. Eastern	90
30. „ „	Wymondham-Dereham	„	18
15. Sept. „	Tunbridge Zweig	S. Eastern	6
21. „ „	Fareham-Gosport	London S. West.	5
15. Nov. „	Worthing-Shoreham	London Brighton	8
21. „ „	Macclesfield Zweig	London N. West.	16

Tag der Eröffnung	Eröffnete Strecke.	Name der Bahn.	Länge in Kilom.
20. Dec. 1845	Ashton Zweig —	Manch. Sheffield	4
29. Dec. „	Maryport-Whitehaven	London N. West.	20
März 1846	Liskeard-Caradon —	Cornwall	14
15. Juni „	Colchester-Ipswich	Gr. Eastern	29
„ „	Canterbury-Ramsgate	S. Eastern	25
„ „	Exeter-Teignmouth	S. Devon	24
„ „	Haywards Heath-Lewes	London Brighton	20
„ „	Worthing-Chichester	„	13
„ „	Blackburn-Preston	Lancash. Yorks.	24
„ „	Middlesborough-Redcar	N. Eastern	12
18. „ „	Berwick-Edinburgh	N. British	92
„ „	Leeds-Bradford	Midland	15
„ „	Lewes-Hastings	London Brighton	35
30. Juli „	Dublin-Howth	Dublin Drogh.	6
21. Sept. „	Lancaster-Kendal	London N. West.	29
25. „ „	Manchester-Rawtenstall	Lanc. Yorksh.	48
6. Oct. „	Hull-Bridlington	N. Eastern	12
6. „ „	Manchester-Stalybridge	Manch. Sheffield	26
12. „ „	Clarence-Hartlepool Jn.	N. Eastern	26
26. „ „	Lynn-Downham	Gr. Eastern	18
26. „ „	Lynn-Narborough	„	14
25. Nov. „	Tunbridge Wells Zweig	S. Eastern	15
1. Dec. „	Margate Zweig	„	6
16. „ „	Carlisle-Kendal	London N. West.	80
23. „ „	Ipswich-Bury St. Edmunds	Gr. Eastern	43
31. „ „	Teignmouth-Newton	S. Devon	8
„ „	Bedford-Bletchley	London N. West.	26
„ „	Barrow-Dalton und Kirkby	Furness	14
27. Jan. 1847	Bishopstoke-Salisbury	London S. West.	35
1. März „	Newcastle-Morpeth	N. Eastern	26
20. Apr. „	Oxenholme-Birthwaite —	London N. West.	16
28. „ „	Cockermouth-Workington —	„	13
22. Mai „	Dundee-Perth	Caledonian	34
5. Juni „	Liverpool-Birkenhead	London N. West.	5
26. „ „	Rugby-Tamworth	„	45
26. „ „	Dublin-Maryborough -	Gr. South. u. West.	82
28. „ „	Dublin-Enfield	Midl. Gr. West.	42
1. Juli „	Morpeth-Berwick	N. Eastern	77
1. „ „	Lowestoft-Reedham	Gr. Eastern	18
1. „ „	Hadleigh-Bentley	„	11
1. „ „	Minster-Deal	S. Eastern	16
18. Oct. „	Bridlington-Scarborough	N. Eastern	24
25. „ „	Ely-Downham	Gr. Eastern	25
1. Dec. „	Chester-Bangor	London N. West.	96
20. „ „	Reading-Hungerford	Gr. West.	40
23. „ „	Harrogate-Church Fenton	N. Eastern	30

Tag der Eröffnung.	Eröffnete Strecke.	Name der Bahn.	Länge in Kilom.
1847	Londonderry-Strabane	Irish North West.	24
„	Aberdare-Ynis Meiric	Taff Vale	12
1. Fbr. 1848	Arbroath-Forfar	Caledonian	24
1. März „	Great Grimsby-Louth	Great North.	24
1. „ „	Portadown-Armagh	Ulster	17
11. Apr. „	Belfast-Ballymena	Belfast North.	53
11. „ „	Jordanstown-Carrickfergus	„	6
17. „ „	Stoke-Norton Bridge	North Stafford.	24
1. Mai „	Bangor-Holyhead	Belfast Bang.	11
1. „ „	Falkirk-Perth	Caledonian	73
1. Juni „	Ripon-Thirsk	North Eastern	20
4. „ „	Ambergate-Rowsley	Midland.	18
5. „ „	Wakefield-Goole	Lancash. Yorksh.	43
12. „ „	Tiverton Zweigbahn	Bristol Exet.	8
12. „ „	Bolton-Blackburn	Lancash. Yorksh.	22
12. „ „	Mirfield-Low Moor	„	15
22. Juli „	Waterloo-Southport	„	20
22. „ „	Cumnock-Auchinleck	Glasg. South West.	30
22. „ „	Muirkirk-Auchinleck	„	18
24. „ „	Hurlford-New Milns	„	8
24. „ „	Carlow-Bagnalstown	Great South. West.	16
2. Aug. „	Belfast-Holywood	Belfast Bang.	10
7. „ „	Castlecary Zweigbahn	Caledonian	10
„ „	Cosham-Fareham	Lond. South West.	8
3. Sept. „	Louth-Firsby	Great North.	19
11. „ „	Perth-Forfar	Caledonian	52
1. Oct. „	Firsby-Boston Jn.	Great North.	24
17. „ „	Lincoln-Peterborough	„	100
„ „	Dalton-Broughton	Furness	10
20. Nov. „	Liverpool-Bury	Lancash. Yorksh.	51
„ „	Reading-Basingstoke	Great Western	26
18. Dec. „	Lincoln-Hull	Manch. Sheff.	73
1. Febr. 1849	Hampton Court-Surbiton	Lond. South West.	3
„ „	Dundalk-Castleblagny	Irish North West.	32
30. März „	Glasgow-Govan	Glasgow Paisley	5
28. Mai „	Newry-Warrenpoint	Newry Rostr.	10
Juni „	Shropshire Union	Lond. North West.	47
2. Juli „	Haughley-Burston	Great Eastern	23
10. „ „	Leeds-Thirsk	North Eastern	60
17. „ „	Sheffield-Gainsborough	Manchester Sheff.	50
„ „	Whitehaven-Ravenglass	Furness	24
1. Aug. „	Bandon-Ballinhassig	Cork-Bandon	16
1. „ „	Manchester-Huddersfield	Lond. North West.	70
9. „ „	Slough-Windsor	Great Western	5
12. Dec. „	Burston-Norwich	Great Eastern	27
„ „	Liverpool-Preston	Lancash. Yorksh.	45

Tag der Eröffnung.	Eröffnete Strecke.	Name der Bahn.	Länge in Kilom.
Dec. 1849	Preston-Clitheroe	Lanc. York.	40
5. März 1850	Britannia Brücke	London N. West.	1
6. Mai "	Belfast-Newtonards	Belfast County D.	20
8. Juni "	Cork-Passage	Cork Passage	10
22. " "	Blackburn-Chatburn	Lanc. York.	20
1. Juli "	Huddersfield-Sheffield	"	24
2. Sept. "	Dumferline-Alloa	N. Brit.	27
21. Oct. "	Hitchin-Royston	Gr. North.	20
28. " "	Cumnock-Gretna	Glasgow S. West.	43
14. Nov. "	Bagnalstown-Kilkenny	Gr. S. West.	24
" "	Ravenglass-Ulverstone	Furness	30
"	Colwich-Grantham	Gr. North.	38
"	Chester-Warrington	London N. West.	31
"	Bletchley-Islip	"	80
"	Sudbury-Halstead	Gr. Eastern	12
"	Bow-Camden Town	North London	10
"	Liverpool-Tithburne Str.	London N. West.	6
"	Maudlands-Longridge	"	6
"	London-Peterborough	Gr. North.	128
"	Oxford-Banbury	Gr. West.	39
"	Westbury-Frome	"	9
"	Liverpool-Waterloo	Lancash. York.	5
"	Leverton-Lincoln	Manchester Sheff.	13
"	Warrington-Milnthorpe	London N. West.	16
"	Worcester Zweig	Midland	6
"	Barnsley-Wakefield	Lancash. York.	21
"	Chepstow-Swansea	Gr. West.	120
"	Bowling Bay-Loch Lomond	N. British	14
"	Aberdeen Zweig	Caledonian	20
"	Sterlingshire-Midland In.	Caledonian	8
"	Dundalk-Wellington	Dublin Belfast	17
"	Drogheda-Navan	Dublin Drogheda	28
1. Aug. 1851	Royston-Shepreth	Gr. North.	8
9. Oct. "	Cambridge-Newmarket	Gr. Eastern	16
8. Dec. "	Cork-Ballinhassig	Cork-Bandon	16
"	Trowse-Derenham	Great Eastern	25
"	Exeter-Crediton	Lond. South. West.	9
"	Gloucester-Grange Court	Great Western	19
"	Mullingar-Galway	Midl. Great West.	122
"	Ashford-Hastings	South Eastern	44
"	Tunbridge Wells-Robertsbridge	"	24
"	Grange Court-Chepstow	Great Western	29
"	Doncaster-Barnsley	Lancash. Yorksh.	13
"	Alloa-Tillicoultry	North British	5
"	Neath-Aberdare	Great Western	30
1. Juli 1852	Widness-Garston	Lond. North West.	13

Tag der Eröffnung.	Eröffnete Strecke.	Name der Bahn.	Länge in Kilom.
1. Juli 1852	Milton Jn.-St. Andrews	North British	8
10. Aug. „	Stottfield-Elgin	Gr. North Scot.	10
„ „	Manchester-Matlock	Lond. N. West.	19
27. Nov. „	Willesden-Kew	„	8
„	Bangor-Carnarvon	„	16
„	Peterborough-Retford	Great Northern	95
„	Birmingham-Oxford	Great Western	89
„	Birmingham-Stour Valley	Lond. North West.	21
„	Alon Zweigbahn	Lond. South West.	14
„	Leeds-Stockton	North Eastern	46
„	Newport-Pontypool	Monmouth.	32
„	Rocester-Ashbourne	North Stafford.	11
„	Evesham-Stourbridge	Great Western	58
„	Stoke-Droitwich	Midland	6
„	Stourbridge-Dudley	Great Western	9
„	Robertsbridge-Battle Hastings	South Eastern	19
„	Swansea-Carnarthen	Great Western	49
„	Shrewsbury-Ludlow	Shrewsb. Hereford	45
„	Hayle-Penzance	W. Cornwall	12
„	Redruth-Truro	„	14
„	Norwich-Trowse	Great Eastern	3
„	Alloa-Stirling	North British	11
„	Armaghroad-Portadown	Ulster	27
„	Wellington-Newry	Dublin Belfast	9
„	Strabane-Newtown Stewart	Irish North West.	16
„	Newtown Stewart-Omagh	„	16
„	Londonderry-Newtown Limavady	Belfast North. C.	30
„	Jerpoint-Dunkitt	Waterford Kilk.	26
„	Tipperary-Clonmell	Waterford Lim.	40
8. Sept. 1853	Aberdeen-Banchory	Great Nort Scot.	27
„	Lindal-Halfway Bridge	Furness	4
1. Apr. 1854	Newmarket-Bury	Great Eastern	29
25. „ „	Middlesboro'-Guisborough	North Eastern	19
22. Mai „	Carlisle-Port Carlisle	North British	19
„ „	Mallow-Killarney	Great South. West.	66
27. Juni „	Hull-Withernsea	North Eastern	30
10. Juli „	Dublin-Bray-Dalkey	Dublin Wickl.	27
13. „ „	Thornton Jn.-Burnmill	North British	10
28. Aug. „	Highbridge-Glastonbury	Somerset u. D.	22
Nov. „	Forfar-Kirriemuir	Caledonian	6
„	Halfway Bridge-Ulverston	Furness	16
1. Juni 1855	Grange Court-Hereford	Great Western	37
4. Juli „	Eskbank-Peebles	North British	30
9. „ „	Three Bridges-East Grinstead	Lond. Bright.	11
„ „	Oldham-Greenfield	Lond. North West.	6
1. Aug. „	Bradford-Drighlington	Great Northern	10

Tag der Eröffnung.	Eröffnete Strecke.	Name der Bahn.	Länge in Kilom.
Aug. 1855	Blairgowrie-Coupar Angus	Caledonian	7
11. „ „	Kirkstead-Horncastle	Great Northern	13
14. „ „	Castleblagny-Newbliss	Irish North West.	16
22. Oct. „	Wimbledon-Croydon	Lond. South West.	9
30. „ „	Bray-Wicklow	Dublin Wickl.	26
2. Nov. „	Fremington Pill-Bideford	Lond. South West.	10
5. „ „	Inverness-Nairn	Highland	24
7. „ „	Ballymena-Portrush Jn.	Belfast North. C.	56
8. „ „	Mullingar-Longford	Midl. Great West.	42
8. Febr.1856	Cavan-Multyfarnham	„	39
16. März „	Crieff-Loaninghead	Caledonian	15
5. Apr. „	Selkirk-Galashiels	North British.	10
7. „ „	Stanley-Dunkeld	Highland	14
20. Mai „	Stirling-Alexandria	Forth u. Clyde	48
2. Juni „	Abingdon-Culham	Great Western	3
4. „ „	Staines-Ascot	Lond. South West.	16
16. „ „	Grautham-Sleaford	Great Northern .	18
1. Juli „	Dalkey-Kingstown	Dublin Wickl.	4
5. „ „	Inverury-Old Meldrum	Great North Scot.	10
8. „ „	Darlington-Barnard-Castle	North Eastern	24
9 „ „	Ascot-Wockingham	Lond. South West.	18
17. „ „	Jedburgh-Roxburgh	North British	11
5. Aug. „	Caterham Zweigbahn	South Eastern	6
„ „	Ayr-Dalmelington	Glasg. South West.	24
4. Sept. „	Drumburgh-Silloth Bay	North British	20
22. „ „	Parish of Cam-Dursley	Midland	4
13. Oct. „	Ayr-Maybole	Glasg. South West.	10
2. Nov. „	Bedall-Leyburn	North Eastern	16
10. „ „	Randalstown-Cookstown	Belfast North C.	43
1. Jan. 1857	Beckenham-Lewisham	South Eastern	7
1. Mai „	Hammersmith-Acton	Lond. N. u. S. West.	2
2. Juni „	Usk-Pontypool	Great Western	6
2. Aug. „	Leominster-Kington	„	21
10. „ „	Ulverston-Carnforth	Furness	30
17. „ „	Stockport-Whaley Bridge	Lond. North West.	16
„ „	Barnsley Zweigbahn	Lancash. Yorksh.	5
5. Sept. „	Garioch-Turriff	Great North Scot.	29
5. Oct. „	West Yorkshire	Great Northern	16
10. „ „	Ardsley Zweigbahn	„	5
10. „ „	Bradford-Leeds	„	12
19. „ „	Roscrea Ju.-Roscrea	Great South. West.	16
„ „	Newsham-Morpeth	Blyth und Tyne	11
1. Nov. „	Bridport-Maiden Newton	Great Western	15
1. „ „	Stamford-Essendine	Stamford Essed.	6
2. „ „	Cannock Zweigbahn	Lond. North West.	11
2. „ „	Norton Zweigbahn	„	5

Tag der Eröffnung.	Eröffnete Strecke.	Name der Bahn.	Länge in Kilom.
1. Dec. 1857	Wells-Fakenham	Great Eastern	16
" "	Rathkeale-Askeaton	Limer. Foynes	7
1. Jan. 1858	Dearness Valley	North Eastern	8
25. Febr. "	Strood-Faversham	London Chatham	31
1. März "	Hertford-Welwyn	Great Northern	12
8. " "	Roscrea-Parsonstown	Great South. West.	19
31. " "	Rhymney-Cardiff	Rhymney	40
5. Apr. "	Portadown-Dungannon	Ulster	22
5. " "	Hexham-Chollerford	North British	8
3. Mai "	Highbridge-Burnham	Somerset	2
5. " "	St Albans-Watford	Lond. North West.	12
8. " "	Leicester-Hitchin	Midland	100
8. " "	Wellingborough Zweigbahn	"	2
13. " "	Dunstable-Lutton	Great Northern	9
25. " "	Armagh-Monaghan	Ulster	27
31. " "	Cowlairs-Dumbarton	North British	26
" "	Helensburgh-Dumbarton	"	11
26. Juni "	Newbliss-Lisnaskea	Irish North West.	26
1. Juli "	Lymington-Brockenhurst	Lond. South West.	9
1. " "	Dunblane-Callander	Caledonian	18
5. " "	Bromley-Southampton Road	London Chatham	4
11. Aug. "	Whitehaven-Egremont	Whiteh. Cleator	10
16. " "	Lisnaskea-Lisbellaw	Irish North West.	10
18. " "	Nairn-Keith	Highland	65
23. " "	Orton-Rothes	Great North Scot.	5
28. " "	Killonan-Castle Connell	Limerick C. Connell	16
2. Sept. "	Crewe-Shrewsbury	Lond. North West.	53
10. " "	Comber-Ballynahinch	Belf. County Down	21
5. Oct. "	Rhyl-Denbigh	Vale of Clwyd	16
18. " "	Lewes-Uckfield	Lond. Bright.	12
" "	Sittingbourne-Sheerness	London Chatham	11
9. Nov. "	Frome-Shepton Mallet	Great Western	16
20. Dec. "	Bagenalstown-Borris	Waterford N. Ross	13
23. " "	Rothes-Craigellachie	Great North Scot.	4
17. Jan. 1859	Shannon-Clare	Limerick-Ennis	2
" "	Lisbellaw-Enniskillen	Irish North West.	6
" "	Godalming-Portsmouth	Lond. South West.	52
1. Febr. "	Epsom-Leatherhead	"	6
" "	Dublin-Harcourt Str.	Dublin-Wickl.	3
3. März "	Jarrow-South Shields	North Eastern	2
15. " "	Glastonbury-Wells	Somerset	9
23. " "	Ballynahinch-Downpatrick	Belfast C.	15
23. " "	Banbridge-Scarva Jn.	Dublin-Belfast	11
26. " "	Limerick Jn.-Shannon	Limerick-Ennis	36
" "	Kintore-Alford	Great North Scot	26
4. Apr. "	Wimbledon-Epsom	Lond. South West.	9

Tag der Eröffnung.	Eröffnete Strecke.	Name der Bahn.	Länge in Kilom.
12. Apr. 1859	Sleaford-Boston	Great Northern	27
1. Mai „	Salisbury-Gillingham	Lond. South West.	35
4. „ „	Plymouth-Truro	Cornwall	86
1. Juni „	Ipswich-Woodbridge	Great Eastern	16
1. „ „	Halesworth-Beccles	„	16
1. „ „	Leiston und Snap Bridge Zweigb.	„	7
1. „ „	Wickham Market-Framlingham	„	8
10. „ „	Dundee-Newtyle	Caledonian	11
18. „ „	Broughton-Coniston Lake	Furness	15
22. „ „	Plymouth-Tavistock	S. Devon.	25
2. Juli „	Clare-Ennis	Limerick-Ennis	2
5. „ „	Southall-Brentford	Great Western	7
11. „ „	Stratford-Honeybourne	„	12
18. „ „	Killarney Jn.-Tralee	Great South. West.	35
25. „ „	Henwick-Malvern	Great Western	11
2. Aug. „	Torquay-Paignton	S. Devon	3
3. „ „	Stoke upon Trent-Congleton	North Stafford.	21
9. „ „	Llanidloes-Newtown	Cambrian	20
„ „	Grange-Banff	Great North Scot.	26
„ „	Portsoy-Tillynaught Jn.	„	5
19. Sept. „	Redditch-Barnt Green	Midland	7
„ „	Keadby-Thorne	Manch. Sheff.	16
3. Oct. „	Tullamore-Athlone	Great South. West.	39
10. „ „	Horsham-Petworth	London Bright.	27
„ „	Limerick-Foynes	Limerick Foyn.	42
Nov. „	Cork-Youghal	Great South. West.	43
„ „	Castle Connell-Killaloe	Limerick C. Connell	16
1. „ „	Castle Douglas-Dumfries	Glasg. South West.	31
7. „ „	Cannock-Rugeley	Lond. North West.	8
1. Dec. „	Chollerford-Countess Park	North British	13
3. „ „	Banchory-Aboyne	Great North Scot.	25
13. Febr. 1860	Athlone-Roscommon	Midland Gr. West.	29
16. Apr. „	Chappel-Halstead	Colne Valley	10
18. „ „	Kinloss-Findhorn	Highland	5
7. Mai „	Gillingham-Sherbourne	Lond. South West.	19
16. „ „	Bourne-Essendine	Great Northern	10
17. „ „	Mallow-Fermoy	Great South. West.	27
21. „ „	Maybole-Girvan	Glasg. South West.	20
1. Juni „	Sherbourne-Yeovil	Lond. South West.	10
19. „ „	Sittingbourne-Sheerness	London Chatham	12
10. Juli „	Castle Connell-Birdhill	Limerick C. Connell	8
18. „ „	Faversham-Canterbury	London Chatham	16
1. Aug. „	Faversham-Whitstable	„	8
1. Sept. „	Luton-Welwyn	Great Northern	18
1. „ „	Port Patrick-Castle Douglas	Caledonian	97
27. „ „	Athenry-Tuam	Athenry Tuam	25

Tag der Eröffnung.	Eröffnete Strecke.	Name der Bahn.	Länge in Kilom.
1. Oct. 1860	Craven Arms-Bucknell	Lond. North West.	15
1. „ „	Victoria-Station (London)	Lond. Brigh.	—
2. „ „	Pimlico-Battersea	Great Western	2
10. „ „	Stratford-Hatton	„	15
18. Oct. „	Ballybay-Cootehill	Irish North West.	13
31. „ „	Newsham-Morpeth	Blyth und Tyne	10
„ „	Tivetshall-Harleston	Great Eastern	10
1. Nov. „	Wimborne-Blandford	Somerset	16
2. „ „	Harleston-Bungay	Great Eastern	10
5. „ „	Symington-Broughton	Caledonian	13
15. „ „	Roscommon-Castlerea	Midland Gr. West.	27
„	Lowestoft-Beccles	Great Eastern	14
„	Yarmouth-Haddiscoe	„	14
„	Saxmundham-Aldborough	„	14
„	Borris-Ballywilliam	Waterf. N. Ross	24
11. Febr. 1861	Markirch-Leslie	North British	10
6. März „	Bucknell-Knighton	Lond. North West.	5
14. „ „	Paignton-Brixham Road	S. Devon	5
Apr. „	Rosedale Zweigbahn	North Eastern	8
3. Juni „	Newtonards-Donaghadee	Belfast C. D.	16
19. „ „	Oswestry-Newtown	Cambrian	48
1. Juli „	Halstead-Castle Hedingham	Colne Valley	5
13. „ „	Whitstable-Herne Bay	London Chatham	8
24. „ „	Dalmarnock und Granton Zweigb.	Caledonian	10
1. Aug. „	Wooferton-Tenbury	Shrewsbury Heref.	10
8. „ „	Barnard Castle-Tebay	North Eastern	50
16. „ „	Worcester-Hereford	Great Western	48
26. „ „	Oldham-Guide Bridge	Oldh. Ashton	8
„ „	Bridgend-Maesteg	Llynvi	13
„ „	Tondu Jn.-Porthcawl	„	17
2. Sept. „	Newry-Warrenpoint Extension	Newry-Rostrevor	2
2. „ „	Meigle-Alyth	Caledonian	8
9. „ „	Castlerea-Ballyhaunis	Midland Gr. West.	18
„ „	Shoreham-Henfield	London Bright.	28
1. Oct. „	Tebay-Ingleton	Lond. North West.	32
2. „ „	Hernebay-Ramsgate	London Chatham	33
12. „ „	Strood-St. Marys Cray (London)	„	48
1. Nov. „	Canterbury-Dover	„	24
20. „ „	Yarnton-Witney	Great Western	13
„ „	Blanford-Templecombe	Somerset	15
1. Dec. „	Ruabon-Llangollen	Great Western	10
1. Jan. 1862	Nuneaton-Hinkley	Lond. North West.	7
1. „ „	Elgin-Rothes	Great North Scot.	15
1. Febr. „	Much Wenlock-Severn Valley	Great Western	7
1. „ „	Hartlebury-Shrewsbury	„	64
1. „ „	Benthall-Madeley	„	1

Tag der Eröffnung.	Eröffnete Strecke.	Name der Bahn.	Länge in Kilom.
Fbr. 1862	Glastonbury-Bruton	Somerset	19
„ „	Monklands-Shotts iron works	North British	8
1. März „	Denbigh-Ruthin	Denb. Ruth.	10
1. „ „	Bourton on the Water-Chipping	Great Western	10
31. „ „	Taunton-Watchet	Bristol Exet.	24
6. Apr. „	Holbeck Jn.-Ossett	Great Northern	4
12. „ „	Birdhill-Killaloe	Limerick C. Connell	4
1. Mai „	Harrogate-Pateley Br.	North Eastern	18
18. „ „	Altrincham-Knutsford	Manchester Sheff.	11
19. „ „	Ballyhaunis-Claremorris	Midland Gr. West.	18
22. „ „	Wrexham-Minerva	Great Western	5
29. „ „	Castle Hedingham-Yeldham	Colne Valley	4
2. Juni „	Aston-Sutton Coldfield	Lond. North West.	8
2. „ „	Sutton-Sevenoaks	London Chatham	13
11. „ „	Inverness-Dingwall	Highland	29
1. Juli „	Hexham-Riccarton Jn.	North British	66
1. „ „	Carlisle-Hawick	„	71
1. „ „	Langholm-Riddings Jn.	„	11
1. „ „	Gretna Green-Longtown	„	5
1. „ „	Cowes-Newport	Cowes Newp.	8
1. „ „	Malvern Jn.-Malvern Hill	Midland	10
3. „ „	Holbeach-Sutton Bridge	Great Northern	16
„ „	Bedford-Cambridge	Lond. North West.	48
1. Aug. „	Harrogate Zweig	North Eastern	5
1. „ „	Limerick-Charleville	Great South. West.	40
1. „ „	Wycombe-Thame	Great Western	24
29. „ „	Clonsilla-Navan	Midland Gr. West.	37
1. Sept. „	Lanchester Valley	North Eastern	19
1. Oct. „	Watford-Rickmansworth	Lond. North West.	7
3. „ „	Lynn-Hunstanton	Great Eastern	24
„ „	Port Patrick-Stranraer	Caledonian	12
22. „ „	Frosterley-Stanhope	North Eastern	3
11. Nov. „	Hungerford-Devizes	Great Western	40
13. „ „	Ringwood-Christchurch	Lond. South West.	12
„ „	Frizington-Lamplugh	Whitehav. Cleat.	5
1. Dec. „	Croydon-Balham Hill	London Bright.	8
3 „ „	Longford-Sligo	Midl. Great West.	92
17. „ „	Claremorris-Castlebar	„	23
23. „ „	Alves-Burghead	Highland	11
1. Jan. 1863	Knutsford-Northwich	Great Northern	10
3. „ „	Machynlleth-Nowtown	Cambrian	37
10. „ „	Paddington-Finsbury	Metropol.	8
12. „ „	Stockport-Woodley	Great Northern	4
15. „ „	Gosport-Stokes Bay	Lond. South West.	3
1. Febr. „	Barnard Castle-Bishop Aukland	North Eastern	20
15. „ „	Edgehill-Garston	Lond. North West.	7

Tag der Eröffnung.	Eröffnete Strecke.	Name der Bahn.	Länge in Kilom.
2. März 1863	Kensington-Battersea	West. Lond.	8
2. „ „	Monaghan-Clones	Ulster	19
2. „ „	Bungay-Beccles	Great Eastern	10
17. „ „	Kells-Oldcastle	Dublin Drogh.	20
1. Apr. „	Streamstown-Clara	Midl. Great West.	11
6. „ „	Blackpool-Lytham	Blackp. Lyth.	11
21. „ „	Milngavie-Maryhill	North British	5
1. Mai „	Dowlais-Brecon	Brecon Merth.	32
1. „ „	Kinross-Rumbling Bridge	North British	11
4. „ „	Whitchurch-Ellesmere	Cambrian	16
8. „ „	Chard-Chard Road	Lond. South West.	5
8. „ „	Hythe-Wivenhoe	Great Eastern	5
10. „ „	Yeldham-Haverhill	Colne Valley	11
23. „ „	Dingwall-Invergordon	Highland	22
1. Juni „	Wimbledon-Kingston	Lond. South West.	4
1. „ „	Dunkeld-Pitlochry	Highland	21
6. „ „	Bishops Waltham-Botley	Lond. South West.	6
17. „ „	Conway-Llanrwst	Lond. North West.	19
27. „ „	Kinsale Ju.-Kinsale	Cork-Kinsale	18
„ „	King Cross-Metropolitan R.	Great Northern	1
1. Juli „	Spey river-Strathspey	Great North. Scot.	1
1. „ „	Hooton-Helsby	Birkenhead	14
1. „ „	Machynlleth-Borth	Cambrian	19
11. „ „	Llanfyllin und Kerry Zweigbahn	„	19
13. „ „	Banbridge-Lisburn	Ulster	24
15. „ „	Swansea-Neath	Great Western	12
15. „ „	Holm-Ramsey	Great Northern	10
1. Aug. „	Edgehill-Bootle	Lond. North West.	8
3. „ „	Forres-Aviemore	Highland	58
19. „ „	Drighlington-Batley	Great Northern	4
24. „ „	Truro-Falmouth	Cornwall	19
31. „ „	Templecombe-Bruton	Somerset	24
1. Sept. „	Faversham-Ramsgate	London Chatham	43
1. „ „	Dumfries-Lockerbie	Caledonian	23
7. „ „	Stranorlar-Strabane	Irish North West.	22
9. „ „	Aviemore-Pitlochry	Highland	88
9. „ „	Bristol-Portskewet	Great Western	21
„ „	Johnston-Milford	„	6
1. Oct. „	Belfast-Larne	Belfast N. C.	23
5. „ „	Ramsgate-Margate	London Chatham	8
5. „ „	Roscrea-Nenagh	Great South. West.	31
19. „ „	Nantwich-Market Drayton	Great Western	17
3. Nov. „	Calne-Chippenham	„	8
16. „ „	Enniscorthy-Ovoca	Dublin Wickl.	55
16. „ „	Dunse-Earlston	North British	26
„ „	Oldham-Rochdale und Royton	Lancash. Yorksh.	13

Tag der Eröffnung.	Eröffnete Strecke.	Name der Bahn.	Länge in Kilom.
Nov. 1863	Aberdovery-Llwyngwril	Cambrian	19
1. Jan. 1864	Ystalifera-Brynamman	Swansea V.	10
1. „ „	Hinckley-Wigston Jn.	Lond. North West.	17
11. „ „	Charing Cross-Greenwich	South Eastern	8
26. Febr. „	Kilmessan-Athboy	Midl. Great West.	19
1. März „	Clones-Cavan	Irish North West.	24
28. „ „	Hull-Hornsea	North Eastern	21
30. „ „	Marlboro'-Savernake	Great Western	9
„ „	Conwil-Pencader	Carmarthen	13
1. Apr. „	Liffey River-Glasnevin	Midl. Gr. Western	5
1. Mai „	Market Weighton-Beverley	North Eastern	20
1. „ „	Malvern Hill-Great Malvern	Midland	13
„ „	Pencader-Llandyssil	Carmarthen	5
1. Juni „	Newcastle-Blyth und Tyne	Blyth und Tyne	15
1. „ „	Garston-Liverpool	Great Northern	7
1. „ „	Nenagh-Birdhill	Great South. West.	21
15. „ „	Whaley Bridge-Buxton	Lond. North West.	15
24. „ „	Watchet-Exton	W. Somerset	19
1. Juli „	Green Lane Bridge-Hammersmith	Great Western	6
3. „ „	Aberfeldy-Ballinluing	Highland	14
3. „ „	Ellesmere-Oswestry	Cambrian	13
27. „ „	Borth-Aberstwyth	„	14
1. Aug. „	Arthington-Ilkley	North Eastern	16
6. „ „	Hereford-Brecon	Midland	60
13. „ „	Tenbury-Bewdley	Great Western	23
16. „ „	C. Douglas-Kirkudbright	Glasgow S. West.	17
16. „ „	Brixham-Dartmouth	South Devon	6
23. „ „	Ryde-Shanklin	J. of Wight	13
24. „ „	Ludlow-Cleehill	Great Western	10
24. „ „	Eccles-Tyldesley und Wigan	Lond. North West.	21
„ „	London Bridge-Charing Cross	South Eastern	1
1. Sept. „	Llanidloes-Newbridge	Midwales	84
2. „ „	Neath-Onllwyn	Neath-Brecon	15
1. Oct. „	Invergordon-Bonar Bridge	Highland	43
25. „ „	Oxford-Risborough	Great West.	24
„ „	Ruthin-Corwen	Denb. Corwen	19
1. Nov. „	Cleland-Morningside	Caledonian	18
1. „ „	Cockermouth-Penrith	Cockermouth	50
1. März 1865	Kilkenny-Abbeyleix	Waterf. Kilk.	30
1. „ „	Lynn-Sutton Bridge	Great Northern	15
6. „ „	Clifton-Avonmouth	Bristol Port.	10
6. „ „	Andover-Redbridge	Lond. South West.	38
1. Mai „	Holywood-Bangor	Belfast-Bangor	12
1. „ „	Llangollen-Corwen	Great Western	16
1. „ „	Morpeth-Reedsmouth	North British	45
15. „ „	Greenock-Wemyss Bay	Caledonian	16

Tag der Eröffnung.	Eröffnete Strecke.	Name der Bahn.	Länge in Kilom.
12. Mai 1865	Shillelagh-Woodenbridge	Dublin Wickl.	27
22. „ „	Sutton-Epsom Downs	London Bright.	7
1. Juli „	Llandillo-Carmarthen	Llanelly	21
3. „ „	Llwyngwrill-Barmouth Jn.	Cambrian	6
1. Aug. „	Crystal Palace-South London Jn.	Loud. Chatham	10
1. „ „	Llynvi Valley-Nant y Moel	Llynvi	14
1. „ „	Castleton-Grosmont	North Eastern	15
1. „ „	Bishop-Wearmouth Zweigbahn	„	1
18. Sept. „	Cowbridge-Llantrissant	Cowbridge	10
„ „	Knighton-Llandrindod	Lond. North West.	32
2. Oct. „	Earlston-Newtown St. Boswells	North British	6
2. „ „	Alton-Winchester	Lond. South West.	30
9. „ „	Weymouth-Portland	Great Western	9
„ „	Denbigh-Rhyl	Vale of Clwyd	16
1. Nov. „	Montrose-Bervie	Caledonian	19
1. „ „	Hatfield-St. Albans	Great North.	10
1. „ „	Kingsland-Liverpool Street	North Lond.	3
1. „ „	Colebrook-North Tawton	Lond. South West.	11
2. „ „	Bideford-Fremington	„	10
2. „ „	Wendon-Saffron Walden	Great Eastern	3
„ „	Rutherglen-Coatbridge	Caledonian	13
1. Dec. „	Newcastle-Durham	North Eastern	24
23. „ „	Faringdon-Moorgate Str.	Metropol.	1
1. Jan. 1866	Wakefield-Barnby	Great Northern	45
29. „ „	Castlebar-Westport	Midl. Great West.	18
1. Febr. „	Craven Arms-Bishops Castle	Bishops C.	15
„ „	Stockport-Altrincham Jn.	Great North.	15
„ „	Wivenhoe-KirbyCross	Great Eastern	18
„ „	Hythe-Colchester	„	2
1. März „	Kettering-Huntingdon	Midland	42
15. Apr. „	Eskbank-Springfield	North British	4
„ „	Blisworth-Towcester	Great Western	6
12. Mai „	Cork-Macroom	Cork-Mac.	40
20. Juni „	Cowdenbeath-Kinross	North British	11
20. „ „	Kingseat Zweigbahn	„	6
22. „ „	Southampton-Netley	Lond. South West.	7
2. Juli „	Liverpool-Hoylake	Hoylake	9
2. „ „	Cholsey-Wallingford	Great Western	14
4. „ „	Wolborough-Moreton Hampstead	S. Devon	20
13. Aug. „	Llanymynech-Shrewsbury	Potteries	29
17. „ „	Heacham-Wells	Great Eastern	30
1. Sept. „	Charing Cross-Cannon Street	South Eastern	1
1. „ „	Woolwich-Dartford	„	10
1. Oct. „	Hooton-Parkgate	Birkenhead	8
1. „ „	West Brompton-Kensington	West. Lond.	2
11. „ „	Keadby-Barnetby	Manch. Sheff.	26

Tag der Eröffnung.	Eröffnete Strecke.	Name der Bahn.	Länge in Kilom.
17. Oct. 1866	Aboyne-Ballater	Great North Scot.	18
19. „ „	Lennoxtown-Strathblane	North British	14
26. „ „	Saffron Walden-Bartlow	Great Eastern	10
„ „	Shanklin-Ventnor	J. of Wight	6
15. Dec. „	Pulborough-Midhurst	Lond. Bright.	18
20. „ „	Salisbury-Wimborne	Lond. South West.	30
26. „ „	Aspatria-Mealsgate	Maryp. Carlisle	10
1. Jan. 1867	Rathkeale-Newcastle	Limerick Foyn.	16
8. „ „	North Tawton-Okehampton Road	Lond. South West.	5
„ „	Stonehouse-Nailsworth	Midland	9
11. März „	Dorking-Leatherhead	Lond. Bright.	8
1. Apr. „	Stourbridge-Smethwick	Great West.	8
15. „ „	Keighley-Oxenhope	Midland	8
18. Sept. „	Bristol-Portishead	Brist. Port.	16
24. „ „	Neath-Brecon	Neath Brecon	51
„ „	Mellis-Eye	Great Eastern	5
1. Mai „	Horsham-Dorking	London Bright.	22
„ „	Kirby Cross-Walton	Great Eastern	4
3. Juni „	Gaerwen-Amlwch	Anglesea c.	29
„ „	Carnforth-Wennington	Midland	15
14. Juli „	Wellington-Drayton	Great Western	25
14. Aug. „	Glandovey-Aberdovey	Cambrian	10
18. „ „	Leven-Muircambus	North British	11
19. „ „	Hexham-Langley	Hexh. Allend.	13
22. „ „	London-Edgeware	Great Northern	15
„ „	Aberystwyth-Pencader	Manch. Milford	66
2. Sept. „	Carnarvon-Afon Wen	Carnarvon	29
2. „ „	Wolverton-Newport Pagnell	Newport	6
„ „	Cemmes-Dinas Moddwy	Cambrian	11
10. Oct. „	Barmouth-Pwllheli	„	51
1. Dec. „	Cockermouth-Bull Gill	Maryport Carl.	11
2. „ „	Blaydon-Conside	North Eastern	12
14. „ „	Swansea-Pontardulais	Llanelly	20
„ „	Stafford-Uttoxeter	Stafford Ut.	24
16. März 1868	Colyton-Seaton	Lond. South West.	7
„ „	Chislehurst-Sevenoaks	South Eastern	16
1. Apr. „	Corwen-Bala	Great Western	22
13. „ „	Baker Str.-Swiss Cottage	Metropol.	3
13. „ „	Bonar Bridge-Golspie	Highland	43
1. Mai „	Manulla-Foxford	Midl. Great West.	18
„ „	Sevenoaks-Tunbridge	South Eastern	12
1. Juli „	Leek-Potteries	North Stafford.	11
1. „ „	Highgate Road-Fenchurch Str.	Great Eastern	9
3. Aug. „	Newtyle Zweigbahn	Caledonian	4
4. „ „	Corwen-Dolgelly	Great Western	55
23. Sept. „	Aylesbury-Claydon Jn.	Lond. North West.	19

Tag der Eröffnung.	Eröffnete Strecke.	Name der Bahn.	Länge in Kilom.
1. Oct. 1868	Notting Hill-Brompton	Metropol.	3
1. „ „	Acton-Hendon	Midland	6
5. Nov. „	Parsonstown-Portumna Bridge	Great South. West.	20
24. Dec. „	Kensington-Westminster Bridge	Metropol.	5
1. Jan. 1869	Cleland-Midcalder Jn.	Caledonian	34
1. „ „	Wilsontown Zweigbahn	„	2
1. „ „	Herne Hill-Knights Hill	London Chatham	2
1. „ „	Acton-Brentford Jn.	Lond. South West.	1
1. „ „	Wimbledon-Kingston	„	8
1. „ „	Kensington-Richmond	„	9
1. Febr. „	Lawhead-Clengh	Caledonian	2
22. „ „	Bishop Stortford-Braintree	Great Eastern	29
1. März „	Langley-Catton Road	Hexham-Allend.	7
25. „ „	Downpatrick-Newcastle	Belfast C. D.	18
1. Apr. „	Micklefield-Church Fenton	North Eastern	8
1. „ „	Stadtbahn in Leeds	„	1
1. „ „	Acton-Ditton	Lond. North West.	15
3. Mai „	Tillicoultry-Dollar	North British	4
1. Juni „	Ulverston-Windermere	Furness	16
1. „ „	Lostwithiel-Fowey	Cornwall.	8
21. „ „	Penmaenpool-Dolgelly	Cambrian	3
23. „ „	Yatton-Cheddar	Bristol Ex.	16
23. „ „	Lofthouse-Methley Jn.	Great Northern	8
23. „ „	Thornhill-Heckmondwike	Lancash. Yorks.	4
1. Juli „	Carnarvon-Llanberis	Lond. North West.	15
2. „ „	Marple-Macclesfield	Manchester Sheff.	15
5. „ „	Meltham-Brighouse	Lancash. Yorksh.	5
1. Aug. „	Brighton-Kemp Town	London Bright.	4
1. „ „	Sellafield-Egremont	Whitehaven Cl.	8
2. „ „	Staddlethorpe-Thorne.	North Eastern	24
4. „ „	Mangotsfield-Bath	Midland	10
1. Sept. „	Bridge of Weyr-Greenock	Glasg. South West.	18
1. „ „	Burngullow-Newquay	Cornwall	5
1. „ „	Prestatyn-Cwm.	Lond. North West.	5
6. „ „	Mold-Denbigh Jn.	„	24
13. „ „	Kirtlebridge-Brayton	Caledonian	34
15. „ „	Pant-Dowlais	Brecon Mer.	2
15. „ „	Athenry-Ennis	Athenry En.	58
1. Oct. „	Melbourne-Worthington	Midland	6
18. „ „	Roudham Jn.-Watton	Thetford Watt.	14
1. Nov. „	Brynmawr-Blaenavon	Lond. North West.	8
1. „ „	Silverdale-Market Drayton	North Stafford.	20
1. Dec. „	Blackburn-St. Helens	Lond. North West.	36
6. „ „	Chellaston-Trent	Midland	15
6. „ „	New Cross-Wapping	Lond. Brigh.	5
„ „	Brompton-West Brompton	Metropol.	2

Tag der Eröffnung.	Eröffnete Strecke.	Name der Bahn.	Länge in Kilom.
30. Mai 1870	Westminster Bg.-Blackfriars	Metropol.	2
11. Juni ,,	Callander-Killin	Caledonian	27
19. Aug. ,,	Dingwall-Strom Ferry	Highland	85
Sept. ,,	West Helmsdale-Golspie	,,	27
Jan.-Juni ,,	Cheddar-Wells	Bristol Exet.	13
,,	Edenham-Little Bytham	Edenham	6
,,	Lea Bg.-Shern Hall Str.	Great Eastern	5
,,	Acton-Northwich	Lond. North West.	8
,,	Horwich Jn-Horwich	Lancash. Yorksh.	3
,,	Woking-Farnham	Lond. South West.	14
,,	Christchurch-Bournemouth	,,	6
,,	Chesterfield-Sheffield	Midland	16
,,	Brightside-Rotherham	,,	8
,,	Cudworth-Barnsley	,,	8
,,	Llanymynech-Llanydblodwell	Potteries	5
,,	Forfar-Broughty Ferry	Caledonian	24
Juni-Dec. ,,	Garstang-Pilling	Garstang	11
,,	Mauchline-Ayr	Glasg. South West.	19
,,	Rochdale-Facit	Lancash. Yorksh.	10
,,	Northwich-Helsby	Manchester Sheff.	26
,,	Cuddington-Winsford	,,	10
,,	Rothbury-Scotts Gap	Northumberland	21
,,	Bagenalstown-Mackmine	Waterford N. R.	56
,,	Glasgow-Coatbridge	North British	13
,,	South Alloa-North Alloa	Caledonian	8
,,	Bourne-Sleaford	Great Northern	24
,,	Huyton-St. Helens	Lond. North West.	10
1. Jan. 1871	Doncaster-Selby-York	Great Northern	48
24. ,, ,,	Pembroke Dock-Dockyard	Pembroke Tenby	1
1. Febr. ,,	Glasgow Stadtbahn	North British	1
8. ,, ,,	Earby-Barnoldswick	Midland	3
15. ,, ,,	Barrhead-Stewarton	Glasgow Bar.	19
13. März ,,	Deptford R.-Old Kent Road	Lond. Bright.	2
1. Apr. ,,	Wood Green-Enfield	Great Northern	8
1. ,, ,,	Cardiff-Caerphilly	Rhymney	13
3. ,, ,,	Southwell-Mansfield	Midland	20
3. ,, ,,	Mexborough-Rotherham	Manchester Sheff.	10
1. Mai ,,	Dollar-Rumbling Bg.	North British	7
1. ,, ,,	Crouch Hill-S. Tottenham	Midland	3
2. Juni ,,	Kinnerley-Criggion	Potteries	8
8. ,, ,,	Norton Jn.-Wiveliscombe	Bristol Exet.	12
,, ,,	Fenny Kompton-Kineton	East und West Jn.	11
1. Juli ,,	Blackfriars-Mansion House	Metropol. Dist.	1
3. ,, ,,	South Kensington-Kensington	,,	2
1. Aug. ,,	Eastbourne Spur	Lond. Brigh.	2
1. ,, ,,	Tulse Hill Spur	,,	1

Tag der Eröffnung.	Eröffnete Strecke.	Name der Bahn.	Länge in Kilom.
7. Aug. 1871	Ryde Pier Head-St. Johns Road	J. of Wight	5
1. Sept. „	Smithfield Loop Line	Metropol.	1
18. „ „	Nunhead-Blackheath Hill	London Chatham	3
2. Oct. „	Upper Bank-Morriston	Swansea Vale	3
3. „ „	Belstone Corner-Okehampton	Lond. South West.	5
9. „ „	Gilling-Helmsley	North Eastern	10
26. „ „	Sunnyside-Whifflet	North British	1
„ „	Rhymney-Nantybwch	Rhymney	3
13. Nov. „	Lisburn-Antrim	Ulster	29
„ „	Firsby-Wainfleet	Great Northern	6

Tabelle über die Entwickelung der grösseren Grossbritannischen Eisenbahn-Gesellschaften.

Betriebslänge am Schlusse des Jahres in englischen Meilen.

Name der Bahn.	1845	1851	1854	1857	1860	1864	1867	1871
Great Eastern	108	296	450	489	499	692	714	748
Great Northern	—	176	283	283	483	437	437	491
Great Western	245	245	318	466	466	1245	1358	1386
Lancashire und Yorkshire	56	192	244	287	395	403	403	428
Lond., Bright. u. South Coast	56	162	174	184	223	249	317	371
London, Chatham u. Dover	—	—	—	—	79	127	135	138
London und North Western	312	500	562	637	917	1274	1333	1509
London und South Western	93	240	252	270	336	529	529	561
Manchester, Sheffield u. Lincolnshire	19	165	165	173	173	242	246	254
Midland	270	443	497	567	614	691	735	860
North Eastern	—	—	682	720	746	1095	1239	1314
North Staffordshire	—	112	112	144	144	144	157	187
South Eastern	106	162	289	301	306	306	308	346
Caledonian	—	152	200	200	200	360	682	704
Glasgow u. South Western	—	—	—	184	184	249	249	275
Great North of Scotland	—	—	—	53	53	226	257	257
Highland	—	—	—	—	—	—	239	246
North British	—	—	—	149	154	630	765	799
Great Southern u. Western	—	—	—	203	250	404	437	445
Midland Great Western	—	—	—	177	177	333	344	375

Frankreich.

Als die erste französische Locomotivbahn von Paris nach Saint Germain dem allgemeinen Verkehr am 26. August 1837 übergeben wurde, waren bereits 141 Kilom. Kohlenbahnen für Pferdebetrieb im Departement Loire eröffnet. Ein Plan zur Erbauung von Staatsbahnen wurde im Jahre 1835 und wiederholt in den folgenden Jahren von den Kammern verworfen, und es wurden nur Concessionen an Privatgesellschaften für einige Linien z. B. von Paris nach Rouen, nach Havre und nach Orleans ertheilt. Durch Mangel an Geld blieben jedoch die Arbeiten liegen, so dass es erst dem Engländer Locke, durch die South Western Company unterstützt, gelang, die Eisenbahnfrage in Frankreich wieder zu beleben. Endlich entschlossen sich auch nach mehrjähriger Zögerung im Jahre 1842 die Regierung und die Kammern, in der Ueberzeugung, dass die politischen und commerciellen Interessen Frankreichs jenes Mittel schneller Communication, mit dem sich die anderen Theile Europas bedeckten, nicht länger entbehren könnten, durch ein Gesetz die Eisenbahnlinien festzustellen, deren Bau besonders dringend erschiene, und für deren schnelle Ausführung durch Staatssubventionen beizutragen. Es waren die Bahnen von Paris nach Belgien, nach Strassburg, nach Lyon und Marseille, nach Bordeaux, nach Nantes und einige andere. Unter diesem System von Staatssubvention wurde nun eine grössere Anzahl von Concessionen ertheilt, und das französische Eisenbahnnetz wuchs bis zum Schlusse des Jahres 1847 auf 1817 Kilometer im Betriebe befindlicher Bahnen an, allerdings immer noch sehr wenig im Verhältniss zu den Nachbarländern.

Durch die Revolution des Jahres 1848 wurde aber das Vertrauen auf diese Unternehmungen so erschüttert, dass die Actien grösstentheils auf die Hälfte ihres Nominalwerthes sanken und mehrere Linien sequestirt werden mussten. Da nahm im Jahre 1852 der Kaiser Napoleon die Eisenbahnfrage energisch auf, gewährte den Stammactien Zinsengarantie bis zu 5%, verlängerte die Concessionen bis zu 99 Jahren, und bewirkte die Verschmelzung der vielen kleinen zu sechs grossen Gesellschaften, deren jeder er ein bestimmtes ausgedehntes Gebiet anwies.

In Folge dieser Massregeln wuchs das französische Eisenbahnnetz bis zum Schlusse des Jahres 1862 auf 11084 Kilometer an. Im folgenden Jahre wurden die Gesellschaften von der Regierung veranlasst, den Bau von noch weiteren 3382 Kilometern neuer Bahnen zu übernehmen, wobei jedoch bedeutende Staats-Unterstützungen bewilligt wurden. Die den sechs grossen Gesellschaften concessionirten Linien wurden in das alte und das neue Netz eingetheilt, von denen das erstere die ohne Staatsunterstützung, das letztere die mit Staatsunterstützung ausgeführten Linien umfasst. Zugleich wurden die Bemühungen der Localbehörden, sich secundaire Eisenbahnen zu beschaffen, auf jede Weise begünstigt, und zu diesem Zwecke das Gesetz vom 12. Juli 1865 über die Vicinalbahnen erlassen.

Durch diese stete Einmischung des Staates ist das französische Eisenbahnnetz, welches gegen Ende des Jahres 1871 aus 17666 Kilom. im Betriebe befindlicher Linien bestand, systematischer geblieben, als das irgend eines anderen Landes. Die Hauptlinien gehen, entsprechend dem französischen Centralisationsprincip, sämmtlich radienförmig von Paris aus und sind in passenden Abständen durch Querlinien verbunden.

Bestand des französischen Eisenbahnnetzes am Ende des Jahres 1871.

	Kilom.	Jahr der Eröffnung.
1. **Nordbahn**	1579	
a. **Altes Netz**	1066	
Paris-Lille-belgische Grenze . . .	289	1842—6
Douai-Valenciennes-belgische Grenze .	48	42—6
St. Denis-Creil (über Chantilly) . .	43	59
Creil-Beauvais	37	57
Amiens-Boulogne	123	47—8
Noyelles-St. Valery	6	58
Arras-Hazebrouk	69	61—2
Lens-Leforest	16	60
Lille-Calais	104	48—9
Hazebrouck-Dünkirchen	40	48
Lille-Grenze gegen Tournai . . .	13	65
Creil-Erquelines	189	47—55
Tergnier-Laon	29	57
Busigny-Somain	49	58
Hautmont-belgische Grenze . . .	11	58
Im Bau:		
Valenciennes-Aulnoye	34	
b. **Neues Netz**	513	
Paris-Soissons	101	60—62
Soissons-Laon-belgische Grenze . .	105	66—71

	Kilom.	Jahr der Eröffnung.
Chantilly-Senlis-Crépy	33	62—71
Villers Cotterets-Port aux Perches (vor 1857 Industriebahn)	9	57 (39)
Aulnoye-Anor	31	69
Ermont-Argenteuil	5	63
St. Ouen l'Aumône-Pontoise	4	63
Beauvais-Gournay	28	70
Rouen-Amiens (zu ⅓ der Westbahn gehörig)	(115) 76	67
Montérolier Buchy - Clères (⅓ hiervon der Westbahn)	(16) 11	67
Amiens-Tergnier	70	67
Boulogne-Calais	40	67
Zu bauen (Nordostbahn):		
Lille-Commines	19	
Tourcoing-Menin	12	
Gravelines-Watten	20	
Boulogne-St. Omer	53	
St. Omer-Berguette	20	
Berguette-Armentières	34	
Dünkirchen-Calais	48	
Somain-Roubaix und Tourcoing	46	
Erquelines-Anor	37	
Chauny-Anizy	26	
2. **Ostbahn.**	2130	
a. Altes Netz	508	
Paris-Avricourt	404	49—52
Epernay-Reims	30	54
Châlons-Mourmelon	25	57
Frouard-Novéant	32	50
Paris-Vincennes-la Varenne St. Maur	17	59
Im Bau:		
La Varenne St. Maur-Brie Comte Robert	17	
b. Neues Netz	1622	
Paris-Belfort-Deutsche Grenze (Altmünsterol)	445	48, 56—8
Gretz-Coulommiers	33	61—3
Longueville-Provins	7	58
Flamboin-Montereau	28	48
Troyes-Bar sur Seine	29	62
Bar sur Seine-Châtillon sur Seine	32	68
Châtillon sur Seine-Bricon (Chaumont)	43	66
Bologne-Neufchâteau	49	67
Blesme-Chaumont	86	54—7
Chalindrey-Gray	45	58
Blainville-Port d'Atelier	123	57—63
Vuivre-Gray	53	63
Epinal-Remiremont	24	64

	Kilom.	Jahr der Eröffnung.
Lunéville-St. Dié	50	64
Reims-Verdun	119	63—70
Reims-Soissons	54	62
Reims-Laon	52	57
Reims-Charleville Mézières	86	58
Charleville-Givet-belg. Grenze	68	59—63
Mézières-Hirson	55	69
Charleville-Sedan-deutsche Grenze b. Fontoy	120	58—63
Longuyon-Longwy-belg. Grenze	21	63
Zu bauen:		
Chalmaison-Ormes	3	
Neufchâteau-Pagny	46	
Belfort-elsass. Grenze gegen Sentheim	c. 10	
Verdun-Grenze gegen Metz	59	
Signy le Petit-belg. Grenze gegen Frameries	10	
Givet-belg. Grenze gegen Marche	6	
8. **Westbahn**	2318	
a. Altes Netz	900	
Paris-St. Germain	21	37
Les Batignolles-Auteuil	7	54
Asnières-Argenteuil	4	51
Asnières-Versailles (Rechtes Ufer)	18	39
Paris-Versailles (Linkes Ufer)	18	40
Paris-Rouen	127	43
Rouen-Havre	94	47
Malaunay-Dieppe	50	48
Beuzeville-Fécamp	20	56
Mantes-Caen	182	55
Viroflay-Rennes	359	49—57
b. Neues Netz	1418	
Gürtelbahn (Linkes Ufer) Auteuil-Bercy	10	67
Les Batignolles-Courcelles	2	69
Pontoise-Gournay	68	68—70
Rouen-Amiens (à ½)	44	67
Serquigny-Tourville (Rouen)	57	65
Saint Pierre-Louviers	7	67
Lisieux-Honfleur	43	58—62
Pont l'Évêque-Trouville	11	63
Caen-Cherbourg	131	58
Lison-St. Lô	18	60
Flers-Berjou Pont d'Ouilly	19	68
Mayenne-Laval	20	66
Saint Cyr-Surdon	160	64—67
Argentan-Granville	128	66—70
Laigle-Conches	40	66
Le Mans-Mézidon	138	56—59

	Kilom.	Jahr der Eröffnung.
Couliboeuf-Falaise	7	59
Le Mans-Angers	95	63
Rennes-Brest	249	63—65
Rennes-St. Malo	81	64
Rennes-Redon	70	62
St. Brieuc-Quintin	20	71
Im Bau:		
Gournay-Dieppe	72	
St. Lô-Lamballe	175	
Caen-Berjou Point d'Ouilly	44	
Flers-Mayenne	61	
Laval-Angers	85	
Sablé-Châteaubriant	85	
Quintin-Napoléonville	52	
4. Orléans Bahn	4002	
a. Altes Netz	2017	
Paris-Orléans	121	40—43
Orléans-Tours	115	46
Tours-Bordeaux	347	51—53
Verbindungsbahn in Bordeaux	3	60
Orléans-Saincaize	172	47—50
Vierzon-Limoges	197	47—56
Brétigny-Vendôme-Tours	202	65—67
Tours-le Mans	94	58
Tours-Nantes	195	48—51
Nantes-St. Nazaire	64	57
Savenay-Landerneau	298	62—67
Auray-Napoléonville (Pontivy)	51	64
Poitiers-la Rochelle	140	56—57
Aegrefeuille-Rochefort	18	57
b. Neues Netz	1985	
Paris-Limours	43	46—67
Pithiviers-Malesherbes	16	68
Aubigné-la Flèche	34	70
Tours-Vierzon	104	69
Bourges-Montluçon	100	61
Montluçon-Moulins	83	59
Doyet la Presle-Bézenet	5	59
Commentry-Gannat	53	71
Montluçon-St. Sulpice Laurière	122	64
Busseau d'Ahun-Aubusson	25	65, 70
Poitiers-Bersac (Limoges)	111	67
La Possonnière-Niort	167	66—68
Nantes-Napoléon Vendée (Roche s. Yon)	75	66
Limoges-Périgueux	98	61
Niversac-Agen	140	63

	Kilom.	Jahr der Eröffnung.
Monsempron Libos-Cahors	51	69
Penne-Villeneuve d'Agen	9	69
Coutras-Périgueux	75	57
Périgueux-Figeac	162	60—62
Arvant-Capdenac	178	61—68
Capdenac-Montauban	131	58
Le Lot (Capdenac)-Rodez	64	58—60
Viviez-Decazeville	5	58
Toulouse-Lexos	87	64
Tessonières-Albi	18	64
Libourne-Castillon	18	69
St. Éloi-la Peyrouse	11	71
Im Bau:		
Orléans-Gien	61	
Orléans-Pithiviers	41	
Romorantin-Villefranche	8	
Nantes-Châteaubriant	60	
Lafarge-Brive	76	
Brive-Tulle	26	
Castillon-Bergerac	45	
Bergerac-Buisson de Cabans	38	
5. Paris, Lyon und Mittelmeer-Bahn	4510	
a. Altes Netz	3750	
Paris-Dijon-Lyon	512	49—54
Lyon-Marseille	354	47—55
Marseille-Toulon	66	58—59
Chasse-Givors (Verbindungsbahn)	3	57
Marseille-la Joliette	3	60
Toulon-Nizza-Mentone	181	62—69
Villeneuve St. Georges-Montargis	110	63—67
Moret-Montargis-Nevers	187	60—61
Nevers-St. Germain des Fossés-Roanne	167	53—58
Roanne-St. Etienne-Lyon	138	28—34
Roanne-Tarare St. Germain au Mont d'Or	73	66—68
St. Germain des Fossés-Vichy	9	62
La Roche-Auxerre	19	55
Dijon-Belfort	186	55—58
Auxonne-Gray	35	56
Dôle-Salins	38	57
Mouchard-Pontarlier-les Verrières	72	60—62
Montbéliard-Delle	28	68
Audelot-Champagnole	13	67
Chagny-Nevers	163	61—67
Santenay-Autun-Étang	58	67—70
Montchanin-Moulins	116	61—69
Chalon-Dôle	75	71

	Kilom.	Jahr der Eröffnung
Bourg-Besançon	140	62—64
Lyon-Grenze gegen Genf	153	56—58
Mâcon-Ambérieu	68	56—57
Aix-Annecy	39	66
Lyon-Rives	87	58—62
St. Rambert-Grenoble	91	56—58
Valence-Moirans	78	64
Grenoble-Montmélian	50	64
St. Rambert-Annonay	19	69
Livron-Privas	32	62
Livron-Crest	17	71
Sorgues-Carpentras	17	63
Avignon-Cavaillon	33	68
Tarascon-Cette	107	39—45
Nîmes-la Levade	64	40—41
Alais-Bessèges	32	57
Lunel-Arles	45	68
Rognac-Aix	25	56
Aubagne-Valdonne	18	68
Les Arcs-Draguignan	12	64
La Bouca-Grasse	17	71
Im Bau:		
Pontarlier-Jougne-Schweizer Grenze	17	
Annemasse-Thonon-Schweizer Grenze	39	
Albertville-Chambéry	21	
Givors-la Voulte sur Rhône	104	
Le Pouzin-Alais	101	
Cavaillon-Miramas	35	
Aimargues-Aignes Mortes	13	
Le Cailar-St. Cézaire	19	
Aix-Carnoules	90	
Lestaque-Marseille	7	
Marseille-Aix	29	
Zweigbahn nach Hyères	18	
b. **Neues Netz**	760	
Auxerre-Clamecy	52	71
Nuits sous Ravières-Châtillon sur Seine	35	64
Gray-Labarre-Fraisans	44	60—66
Saint Germain des Fossés-Brioude	134	55—57
Clermont Ferrand-Pont de Dore	33	69
Montbrison-Andrézieux-St. Just sur Loire	23	64—66
Brioude-la Levade	168	66—70
St. Etienne-le Puy	88	59—66
Culoz-Modane-italien. Grenze	144	56—71
Aix-Meyrargues-Pertuis	39	70—71

	Kilom.	Jahr der Eröffnung.
Im Bau:		
Clamecy-Cercy la Tour	81	
Clamecy-Nevers	67	
Cravant-Avallon-Laumes	90	
Dijon-Chalindrey	70	
Montagney-Miserey	27	
Besançon-Vesoul	63	
Pont de Dore--Thiers-Montbrison	77	
St. George d'Aurat-Le Puy	52	
Lunel-Vigan	72	
Cavaillon-Apt	31	
Cavaillon-Gap	202	
Peyruis-Digne	22	
Vichy-Thiers-Ambert	80	
Grenoble-Aspres	95	
Gap-italien. Grenze	100	
6. Südbahn	1890	
a. Altes Netz	796	
Bordeaux-Cette	480	55—57
Verbindungsbahn in Bordeaux	3	60
Narbonne-Perpignan	62	58
Bordeaux-Arcachon	58	41, 57
Lamothe-Bayonne	155	54—55
Morcenx-Mont de Marsan	38	57
b. Neues Netz	1094	
Langon-Bazas	20	66
Agen-Auch-Vic en Bigorre	129	65—69
Toulouse-Bayonne	319	61—67
Bayonne-spanische Grenze bei Irun	36	64
Portet St. Simon-Foix	70	61—62
Boussens-St. Girons	33	66
Tarbes-Bagnères de Bigorre	22	62
Mont de Marsan-Tarbes	99	59
Lourdes-Pierrefitte	20	70
Dax-Puyoo Ramous	30	63
Castelnaudary-Castres	55	65
Castres-Albi	47	69
Albi-Carmaux	15	58
Castres-Mazamet	19	66
Perpignan-Port Vendres	30	66—67
Béziers-Graissessac	52	58
Agde-Lodève	57	63
Montpellier-Paulhan	41	69
Im Bau:		
Toulouse-Auch	83	
Foix-Tarascon	16	

	Kilom.	Jahr der Eröffnung.
Montrejeau-Bagneres de Luchon	35	
Carcassonne-Quillan	51	
Port Vendres-spanische Grenze	11	
Paulhan-Roquessels	22	
Latour-Millau	72	
Millau-Rodez	75	
St. Afrique-Tournemire	13	
Mende-Séverac und Marjevols	65	
Condom-Port Sainte Marie	38	

Verschiedene kleinere Gesellschaften 793

7. Pariser Gürtelbahn (Rechtes Ufer).

	Kilom.	Jahr der Eröffnung.
Les Batignolles-Bercy	17	52—53
8. Charentes	277	
Rochefort-Angoulême	117	67
Saintes-Montendre	56	69—71
La Rochelle-la Roche s. Yon	104	71
Zu bauen:		
Angoulême-Limoges	103	
St. Savinien-St. Jean d'Angely	19	
Montendre-Coutras	38	
La Rochelle-Rochefort	27	
Rochefort-Marennes	30	
St. Jean d'Angely-Niort	38	
Zweigbahn nach Nontron	35	
Blaye-Mariens	25	
Libourne-Marcenais	19	

9. Vendée.

Napoléon Vendée-Sables d'Olonne	36	66
Napoléon Vendée-Bressuire	85	71

10. Médoc.

Bordeaux-Pauillac	45	68—70
Im Bau:		
Pauillac-Verdon	53	

11. Vitré à Fougères 37

12. Epinac à Velars.

Epinac-Pont d'Ouche	29	64) 1835 für 68) Güter.
Im Bau:		
Pont d'Ouche-Velars	26	

13. La Croix Rousse-Sathonay und Lyon 8 62—63

14. Sathonay-Bourg 51 66

15. Perpignan à Prades.

Perpignan-Bouleternère	26	68—71

	Kilom.	Jahr der Eröffnung.
Im Bau:		
Bouleternère-Prades	13	
16. Enghien-Montmorency	3	66
17. Saint Dizier-Vassy	22	68
18. Lille à Béthune et à Bully Grenay.		
Lille-Béthune	37	67—69
Violaines-Bully Grenay	10	65
19. Valenciennes-Lille	43	71
20. Somain à Anzin	19	38—48
21. Chauny à Saint Gobain	15	61
22. Hazebrouk-belg. Grenze	14	70
23. Dünkirchen-belg. Grenze	14	70
24. Armentières-belg. Grenze	3	70
25. Vireux-belg. Grenze	2	54

Secundäre Localbahnen.

	Département.	Kilom.	Jahr der Eröffnung.
Carignan-Messempré	Ardennes	6	1871
Pont de l'Arche-Gisors	Eure	53	68
Gisors-Vernon	„	38	69
Glos Montfort-Pont Audemer	„	15	67
Epernay-Romilly	Marne	79	71
Avricourt-Cirey	Meurthe	18	71
Briouze-la Ferté Macé	Orne	14	69
Achiet-Bapaume	Pas de Calais	6	71
Belleville-Beaujeu	Rhône	13	70
Paray le Monial-Mâcon	Saone et Loire	77	71
Chalon-Lons le Saunier	„	55	71
Magny-Chars	Seine et Oise	11	71
Arches-Laveline	Vosges	21	69
Rambervillers-Charmes	„	28	71
Im Bau:			
Mamers-St. Calais	Sarthe	73	
Rouen-Petit Quévilly	Seine inférieure	3	

Bergwerksbahnen waren Ende 1869 287 Kilometer, Privatanschlussgeleise und Industriebahnen (1868) 274 Kilometer.

Geschichtstafel der französischen Eisenbahnen.

Tag der Eröffnung.	Eröffnete Strecke.	Name der Bahn.	Länge in Kilom.	Am Schlusse des Jahres. Kilom.
1. Oct. 1828	St. Etienne-Andrézieux	Paris-Lyon	18	18
1. Oct. 1830	Rive de Gier-Givors	„	14	32
Apr. 1832	Givors-Lyon	„	21	53
Apr. 1833	St. Etienne-Rive de Gier	„	21	74
Fbr. 1834	Andrézieux-Roanne	„	67	141
26. Aug. 1837	Paris-St. Germain	Westbahn	19	160
21. Oct. 1838	Ascon-St. Waast	Somain à Anzin	15	175
März 1839	Montpellier-Cette	Paris-Lyon	27	
2. Aug. „	Asnières-Versailles (recht. Ufer)	Westbahn	18	
12. Sept. „	Mühlhausen-Thann	Ostbahn	20	240
19. Aug. 1840	Alais-Beaucaire-Nîmes	Paris-Lyon	72	
10. Sept. „	Paris-Versailles (linkes Ufer)	Westbahn	17	
20. „ „	Paris-Juvisy	Orléans	19	
20. „ „	Juvisy-Corbeil	Lyon	12	
18. Oct. „	Benfeld-Colmar	Ostbahn	39	
25. „ „	Mühlhausen-St. Louis		28	427
Jan. 1841	Alais-la Levade-Gr.Combe	Lyon	17	
1. Mai „	Königshofen-Benfeld	Ostbahn	26	
7. Juli „	Bordeaux-la Teste	Südbahn	52	
15. Aug. „	Colmar-Lutterbach	Ostbahn	37	559
Jan. 1842	St. Waast-Anzin	Somain à Anzin	1	.
Nov. „	Lille und Valenciennes-belg. Grenze	Nordbahn	26	586
5. Mai 1843	Juvisy-Orléans	Orléans	102	
9. „ „	Colombes-Rouen	Westbahn	127	815
26. März 1844	Königshofen-Strassburg	Ostbahn	2	
13. Juni „	St. Louis-schweiz. Grenze	„	1	818
9. Jan. 1845	Montpellier-Nîmes	Paris-Lyon	52	870
Jan. 1846	St. Etienne-Montaud	„	2	
2. Apr. „	Orléans-Tours	Orléans	115	
20. Juni „	Paris-Lille u. Valenciennes	Nordbahn	311	
23. „ „	Paris-Sceaux	Orléans	11	1309
15. März 1847	Amiens-Abbeville	Nordbahn	44	
22. „ „	Rouen-Havre	Westbahn	94	
14. Apr. „	Le Vésinet-St. Germain (Atmosphaer. Bahn)	„	2	
20. Juli „	Orléans-Vierzon-Bourges	Orléans	113	
18. Oct. „	Rognonas-St. Chamas	Paris-Lyon	67	
21. „ „	Creil-Compiègne	Nordbahn	33	
1. Nov. „	St. Chamas-Pas des Lanciers	Paris-Lyon	30	

Tag der Eröffnung.	Eröffnete Strecke.	Name der Bahn.	Länge in Kilom.	Am Schlusse des Jahres. Kilom.
15. Nov. 1847	Vierzon-Châteauroux	Orléans	60	
21. „ „	Abbeville-Neufchâtel	Nordbahn	65	1817
16. Jan. 1848	Le Pas des Lanciers-Marseille	Paris-Lyon	18	
10. Apr. „	Montereau-Troyes	Ostbahn	100	
17. „ „	Neufchâtel-Boulogne	Nordbahn	14	
20. Juni „	Somain-Abscon	Somain à Anzin	3	
1. Aug. „	Malaunay-Dieppe	Westbahn	50	
1. Sept. „	Lille-St. Pierre lez Calais	Nordbahn	102	
1. „ „	Hazebrouck-Dünkirchen	„	40	
20. Dec. „	Tours-Saumur	Orléans	63	2207
3. Jan. 1849	Melun-Montereau	Paris-Lyon	35	
26. Febr. „	Compiègne-Noyon	Nordbahn	24	
5. März „	Avignon-Roguonas	Paris-Lyon	6	
20. Mai „	Bourges-Nérondes	Orléans	36	
5. Juli „	Paris-Meaux	Ostbahn	44	
12. „ „	Versailles-Chartres	Westbahn	73	
1. Aug. „	Saumur-Angers	Orléans	44	
12. „ „	Paris-Melun	Paris-Lyon	44	
12. „ „	Montereau-Tonnerre	„	117	
20. „ „	St. Pierre-Calais	Nordbahn	2	
26. „ „	Meaux-Epernay	Ostbahn	97	
2. Sept. „	Dijon-Chalon	Paris-Lyon	69	
21. Oct. „	Noyon-Chauny	Nordbahn	16	
10. Nov. „	Epernay-Châlons s. Marne	Ostbahn	31	2845
1. Jan. 1850	Chauny-Tergnier	Nordbahn	7	
23. Mai „	Tergnier-St. Quentin	„	22	
10. Juli „	Frouard-Nancy	Ostbahn	8	
10. „ „	Frouard-Metz	„	48	
5. Sept. „	Châlons-Vitry	„	33	
5. Oct. „	Nérondes-Guétin	Orléans	23	
5. „ „	Guétin-Nevers	Paris-Lyon	10	2996
1. Jan. 1851	Montaud-Montrambert	„	6	
28. Apr. „	Asnières-Argenteuil	Westbahn	4	
27. Mai „	Vitry-Bar le Duc	Ostbahn	49	
29. „ „	Saarburg-Strassburg	„	70	
22. Juni „	Tonnerre-Dijon	Paris-Lyon	118	
15. Juli „	Tours-Poitiers	Orléans	100	
24. „ „	Metz-St. Avold	Ostbahn	51	
21. Aug. „	Angers-Nantes	Orléans	87	
15. Nov. „	Bar le Duc-Commercy	Ostbahn	40	
16. „ „	St. Avold-Forbach	„	19	3540
19. Jan. 1852	Commercy-Frouard	„	50	
17. Juli „	Rhônebrücke und Verbindungsb. bei Tarascon	Paris-Lyon	6	
12. Aug. „	Nancy-Saarburg	Ostbahn	79	

Tag der Eröffnung.	Eröffnete Strecke.	Name der Bahn.	Länge in Kilom.	Am Schlusse des Jahres. Kilom.
7. Sept. 1852	Chartres-La Loupe	Westbahn	37	
20. „ „	Angoulême-Bordeaux	Orléans	133	
16. Nov. „	Forbach-preuss. Grenze	Ostbahn	4	
12. Dec. „	Les Batignolles-La Chapelle	Ceinture	7	3856
15. Mai 1853	Saincaize-Moulins	Paris-Lyon	49	
18. Juli „	Poitiers-Angoulême	Orléans	113	
22. Aug. „	Moulins-Varennes	Paris-Lyon	28	4046
15. Febr. 1854	Blesme-St. Dizier	Ostbahn	17	
16. „ „	LaLoupe-Nogent le Rotrou	Westbahn	25	
25. März „	La Chapelle-Bercy	Ceinture	10	
2. Mai „	Les Batignolles-Auteuil	Westbahn	7	
2. „ „	Châteauroux-Argenton	Orléans	31	
1. Juni „	Nogent le Rotrou-Le Mans	Westbahn	63	
5. „ „	Epernay-Reims	Ostbahn	30	
19. „ „	Varennes-St. Germains-des Fossés	Paris-Lyon	13	
29. „ „	Valence-Avignon	„	124	
10. Juli „	Chalon-Lyon	„	124	
24. „ „	Vireux-belg. Grenze	Entre Sambre et Meuse	2	
29. „ „	Bourg la Reine-Orsay	Orléans	14	
16. Sept. „	Metz-Thionville	Ostbahn	30	
12. Nov. „	Lamothe-Dax	Südbahn	105	4641
26. März 1855	Dax-Bayonne	„	50	
16. Apr. „	Lyon-Valence	Paris-Lyon	105	
7. Mai „	Saint Germain-Clermont Ferrand	„	65	
31. „ „	Bordeaux-Langon	Südbahn	44	
25. Juni „	Dijon-Dôle	Paris-Lyon	45	
1. Juli „	Mantes-Lisieux	Westbahn	133	
2. „ „	Clermont-Issoire	Paris-Lyon	85	
17. „ „	St. Dizier-Donjeux	Ostbahn	38	
18. „ „	Wendenheim-Hagenau	„	23	
11. Aug. „	Hautmont-Erquelines	Nordbahn	16	
11. „ „	La Roche-Auxerre	Paris-Lyon	19	
14. „ „	Le Mans-Laval	Westbahn	89	
3. Sept. „	Issoire-Brassac	Paris-Lyon	18	
21. Oct. „	St. Quentin-Hautmont	Nordbahn	71	
28. „ „	Hagenau-bayer. Grenze (Weissenburg)	Ostbahn	31	
4. Dec. „	Langon-Tonneins	Südbahn	54	
29. „ „	Lisieux-Caen	Westbahn	49	5529
25. Fbr. 1856	Beuzeville-Fécamp	„	20	
15. März „	Le Mans-Alençon	„	52	
7. Apr. „	Dôle-Besançon	Paris-Lyon	45	

Tag der Eröffnung.	Eröffnete Strecke.	Name der Bahn.	Länge in Kilom.	Am Schlusse des Jahres. Kilom.
8. Mai 1856	Brassac-Arvant	Paris-Lyon	6	
29. „ „	Tonneins-Valence d'Agen	Südbahn	65	
2. Juni „	Argenton-Limoges	Orléans	106	
23. „ „	Lyon-Ambérieux	Paris-Lyon	43	
23. „ „	Bourg-Ambérieux	„	32	
7. Juli „	Noisy-Nogent sur Marne	Ostbahn	7	
7. „ „	Poitiers-Niort	Orléans	73	
30. Aug. „	Valence d'Agen-Toulouse	Südbahn	96	
10. Oct. „	Verbindungsb. in Lyon	Paris-Lyon	6	
10. „ „	Rognac-Aix	„	25	
5. Nov. „	St. Rambert-Rives	„	55	
10. „ „	Auxonne-Gray	„	34	6194
12. Jan. 1857	Morcenx-St. Martin d'Oney	Südbahn	25	
9. Febr. „	Nogent sur Marne-Nangis	Ostbahn	53	
22. Apr. „	Toulouse-Cette	Südbahn	219	
25. „ „	Nangis-Flamboin Gouaix	Ostbahn	25	
25. „ „	Troyes-Chaumont-Donjeux	„	127	
1. Mai „	Laval-Rennes	Westbahn	73	
1. „ „	Arvant-Brioude	Paris-Lyon	10	
7. „ „	Ambérieux-Seyssel	„	65	
16. „ „	Dôle-Salins	„	38	
6. Juni „	Mâcon-Bourg	„	36	
6. „ „	Chasse-Givors	„	3	
13. „ „	St. Germain des Fossés-La Palisse	„	16	
24. „ „	Blainville-Epinal	Ostbahn	52	
26. „ „	Villers-Cotterets-Port aux Perches	Nordbahn	9	
1. Juli „	Verbindungsb. in Tours	Orléans	2	
10. „ „	Rives-Piquepierre	Paris-Lyon	33	
20. „ „	Coutras-Périgueux	Orléans	75	
25. „ „	La Teste-Arcachon	Südbahn	4	
10. Aug. „	Nantes-St. Nazaire	Orléans	64	
1. Sept. „	Tergnier-Laon	Nordbahn	29	
1. „ „	Creil-Beauvais	„	37	
1. „ „	Reims-Laon	Ostbahn	52	
6. „ „	St. Martin d'Oney-Mont de Marsan	Südbahn	13	
7. „ „	Niort-la Rochelle	Orléans	67	
7. „ „	Aigrefeuille-Rochefort	„	18	
16. „ „	Châlons-Mourmelon	Ostbahn	25	
14. Oct. „	Chaumont-Langres	„	35	
15. „ „	Dannemarie-Mühlhausen	„	25	
1. Dec. „	Bességes-Alais	Paris-Lyon	30	7454
1. Jan. 1858	Hautmont-belg. Grenze	Nordbahn	10	

Tag der Eröffnung.	Eröffnete Strecke.	Name der Bahn.	Länge in Kilom.	Am Schlusse des Jahres. Kilom.
1. Fbr. 1858	Alençon-Argentan	Westbahn	43	
15. „ „	Belfort-Dannemarie	Ostbahn	22	
20. „ „	Narbonne-Vernet	Südbahn	58	
22. „ „	Langres-Vesoul	Ostbahn	84	
8. März „	Roblac-Trélys	Paris-Lyon	2	
18. „ „	Seyssel-Grenze geg. Genf	„	36	
26. Apr. „	Vesoul-Belfort	Ostbahn	62	
1. Mai „	Albi-Carmaux	Südbahn	15	
1. Juni „	Besançon-Belfort	Paris-Lyon	96	
5. „ „	Noyelles-St. Valery	Nordbahn	6	
7. „ „	La Palisse-Roanne	Paris-Lyon	49	
10. „ „	Reims-Rethel	Ostbahn	38	
1. Juli „	Lisieux-Pont l'Evêque	Westbahn	18	
1. „ „	Verbindungsbahn in Cette	Südbahn	4	
1. „ „	Piquepierre-Grenoble	Paris-Lyon	3	
1. „ „	Lyon-Bourgoin	„	37	
12. „ „	Le Vernet-Perpignan	Südbahn	4	
15. „ „	Busigny-Somain	Nordbahn	49	
17. „ „	Caen-Cherbourg	Westbahn	131	
19. „ „	Tours-le Mans	Orléans	94	
22. „ „	Chalindrey-Gray	Ostbahn	45	
30. Aug. „	Montauban-St. Christophe	Orléans	166	
30. „ „	Viviez-Decazeville	„	5	
2. Sept. „	Culoz-Rhône	Paris-Lyon	2	
15. „ „	Rethel-Charleville	Ostbahn	48	
20. „ „	Béziers-Bédarieux	Südbahn	42	
20. Oct. „	Marseille-Aubagne	Paris-Lyon	16	
3. Nov. „	Verbindungsb. in Roanne	„	3	
11. Dec. „	Longueville-Provins	Ostbahn	7	
14. „ „	Charleville-Donchery	„	15	
28. „ „	Bédarieux-Graissessac	Südbahn	10	8674
1. Fbr. 1859	Argentan-Mézidon	Westbahn	43	
3. Mai „	Aubagne-Toulon	Paris-Lyon	50	
10. „ „	St. Denis-Chantilly-Creil	Nordbahn	43	
17. „ „	Donchery-Sedan	Ostbahn	4	
30. „ „	Firminy-St. Etienne	Paris-Lyon	10	
1. Juni „	Les Brotteaux-St. Clair (Lyon)	„	3	
11. Aug. „	Thionville-belg. Grenze	Ostbahn	16	
25. „ „	Mont de Marsan-Riscle	Südbahn	48	
14. Sept. „	Charleville-Nouzon	Ostbahn	7	
22. „ „	Paris-Vincennes-la Varenne	„	17	
24. „ „	Riscle-Tarbes	Südbahn	51	
1. Nov. „	Couliboeuf-Falaise	Westbahn	7	
7. „ „	Montluçon-Moulins	Orléans	83	

Tag der Eröffnung.	Eröffnete Strecke.	Name der Bahn.	Länge in Kilom.	Am Schlusse des Jahres. Kilom.
7. Nov. 1859	Doyet la Presle-Bézenet	Orléans	5	
24. „ „	La Guillotière-les Brotteaux	Paris-Lyon	4	9065
4. Febr. 1860	Port d'Atelier-Aillevillers Plombières	Ostbahn	29	
1. Mai „	Lison-St. Lô	Westbahn	18	
3. Juni „	Paris-Sevran	Nordbahn	14	
11. „ „	Culoz-Saint Jean de Maurienne (von Italien an Frankreich gekommen, eröffnet 1856—8,	Paris-Lyon	104	
15. „ „	Zweigb. nach La Joliette	„	3	
24. Juli „	Pontarlier-schweiz. Grenze	„	11	
1. Aug. „	Ougney-Labarre	„	11	
14. „ „	Moret-Montargis	„	51	
1. Sept. „	Verbindungsbahn in Bordeaux	Orléans und Südb.	6	
17. „ „	Périgueux-Brive	Orléans	72	
6. Oct. „	Lens-le Forest	Nordbahn	18	
5. Nov. „	St. Christophe-Rodez	Orléans	29	9431
2. Jan. 1861	Chauny-St. Gobain	Chauny à St. Gob.	15	
2. „ „	Le Grand Lemps-Rives	Paris-Lyon	7	
2. Febr. „	Gretz Armainvilliers-Mortcerf	Ostbahn	17	
11. Mai „	Strassburg-Kehl	„	8	
22. Aug. „	Bourgoin-St. André du Gaz	Paris-Lyon	23	
26. „ „	Limoges-Périgueux	Orléans	98	
31. „ „	Sevran-Villers Cotterets	Nordbahn	60	
5. Sept. „	Béthune-Hazebrouck	„	33	
21. „ „	Chagny-Montceau les Mines	Paris-Lyon	44	
21. „ „	Montargis-Nevers	„	137	
23. „ „	Sedan-Carignan	Ostbahn	23	
15. Oct. „	Lens-Béthune	Nordbahn	19	
19. „ „	Toulouse-Pamiers	Südbahn	63	
5. Nov. „	Arvant-Massiac	Orléans	23	
9. Dec. „	Bourges-Montluçon	„	100	10101
4. Jan. 1862	Arras-Lens	Nordbahn	16	
9. „ „	Chabons-Grand Lemps	Paris-Lyon	5	
17. Febr. „	Livron-Privas	„	32	
15. März „	St. Jean de Maurienne-St. Michel	„	12	
7. Apr. „	Pamiers-Foix	Südbahn	17	
16. „ „	Reims-Soissons	Ostbahn	54	
28. „ „	Nouzon-Givet	„	58	

Tag der Eröffnung.	Eröffnete Strecke.	Name der Bahn.	Länge in Kilom.	Am Schlusse des Jahres. Kilom.
28. Apr. 1862	Carignan-Montmédy	Ostbahn	26	
15. Mai „	St. Germain des Fossés-Vichy	Paris-Lyon	9	
2. Juni „	Villers Cotterets-Soissons	Nordbahn	28	
3. „ „	Lyon-La Croix Rousse	Lyon à la Croix Rousse	1	
9. „ „	Portet Saint Simon-Montrejeau	Südbahn	92	
14. „ „	St. André du Gaz-Chabons	Paris-Lyon	16	
7. Juli „	Pont l'Evêque-Honfleur	Westbahn	25	
20. „ „	Troyes-Bar sur Seine	Ostbahn	29	
1. Aug. „	Montmédy-Pierrepont	„	30	
9. „ „	Chantilly-Senlis	Nordbahn	11	
15. „ „	Tarbes-Bagnères de Bigorre	Südbahn	22	
1. Sept. „	Toulon-les Arcs	Paris-Lyon	60	
21. „ „	Rennes-Redon	Westbahn	70	
21. „ „	Savenay-Lorient	Orléans	150	
10. Nov. „	Brive-Capdenac (le Lot)	„	97	
15. „ „	Mouchard-Pontarlier	Paris-Lyon	61	
15. „ „	Lons le Saunier-Mouchard	„	50	
28. „ „	Zweigbahn nach Rans	„	3	11084
5. Febr. 1863	Givet-belg. Grenze	Ostbahn	3	
12. „ „	Longwy-belg. Grenze	„	5	
4. März „	Dax-Pau	Südbahn	83	
23. „ „	Le Mans-Sablé	Westbahn	48	
2. Apr. „	Mortcerf-Coulommiers	Ostbahn	16	
8. „ „	Agde-Clermont l'Hérault	Südbahn	39	
10. „ „	Les Arcs-Vence Cagnes	Paris-Lyon	77	
25. „ „	Pierrepont-Thionville	Ostbahn	39	
18. Mai „	Sorgues-Carpentras	Paris-Lyon	17	
18. „ „	Villeneuve St. Georges-Juvisy	„	7	
1. Juli „	Pont l'Evêque-Trouville	Westbahn	11	
30. „ „	La Croix Rousse-Sathonay	La Croix Rousse-Sathonay	7	
1. Aug. „	Ermont-Argenteuil	Nordbahn	5	
1. „ „	St. Ouen l'Aumône-Pontoise	„	4	
3. „ „	Périgueux (Niversac)-Agen	Orléans	140	
14. „ „	Clermont l'Hérault-Lodève	Südbahn	18	
15. „ „	Reims-Mourmelon	Ostbahn	28	
3. Sept. „	Longuyon-Longwy	„	16	
7. „ „	Rennes-Guingamp	Westbahn	131	
8. „ „	Lorient-Quimper	Orléans	65	

Tag der Eröffnung.	Eröffnete Strecke.	Name der Bahn.	Länge in Kilom.	Am Schlusse des Jahres. Kilom.
24. Sept. 1863	Epinal-Aillevillers Plombières	Ostbahn	43	
24. ,, ,,	Vesoul (Vaivre)-Gray	,,	53	
9. Nov. ,,	Le Pont du Lignon-Firminy	Paris-Lyon	26	
25. ,, ,,	Thann-Wesserling	Ostbahn	13	
7. Dec. ,,	Sablé-Angers	Westbahn	47	12025
25. Jan. 1864	Puyoo-Bayonne	Südbahn	47	
1. Apr. ,,	Raus-Fraisans	Paris-Lyon	3	
21. ,, ,,	Bayonne-Irun	Südbahn	36	
9. Mai ,,	Valence-Moirans	Paris-Lyon	78	
17. ,, ,,	Lunéville-Raon l'Étape	Ostbahn	33	
15. Juni ,,	St. Cyr-Dreux	Westbahn	59	
27. ,, ,,	Rennes-St. Malo	,,	81	
1. Aug. ,,	Epinac-Pont d'Ouche	Epinac á Velars	27	
1. ,, ,,	Arc Senans-Franois	Paris-Lyon	26	
1. ,, ,,	Bourg-Lons le Saunier	,,	63	
15. Sept. ,,	Grenoble-Montmélian	,,	50	
26. ,, ,,	Nuits sous Ravières-Châtillon sur Seine	,,	35	
29. ,, ,,	Strassburg-Barr	Ostbahn	33	
18. Oct. ,,	Vence-Cagnes-Nizza	Paris-Lyon	11	
18. ,, ,,	Les Ars-Draguignan	,,	12	
24. ,, ,,	Toulouse-Lexos	Orléans	87	
24. ,, ,,	Tessonières-Albi	,,	18	
10. Nov. ,,	Épinal-Remiremont	Ostbahn	24	
15. ,, ,,	Raon l'Étape-St. Dié	,,	17	
21. ,, ,,	Busseau d'Ahun-St. Sulpice Laurière	Orléans	59	
25. ,, ,,	Avricourt-Dieuze	Ostbahn	22	
12. Dec. ,,	Quimper-Châteaulin	Orléans	30	
15. ,, ,,	Molsheim-Mutzig und Wasselnheim	Ostbahn	16	
19. ,, ,,	Niederbronn-Hagenau	,,	20	
19. ,, ,,	Auray-Napoléonville	Orléans	51	
29. ,, ,,	Schlettstadt-Markirch	Ostbahn	21	
29. ,, ,,	Montluçon-Busseau d'Ahun-Fournaux	Orléans	79	13063
5. Jan. 1865	Corbeil-Maisse	Paris-Lyon	32	
8. März ,,	Bully Grenay-Violaines	Lille à Béthune	9	
16. Apr. ,,	Castelnaudary-Castres	Südbahn	55	
26. ,, ,,	Guingamp-Brest	Westbahn	118	
24. Juli ,,	Serquigny-Rouen	,,	57	
16. Nov. ,,	Agen-Auch	Südbahn	64	
1. Dec. ,,	Lille-belg. Grenze gegen Tournay	Nordbahn	13	

Tag der Eröffnung.	Eröffnete Strecke.	Name der Bahn.	Länge in Kilom.	Am Schlusse des Jahres. Kilom.
16. Dec. 1865	Bening Merlebach-Saargemünd	Ostbahn	22	
28. „ „	Brétigny-Vendome	Orléans	144	13577
3. Jan. 1866	Soissons-Laon	Nordbahn	34	
15. Febr. „	Boussens-St. Girons	Südbahn	33	
21. März „	Perpignan-Collioure	„	27	
9. Apr. „	Tarbes Lourdes	„	21	
14. „ „	Langon-Bazas	„	20	
23. „ „	Castres-Mazamet	„	19	
14. Mai „	Tarare-St. Germain au Mont d'Or	Paris-Lyon	33	
14. „ „	Le Puy-Pont du Lignon	„	45	
11. Juni „	Nevers-Cercy la Tour	„	52	
1. Juli „	Enghien les Bains-Moutmorency	Engh. à Montm.	3	
2. „ „	Argentan-Flers	Westbahn	43	
5. „ „	Annecy-Aix	Paris-Lyon	39	
12. „ „	Montbrison-Andrézieux	„	18	
16. „ „	Le Coteau-Amplepuis	„	26	
31. „ „	Mousserolles-Bayonne	Südbahn	3	
16. Aug. „	Massiac-Murat	Orléans	35	
1. Sept. „	Châtillon s. Seine-Chaumont	Ostbahn	43	
1. „ „	Sathonay-Bourg	Sathonay à Bourg	51	
24. „ „	La Possonnière-Cholet	Orléans	43	
1. Oct. „	Dreux-Laigle	Westbahn	60	
1. „ „	Gray-Ougney	Paris-Lyon	27	
5. Nov. „	Laigle-Conches	Westbahn	40	
6. „ „	Mayenne-Laval	„	20	
12. „ „	Aurillac-Figeac	Orléans	65	
21. „ „	Verbindungsbahn in Pau	Südbahn	2	
10. Dec. „	Brioude-Langeac	Paris-Lyon	31	
30. „ „	Nantes-Napoléon Vendée	Orléans	75	
30. „ „	Napoléon Vendée-les Sables d'Olonne	Vendée	36	
„ „	Carling-Bening Merlebach	Ostbahn	10	14531
7. Jan. 1867	Boulogne-Calais	Nordbahn	40	
26. Febr. „	Gürtelbahn in Paris (linkes Ufer)	Westbahn	10	
15. Apr. „	Rochefort-Saintes	Charentes	43	
18. „ „	Rouen-Amiens	Nordbahn (²/₃) und Westbahn (¹/₃)	115	
18. „ „	Montérolier Buchy-Clères	„	16	
23. „ „	St. Pierre du Vauvray-Louviers	Westbahn	7	
6. Mai „	Maisse-Montargis	Paris-Lyon	60	

10

Tag der Eröffnung.	Eröffnete Strecke.	Name der Bahn.	Länge in Kilom.	Am Schlusse des Jahres. Kilom.
31. Mai 1867	Saintes-Cognac	Charentes	27	
20. Juni „	Montrejeau-Tarbes	Südbahn	52	
20. „ „	Lourdes-Pau	„	39	
1. Juli „	Amiens-Tergnier	Nordbahn	70	
15. „ „	Andelot-Champagnole	Paris-Lyon	13	
23. „ „	St. Hilaire-St. Menehould	Ostbahn	46	
5. Aug. „	Laigle-Surdon	Westbahn	41	
5. „ „	Vendôme-Mettray	Orléans	58	
5. „ „	Haubourdin-Violaines	Lille à Béthune	20	
12. „ „	Villefort-Levade	Paris-Lyon	31	
14. „ „	Bologne-Neufchâteau	Ostbahn	49	
18. „ „	Collioure-Port Vendres	Südbahn	3	
23. „ „	Glos Montfort-Pont Audemer	Localbahn	15	
26. „ „	Orsay-Limours	Orléans	18	
16. Sept. „	Flers-Vire	Westbahn	29	
16. „ „	Autun-Étang	Paris-Lyon	14	
16. „ „	Montceau les Mines-Digoin	„	47	
16. „ „	Montchanin-Cercy la Tour	„	81	
1. Oct. „	Vitré-Fougères	Vitré à Foug.	37	
22. „ „	Cognac-Angoulême	Charentes	47	
16. Dec. „	Châteaulin-Landerneau	Orléans	53	
23 „ „	Poitiers-Limoges	„	111	15723
27. Jan. 1868	Lunel-Arles	Paris-Lyon	45	
27. „ „	Aubagne-Valdonne	„	18	
28. Mai „	Anor-belgische Grenze	Nordbahn	6	
29. Juni „	Montbéliard-Delle	Paris-Lyon	28	
1. Juli „	Porte des postes (Lille)-Haubourdin	Lille à Béthune	4	
20. Juli „	Murat-Aurillac	Orléans	48	
15. Aug. „	Violaines-Béthune	Lille à Béthune	10	
14. Sept. „	Pithiviers-Malesherbes	Orléans	16	
4. Oct. „	Pontoise-Gisors	Westbahn	40	
19. „ „	Bar s. Seine-Châtillon s. Seine	Ostbahn	32	
19. „ „	Nizza-Monaco	Paris-Lyon	15	
19. „ „	Amplepuis-Tarare	„	14	
26. „ „	Épinac-Autun	„	23	
9. Nov. „	Berjou Pont d'Ouilly-Flers	Westbahn	19	
28. „ „	Bordeaux-Macau	Médoc	18	
30. „ „	Épinac-Curier	Epinac à Velars	2	
3. Dec. „	Munster-Colmar	Localbahn	19	
10. „ „	St. Dizier-Vassy	St. Dizier à Vassy	22	
14. „ „	Perpignan-Ille	Perp. à Prades	22	
28. „ „	Cholet-Niort	Orléans	124	
28. „ „	Pont de l'Arche-Gisors	Localbahn	53	

Tag der Eröffnung.	Eröffnete Strecke.	Name der Bahn.	Länge in Kilom.	Am Schlusse des Jahres. Kilom.
29. Dec. 1868	Avignon-Cavaillon	Paris-Lyon	33	16334
7. März 1869	Macau-Margaux	Médoc	6	
24. „ „	Batignolles-Courcelles	Westbahn	2	
25. „ „	Beillant-Pons	Charentes	14	
1. Apr. „	Porte d'Arras-Porte des Postes (Lille)	Lille à Béthune	2	
10. Mai „	Digoin-Moulins	Paris-Lyon	55	
10. „ „	Clermont-Pont de Dore	„	33	
10. „ „	Penne-Villeneuve d'Agen	Orléans	9	
10. „ „	Monsempron Libos-Cahors	„	51	
13. „ „	Auch-Mirande	Südbahn	28	
15. „ „	Mezières-Signy le Petit	Ostbahn	38	
28. Juni „	Libourne-Castillon	Orléans	18	
30. „ „	Sentheim - Cernay (Sennheim)	Ostbahn	14 7	
24. Juli „	Margaux-Moulis	Médoc		
2. Aug. „	St. Rambert-Annonay	Paris-Lyon	19	
12. „ „	St. Menehould-Aubréville	Ostbahn	19	
18. Oct. „	Tours-Vierzon	Orléans	104	
19. „ „	Fives-Porte d'Arras (Lille)	Lille à Béthune	2	
30. „ „	Laon-Vervins	Nordbahn	38	
30. „ „	Aulnoye-Anor	„	31	
30. „ „	Hirson-Anor	„	8	
31. „ „	Arches-Laveline	Localbahn	21	
8. Nov. „	Signy le Petit-Hirson	Ostbahn	17	
8. „ „	Paulhan-Montpellier	Südbahn	41	
2. Dec. „	Mirande-Vic en Bigorre	„	37	
6. „ „	Monaco-Mentone	Paris-Lyon	9	
8. „ „	Saargemünd-Niederbronn	Ostbahn	63	
15. „ „	Castres-Albi	Südbahn	47	
„ „	Gisors-Vernon	Localbahn	38	
„ „	Briouze-La Ferté Macé	„	14	17119
10. Febr. 1870	Dünkirchen-belg. Grenze	Furnes à Dunkerque	14	
„ „	Pons-Jonzac	Charentes	21	
„ „	Belleville-Beaujeu	Localbahn	13	
„ „	Aix-Meyrargues	Paris-Lyon	26	
4. Apr. „	Aubréville-Verdun	Ostbahn	26	
Mai „	Santenay-Épinac	Paris-Lyon	21	
18. „ „	Langeac-Villefort	„	106	
1. Juni „	Saargemünd - preussische Grenze geg. Saarbrücken	Ostbahn	1	
10. „ „	Hazebrouck - belg. Grenze	Flandre occid.	14	
3. Juli „	Vire-Granville	Westbahn	56	
17. „ „	Gisors-Gournay	„	27	
4. Aug. „	Beauvais-Gournay	Nordbahn	28	
Nov. „	Armentières-belg. Grenze	Ostende-Arment.	3	

Tag der Eröffnung.	Eröffnete Strecke.	Name der Bahn.	Länge in Kilom.	Am Schlusse des Jahres. Kilom.
1870	Bollweiler-Gebweiler	Ostbahn	7	
„	Aubigné-la Flèche	Orléans	34	
„	Fonrneaux-Aubusson	„	9	
„	Lourdes-Pierrefitte	Südbahn	20	
„	Moulins-Pauillac	Médoc	14	
„	Valenciennes-Lille	Valenc. à Lille	43	17602
Jan. 1871	Senlis-Crépy	Nordbahn	22	
30. Apr. „	Châlon-Lons le Saunier	Localbahn	65	
15. Juli „	Châlon-Dole	Paris-Lyon	75	
18. Sept. „	Avricourt-Cirey	Localbahn	18	
16. Oct. „	St. Michel-Modane (ital. Grenze)	Paris-Lyon	28	
Oct. „	Livron-Crest	„	17	
„	La Bouca-Grasse	„	17	
„	Meyrargues-Pertuis	„	13	
„	Auxerre-Clamecy	„	52	
„	Hirson-Vervins	Nordbahn	18	
„	St. Brieuc-Quintin	Westbahn	20	
„	Commentry-Gannat	Orléans	53	
„	La Peyrouse-St. Éloi	„	11	
„	La Rochelle-Roche sur Yon. (Napol. Vendée)	Charentes	104	
„	Jonzac-Montendre	„	21	
„	Napoléon Vendée-Bressuire	Vendée	85	
„	Ille-Bouleternère	Perpignan à Prades	4	
Sept. „	Rambervillers-Charmes	Localbahn	28	
Nov. „	Achiet-Bapaume	„	6	
„	Carignan-Messempré	„	6	
„	Épernay-Romilly	„	79	
„	Magny-Chars	„	11	
„	Paray le Monial-Mâcon	„	77	
10. Mai 1871	Die Elsass-Lothr. Bahnen werden an Deutschland abgetreten		766	17666

Tabelle über die Entwickelung der französischen Eisenbahn-Gesellschaften.

Länge am Schlusse des Jahres	Kleinere Gesellschaften und Localbahnen. Kil.	Orléans.	Nord.	Ost.	Süd.	West.	Paris-Lyon.	Total-Summe.
1840	396	31	—	—	—	—	—	427
1841	528	31	—	—	—	—	—	559
1842	555	31	—	—	—	—	—	586
1843	682	133	—	—	—	—	—	815
1844	685	133	—	—	—	—	—	818
1845	711	133	26	—	—	—	—	870
1846	839	133	337	—	—	—	—	1309
1847	1314	133	370	—	—	—	—	1817
1848	1563	133	511	—	—	—	—	2207
1849	1986	133	554	172	—	—	—	2845
1850	2019	133	583	261	—	—	—	2996
1851	2334	133	583	490	—	—	—	3540
1852	1610	917	706	632	—	—	—	3856
1853	1510	1107	706	723	—	—	—	4046
1854	1740	1151	706	939	105	—	—	4641
1855	1601	1039	793	1034	257	805	—	5529
1856	1849	1218	793	1041	418	875	—	6194
1857	272	1469	868	1383	679	950	1833	7454
1858	475	1734	923	1617	746	1144	2035	8674
1859	135	1822	976	1814	893	1194	2231	9065
1860	251	1925	1008	1843	895	1212	2297	9431
1861	264	2147	1120	1891	959	1212	2508	10101
1862	267	2394	1175	2088	1090	1307	2763	11084
1863	274	2599	1184	2304	1230	1545	2889	12025
1864	303	2921	1184	2490	1313	1685	3167	13063
1865	245	3067	1197	2512	1498	1860	3198	13577
1866	293	3285	1231	2565	1623	2023	3511	14531
1867	376	3525	1428	2660	1717	2154	3863	15723
1868	526	3713	1434	2692	1717	2213	4039	16334
1869	630	3895	1511	2843	1870	2215	4155	17119
1870	709	3938	1539	2877	1890	2298	4308	17559
1871	1237	4002	1579	2130	1890	2318	4510	17666

Belgien.

Belgien, unter den europäischen Staaten der jüngste und einer der kleinsten, gewährt ein schlagendes Beispiel von dem Vortheile, welchen ein gutes Eisenbahnnetz einem Lande bringt. Als es sich im Jahre 1830 von Holland losriss, hatte das letztere vermöge seiner vortrefflichen Seehäfen und Kanäle einen grossen Vorsprung vor Belgien in Bezug auf Handel und Verkehr mit dem Auslande. Aber nachdem sich die Belgische Regierung schon im Jahre 1834 zum Baue von Eisenbahnen entschlossen und Georg Stephenson mit der Projectirung eines vollständigen Eisenbahnnetzes zwischen allen bedeutenden Städten des Landes beauftragt hatte, und nachdem die Hauptlinien in den folgenden Jahren ohne Zeitverlust zur Ausführung gebracht waren, nahmen Handel und Verkehr einen grossartigeren Aufschwung, als in jedem anderen europäischen Lande, und Holland blieb weit dahinter zurück.

Als diese Staatsbahnen, welche vom Centralpunkte Mecheln aus östlich nach der preussischen Grenze, nördlich nach Antwerpen, westlich nach Ostende und südlich über Brüssel nach der französischen Grenze gehen, im Jahre 1843 in einer Länge von 560 Kil. vollendet waren, verzichtete der Staat darauf, andere zu bauen, ertheilte aber von da an besonders an englische Kapitalisten eine Reihe von Concessionen zu Privatbahnen. Dieses Netz von Privatbahnen, welches bis zum Jahre 1870 auf 2244 Kil. angewachsen war, die sich auf zwölf verschiedene Gesellschaften vertheilten, war aber so vielfältig mit dem Staatsbahnnetze verschlungen, dass sie sich gegenseitig, meist zum Nachtheile für das Publikum, auf alle Weise schädigten. Deshalb übernahm durch einen Vertrag vom 25. April 1870 der Staat einen 1151 Kil. theils fertiger, theils noch zu bauender Linien umfassenden Theil des Privatnetzes in eigenen Betrieb, wodurch dem Verkehr bedeutende Vortheile, grössere Regelmässigkeit, Schnelligkeit und Bequemlichkeit gebracht werden sollte.

Das Belgische Eisenbahnnetz umfasste am Ende des Jahres 1871 folgende Linien in einer Gesammtlänge von 3041 Kilometern (excl. der circa 150 Kilometer betragenden Industriebahnen):

	Kilom.	Jahr der Eröffnung.
1. Staatsbahnen.		
a. Vom Staate gebaut	588	
Brüssel-Antwerpen	49	1835—36
Contich-Lierre	7	57
Mecheln-Ostende	127	37—38
Brüssel-Cortenberg-Loewen	29	67
Mecheln-Preuss. Grenze bei Herbesthal	135	37—43
Gent-Tournai	75	39—42
Mouscron-Französische Grenze gegen Lille	3	42
Brüssel-Französische Grenze bei Quiévrain	79	40—42
Brüsseler Verbindungsbahn	4	41
Braine le Comte-Namur	80	43
b. Vom Staate gepachtet:		
Ath-Lokeren	74	53—56
Brüssel-Denderleeuw	21	56
Alost-Schellebelle	10	56
Zweigbahn von Allée verte in Brüssel	1	60
Tournai-Jurbise	47	47—48
Tournai-Blandain (französische Grenze)	7	65
Hal-Ath	38	66
Mons-Manage	27	48—49
La Louvière-Bascoup	6	48
Braine le Comte-Mello (Gent)	58	67
c. Die von der Société générale d'exploitation am 1. Januar 1871 cedirten Linien:		
Renaix-Courtrai	28	69
Denderleeuw-Courtrai	63	68
St. Ghislain-la Pinte (Gent)	76	57—61
Busècles-Tournai	25	67—70
Ecaussines-Erquelinnes	36	57—60
Baume-Marchiennes	19	65
Piéton-Leval	7	68
Industrielle Zweigb. der Gesellschaft Centre	22	64—66
Bonne Espérance-Mons und Flénu	33	68
Piéton-Courcelles	8	69
Courcelles-Nord de Charleroi	11	70
Tamines-Fleurus-Landen	59	65—68
Namur-Ramillies-Tirlemont	44	67—69
Manage-Piéton	10	65
Manage-Wavre	42	54—55
Haut et Bas Flénu (Kohlenbahnen)	66	67—69
Industriebahnen von St. Ghislain	33	40—58
Gürtelbahn von Charleroi	10	70
Bascoup-Trazegnies-Piéton	9	70—71
Quenast-Lembecq	9	71

	Kilom.	Jahr der Eröffnung.
2. Société générale d'exploitation des chem. de fer.		
Brügge-Courtrai	52	46—47
Courtrai-Poperinghe	44	53—54
Ingelmünster-Deynze	25	54—55
Roulers-Ypres	22	68
Poperinghe-franz. Grenze (Hazebrouck)	6	70
Lichterfelde-Furnes	34	58
Furnes-Grenze gegen Dünkirchen	5	70
Anseghem-Ingelmünster	25	68
Dixmude-Nieuport	18	68—69
Ostende-Thourout	24	68
Comines-Armentières (französische Grenze)	17	70
Brügge-Blankenberghe-Heyst	22	63—68
Woldeghem-Selzaete-Grenze gegen Terneuze	17	65—69
Lokeren-Selzaete	19	67
Selzaete-Assenede-Eecloo	24	69—71
3. Grand Central Belge.		
Antwerpen-niederländische Grenze bei Esschen	28	55
Antwerpen-Hasselt	77	64—65
Hasselt-niederländische Grenze bei Mastricht	26	56
Hasselt-Landen	28	39, 47
Loewen-Hérenthals	37	63
Turnhout-Grenze gegen Tilburg	11	67
Loewen-Wavre	23	55
Court St. Etienne-Charleroi	32	55
Lodelinsart-Givet	58	55—62
Lodelinsart-Gilly und Jumet	9	55
Charleroi-Vireux	61	48—54
Walcourt-Florennes	14	53—54
Froimont-Philippeville	5	54
Walcourt-Morialmé	12	48
Mariembourg-Couvin	5	54
Berzée-Laneffe	4	48
Morialmé minières	2	48
La Sambre-Marchienne	2	48
Loewen-zum Canal	1	55
4. Nord-Belge (Betrieb der französischen Nordbahn).		
Mons-Grenze bei Feignies gegen Hautmont	15	58
Namur-Lüttich	61	50—51
Flémalle-Lüttich	13	51
Namur-Givet	47	62—63
Charleroi-Erquelines	27	52
5. Lüttich-Mastricht (excl. 11 Kilom. in den Niederl.)	19	61
6. Mecheln-Terneuzen.		
Mecheln-St. Nicolas-Grenze (la Clinge)	44	70—71

	Kilom.	Jahr der Eröffnung.
7. Antwerpen-Gent	50	44—47
8. Gent-Eecloo-Brügge	48	61—63
9. **Grand Luxembourg.**		
Brüssel-Arlon-Sterpenich-luxemb. Grenze	205	54—59
Autel-französische Grenze gegen Longwy	12	62—63
Marloie-Lüttich	65	65—66
Libramont-Bastogne	28	69
10. Pepinster-Spa-luxemburgische Grenze	70	54, 67
11. Lierre-Turnhout	37	55
12. **Chimay-Bahn.**		
Hastière-französische Grenze bei Anor	61	58—68
Zweigbahn nach Romedenne	2	64
13. **Lüttich-Limburger Bahn.**		
Lüttich-Hasselt	50	63—66
Hasselt-niederländische Grenze gegen Eindhoven	40	66
Bilsen-Munsterbilsen	3	63
Liers-Ans-Flémalle	19	64—68
14. **Welkenraedt-preussische Grenze.**		
Welkenraedt-Bleiberg	12	70
Zweigbahn nach Moresnet	2	71

Im Bau oder dazu vorbereitet sind:

	Kilom.
Braine le Comte-Renaix	48
Frameries-Chimay und Beaumont-Thuin	109
St. Ghislain-Ath	31
Peruwelz-Grenze gegen Valenciennes	4
Brüssel-Luttre	50
Roulers-Dixmude	22
Thielt-Lichtervelde	15
Tirlemont-Diest gegen Eyndhoven	60
Landen-Huy-Marche	79
Gembloux-Jemappe	50
Brügge-Waereghem und Tournai	82
Eecloo-Antwerpen	65
Houdeng Goegnies-Jurbise	25
Hasselt-Masseyk	c. 40
Brüssel-Termonde	c. 30
Dour-Quiévrain	7
Luttre-Châtelineau	c. 20

Geschichtstafel der belgischen Eisenbahnen.

Tag der Eröffnung.	Eröffnete Strecke.	Name der Bahn.	Länge in Kilom.	Am Schlusse des Jahres. Kilom.
5. Mai 1835	Brüssel-Mecheln	Staatsbahn	20	20
3. Mai 1836	Mecheln-Antwerpen	„	24	44
2. Fbr. 1837	Mecheln-Termonde	„	26	
10. Sept. „	Mecheln-Loewen	„	25	
15. „ „	Termonde-Wetteren	„	15	
22. „ „	Loewen-Tirlemont	„	18	
28. „ „	Wetteren-Gent	„	14	142
2. Apr. 1838	Tirlemont-Ans	„	46	
12. Aug. „	Gent-Brügge	„	45	
28. „ „	Brügge-Ostende	„	25	258
25. Aug. 1839	Gent-Deynze	„	17	
27. Sept. „	Deynze-Courtrai	„	27	
6. Oct. „	Landen-St. Trond	Grand Central	10	312
18. Mai 1840	Brüssel-Tubize	Staatsbahn	19	
15. Aug. „	Antwerpen-Schelde	„	3	334
28. Sept. 1841	Verbindungsb. in Brüssel	„	4	
31. Oct. „	Tubize-Jurbise	„	30	
19. Dec. „	Jurbise-Mons	„	11	379
1. Mai 1842	Ans-Lüttich	„	7	
7. Aug. „	Mons-Quiévrain	„	18	
24. Oct. „	Courtrai-Tournai	„	31	
6. Nov. „	Mouscron-franz. Grenze	„	3	
14. „ „	Quiévrain-franz. Grenze	„	1	439
2. Juli 1843	Lüttich-Chaudfontaine	„	7	
18. „ „	Chaudfontaine-Verviers	„	18	
2. Aug. „	Braine-le Comte-Namur	„	80	
24. „ „	Verviers-preuss. Grenze	„	14	558
3. Nov. 1844	Antwerpen-St. Nicolas	Antwerp.-Gent	19	577
4. Oct. 1846	Brügge-Thourout	Soc. d'exploitat.	17	594
20. Fbr. 1847	Thourout-Lichterfelde	„	5	
31. März „	Lichterfelde-Roulers	„	9	
1. Mai „	Roulers-Iseghem	„	7	
28. „ „	Iseghem-Ingelmünster	„	3	
14. Juli „	Ingelmünster-Courtrai	„	11	
14. „ „	St. Trond-Alken	Grand Central	12	
9. Aug. „	St. Nicolas-Gent	Antwerp.-Gent	31	
29. Sept. „	Jurbise-Maffles	Staatsbahn	13	
1. Dec. „	Alken-Hasselt	Grand Central	6	691
20. Jan. 1848	Manage-Bracquegnies	Staatsbahn	11	
20. „ „	La Louvière-Bascoup	„	6	
11. Nov. „	Maffles-Tournai	„	34	
27. „ „	Charleroi-Walcourt	Grand Central	22	
27. „ „	Walcourt-Morialmé	„	12	

Tag der Eröffnung	Eröffnete Strecke.	Name der Bahn.	Länge in Kilom.	Am Schlusse des Jahres. Kilom.
27. Nov. 1848	Berzée-Laneffe	Grand Central	4	780
1. Juni 1849	Bracquegnies-Nimy	Staatsbahn	13	
20. Oct. „	Nimy-Mons	„	3	796
18. Nov. 1850	Bouges-Val Benoît	Nordbahn	58	854
15. Apr. 1851	Flémalle-Ougrée	„	7	
12. Mai „	Bouges-Namur	„	1	
19. „ „	Val Benoît-Lüttich	„	2	
20. Juni „	Ougrée-Angleur	„	4	
25. Aug. „	Angleur-Lüttich	„	2	870
6. Nov. 1852	Charleroi-Erquelinnes	„	27	
6. „ „	Walcourt-Silenrieux	Grand Central	4	901
14. Jan. 1853	Courtrai-Warwicq	Soc. gén. d'expl.	17	
9. Juni „	Alost-Termonde	Staatsbahn	12	
18. „ „	Warwicq-Comines	Soc. générale	4	
15. Dec. „	Walcourt-St. Lambert	Grand Central	7	
31. „ „	Silenrieux-Cerfontaine	„	7	948
18. März 1854	Comines-Ypres	Soc. d'exploit.	12	
20. „ „	Ypres-Poperinghe	„	11	
8. Juni „	Cerfontaine-Mariembourg	Grand Central	14	
15. „ „	Mariembourg-Couvin	„	5	
15. „ „	Mariembourg-Grenze (Vireux)	„	14	
7. Juli „	St. Lambert-Florennes	„	7	
7. Aug. „	Manage-Nivelles	Staatsbahn	13	
12. „ „	Brüssel-la Hulpe	Gr. Luxembourg	15	
21. Oct. „	Pepinster-Theux	Pepinster-Spa	5	
7. Nov. „	Theux-la Reid	„	3	
14. „ „	Froimont-Philippeville	Grand Central	5	
30. „ „	Ingelmünster-Thielt	Soc. d'exploit.	11	
2. Dec. „	Nivelles-Genappes	Staatsbahn	9	1072
12. Fbr. 1855	Loewen-Wawre	Grand Central	23	
17. „ „	La Reid-Spa	Pepinster Spa.	5	
9. April „	Ath-Grammont	Staatsbahn	18	
19. „ „	Lierre-Turnhout	Turnhout	37	
3. Mai „	Antwerpen-Grenze gegen Rotterdam	Grand Central	28	
19. „ „	Genappes-Court St. Étienne	Staatsbahn	10	
9. Juni „	La Hulpe-Gembloux	Gr. Luxembourg	23	
14. „ „	Châtelineau-Morialmé	Grand Central	20	
14. Aug. „	Court St. Étienne-Charleroi	„	32	
23. „ „	Court St. Étienne-Wawre	Staatsbahn	9	
10. Sept. „	Gembloux-Rhisnes	Gr. Luxembourg	12	
1. Dec. „	Grammont-Alost	Staatsbahn	30	
31. „ „	Thielt-Deynze	Soc. d'exploit.	14	1333
13. Fbr. 1856	Termonde-Lokeren	Staatsbahn	14	
14. Apr. „	Rhisnes-Namur	Gr. Luxembourg	6	
1. Mai „	Brüssel-Denderleeuw	Staatsbahn	24	

Tag der Eröffnung.	Eröffnete Strecke.	Name der Bahn.	Länge in Kilom.	Am Schlusse des Jahres. Kilom.
1. Mai 1856	Alost-Schellebelle	Staatsbahn	10	
1. Oct. „	Hasselt-Gr. geg. Mastricht	Grand Central	26	
23. „ „	Verbindungsb. in Namur	Gr. Luxembourg	4	1417
1. Fbr. 1857	Contich-Lierre	Staatsbahn	7	
1. Apr. „	Genter Zweigbahn	„	2	
28. Juni „	Audenarde-la Pinte	„	18	
17. Sept. „	Baume-Erquelinnes	„	23	1467
1. Jan. 1858	Mons-Grenze geg. Hautmont	Nordbahn	15	
11. Mai „	Lichterfelde-Furnes	Soc. d'exploit.	34	
15. „ „	Namur-Ciney	Gr. Luxembourg	28	
15. Juli „	Ciney-Grupont	„	38	
15. Oct. „	Mariembourg-Chimay	Chimay	16	
27. „ „	Grupont-Arlon	Gr. Luxembourg	69	1667
14. Sept. 1859	Arlon-Sterpenich	„	10	
8. Nov. „	Chimay-Momignies	Chimay	13	1690
1. Jan. 1860	Zweigbahn nach Allée verte in Brüssel	Staatsbahn	1	
20. Febr. „	Baume-Ecaussines	„	13	
22. Oct. „	Katendyk-Antwerpen	„	2	1706
15. Fbr. 1861	St. Ghislain-Basècles	„	18	
21. Mai „	Basècles-Leuze	„	8	
25. Juni „	Eecloo-Gent	Gent-Eecloo	19	
1. Sept. „	Leuze-Audenarde	Staatsbahn	32	
24. Nov. „	Lüttich-Grenze geg. Mastricht	Lüttich-Mastr.	19	1802
13. Jan. 1862	Arlon-Athus	Gr. Luxembourg	10	
23. Juni „	Châtelineau-Lodelinsart	Grand Central	8	
23. „ „	Morialmé-Givet	„	30	
11. Nov. „	Namur-Dinant	Nordbahn	28	
16. „ „	Eecloo-Maldeghem	Eecloo-Brügge	10	1888
10. Jan. 1863	Athus-Grenze geg. Longwy	Gr. Luxembourg	2	
5. Fbr. „	Dinant-Grenze geg. Givet	Nordbahn	19	
23. „ „	Loewen-Herenthals	Grand Central	37	
22. Juni „	Maldeghem-Brügge	Eecloo-Brügge	19	
6. Aug. „	Brügge-Blankenberghe	Soc. d'exploit.	13	
10. Nov. „	Tongres-Bilsen-Munsterbilsen	Lüttich-Limbg.	13	1991
10. März 1864	Tongres-Glons	„	6	
30. „ „	Mariembourg-Doiche und Romedenne	Chimay	21	
25. Juni „	Glons-Ans	Lüttich-Limbg.	15	
10. Juli „	Antwerpen-Aerschot	Grand Central	41	2074
1. Fbr. 1865	Aerschot-Diest	„	17	
1. Mai „	Liers-Lüttich	Lüttich-Limbg.	10	
1. Juni „	Baume-Marchiennes au Pont	Staatsbahn	19	
20. „ „	Manage-Bascoup-Chapelle	„	6	
1. Juli „	Diest-Hasselt	Grand Central	19	

Tag der Eröffnung.	Eröffnete Strecke.	Name der Bahn.	Länge in Kilom.	AmSchlusse des Jahres. Kilom.
25. Juli 1865	Marloie-Melreux	Gr. Luxembourg	13	-
5. Oct. „	Bascoup-Piéton	Staatsbahn	4	
15. „ „	Fleurus-Landen	„	51	
1. Nov. „	Bilsen-Hasselt	Lüttich-Limbg.	15	
1. Dec. „	Tournai-Blandain	Staatsbahn	7	
20. „ „	Woldeghem-Selzaete	Soc. d'exploit.	15	2250
1. Fbr. 1866	Hal-Ath	Staatsbahn	38	
21. „ „	St. Hubert-Bracquegnies	„	4	
5. März „	Doische-Hastière	Chimay	11	
20. Juli „	Hasselt-Grenze gegen Eyndhoven	Lüttich-Limbg.	40	
1. Aug. „	Melreux-Lüttich	Gr. Luxembourg	52	
15. Nov. „	Hasselt-zum Canal	Lüttich-Limbg.	1	2396
13. Jan. 1867	Brüssel-Cortenberg-Loewen	Staatsbahn	29	
29. „ „	Braine le Comte-Melle	„	58	
20. Fbr. „	Spa-luxemburg. Grenze	Pepinster-Spa	55	
1. März „	Basècles-Peruwelz	Staatsbahn	4	
25. „ „	Lokeren-Selzaete	Soc. d'exploit.	19	
6. Juni „	Ramillies-Tirlemont	Staatsbahn	21	
1. Oct. „	Turnhout-Grenze gegen Tilburg	Grand Central	11	
10. Dec. „	St. Ghislain-Frameries	Staatsbahn	9	2602
10. Jan. 1868	Mons-Bonne Espérance	„	19	
3. Fbr. „	Ans-Flémalle haute	Lüttich-Limbg.	12	
10. „ „	Nieuport-Dixmude	Soc. d'exploit.	15	
17. „ „	Piéton-Leval	Staatsbahn	7	
1. Apr. „	Ostende-Thourout	Soc. d'exploit.	24	
12. „ „	Roulers-Ypres	„	22	
12. „ „	Courtrai-Audenarde	Staatsbahn	25	
28. Mai „	Momignies-Grenze geg. Anor	Chimay	2	
22. Jun. „	Tamines-Fleurus	Staatsbahn	8	
12. Juli „	Blankenberghe-Heyst	Soc. d'exploit.	9	
14. Dec. „	Audenarde-Denderleeuw	Staatsbahn	38	
25. „ „	Anseghem-Ingelmünster	Soc. d'exploit.	25	2808
1. Apr. 1869	Selzaete-niederl. Grenze geg. Terneuze	„	2	
10. Mai „	Selzaete-Assenede	„	5	
15. „ „	Namur-Ramillies	Staatsbahn	23	
1. Jun. „	Courtrai-Renaix	„	28	
15. Aug. „	Nieuport-ans Meer	Soc. d'exploit.	3	
Dec. „	Libramont-Bastogne	Gr. Luxembourg	28	2897
8. Fbr. 1870	Peruwelz-Tournai	Staatsbahn	21	
10. „ „	Furnes-Grenze gegen Dünkirchen	Soc. d'exploit.	5	
10. Jun. „	Poperinghe-Grenze geg. Hazebrouck	„	6	

Tag der Eröffnung.	Eröffnete Strecke.	Name der Bahn.	Länge in Kilom.	Am Schlusse des Jahres. Kilom.
24. Juli „	Mecheln-Tamise	Mech.-Terneuze	26	
10. Nov. „	Comines-Armentières	Soc. d'exploit.	17	
1. Dec. „	Tamise-St. Nicolas	Mech.-Terneuze	8	
1. „ „	Piéton-Trazegnies	Staatsbahn	5	
7. „ „	Welkenraedt-Bleiberg	Welkenraedt	12	2997
1. Jan. 1871	Bascoup-Trazegnies	Staatsbahn	4	
1. „ „	Quenast-Lembecq	„	9	
12. März „	Bleyberg-Moresnet (Vieille Montg.)	Welkenraedt	2	
16. Apr. „	Eecloo-Asseuede	Soc. d'exploit.	19	
26. Aug. „	St. Nicolas-Grenze gegen Terneuzen	Mech.-Terneuze	10	3041

Niederlande.

Im Vertrauen auf die zahlreichen Fluss- und Kanalverbindungen glaubte man anfänglich in Holland, Eisenbahnen entbehren zu können, und es wurden deshalb bis zum Jahre 1857 nur einige, meist für den Personenverkehr berechnete Bahnen in einer Gesammtlänge von 337 Kil. erbaut. Die einfache Folge davon war, dass der Deutsche Handel sich immer mehr von Holland weg und nach den Belgischen Häfen hinzog. Deshalb entschloss sich endlich im Jahre 1857 die Niederländische Regierung, den Ausbau eines vollständigen, sich über das ganze Land ausdehnenden Eisenbahnnetzes in Angriff zu nehmen. Dasselbe ist jetzt in seinen Hauptlinien vollendet; auch der noch fehlende Anschluss des nördlichen holländischen Bahnnetzes an die westfälische Bahn zwischen Nieuweschans und Ihrhove wird wahrscheinlich in der nächsten Zeit bewirkt werden. Die Luxemburgische Wilhelmsbahn, bisher von der Französischen Ostbahn betrieben, ging durch Vertrag vom 11. Juni 1872 in Deutsche Verwaltung über.

Am 1. Juni 1872 umfasste das Niederländische Bahnnetz (incl. Luxemburg) folgende Linien in einer Länge von 1650 Kilometern:

	Kilom.	Jahr der Eröffnung.
1. Niederländische Staatsbahn	830	
Harlingen-Nieuwe Schans	127	63—68
Arnheim-Preuss. Grenze bei Salzbergen (excl. 23 Kil. in Preussen.)	92	65
Almelo-Hengelo	16	65
Hengelo-Glanerbeck	14	66—68
Zutphen-Zwolle-Leeuwarden	139	65—68
Meppel-Groningen	76	70
Maastricht-Venlo	70	65
Venlo-Preuss. Grenze bei Kaldenkirchen	3	66
Venlo-Breda-Moerdyk	129	63—66
Zwaluwe-Dortrecht	15	72
Boxtel-Utrecht	60	68—70
Rosendaal-Goes-Middelburg	69	63—72

	Kilom.	Jahr der Eröffnung.
Eindhoven-Belgische Grenze gegen Hasselt (Lüttich-Limburger Bahn.)	20	66
Im Bau:		
Middelburg-Vlissingen	5	72
Dortrecht-Rotterdam	17	
2. Niederländische Rheinbahn	204	
Amsterdam-Preuss. Grenze bei Emmerich (excl. 11 Kil. in Preussen.)	115	43—56
Utrecht-Rotterdam	53	55
Breukelen-Harmelen	7	69
Gouda-s'Gravenhage	29	70
3. Niederländische Centralbahn.		
Utrecht-Zwolle-Kampen	101	63—65
4. Holländische Bahn	173	
Amsterdam-Rotterdam	84	39—47
Harlem-Nieuwediep	76	66—67
Uitgeest-Zaandam	13	69
5. Grand Central Belge	105	
Moerdyk-Belgische Grenze bei Esschen	31	54
Roosendaal-Breda	23	55
Tilburg-Belgische Grenze gegen Turnhout	20	67
Preuss. Grenze bei Mastricht-Belgische Grenze bei Lanaeken	31	53—56
6. Lüttich-Mastrichter Bahn.		
Mastricht-Belgische Grenze gegen Visé	11	61
7. Rheinische Bahn.		
Nymwegen-Preuss. Grenze gegen Cleve	14	65
Zevenaar-Preuss. Grenze gegen Cleve	8	65
8. Société gén. d'exploitation belge.		
Terneuzen-Belgische Grenze gegen Gent	15	69
9. Mecheln-Terneuzen (Belgische Bahn).		
Terneuzen-Belgische Grenze bei La Clinge	19	71
10. Luxemburgische Wilhelmsbahn	170	
(Durch Vertrag vom 11. Juni 1872 von der Kaiserlich Deutschen Eisenbahn-Verwaltung übernommen.)		
Luxemburg-Lothring. Grenze gegen Thionville	17	59
Bettemburg-Esch	9	59
Noertzange-Ottange	6	59
Luxemburg-Belg. Grenze (Sterpenich)	19	59
Luxemburg-Preuss. Grenze (Wasserbillig)	37	61
Luxemburg-Diekirch	34	62
Ettelbrück-Belg. Grenze bei Trois Vierges	48	66
(Die Belgische Strecke bis Spa beträgt 55 Kil.)		

	Kilom.	Jahr der Eröffnung.
Im Bau befindliche oder dazu vorbereitete Bahnen:		
Nordbrabantische B.: Boxtel-Wesel mit Zweigb.	93	
von Gennep nach Cleve	15	
Amsterdam-Apeldorn-Zütphen-Preuss. Grenze gegen Coesfeld und Zweigbahn von Zütphen nach Empel	c. 150	
	c. 35	
Haag-Alphen-Utrecht mit Seitenlinien Leyden-Alphen und Amsterdam-Alphen-Rotterdam	c. 140	

Geschichtstafel der Niederländischen Eisenbahnen.

Tag der Eröffnung.	Eröffnete Strecke.	Name der Bahn.	Länge in Kilom.	Am Schlusse des Jahres. Kilom.
Sept. 1839	Amsterdam-Harlem	Holländ. Bahn	17	17
Dec. 1843	Harlem-Haag	„	44	
28. „ „	Amsterdam-Utrecht	Rheinbahn	37	98
17. Juli 1844	Utrecht-Driebergen	„	11	109
15. März 1845	Driebergen-Veenendaal	„	22	
16. Mai „	Veenendaal-Arnheim	„	25	156
Mai 1847	Haag-Rotterdam	Holländ. Bahn	23	179
23. Oct. 1853	Mastricht-preuss.Gr.(Aachen)	Gr. Centr. Belge	28	207
3. Mai 1855	Moerdyk-belg. Gr. (Esschen)	„	31	
3. „ „	Roosendaal-Breda	„	23	
21. „ „	Utrecht-Gouda	Rheinbahn	32	
30. Juli „	Gouda-Rotterdam	„	21	314
15. Fbr. 1856	Arnheim-preuss. Grenze	„	20	
1. Oct. „	Mastricht-belg. Grenze gegen Hasselt	Gr. Centr. Belge	3	337
2. Oct. 1859	Luxemburg-Gr. geg. Thionville u. Arlon u. Zweigb. nach Esch und Ottange	Luxemburgische Wilhelmsbahn	51	388
29. Aug. 1861	Luxemburg-preuss. Grenze	„	37	436
24. Nov. „	Mastricht-belg. Grenze gegen Lüttich	Lüttich-Mastr.	11	470
Oct. 1862	Luxemburg-Diekirch	Luxemburgische Wilhelmsbahn	34	
17. Juli 1863	Utrecht-Hattem	Centralbahn	75	
5. Oct. „	Breda-Tilburg	Staatsbahn	22	
14. „ „	Harlingen-Franeker	„	10	
24. Dec. „	Roosendaal-Bergen op Zoom	„	13	590
1. Jan. 1864	Franeker-Leeuwarden	„	16	

Tag der Eröffnung.	Eröffnete Strecke.	Name der Bahn.	Länge in Kilom.	Am Schlusse des Jahres. Kilom.
6. Juni 1864	Hattem-Zwolle	Centralbahn	13	619
2. Fbr. 1865	Arnheim-Zutphen	Staatsbahn	31	
1. Mai „	Zevenaar-Grenze geg. Cleve	Rheinische	8	
1. „ „	Tilburg-Boxtel	Staatsbahn	17	
10. „ „	Zwolle-Kampen	Centralbahn	13	
5. Aug. „	Zutphen-Deventer	Staatsbahn	16	
9. „ „	Nymwegen-Grenze geg. Cleve	Rheinische	14	
2. Oct. „	Almelo-Gr. geg. Salzbergen	Staatsbahn	32	
1. Nov. „	Zutphen-Hengelo	„	45	
21. „ „	Maastricht-Venlo	„	70	865
1. Juni 1866	Leeuwarden-Groeningen	„	54	
1. Juli „	Hengelo-Enschede	„	8	
1. „ „	Moerdyk-Breda	„	18	
1. „ „	Boxtel-Eyndhoven	„	20	
20. „ „	Eyndhoven-Gr. geg. Hasselt	„	20	
1. Oct. „	Venlo-Eyndhoven	„	52	
1. „ „	Deventer-Zwolle	„	20	
1. Nov. „	Venlo-Grenze (Kaldenkirchen)	„	3	
15. Dec. „	Ettelbrück-belg. Gr. geg. Spa	Luxemburgische Wilhelmsbahn	48	
„ „	Alkmar-Helder	Holländ. Bahn	42	1159
Mai 1867	Harlem-Alkmar	„	34	
1. Oct. „	Zwolle-Meppel	Staatsbahn	28	
1. „ „	Tilburg-Grenze geg. Turnhout	Gr. Centr. Belge	20	1241
1. Jan. 1868	Enschede-Glanerbeck	Staatsbahn	6	
1. „ „	Boxtel-Vught	„	8	
15. „ „	Meppel-Heerenveen	„	37	
1. Mai „	Groeningen-Winschoten	„	34	
1. Juli „	Bergen op Zoom-Goes	„	37	
1. Aug. „	Heerenveen-Leeuwarden	„	29	
1. Nov. „	Vught-s'Hertogenbusch	„	5	
1. „ „	Winschoten-Nieuweschans	„	13	
1. „ „	Utrecht-Waardenburg	„	31	1441
1. Apr. 1869	Terneuze-Grenze geg. Gent	Soc. d'exploit.	15	
1. Nov. „	Uitgeest-Zaandam	Holländ. Bahn	13	
1. „ „	Waardenburg-Hedel	Staatsbahn	10	
5. „ „	Breukelen-Harmelen	Rheinbahn	7	1486
1. Mai 1870	Gouda-s'Gravenhage	„	29	
1. „ „	Meppel-Groeningen	Staatsbahn	76	
15. Sept. „	Herzogenbusch-Hedel	„	6	1597
26. Aug. 1871	Terneuzen-Grenze gegen St. Nikolas	Mech.-Terneuze	19	1616
1. Jan. 1872	Zwaluwe-Dordrecht	Staatsbahn	15	
1. März „	Goes-Middelburg	„	19	

Schweiz.

Kein Land bietet dem Eisenbahnbaue so grosse Schwierigkeiten dar als die Schweiz, und erst, als die sie umschliessenden Staaten ihre Bahnen schon bis an die Eingangspforten derselben geführt hatten, machte sich auch hier das Verlangen nach dem neuen Communicationsmittel allgemein geltend. Der Bundesrath liess durch die englischen Ingenieure Stephenson und Swinburne im Jahre 1850 den Plan des herzustellenden Eisenbahnnetzes entwerfen, und dasselbe wurde nun energisch in Angriff genommen.

Man entschied sich nicht für Staatsbau, sondern überliess die Ausführung Privatgesellschaften, und zwar derart, dass die Concessionen von den Cantonen ausgehen und vom Bunde genehmigt werden. Im Jahre 1852 wurden auch die langjährigen Verhandlungen über den Anschluss der badischen Bahnen zu Ende geführt. Das festgestellte Eisenbahnnetz war im Jahre 1862 in seinen Hauptzügen in einer Länge von 1164 Kil. vollendet, und seitdem sind nur kleinere Ergänzungsstrecken dem Betriebe übergeben worden.

In den letzten Jahren hat die Frage des Alpenüberganges einen heftigen Kampf zwischen den Localinteressen der einzelnen Cantone hervorgerufen, von denen die mit einander concurrirenden Projecte einer Bahn über den Simplon, den St. Gotthard, den Lukmanier und den Splügen aufgestellt wurden; derselbe ist bekanntlich zu Gunsten des St. Gotthard entschieden worden.

Am 1. Januar 1872 hatte das schweizerische Bahnnetz eine Länge von 1472 Kil. und bestand aus folgenden Linien:

	Kilom.	Jahr der Eröffnung.
1. Schweizerische Nordostbahn.	294	
Zürich-Romanshorn	83	55—56
Zürich-Aarau	50	47—58
Altstetten-Luzern	62	64
Winterthur-Schaffhausen	30	57
Turgi-Waldshut	15	59
Oerlikon-Bülach	17	65
Oberglatt-Dielsdorf	3	65

	Kilom.	Jahr der Eröffnung.
Romanshorn-Rorschach	15	70
Romanshorn-Kreuzlingen (Constanz)	19	71
2. Vereinigte Schweizerbahnen	297	
Rorschach-Winterthur	74	55—56
Rorschach-Chur	91	57—58
Wallisellen-Sargans	94	56—59
Weesen-Glarus	12	59
Wyl-Ebnat	26	70
3. Schweizerische Centralbahn	252	
Basel-Luzern	95	54—59
Olten-Aarau	13	56
Aarburg-Bern-Thun-Scherzlingen	96	57—63
Herzogenbuchsee-Biel	38	57
Bern-Thoerishaus	10	60
4. Bernische Staatsbahn	71	
Gümlingen-Langnau	30	64
Zollikofen-Biel	26	64
Biel-Landeron	15	60
5. Westschweizerische Bahnen	368	
Landeron-Neuchâtel-Versoix	119	55—59
Bussigny-Renens und Renens-Morges	10	55
Versoix-Genf	12	58
Renens-Lausanne	4	56
Lausanne-Thoerishaus	86	60—62
Lausanne-St. Maurice	51	57—61
Bulle-Romont	19	68
Auvernier-Les Verrières	35	60
Vallorbe-Cossonay (Eclépens-Jougne)	32	70
6. Jura industriel.		
Neuchâtel-le Locle	37	58—60
7. Ligne d'Italie.		
Bouveret-Siders	80	59—68
8. Rigibahn.		
Vitznau-Kaltbad	5	71
9. Französische Mittelmeerbahn.		
Genf-la Plaine	15	58
10. Französische Ostbahn.		
Basel-Elsässische Grenze (St. Louis)	4	44
11. Badische Staatsbahn.		
Leopoldshöhe-Basel-Grenzach	10	55—56
Wilchingen-Schaffhausen-Thayingen	29	63

	Kilom.	Jahr der Eröffnung.
12. Pferdebahnen.		
Genf-Carouge	3	62
Genf-Chêne	3	64
Derendingen (bei Solothurn)-Biberist	4	64
Im Bau begriffen oder dazu vorbereitet sind:		
St. Gingolph-Bouveret	4	
Siders-Brieg	36	
Porrentruy-Delle	12	
Zürichseebahn: Weesen-Zürich	28	
Gotthardbahn: Bellinzona-Lugano-Chiasso	54	
Bellinzona-Biasca-Goldau	126	
Goldau-Immensee-Luzern	23	
Goldau-St. Adrian-Zug	15	
Bellinzona-Locarno	18	
Singen-Winterthur mit Zweigbahn nach Kreuzlingen	71	

Geschichtstafel der schweizerischen Eisenbahnen.

Tag der Eröffnung.	Eröffnete Strecke.	Name der Bahn.	Länge in Kilom.	Am Schlusse des Jahres. Kilom.
15. Juni 1844	Basel-St. Louis	Französische Ostbahn	4	4
9. Aug. 1847	Zürich-Baden	Nordostbahn	24	28
19. Dec. 1854	Basel-Liestal	Centralbahn	13	41
20. Fbr. 1855	Basel-Leopoldshöhe	Badische	4	
7. Mai „	Yverdon-Bussigny	Westbahn	31	
15. „ „	Romanshorn-Winterthur	Nordostbahn	57	
1. Juni „	Liestal-Sissach	Centralbahn	8	
1. Juli „	Bussigny-Renens-Morges	Westbahn	10	
14. Oct. „	Winterthur-Wyl	Schweizer	26	
23. Dec. „	Wyl-Flawyl	„	14	
27. „ „	Winterthur-Oerlikon	Nordostbahn	21	212
4. Fbr. 1856	Basel-Grenzach	Badische	6	
15. „ „	Flawyl-Winkeln	Schweizer	10	
24. März „	Winkeln-St. Gallen	„	7	
1. Mai „	Renens-Lausanne	Westbahn	4	
9. Juni „	Olten-Emmenbrücke	Centralbahn	50	
9. „ „	Olten-Aarau	„	13	
26. „ „	Zürich-Oerlikon	Nordostbahn	5	

Tag der Eröffnung.	Eröffnete Strecke.	Name der Bahn.	Länge in Kilom.	Am Schlusse des Jahres. Kilom.
30 Juli 1856	Wallisellen-Uster	Schweizer	12	
29. Sept. „	Baden-Brugg	Nordostbahn	10	
22. Oct. „	St. Gallen-Rorschach	Schweizer	17	346
16. März 1857	Aarburg-Herzogenbuchsee	Centralbahn	24	
16. Apr. „	Schaffhausen-Winterthur	Nordostbahn	30	
1. Mai „	Sissach-Läufelfingen	Centralbahn	9	
1. Juni „	Herzogenbuchsee-Biel	„	38	
10. „ „	Villeneuve-Bex	Westbahn	18	
16. „ „	Herzogenbuchsee-Wylerfeld	Centralbahn	38	
24. Aug. „	Rorschach-Rheineck	Schweizer	9	
15. Nov. „	Uster-Wetzikon	„	7	519
18. März 1858	Genf-la Plaine	Französ. Mittelmeerbahn	15	
1. Mai „	Läufelfingen-Olten	Centralbahn	10	
1. „ „	Brugg-Aarau	Nordostbahn	16	
1. „ „	Wetzikon-Rüti	Schweizer	9	
14. „ „	Versoix-Morges	Westbahn	40	
16. Juni „	Genf-Versoix	„	12	
1. Juli „	Rheineck-Chur	Schweizer	82	
22. Nov. „	Wylerfeld-Bern	Centralbahn	2	
„ „	Chaux de Fonds-Locle	Jura industriel	8	713
14. Fbr. 1859	Sargans-Murg	Schweizer	22	
14. „ „	Rüti-Weesen	„	35	
14. „ „	Weesen-Glarus	„	12	
1. Juni „	Emmenbrücke-Luzern	Centralbahn	5	
1. Juli „	Bern-Thun	„	30	
1. „ „	Weesen-Murg	Schweizer	9	
14. „ „	Bouveret-Martigny	Ligne d'Italie	38	
16. Aug. „	Turgi-Waldshut	Nordostbahn	15	
7. Nov. „	Yverdon-Landeron	Westbahn	48	
„ „	Neuchâtel-Hauts-Geneveys	Jura industriel	19	946
Apr. 1860	Martigny-Sion	Ligne d'Italie	26	
2. Juli „	Bern-Freiburg	Westbahn	65	
„ „	Auvernier-Verrières	„	35	
1. Oct. „	Neuveville-Biel	Berner Staatsb.	13	
3. Dec. „	Landeron-Neuveville	„	2	
„ „	Hauts Geneveys - Chaux de Fonds	Jura industriel	10	1097
1861	Bex-St. Maurice	Westbahn	4	
„ „	Lausanne-Villeneuve	„	29	1130
17. Juni 1862	Genf-Carouge	Pferdebahn	3	
2. Sept. „	Lausanne-Freiburg	Westbahn	31	1164
1. Juni 1863	Thun-Scherzlingen	Centralbahn	2	
15. „ „	Wilchingen-Schaffhausen-Thayingen	Badische	29	1195

Tag der Eröffnung.	Eröffnete Strecke.	Name der Bahn.	Länge in Kilom.	Am Schlusse des Jahres. Kilom.
12. Apr. 1864	Genf-Chêne	Pferdebahn	3	
1. Juni „	Altstetten-Luzern	Nordostbahn	62	
1. „ „	Zollikofen-Biel	Berner Staatsb.	26	
1. „ „	Gümlingen-Langnau	„	30	
15. Sept. „	Derendingen-Biberist	Pferdebahn	4	1320
1. Mai 1865	Oerlikon-Bülach	Nordostbahn	17	
1. „ „	Oberglatt-Dielsdorf	„	3	1340
30. Juni 1868	Bulle-Romont	Westbahn	19	
„	Sion-Sierre (Siders)	Ligne d'Italie	16	1375
15. Oct. 1869	Rorschach-Romanshorn	Nordostbahn	15	1390
23. Juni 1870	Wyl-Ebnat	Schweizer	26	
2. Juli „	Vallorbe-Cossonay	Westbahn	32	1448
23. Mai 1871	Vitznau-Kaltbad	Rigibahn	5	
1. Juli „	Romanshorn-Kreuzlingen	Nordostbahn	19	1472

Italien.

Bis zur politischen Vereinigung der italienischen Staaten im Jahre 1860 zeigte nur der nördliche Theil der Halbinsel ein zusammenhängendes Eisenbahnnetz. Im Königreiche Neapel wurden ausser für einige kleine in den Jahren 1839 bis 1844 eröffnete Strecken in der Nähe der Hauptstadt keine Concessionen für Eisenbahnen ertheilt, und im Kirchenstaate wurden lange Zeit alle Eisenbahn-Baupläne englischer und französischer Kapitalisten hauptsächlich darum zurückgewiesen, weil man gegen die Leiter derselben den Verdacht hegte, dass sie — Freimaurer seien.

Im Grossherzogthume Toscana waren zwar schon frühzeitig die Bahnen von Florenz nach Livorno, von Florenz über Pistoja nach Pisa und von Empoli nach Siena dem Verkehr übergeben worden, standen aber ausser allem Zusammenhange mit den Nachbarbahnen.

Nur im Königreiche Sardinien, wo sich gerade der Ausführung eines Eisenbahnnetzes zahlreiche und ausserordentliche Schwierigkeiten entgegenstellten, suchte man sich mit grosser Beharrlichkeit der dreifachen Aufgabe des Ueberganges über die Apenninen, den Mont Cénis und die Alpen zu nähern und vollendete in den Jahren 1848 bis 1859 theils auf Staatskosten, theils durch Privatgesellschaften ein ziemlich vollständiges Eisenbahnnetz mit dem Hauptknotenpunkte Alessandria. Auch in dem lombardisch-venetianischen Königreiche war schon unter österreichischer Herrschaft die Verbindung von Venedig und Mailand mit mehreren Seitenbahnen ausgeführt worden.

Seit der Gründung des Königreichs Italien aber im Jahre 1860 und der Vereinigung der bis dahin getrennten Staaten der Halbinsel zu einem politischen Ganzen nahm das Eisenbahnwesen daselbst einen neuen Aufschwung. Besonders wurde eine mehrfache Verbindung des Nordens mit der erstrebten Hauptstadt Rom und mit dem neuerworbenen Süden angebahnt und die Bahnen von Florenz nach Rom und Neapel, sowie von Bologna über Ancona nach Brindisi erbaut. In den letzten Jahren wurde auch der Eisenbahnbau im südlichen Theile der Halbinsel und auf Sicilien eifrig gefördert, und im Jahre 1871 erhielt auch die Insel Sardinien ihre erste Eisenbahn.

Durch die Eröffnung des Mont Cénis-Tunnels am 16. October 1871 und durch die im Januar 1872 erfolgte Vollendung der Eisenbahn von Genua nach Nizza ist eine doppelte Verbindung mit dem französischen Bahnnetze hergestellt, und durch die jetzt sicher gestellte Bahn über den

St. Gotthard wird zu den zwei schon bestehenden Eisenbahnverbindungen mit Deutschland noch eine dritte kommen.

Das Eisenbahnnetz des Königreichs Italien bestand am Schlusse des Jahres 1871 aus 6378 Kil. im Betriebe befindlicher Bahnen, welche unter die vier grossen Gesellschaften der Oberitalienischen (bis jetzt noch mit der Oesterreichischen Südbahngesellschaft vereinigt), der Römischen Bahnen, der Südbahn und der Calabro-Sicilianischen Bahnen vertheilt sind.

	Kilom.	Jahr der Eröffnung.
1. Oberitalienische Bahnen	2833	
Venedig-Mailand	285	42—57
Mestre-Cormons-Grenze	145	51—60
Verona-Avio-Grenze	37	59
Verona-Mantua	39	51
Padua-Bologna	127	62—66
Bologna-Florenz	132	48—64
Pistoja-Pisa	65	46—59
Pisa-Spezia	76	62—64
Avenza-Carrara	5	66
Genua-Sestri Levante	43	68—70
Genua-Savona	44	56, 68
Turin-Genua	167	48—53
Novi-Pavia-Mailand	99	57—67
Tortona-Alessandria	22	57
Bologna-Voghera	206	58—59
Alessandria-Arona	102	54—55
Mortara-Mailand	52	54, 70
Mortara-Castagnole	93	70
Alessandria-Acqui	34	58
Cantalupo-Cavallermaggiore	90	55—65
Turin-Susa	54	54
Bussoleno-Modane (französische Grenze)	60	71
Trofarello-Cuneo	74	53—55
Savigliano-Saluzzo	16	56
Turin-Pinerolo	38	54
Turin-Mailand	150	55—59
Chivasso-Ivrea	33	58
Santhia-Biella	30	57
Vercelli-Valenza	42	57
Novara-Gozzano	36	64
Arona-Rho	53	60—68
Gallarate-Varese	19	65
Mailand-Camerlata	45	40—49
Bergamo-Lecco	33	63
Mailand-Piacenza	69	61
Treviglio-Cremona	66	63
Brescia-Olmenetta (Cremona)	40	66

	Kilom.	Jahr der Eröffnung.
Cremona-Pavia	68	66
(excl. 5 Kil. gemeinschaftlich mit Mailand-Piacenza.)		
Pavia-Torreberetti	44	62
An die Oberital. Bahn anschliessend:		
Turin-Cirié	21	68—69
Turin-Rivoli	12	71
Settimo-Rivarolo	23	66
Susa-St. Michel	(78)	68
(Fell's Eisenbahn über den Mont Cénis, seit Eröffnung des Tunnels ausser Betrieb.)		
Im Bau oder concessionirt:		
Savona-Mentone (französische Grenze)	114	72
Spezia-Sestri Levante	c. 20	
Carmagnola-Savona	112	
Cairo-Acqui	46	
Bastia-Cuneo	34	
Monza-Calolzio	29	
Reggio-Guastalla	23	
Camerlata-Schweizer Grenze (Chiasso)	c. 20	
Arona-Domodossala	59	
Mantua-Reggio	c. 60	
2. Römische Bahnen	1510	
Florenz-Empoli-Livorno	98	44—48
Livorno-Rom	336	59—63
Cecina-Saline	30	63
Florenz-Foligno-Rom	372	62—66
Empoli-Orvieto-Baschi	202	49—70
Asciano-Monte Amiata	35	65—71
Foligno-Falconara (Ancona)	120	66
Rom-Neapel	261	43—63
Ciampino-Frascati	6	56
Cancello-Laura	50	56—69
Im Bau:		
Baschi-Orte	34	
Monteamiata-Grosseto	57	
Laura-Avellino	c. 15	
3. Südbahn	1300	
Bologna-Ancona	204	61
Ancona-Brindisi-Maglie	625	63—68
Castel Bolognese-Ravenna	42	63
Foggia-Neapel	198	67—70
Cervaro-Candela	30	68
Bari-Taranto	115	65—68
Neapel-Eboli	79	39—66
Torre Annunziata-Castellamare	7	42

	Kilom.	Jahr der Eröffnung.
Im Bau:		
Pescara-Aquila-Rieti	c. 190	
Terni-Ceprano	c. 140	
Termoli-Benevento	c. 100	
Maglie-Otranto	c. 20	
Eboli-Contursi	c. 25	
4. Calabro-Sicilianische Bahnen	678	
(seit 1. Januar 1872 im Betriebe der Südbahn.)		
Taranto-Curiati	181	69—70
Reggio-Roccella	113	66—70
Messina-Syracus	182	66—71
Palermo-Lercara	81	63—70
(Catania) Bicocca-Leonforte	71	70
Cagliari-San Gavino (Sardinien)	50	71
Im Bau:		
Cariati-Roccella	150	
Basento-Contursi	257	
Crati-Cosenza	72	
Taranto-Brindisi	75	
Leonforte-Lercara	95	
Girgenti-Campofranco	45	
Licata-Caltanisetta	70	
Palermo-Trapani-Marsala	180	
San Gavino-Oristano {auf Sardinien}	44	72
Sassari-Portotorres	20	
Decimomannu-Iglesias	37	

Geschichtstafel der italienischen Eisenbahnen.

(In der letzten Rubrik geben die in Parenthese stehenden Zahlen die Länge des Bahnnetzes ohne die Eisenbahnen des österreichischen Italiens an.)

Tag der Eröffnung.	Eröffnete Strecke.	Name der Bahn.	Länge in Kilom.	Am Schlusse des Jahres. Kilom.
3. Oct. 1839	Neapel-Portici	Südbahn	8	8
17. Aug. 1840	Mailand-Monza	Oberitalienische	13	21 (8)
2. Aug. 1842	Portici-Castellamare	Südbahn	19	
12. Dec. „	Padua-Mestre	Oberitalienische	29	69 (27)
20. Dec. 1843	Neapel-Caserta	Römische	33	102 (60)
21. Febr. 1844	Livorno-Pisa	„	19	
25. Mai „	Caserta-Capua	„	13	
18. „ „	Torre Annunziata-Nocera	Südbahn	16	150 (108)
18. Oct. 1845	Pisa-Pontedera	Römische	20	170 (128)

Tag der Eröffnung.	Eröffnete Strecke.	Name der Bahn.	Länge in Kilom.	Am Schlusse des Jahres. Kilom.
13. Jan. 1846	Venedig-Mestre	Oberitalienische	8	
13. " "	Vicenza-Padua	"	30	
15. Febr. "	Mailand-Treviglio	"	32	
29. Sept. "	Pisa-Lucca	"	21	261 (149)
20. Juni 1847	Pontedera-Empoli	Römische	26	287 (175)
3. Fbr. 1848	Florenz-Prato	Oberitalienische	18	
10. Juni "	Florenz-Empoli	Römische	33	
27. Sept. "	Turin-Alessandria-Novi	Oberitalienische	113	
Dec. "	Lucca-Pescia	"	23	474 (362)
2. Juli 1849	Verona-Vicenza	"	48	
6. Oct. "	Monza-Camnago	"	16	
14. " "	Empoli-Siena	Römische	64	
15. Nov. "	Camnago-Cucciago	Oberitalienische	9	
7. Dec. "	Cucciago-Camerlata	"	7	618 (426)
10. Jan. 1851	Novi-Arquata	"	12	
7. Apr. "	Verona-Mantua	"	39	
15. Juli "	Prato-Pistoja	"	16	
14. Oct. "	Treviso-Mestre	"	18	703 (454)
20. Febr. 1853	Arquata-Busalla	"	19	
13. Mai "	Trofarello-Savigliano	"	39	
18. Dec. "	Genua-Busalla	"	23	784 (535)
24. Apr. 1854	Verona-Coccaglio	"	88	
23. Mai "	Turin-Susa	"	54	
5. Juni "	Alessandria-Mortara	"	40	
5. Juli "	Mortara-Novara	"	25	
27. " "	Turin-Pinerolo	"	38	
24. Aug. "	Mortara-Vigevano	"	13	
" "	Savigliano-Centallo	"	21	
" "	Pescia-Montecatini	"	7	1073 (736)
6. März 1855	Vercelli-Novara	"	22	
8. Apr. "	Chivasso-Vercelli	"	50	
30. " "	Treviso-Pordenone	"	57	
1. Mai "	Turin-Chivasso	"	29	
1. " "	Novara-Oleggio	"	16	
" "	Rom-Ciampino	Römische	14	
14. Juni "	Oleggio-Arona	Oberitalienische	21	
5. Aug. "	Centallo-Cuneo	"	11	
4. Oct. "	Cavallermaggiore-Bra	"	13	
15. " "	Pordenone-Casarsa	"	15	1321 (912)
1. Jan. 1856	Savigliano-Saluzzo	"	16	
26. " "	Cancello-Sarno	Römische	27	
8. Apr. "	Genua-Voltri	Oberitalienische	15	
7. Juli "	Ciampino-Frascati	Römische	6	
20. Oct. "	Aix-St. Jean de Maurienne	Paris-Lyon	85	1470 (1061)
23. März 1857	Vercelli-Valenza	Oberitalienische	42	
31. Aug. "	Aix-St. Innocent	Paris-Lyon	4	

Tag der Eröffnung	Eröffnete Strecke.	Name der Bahn.	Länge in Kilom.	Am Schlusse des Jahres. Kilom.
8. Sept. 1857	Santhia-Biella	Oberitalienische	30	
13. Oct. „	Treviglio-Coccaglio	„	50	
3. Nov. „	Novi-Voghera	„	36	
3. „ „	Alessandria-Tortona	„	22	
„	Nocera-Cava	Südbahn	9	1663 (1204)
6. Jan. 1858	Alessandria-Acqui	Oberitalienische	34	
25. „ „	Voghera-Casteggio	„	10	
12. Mai „	Casteggio-Broni	„	12	
20. „ „	Chivasso-Caluso	„	14	
22. Juli „	Broni-Stradella	„	3	
27. „ „	St. Innocent-Culoz	Paris-Lyon	15	
18. Oct. „	Mailand-Magenta	Oberitalienische	27	
12. Nov. „	Caluso-Ivrea	„	19	1797 (1311)
Jan. 1859	Pistoja-Montecatini	„	14	
23. März „	Verona-Avio	„	37	
17. Apr. „	Rom-Civitavecchia	Römische	81	
21. Juli „	Bologna-Piacenza	Oberitalienische	147	
Juli „	Novara-Magenta	„	22	
3. Sept. „	Castel S. Giovanni-Stradella	„	12	
11. „ „	Siena-Sinalunga	Römische	58	
20. Oct. „	Piacenza-Castel S. Giovanni	Oberitalienische	22	
	Im Frieden von Villafranca wurden von Oesterreich die lombard. Bahnen abgetreten		216	2190 (1883)
21. Juli 1860	Casarsa-Udine	„	34	
1. Oct. „	Udine-Cormons	„	21	
„ „	Cava-Vietri	Südbahn	4	
„ „	Sarno-S. Severino	Römische	17	
„	An Frankreich mit Savoyen abgetreten: Culoz-Aix		104	2162 (1600) —
1. Sept. 1861	Bologna-Forli	Südbahn	64	
5. Oct. „	Forli-Rimini	„	47	
10. Nov. „	Rimini-Ancona	„	93	
11. „ „	Capua-Presenzano	Römische	41	
14. „ „	Mailand-Piacenza	Oberitalienische	69	
24. Dec. „	Rho-Gallarate	„	26	2502 (2140)
5. Jan. 1862	Pavia-Torreberetti	„	44	
26. „ „	Bologna-Ferrara	„	48	
27. „ „	Ciampino-Ceprano	Römische	108	
15. Apr. „	Ferrara-Pontelagoscuro	Oberitalienische	7	
7. Mai „	Mailand-Pavia	„	36	
15. Aug. „	Bologna-Vergato	„	37	
2. Sept. „	Florenz-Pontasieve	Römische	20	

Tag der Eröffnung.	Eröffnete Strecke.	Name der Bahn.	Länge in Kilom.	Am Schlusse des Jahres. Kilom.
Sept. 1862	Pisa-Massa	Oberitalienische	42	
„ „	Sinalunga-Ficulle	Römische	49	2894 (2532)
1. Jan. 1863	Treviglio-Soresina	Oberitalienische	40	
25. Febr. „	Ceprano-Presenzano	Römische	52	
16. März „	Soresina-Casalbuttano	Oberitalienische	9	
5. April „	Pontasieve-Montevarchi	Römische	34	--
28. „ „	Palermo-Bagheria	Calabrisch-Sicil.	14	
1. Mai „	Casalbuttano-Cremona	Oberitalienische	17	
15. „ „	Sarzana-Massa	„	18	
18. „ „	Ancona-Pescara	Südbahn	146	
14. Juni „	Salerno-Eboli	„	26	
24. Aug. „	Castel Bolognese-Ravenna	„	42	
15. Sept. „	Pescara-Ortona	„	40	
20. Oct. „	Livorno-Follonica	Römische	104	
20. „ „	Cecina-Saline	„	30	
4. Nov. „	Bergamo-Lecco	Oberitalienische	33	
1. Dec. „	Verguto-Pracchia	„	34	3533 (3171)
10. März 1864	Novara-Gozzano	„	36	
25. Apr. „	Ortona-Foggia	Südbahn	140	
15. Juni „	Follonica-Orbitello	Römische	80	
10. Juli „	Orbitello-Nunziatella	„	11	
25. „ „	Bagheria-Trabia	Calabr.-Sicil.	20	--
4. Aug. „	Sarzana-Spezia	Oberitalienische	16	
11. „ „	Foggia-Trani	Südbahn	80	
13. Oct. „	Cantalupo-Nizza	Oberitalienische	22	
3. Nov. „	Pracchia-Pistoja	„	26	3964 (3602)
25. Fbr. 1865	Nizza-Canelli	„	9	
26. „ „	Trani-Bari	Südbahn	42	
1. Apr. „	Rom-Correse	Römische	37	
29. „ „	Bari-Brindisi	Südbahn	111	
14. Mai „	Asciano-Torrenieri	Römische	22	
25. „ „	Bari-Gioja	Südbahn	53	
28. „ „	Canelli-Bra	Oberitalienische	46	
24. Juni „	Gallarate-Sesto Calende	„	18	
26. Aug. „	Gallarate-Varese	„	19	
21. Oct. „	Ficulle-Orvieto	Römische	23	4344 (3982)
4. Jan. 1866	Correse-Foligno	„	130	
15. „ „	Brindisi-Lecce	Südbahn	39	
2. Febr. „	Trabia-Termini	Calabr.-Sicil.	6	
16. März „	Montevarchi-Torricella	Römische	87	
29. Apr. „	Foligno-Falconara	„	120	
20. Mai „	Vietri-Pastena (Salerno)	Südbahn	4	
3. Juni „	Reggio-Lazzaro	Calabr.-Sicil.	16	
11. „ „	Padua-Rovigo	Oberitalienische	44	
21. Juli „	Foligno-Bastia	Römische	20	
20. Aug. „	Bastia-St. Johanns-Brücke	„	9	

175

Tag der Eröffnung.	Eröffnete Strecke.	Name der Bahn.	Länge in Kilom.	AmSchlusse des Jahres. Kilom.
10. Sept. „	Avenza-Carrara	Oberitalienische	5	
10. Oct. „	Torricella-Perugia	Römische	24	
28. Nov. „	Rovigo-Pontelagoscuro	Oberitalienische	28	
12. Dec. „	Perugia-St. Joh.-Brücke	Römische	11	
12. „ „	Pavia-Cremona-Brescia	Oberitalienische	108	
12. „ „	Messina-Giardini	Calabr.-Sicil.	48	
„	Settimo-Rivarolo	Pferdebahn	23	
	Von Oesterreich wurden die venetianischen Bahnen abgetreten		362	5066
2. Jan. 1867	Giardini-Catania	Calabr.-Sicil.	47	
27. „ „	Foggia-Bovino	Südbahn	33	
7. Mai „	Neapel-Caserta	„	31	
22. Juni „	Nunziatella-Civitavecchia	Römische	60	
15. Nov. „	Pavia-Voghera	Oberitalienische	27	5267
1. Fbr. 1868	Lecce-Zollino	Südbahn	18	
15. März „	Caserta-Ponte	„	47	
18. Apr. „	Ponte-Benevento	„	15	
18. „ „	Turin-Venaria Reale	Turin Cirié	7	
15. Mai „	Cervaro-Candela	Südbahn	30	
25. „ „	Voltri-Savona	Oberitalienische	29	
15. Juni „	Susa-Montcenis-französische Grenze	Fells-Bahn	27	
1. Aug. „	Bovino-Savignano	Südbahn	19	
1. „ „	Benevento-Santo Spirito	„	30	
8. Sept. „	Arona-Sesto Calende	Oberitalienische	9	
15. „ „	Gioja-Taranto	Südbahn	62	
1. Oct. „	Lazzaro-Bianconovo	Calabr.-Sicil.	60	
20. Nov. „	Zollino-Maglie	Südbahn	9	
23. „ „	Genua-Chiavari	Oberitalienische	36	
30. „ „	Venaria Reale-Caselle	Turin-Cirié	6	5671
12. Jan. 1869	Savignano-Pianerottolo	Südbahn	6	
14. „ „	Caselle-S. Maurizio	Turin-Cirié	5	
6. Febr. „	S. Maurizio-Cirié	„	3	
28. „ „	Taranto-S. Basilio	Calabr.-Sicil.	52	
1. Apr. „	Termini-Cerda	„	9	
6. Juni „	Cerda-Sciara	„	6	
1. Juli „	Catania-Lentini	„	29	
25. „ „	Pianerottolo-Starza	Südbahn	10	
1. Aug. „	S. Severino-Laura	Römische	6	
18. „ „	S. Basilio-Trebisacce	Calabr.-Sicil.	56	
15. Sept. „	Sciara-Montemaggiore	„	10	5863
17. Jan. 1870	Vigevano-Mailand	Oberitalienische	39	
16. Fbr. „	Montemaggiore-Fiaccati	Calabr.-Sicil.	6	
6. März „	Trebisacce-Rossano	„	41	
25. Apr. „	Chiavari-Sestri Levante	Oberitalienische	7	

Tag der Eröffnung.	Eröffnete Strecke.	Name der Bahn.	Länge in Kilom.	Am Schlusse des Jahres. Kilom.
15. Mai 1870	Bicocca-Catenanuova	Calabr.-Sicil.	37	
26. „ „	Starza-S. Spirito	Südbahn	4	
16. Juni „	Rossano-Cariati	Calabr.-Sicil.	32	
27. „ „	Catenanuova-Raddusa	„	18	
3. Juli „	Fiaccati-Roccapalumba	„	3	
6. „ „	Asti-Mortara	Oberitalienische	74	
12. „ „	Asti-Castagnole —	„	20	
15. Aug. „	Raddusa-Leonforte	Calabr.-Sicil.	16	
1. Sept. „	Roccapalumba-Lercara	„	7	
„ „	Orvieto-Baschi	Römische	8	6175
4. Jan. 1871	Syracus-Lentini	Calabr.-Sicil.	58	
2. Fbr. „	Bianconuovo-Roccella	„	37	
30. Apr. „	Cagliari-Decimomannu	Sardinische	17	
1. Juni „	Decimomannu-Villasor	„	9	
14. Aug. „	Torrenieri-Monte Amiata	Römische	13	
3. Sept. „	Villasor-San Gavino	Sardinische	24	
17. „ „	Bussoleno - französische Grenze (Modane) (Dafür aufgegeben Fells Eisenbahn 27 Kilom.)	Oberitalienische	60	
Oct. „	Turin-Rivoli	Pferdebahn	12	6378
15. Jan. 1872	S. Gavino-Oristano	Sardinische	45	
25. „ „	Savona-Ventimiglia	Oberitalienische	108	
18. März „	Ventimiglia-franz. Grenze	„	7	

Das italienische Eisenbahnnetz nach den Staaten geordnet.

Jahr.	Oesterr. Italien. Kilom.	Königr. Sardinien. Kilom.	Toskana. Kilom.	Kirchenstaat. Kilom.	Neapel. Kilom.	Königr. Italien. Kilom.
1839	—	—	—	—	8	—
1840	13	—	—	—	8	—
1841	13	—	—	—	8	—
1842	42	—	—	—	27	—
1843	42	—	—	—	60	—
1844	42	—	19	—	89	—
1845	42	—	39	—	89	—
1846	112	—	60	—	89	—
1847	112	—	86	—	89	—
1848	112	113	160	—	89	—
1849	192	113	224	—	89	—
1850	192	113	224	—	89	—
1851	249	125	240	—	89	—
1852	249	125	240	—	89	—
1853	249	206	240	—	89	—
1854	337	400	247	—	89	—
1855	409	562	247	14	89	—
1856	409	678	247	20	116	—
1857	459	812	247	20	125	—
1858	486	919	247	20	125	—
1859	307	1338	319	101	125	—
1860	362	—	—	101	—	1699
1861	362	—	—	101	—	2039
1862	362	—	—	209	—	2323
1863	362	—	—	209	—	2962
1864	362	—	—	209	—	3393
1865	362	—	—	246	—	3736
1866	—	—	—	246	—	4820
1867	—	—	—	306	—	4961
1868	—	—	—	306	—	5365
1869	—	—	—	306	—	5557
1870	—	—	—	—	—	6175
1871	—	—	—	—	—	6378

Spanien und Portugal.

Während fast alle übrigen Länder des westlichen Europas schon ein mehr oder weniger entwickeltes Eisenbahnnetz aufzuweisen vermochten, waren auf der Pyrenäischen Halbinsel bis zu Anfange der sechziger Jahre nur kurze, nicht zusammenhängende Eisenbahnstrecken dem Betriebe übergeben worden, und erst das letzte Jahrzehnt brachte in das Spanische Eisenbahnnetz einigermaassen Vollständigkeit und Zusammenhang. Die erste Eisenbahn auf der Iberischen Halbinsel war die im Jahre 1843 concessionirte und mit Englischem Gelde von Englischen Ingenieuren gebaute kurze Strecke von Barcelona nach Mataro, welche am 30. October 1848 dem Verkehr übergeben wurde. In den Jahren 1843 bis 1847 wurde dann eine ganze Reihe von Concessionen für ein vollständiges Eisenbahnnetz ertheilt, welches, von Madrid als Mittelpunkt ausgehend, dieses mit den Haupthafenplätzen verbindet. Die Concessionsertheilung geschah meist ohne vorhergehende genaue Prüfung der Umstände, aber unter anscheinend so vortheilhaften Bedingungen für die Unternehmer, dass Inländer und Fremde, namentlich Engländer, sich herandrängten.

Die grossen Schwierigkeiten aber, welche aus den hohen, die Halbinsel nach allen Richtungen durchkreuzenden Gebirgen sich ergaben und nur durch die kostspieligsten Anlagen überwunden werden konnten, bewirkten es, dass der Eisenbahnbau langsamer vorwärts schritt als in den anderen Ländern und dass die Hauptlinien erst im letzten Jahrzehnt vollendet wurden, während einige, wie z. B. die Nordwestbahn, noch jetzt ihrer Vollendung harren. Nimmt man hinzu den Mangel an guten Strassen, die ihnen Personen und Waaren zuführen, so wie das Fehlen einer eigenen namhaften Industrie in Spanien, so ist leicht zu begreifen, warum die bestehenden Bahnen so ungünstige Resultate liefern, dass sie grösstentheils ausser Stande sind, die Verzinsung und Tilgung ihrer Anleihen zu bestreiten, und dass die Regierung, um den Bankerott der Eisenbahngesellschaften zu vermeiden, durch das neue von den Cortes im Jahre 1869 angenommene Eisenbahngesetz ihnen die Möglichkeit geben musste, mit ihren Gläubigern ein Uebereinkommen zu treffen. Alle diese Umstände, zu denen noch die politischen Wirren der letzten Jahre kommen, haben den Eisenbahnbau in Spanien fast ganz in

Stocken gerathen lassen, so dass aus den letzten Jahren nur die Eröffnung von ganz unbedeutenden Strecken zu melden ist.

Das spanische Eisenbahnnetz umfasste am Schlusse des Jahres 1871 folgende Linien in einer Länge von 5328 Kilom.

	Kilom.	Jahr der Eröffnung.
1. Nordbahn.		
Madrid-Irun-französische Grenze	633	1861—64
Venta de Banos-Alar del Rey	91	60
Gürtelbahn in Madrid	7	64
2. Isabella II.		
Alar-Santander	139	57—66
Quintanilla-Barruelo (Bergwerksbahn)	13	64
3. Medina del Campo-Zamora	90	64
4. Nordwestbahn.		
Palencia-Branuelas	202	63—68
Leon-Pola de Gordon	36	68—69
Im Bau:		
Branuelas-Vigo	c. 250	
Montforte-Coruna	c. 150	
Pola-Gijon	c. 70	
5. Sama de Langreo-Gijon	39	52—56
6. Tudela-Bilbao.		
Bilbao-Castejon	249	63
7. Madrid-Saragossa und Alicante.		
Madrid-Saragossa	341	59—63
Madrid-Alicante	455	51—58
Castillejo-Toledo	26	58
Alcazar-Ciudad Real	115	61
Manzanares-Cordova	244	62—65
Chinchilla-Cartagena	227	63—65
8. Saragossa-Barcelona und Pamplona.		
Barcelona-Saragossa	366	55—61
Casetas-Alsasua	217	60—65
Tardiente-Huesca	22	64
9. Barcelona-Sarria	5	63
10. Tarragona-Martorell-Barcelona	102	63—65
11. Barcelona-Figueras-französische Grenze.		
Barcelona-Mataro-Gerona	105	48—62
Barcelona-Granollers-Empalme	69	54—62
Zu bauen:		
Gerona-Grenze bei Port Vendres	c. 70	

	Kilom.	Jahr der Eröffnung.
12. Lerida-Reus und Tarragona.		
Tarragona-Vimbodi	55	56—65
Im Bau:		
Vimbodi-Lerida	45	
13. Almansa-Valencia und Tarragona.		
Almansa-Valencia	116	52—59
(excl. 18 Kilom. gemeinschaftlich mit Madrid-Alicante).		
Valencia-Grao	3	52
Valencia-Tarragona	275	62—67
Carcagente-Gandia (Pferdebahn)	c. 40	
14. Ciudad Real-Badajoz	336	64—66
Badajoz-Portugiesische Grenze	6	63
(im Betrieb der Portugiesischen Bahn)		
Almorchon-Belmez-Alhondiguilla	92	68—71
Im Bau:		
Alhondiguilla-Cordova	c. 50	
15. Cordova-Sevilla	131	59
Verbindungsbahn in Cordova	6	59
16. Sevilla-Xeres-Cadix	153	56—59
Puerto de S. Maria-Empalme del Trocadero	12	56
17. Utrera-Moron	36	64
Utrera-Marchena	c. 40	70
18. Cordova-Malaga und Granada.		
Cordova-Malaga	195	63—65
Bobadilla-Sustancias	25	65—71
Loja-Granada	54	66
Im Bau:		
Loja-Sustancias	c. 15	

Geschichtstafel der spanischen Eisenbahnen.

Tag der Eröffnung.	Eröffnete Strecke.	Name der Bahn.	Länge in Kilom.	Am Schlusse des Jahres. Kilom.
30. Oct. 1848	Barcelona-Mataro	Barc.-franz. Grenze	28	28
9. Fbr. 1851	Madrid-Aranjuez	Madrid-Alicante	49	77
22. März 1852	Valencia-Grao	Almansa-Valencia	3	
25. Aug. „	Gijon-Fontaneira	Sama-Gijon	10	
24. Oct. „	Valencia-Silla	Almansa-Valencia	13	
8. Dec. „	Silla-Benifayo	„	9	112

Tag der Eröffnung.	Eröffnete Strecke.	Name der Bahn.	Länge in Kilom.	Am Schlusse des Jahres. Kilom.
14. Aug. 1853	Aranjuez-Tembleque	Madrid-Alicante	52	
14. Nov. „	Barcelona-Molins del Rey	Tarragona-Barcel.	16	
„	Benifayo-Jativa	Almansa-Valencia	34	214
20. Juni 1854	Tembleque-Alcazar	Madrid-Alicante	47	
23. Juli „	Barcelona-Granollers	Barcelona-Figueras	29	290
19. März 1855	Alcazar-Albacete	Madrid-Alicante	131	
„	Moncada-Tarrasa	Saragossa-Barcel.	22	443
23. Juni 1856	Molins del Rey-Martorell	Tarragona-Barcel.	13	
12. Juli „	Fontaneira-Sama de Langreo	Langreo-Gijon	29	
16. Sept. „	Tarragona-Reus	Lerida-Tarragona	16	
10. Oct. „	Xeres-Trocadero	Sevilla-Xeres	32	533
10. Jan. 1857	Mataro-Arenys	Barcelona-Figueras	9	
28. März „	Alar del Rey-Reinosa	Isabella	51	
11. Nov. „	Albacete-Chinchilla	Madrid-Alicante	19	612
15. März 1858	Chinchilla-Alicante	„	157	
13. Juni „	Castillejo-Toledo	„	26	
„	Jativa-Mogente	Almansa-Valencia	28	823
3. Fbr. 1859	Arenys-Tordera	Barcelona-Figueras	28	
5. März „	Cordova-Sevilla	Cordova-Sevilla	137	
3. Juni „	Madrid-Guadalajara	Madrid-Saragossa	57	
„	Mogente-Encina	Almansa-Valencia	32	
„	Barcelona-Moncada	Saragossa-Barcel.	11	1088
März 1860	Sevilla-Xeres	Sevilla-Xeres	94	
1. Aug. „	Venta de Banos-Alar del Rey	Nordbahn	91	
1. Sept. „	Tudela-Pamplona	Saragossa-Barcel.	108	
2. Oct. „	Barcena-Santander	Isabella	55	
„	San Childrian-Burgos	Nordbahn	218	1649
März 1861	Puerto de S. Maria-Cadix	Sevilla-Xeres	39	
9. Aug. „	Madrid-Escurial	Nordbahn	51	
19. Sept. „	Tarrasa-Saragossa	Saragossa-Barcel.	333	
19. „ „	Casetas-Tudela	„	62	
19. „ „	Casetas-Saragossa	Madrid-Saragossa	13	
„	Guadalajara-Jadraque	„	48	
„	Burgos-Quintanapalla	Nordbahn	17	
„	Alcazar-Ciudad Real	Madrid-Saragossa	115	
„	Granollers-Hostalrich	Barcelona-Figueras	35	2362
17. März 1862	Tordera-Gerona	„	40	
17. „ „	Hostalrich-Empalme	„	5	
10. Apr. „	Quintanapalla-Alsasua	Nordbahn	149	
„	Jadraque-Medinaceli	Madrid-Saragossa	61	
„	Manzanares-St. Cruz de Mudela	„	12	
„	Valencia-Castellon	Almansa-Valencia	69	2728
1. Fbr. 1863	Murcia-Cartagena	Madrid-Saragossa	64	

Tag der Eröffnung.	Eröffnete Strecke.	Name der Bahn.	Länge in Kilom.	Am Schlusse des Jahres. Kilom.
4. Fbr. 1863	Medinaceli-Alhama	Madrid-Saragossa	53	
2. März „	Bilbao-Orduna	Tudela-Bilbao	41	
4. „ „	Avila-San Childrian	Nordbahn	31	
13. Mai „	Montblanch-Reus	Lerida-Tarragona	28	
15. „ „	Orduna-Haro	Tudela-Bilbao	82	
25. „ „	Alhama-Casetas	Madrid-Saragossa	109	
24. Juni „	Barcelona-Sarria	Barcelona-Sarria	5	
1. Juli „	Escurial-Avila	Nordbahn	63	
31. Aug. „	Haro-Castejon	Tudela-Bilbao	126	
1. Sept. „	Beasain-S. Sebastian	Nordbahn	41	
16. „ „	Malaga-Alora	Cordova-Malaga	38	
20. Sept. „	Badajoz-portugies. Grenze	Portugiesische	6	
18. Oct. „	San Sebastian-Irun	Nordbahn	17	
9. Nov. „	Palencia-Leon	Nordwestbahn	123	
19. „ „	Castellon-Benicasin	Almansa-Valencia	13	3568
5. Fbr. 1864	Chinchilla-Hellin	Madrid-Saragossa	50	
9. „ „	Pampelona-Irurzun	Saragossa-Barcel.	22	
Apr. „	Quintanilla-Orico	Isabella	13	
1. Mai „	Medina-Toro	Medina-Zamora	58	
1. Juli „	Toro-Zamora	„	32	
15. Aug. „	Irun-Hendaye (Grenze)	Nordbahn	2	
19. „ „	Ciudad Real-Puerto Llano	Ciudad Real-Badaj.	39	
20. „ „	Olozogoitia-Beasain	Nordbahn	44	
12. Sept. „	Utrera-Moron	Utrera-Moron	36	
21. „ „	Tardiente-Huesca	Saragossa-Barcel.	22	
1. Oct. „	Madrider Gürtelbahn	Nordbahn	7	
8. „ „	Hellin-Agramon	Madrid-Saragossa	20	
8. „ „	Cieza-Murcia	„	50	
20. „ „	Merida-Badajoz	Ciudad-Badajoz	59	4022
12. März 1865	Benicasin-Uldecona	Almansa-Valencia	81	
12. „ „	Amposta-Tarragona	„	70	
25. „ „	St. Cruz de Mudela-Venta de Cardenas	Madrid-Saragossa	27	
15. Apr. „	Tarragona-Martorell	Tarragona-Barcel.	73	
27. „ „	Agramon-Cieza	Madrid-Saragossa	43	
22. Juni „	Irurzun-Alsasua	Saragossa-Barcel.	30	
26. Juli „	Montblanch-Esplugu- de Francoli	Lerida-Tarragona	6	
28. „ „	Puerto Llano-Veredas	Ciudad-Badajoz	19	
15. Aug. „	Cordova-Alora	Cordova-Malaga	157	
15. „ „	Bobadilla-Antequera	„	15	
28. „ „	Magacela-Merida	Ciudad-Badajoz	68	
5. Nov. „	Esplugu de Francoli-Vimbodi	Lerida-Tarragona	5	
1. Dec. „	Vilches-Cordova	Madrid-Saragossa	145	4761
2. Fbr. 1866	Reinosa-Santiurda	Isabella	10	

Tag der Eröffnung.	Eröffnete Strecke.	Name der Bahn.	Länge in Kilom.	Am Schlusse des Jahres. Kilom.
15. Fbr. 1866	Leon-Astorga	Nordwest	52	
15. März „	Castuera-Magacela	Ciudad-Badajoz	29	
30. Juni „	Almorchon-Castuera	„	24	
8. Juli „	Santiurda-Barcena	Isabella	23	
15. Sept. „	Venta de Cardenas-Vilches	Madrid-Saragossa	30	
4. Nov. „	Veredas-Almorchon	Ciudad-Badajoz	98	
10. Dec. „	Loja-Granada	Cordova-Malaga	54	5081
1867	Ulldecona-Amposta	Almansa-Valencia	42	5123
1. Apr. 1868	Almorchon-Belmez	Ciudad-Badajoz	64	
„	Astorga-Brannuelas	Nordwest	27	
„	Leon-Robla	„	26	5240
15. Aug. 1869	Robla-Pola	„	10	5250
1870	Antequera-Archidona	Cordova-Malaga	5	
„	Utrera-Marchena	Utrera-Moron	c. 40	5295
1. Juni 1871	Tramway in Madrid		?	
31. Aug. „	Archidona-Sustancias	Cordova-Malaga	c. 5	
„	Belmez-Alhoudignilla	Ciudad Real-Badaj.	28	5328

In Portugal begann die Regierung mit dem Eisenbahnbaue im Jahre 1854 und vollendete eine kleine Strecke von der Hauptstadt aus. Im Jahre 1859 wurde die Gesellschaft der portugiesischen Eisenbahnen organisirt und übernahm mit einer Staatssubvention den Bau der beiden Hauptlinien von Lissabon nach der spanischen Grenze bei Badajoz und von Lissabon nach Oporto; beide Linien wurden im Jahre 1864 vollendet. Die ausserdem noch bestehende, einer englischen Gesellschaft gehörende Südbahn nach Evora und Beja ging im Jahre 1869 in den Besitz der Regierung über.

In der neuesten Zeit hat man versucht, das Larmanjat'sche System von Eisenbahnen, welche auf den gewöhnlichen Strassen zu verkehren bestimmt sind, in Portugal einzuführen, und es wurde die erste Section der nach diesem Systeme erbauten Eisenbahn von Lissabon nach Torres Vedras am 6. Februar 1870 eröffnet.

Das portugiesische Eisenbahnnetz bestand am Schlusse des Jahres 1871 aus folgenden Linien in einer Länge von 780 Kilom.

	Kilom.	Jahr der Eröffnung.
1. Portugiesische Bahn.		
Lissabon-Badajoz	381	1854—63
Entrocamento-Oporto	226	63—64
2. Südbahn.		
Barreiro-Evora	116	62—63

	Kilom.	Jahr der Eröffnung.
Pinhal novo-Setubal	13	62
Casa Branca-Beja	64	64
Beja-Quintos	c. 20	71
Beja-Casevel	c. 40	71
3. Lissabon-Torres Vedras (1. Section)	c. 20	70

Geschichtstafel der portugiesischen Eisenbahnen.

Tag der Eröffnung.	Eröffnete Strecke.	Name der Bahn.	Länge in Kilom.	Am Schlusse des Jahres. Kilom.
1854	Lissabon-Carregado	Portugiesische	36	36
1860	Carregado-Ponte d'Asseca	„	31	67
1862	Ponte d'Asseca-Abrantes	„	68	
„	Pinhal novo-Setubal	Südbahn	13	
„	Barreiro-Vendas novas	„	56	204
8. Juni 1863	Villa nova de Gaja (Oporto)-Estareja	Portugiesische	45	
13. Sept. „	Vendas novas-Evora	Südbahn	60	
24. „ „	Abrantes-Badajoz	Portugiesische	146	455
14. Fbr. 1864	Casa Branca-Beja	Südbahn	64	
7. Juli „	Entrocamento-Estareja	Portugiesische	181	700
6. Fbr. 1870	Lissabon-Torres Vedras (1. Section)	Lissabon-Torres Vedras	c. 20	720
1871	Beja-Quintos	Südbahn	c. 20	
„	Beja-Casevel	„	c. 40	780

Dänemark.

Die ersten Eisenbahnen der dänischen Monarchie waren die in dem Herzogthume Holstein gelegenen Altona-Kieler, Neumünster-Rendsburger und Glückstadt-Elmshorner Bahnen, welche in den Jahren 1844 und 1845 dem Betriebe übergeben wurden. Doch fanden dieselben Jahre lang eine beharrliche Schranke ihrer weiteren Entwickelung an der dänischen Politik. Alle Pläne zur Fortsetzung nach Schleswig hinein scheiterten an der festen Intention der dänischen Regierung, eine Längsbahn durch Schleswig nicht zu gestatten, um dem commerciellen Andrange des Südens den Zugang nicht zu erleichtern.

Nach langem Kampfe kam die wunderliche Idee einer Querbahn zu Tage, welche, Holstein und den Süden ganz ignorirend, Husum und Flensburg verbinden sollte. Schleswig, die alte Hauptstadt des Landes, welche von dieser Eisenbahn ausdrücklich umgangen wurde, war genöthigt, eine eigene Actiengesellschaft ins Leben zu rufen, um die Verbindungsbahn von Klosterkrug nach Schleswig zu bauen, die ihr aber durchaus kein Aequivalent für den Ausschluss von der Hauptbahn bot. Erst nach der Trennung der Herzogthümer von der dänischen Monarchie ist unter preussischer Herrschaft dieser Uebelstand durch Geradelegung der Hauptbahn und Bau der Abkürzungslinie Eggebeck-Schleswig beseitigt worden.

Das zweckmässig angelegte Eisenbahnnetz der noch übrigen Provinzen Dänemarks bestand Ende 1871 aus folgenden Linien mit einer Länge von 876 Kilom.

	Dän. Meilen à 7532 M.	Kilom.	Jahr der Eröffnung.
1. Seeländische Bahn.			
Kopenhagen-Korsoer	14,71	111	1847—56
Kopenhagen-Helsingoer . . .	7,98	60	64
Hellerup-Klampenborg	0,73	6	63
Roskilde-Masnedsund	12,25	92	70
Pferdebahn in Kopenhagen (Frederiksborg-Vibenshuiss)	c. 1,0	8	66

	Meil.	Kilom.	Jahr der Eröffnung.
2. **Jütisch-Fünensche Staatsbahnen.**			
Nyborg-Striib	11,04	83	65—66
Fredericia-Vamdrup-Grenze bei Farris	5,70	43	66
Fredericia-Langaa	20,6	155	62—68
Langaa-Holstebro	15,96	120	53—66
Langaa-Aalborg	12,49	94	69
Skanderborg-Silkeborg	4,0	30	71
Nörre Sundby (Aalborg)-Frederikshavn	10,9	82	71
Im Bau:			
Südjütische Querbahn von Esbjerg über Gjoerding nach Lunderskow	7,2	54	

Geschichtstafel der dänischen Eisenbahnen.

(In der letzten Rubrik giebt die in Parenthese stehende Zahl die Länge excl. der Schleswig-Holsteinischen und Lauenburgischen Bahnen an.)

Tag der Eröffnung.	Eröffnete Strecke.	Name der Bahn.	Länge in Kilom.	Am Schlusse des Jahres. Kilom.
18. Sept. 1844	Altona-Kiel	Altona-Kiel	106	106 (0)
19. Juli 1845	Elmshorn-Glückstadt	Glückst.-Elmsh.	17	
18. Sept. „	Neumünster-Rendsburg	Altona-Kiel	32	155 (0)
15. Dec. 1846	Büchen-Bergedorf	Berlin-Hamburg	32	187 (0)
26. Juni 1847	Kopenhagen-Roskilde	Seeländische	30	217 (30)
15. Oct. 1851	Büchen-Lübeckische Grenze	Lübeck-Büchen	38	
15. „ „	Büchen-Palmschleuse	Berlin-Hamburg	12	267 (30)
1. Juli 1853	Palmschleuse-Lauenburg	„	1	268 (30)
25. Oct. 1854	Rendsburg-Flensburg	Altona-Kiel	79	
25. „ „	Oster Orsted-Toenning	„	33	380 (30)
27. Apr. 1856	Roskilde-Korsor	Seeländische	81	
17. Mai „	Verbindungsbahn bei Rendsburg	Altona-Kiel	3	464 (111)
16. Oct. 1857	Glückstadt-Itzehoe	Glückst.-Elmsh.	16	480 (111)
1. Juni 1858	Klosterkrug-Schleswig	Altona-Kiel	5	485 (111)
4. Sept. 1862	Aarhuus-Randers	Jütische	58	543 (169)
20. Juli 1863	Langaa-Viborg	„	40	
„	Kopenhagen-Klampenborg	Seeländische	13	596 (222)
8. Juni 1864	Hellerup-Helsingoer	„	53	
17. Oct. „	Viborg-Skive	Jütische	32	

Tag der Eröffnung.	Eröffnete Strecke.	Name der Bahn.	Länge in Kilom.	Am Schlusse des Jahres. Kilom.
30. Oct. 1864	Die schleswig-holsteinisch. und lauenburgischen Bahnen wurden von Dänemark getrennt		374	307
7. Sept. 1865	Nyborg-Middelfart	Jütische	79	
16. Nov. „	Skive-Struer	„	33	419
1. Nov. 1866	Middelfart-Striib	„	4	
1. „ „	Fredericia-Vamdrup-Grenze	„	43	
1. „ „	Struer-Holstebro	„	15	481
4. Oct. 1868	Fredericia-Aarhuus	„	109	590
19. Sept. 1869	Randers-Aalborg	„	82	672
4. Oct. 1870	Roskilde-Masnedsund	Seeländische	92	764
2. Mai 1871	Skanderborg-Silkeborg	Jütische	30	
16. Aug. „	Norre Sundby-Frederikshavn	„	82	876

Schweden und Norwegen.

Da sich in dem nicht reichen und wenig bevölkerten Schweden ausser für einige kleinere Bahnen (Oerebro-Arboga, Falun-Gefle u. a.) keine Privatunternehmer fanden, so unternahm der Staat im Jahre 1854 den Ausbau der für das Land wichtigsten Eisenbahnlinien selbst. Derselbe schritt aber nur langsam vorwärts, so dass die westliche Stammbahn von Stockholm nach Goeteborg erst 1862, die Südbahn nach Malmoe 1864, die Nordbahn nach Upsala 1866 und die Nordwestbahn nach der norwegischen Grenze erst im Jahre 1871 vollständig dem Betriebe übergeben werden konnte.

Am Schlusse des Jahres 1871 waren in Schweden 1836 Kilom. Eisenbahnen im Betriebe.

Norwegen ist ausser der australischen Kolonie Queensland das einzige Land, welches die schmale Spurweite von 3' 6" Engl. als Regel für seine Eisenbahnen angenommen hat. Als nämlich die im Jahre 1854 eröffnete Staatsbahn von Christiania nach Eidsvold und ihre 9 Jahre später eröffnete Zweigbahn nach Kongsvinger und der schwedischen Grenze mit der gewöhnlichen Spurweite von 4' 8½" angelegt worden war, sah man bald ein, dass, wenn man auf Rentabilität der in den weniger günstig gelegenen Distrikten projectirten Eisenbahnen überhaupt rechnen wollte, man dieselben nach einem anderen, ungleich billigeren Systeme bauen müsse, und suchte dies durch Annahme der schmalen Spurweite zu erreichen, womit zugleich leichte Schienen, Betriebsmaterial von geringerem Gewichte u. entsprechend geringere Dimensionen aller Kunstbauten verbunden sind. Das projectirte schmalspurige Netz ist noch in Ausführung begriffen; gegenwärtig sind in Norwegen 191 Kil. breitspurige und 231 Kilom. schmalspurige Bahnen im Betriebe.

Das Eisenbahnnetz der skandinavischen Halbinsel umfasste am Schlusse des Jahres 1871 folgende Linien:

	Schwd. Meil. à 10688 Met.	Kilom.	Jahr der Eröffnung
1. Schwedische Staatsbahnen.			
Westbahn: Stockholm-Goeteborg	42,6	455	1856—62
Nordbahn: Stockholm-Upsala	6,2	66	66
Ostbahn: Katrineholm-Norrkoeping	4,5	48	66

	Meil.	Kilom.	Jahr der Eröffnung.
Hallsberg-Oerebro	2,3	25	62
Südbahn: Falkoeping-Malmoe . .	35,6	380	56—64
Nordwestbahn: Laxa-norweg. Grenze (Charlottenberg)	19,5	208	66—71
Im Bau:			
Upsala-Storviken (an der Bahn Falun-Gefle	c. 10	107	
Norrkoeping-Naessjoe . . .	c. 15	160	

2. Privatbahnen.

	Meil.	Kilom.	Jahr der Eröffnung.
Oerebro-Koeping	6,7	72	56—66
Dylta-Nora	1,5	16	57
Oskarhamn-Berg (im Bau bis Naessjoe)	3,0	32	71
—Herrljunga-Boras	3,9	42	63
Herrljunga-Uddevalla	8,7	93	66—67
Alfvesta-Wexioe	1,7	18	65
Hessleholm-Christianstad . . .	2,8	30	65
Esloef-Helsingborg	4,6	49	65
Billeberga-Landskrona	1,0	11	65
Esloef-Ystad	7,1	76	65—66
Gefle-Falun	8,9	95	58—59
Wessman-Barken (Smedjebacken-Ludowika	1,5	16	60
Norberg-Amanningen . . .	1,6	17	54
Koeping-Uttersberg . . .	3,4	36	66
Christinehamn-Sjoeaendan . .	1,1	12	51
Clarelfen-Frycken (Fryckstad-Lyckan)	0,7	8	51
Soederhamn-Bergvick . . .	1,5	16	61
Hudiksvall-Forsa	1,1	12	59

3. Industrie- und Pferdebahnen.

	Meil.	Kilom.
Ammeberg am Wetternsee-Isasen .	1,1	12
Atvidaberg-Bersbo	1,0	11
Marma-Sandarne	0,9	10
Oesterjon See-Yngen See . .	0,5	6
Graengesberg (Dalarna)-Hoerken See	0,4	4
Norrkoeping-Glan See . . .	0,5	6
Finsparg-Lotorp	0,2	2
Lundafors-Ljusna Elf . . .	0,5	6
Striberg-Wickern See . . .	0,4	4
Philippstad-Yngen See . . .	0,4	4
Laengbanshyttan-Yngen See . .	0,5	6
Oejevettern See-Oesterjon See .	0,4	4
Yngen See-Saxen See . . .	0,3	3
Raengen See-Glafsfjolen See .	0,3	3
Ammeberg-Wetternsee . . .	0,3	3

4. Norwegische Bahnen.

	Norw. Meil. à 11295 Met.	Kilom.	Jahr der Eröffnung.
Christiania-Eidsvold	6,0	68	53—54
Lillestroemmen-schwedische Grenze	10,9	123	63—65
(Charlottenberg)			62—71
Hamar-Grundseth-Aamot . . .	5,7	64	64
Trondhjem-Stoeren	4,3	49	66—68
Drammen-Randsfjord . . .	8,0	90	71
Hougsund-Kongsberg	2,5	28	
Im Bau oder projectirt:			
Aamot-Stören	c. 25	280	
Christiania-Drammen . . .	4,6	52	
Vikersund-Kroederen . . .	2,2	25	
Eidsvold-Hamar	c. 6	67	
Trondhjem-Meraker-schwed. Grenze	c. 10	113	

Geschichtstafel der schwedischen Eisenbahnen.

Tag der Eröffnung.	Eröffnete Strecke.	Name der Bahn.	Länge in Kilom.	Am Schlusse des Jahres. Kilom.
1851	Christinehamn-Sjoeaeudan	Christineh.-Sjoe.	12	
„	Clarelfen-Fryken	Clarelf.-Fryken	8	20
1854	Norberg-Amaenningen	Norberg-Am.	17	37
1. Dec. 1856	Goeteborg-Jonsered	Staatsbahn	15	
1. „ „	Malmoe-Lund	„	16	
„	Oerebro-Dylta	Oer.-Koeping	16	84
29. Aug. 1857	Dylta-Arboga	„	40	
29. „ „	Dylta-Nora	„	16	
16. Dec. „	Jonsered-Wargarda	Staatsbahn	51	
23 „ „	Lund-Oertoefta	„	10	201
4. Oct. 1858	Oertoefta-Hoer	„	28	
5. „ „	Wargarda-Falkoeping	„	48	277
18. Juli 1859	Hoer-Soesdala	„	14	
1. Sept. „	Falkoeping-Toereboda	„	68	
„	Gefle-Falun	Gefle-Falun	95	
„	Hudiksvall-Forsa	Hud.-Forsa	12	466
1. Dec. 1860	Stockholm-Soedertelje	Staatsbahn	34	
1. „ „	Soesdala-Hessleholm	„	15	
„	Wessman-Barken	Wess.-Barken	16	531
1. Juni 1861	Soedertelje-Jerna	Staatsbahn	12	
1. Oct. „	Jerna-Gnesta	„	17	
„	Soederhamn-Bergvik	Soed.-Bergvik	16	576

Tag der Eröffnung.	Eröffnete Strecke.	Name der Bahn.	Länge in Kilom.	Am Schlusse des Jahres. Kilom.
15. Mai 1862	Gnesta-Bjoernlunda	Staatsbahn	10	
1. Aug. ,,	Bjoernlunda-Sparreholm	,,	21	
1. ,, ,,	Hallsberg-Toereboda	,,	75	
1. ,, ,,	Hallsberg-Oerebro	,,	25	
1. ,, ,,	Hessleholm-Elmhult	,,	51	
4. Nov. ,,	Sparreholm-Hallsberg	,,	104	
4. ,, ,,	Falkoeping-Mullsjoe	,,	38	
1. Dec. ,,	Elmhult-Liatorp	,,	15	915
7. Aug. 1863	Herrljunga-Boras	Herrl.-Boras	42	
1. Dec. ,,	Mullsjoe-Joenkoeping	Staatsbahn	32	
,,	Liatorp-Alfvesta	,,	32	1021
1. Juni 1864	Alfvesta-Lamhult	,,	31	
1. Oct ,,	Lamhult-Sandsjoe	,,	38	
1. Dec. ,,	Sandsjoe-Joenkoeping	,,	60	1150
4. Juli 1865	Alfvesta-Wexioe	Alfesta-Wexioe	18	
30. ,, ,,	Hessleholm-Christianstad	Hessl.-Christ.	30	
31. ,, ,,	Esloef-Helsingborg	Esloef-Helsingb.	49	
31. ,, ,,	Billeberga-Landskrona	Billeb.-Landskrona	11	
1. Dec. ,,	Esloef-Loefvestad	Esloef-Ystad	44	1302
1. Mai 1866	Loefvestad-Ystad	,,	32	
26. Juni ,,	Arboga-Koeping	Oer.-Koeping	16	
26. ,, ,,	Koeping-Uttersberg	Koeping-Uttersb.	36	
3. Juli ,,	Katrineholm-Norrkoeping	Staatsbahn	48	
20. Sept. ,,	Stockholm-Upsala	,,	66	
16. Oct. ,,	Herrljunga-Wara	Her.-Uddevalla	21	
16. ,, ,,	Salsta-Wenersborg	,,	19	
4. Nov. ,,	Charlottenberg-norw. Gr.	Staatsbahn	7	
1. Dec. ,,	Wara-Wakanstorp	Her.-Uddevalla	6	
2. ,, ,,	Laxa-Christinehamn	Staatsbahn	60	
14. ,, ,,	Wenersborg-Uddevalla	Her.-Uddevalla	28	1641
17. Mai 1867	Salsta-Hakanstorp		19	
10. Oct. ,,	Arvika-Charlottenberg	Staatsbahn	34	1694
29. Spt. 1869	Christinehamn-Carlstad	,,	40	1734
2. Febr. 1871	Oskarhamn-Berg	Naessjoe-Osk.	32	
16. Juni ,,	Carlstad-Arvika	Staatsbahn	67	
17. Juli ,,	Verbindungsb. in Stockholm	,,	3	1836

Geschichtstafel der norwegischen Eisenbahnen.

Tag der Eröffnung.	Eröffnete Strecke.	Name der Bahn.	Länge in Kilom.	Am Schlusse des Jahres. Kilom.
Juli 1853	Christiania-Stroemmen	Christ.-Eidsvold	18	
1. Nov. „	Stroemmen-Dahl	„	40	58
1. Spt. 1854	Dahl-Eidsvold	„	10	68
2. Oct. 1862	Hamar-Grundseth	Hamar-Aamot	38	106
1. Jan. 1863	Lillestroemmen-Kongsvinger	Kongsvinger	79	185
5. Aug. 1864	Trondjhem-Stoeren	Trond.-Stoeren	49	234
4. Nov. 1865	Kongsvinger-schw. Grenze	Kongsvinger	44	278
15. Nov. 1866	Drammen-Vikersund	Drammen-Randsf.	43	321
22. Nov. 1867	Vikersund-Skjaerdalen	„	15	336
12. Oct. 1868	Skjaerdalen-Randsfjord	„	32	368
1871	Grundset-Aamot	Hamar-Aamot	26	
„	Hougsund-Kongsberg	Drammen-Randsf.	28	422

Russland.

In der Geschichte des russischen Eisenbahnwesens lassen sich drei Perioden unterscheiden; die erste umfasst die Regierungszeit des Kaisers Nikolaus bis 1855, die zweite die ersten zehn Jahre der Herrschaft Alexanders II., die dritte die Zeit von 1865 bis jetzt. Der Kaiser Nikolaus sah die Eisenbahnen mit misstrauischem Blicke als eine gefährliche Neuerung an, welche die Stille seines Reiches stören könnte; er ermunterte und beförderte daher diese ausländische und verdächtige Erfindung in keiner Weise. Mit Ausnahme der wenigen Meilen nach seiner Sommerresidenz Zarskoje Selo (1838) gestattete er nur den Bau der Linie, welche die beiden Hauptstädte seines Reiches verbindet, und jener zweiten, welche von St. Petersburg über Warschau und Krakau nach dem civilisirten und oft besuchten Westen führt. Bei seinem Tode im Jahre 1855 war die letztere nur theilweise fertig, und im Ganzen waren in dem grossen Reiche nur 1044 Kilom. im Betriebe, selbstverständlich auf Staatskosten erbaut.

Der Krimmkrieg, in welchem Truppen von London nach Balaklava schneller, als von Moskau nach Sebastopol befördert wurden, hatte unwiderleglich die Nothwendigkeit eines umfassenden Eisenbahnnetzes für Russland dargelegt. Kaum war deshalb Alexander II. zur Regierung gelangt, so beschloss er, die strategische und kommercielle Kraft seines Reiches mittelst der Eisenbahnen zu erhöhen, und sich dabei, dem Beispiele anderer Länder folgend, an die Privatindustrie zu wenden. Man trat mit auswärtigen Kapitalisten in Verbindung; zwar zerschlugen sich die Verhandlungen mit den Engländern, weil diese als erste Bedingung den Grundsatz aufstellten, dass sich die Regierung von jeder Einmischung in die inneren Gesellschaftsangelegenheiten fern halten sollte, ebenso die mit einer Amerikanischen Gesellschaft, welche ein grossartiges Eisenbahnnetz durch ganz Russland und Sibirien zu bauen sich erbot, aber verlangte, dass ihr die Regierung zu beiden Seiten der Bahn ein Stück Land von einem Werst Breite unentgeltlich überlasse, auf welchem sich kein russischer Beamter sehen lassen dürfe. Endlich wurde jedoch im Jahre 1857 von französischen Kapitalisten die grosse russische Eisenbahngesellschaft gegründet, welche ein Netz von etwa 4000 Kilom. zu bauen übernahm. Dasselbe wurde später auf die Linien von Petersburg nach Warschau und der preussischen Grenze und von Moskau nach Nischnij-Nowgorod beschränkt, dagegen im Jahre 1868 auch die Staatsbahn von Petersburg nach Moskau der Gesellschaft käuflich überlassen.

Einen bedeutenden Aufschwung nahm das Russische Eisenbahnwesen seit 1865, da durch Gewährung von Zinsgarantie Seitens des Staates viel fremdes Kapital, namentlich aus Deutschland herbeiströmte. Während von 1838—55 durchschnittlich jährlich nur 58 Kilom., von 1856—65 jährlich 287 Kilom. eröffnet wurden, sind in den Jahren 1866—71 im Ganzen 10024 Kilom., also jährlich im Durchschnitt 1670 Kilom. in Betrieb gesetzt worden. Die Gesammtlänge der am Ende des Jahres 1871 im Betriebe befindlichen Bahnen beträgt 13950 Kilom. oder 13070 Werst, während ungefähr 3000 Kilom. noch im Bau befindlich und 4800 Kilom. projectirt sind. Von den 13950 Kilom. sind nur 1241 Kilom. Staatsbahnen, da im Jahre 1857 die Warschau-Wiener, 1868 die Petersburg-Moskauer Nikolaibahn und 1870 die Odessa-Balta-Jelisawetgrad-Bahn an Privatgesellschaften verkauft wurden.

Das russische Eisenbahnnetz am 1. Januar 1872.

	Werst à 1067 Meter	Kilom.	Jahr der Eröffnung.
A. Staatsbahnen.			
1. **Moskau-Kursk**	502	536	1866—68
Verbindungsbahn in Moskau	10	11	66
2. **Jelisawetgrad-Krementschug** (Krjukow)	134	143	69
(im Betriebe der Odessaer Bahn)			
3. **Terespol-Brest Litewski** mit Zweigbahn zum Flusse Muchawz	8	9	69
4. **Helsingfors-Tavastehus**	100	107	62
Zweigbahn nach dem Hafen Soernaes	3	3	62
5. **Finnländische Bahn.**			
St. Petersburg-Rühimaki	345	368	69—70
Zweigbahn nach Lahtis	3	3	69
6. **Von Liwny zur Orel-Grjaesi Bahn**	57	61	71
B. Privatbahnen.			
7. **St. Petersburg-Zarskoje Selo**	25	27	38
8. **Peterhofer Bahn.**			
St. Petersburg-Oranienbaum	39	42	57—64
Ligowa-Krassnoje Selo	12	13	59

	Werst	Kilom.	Jahr der Eröffnung.
9. Grosse Russische Eisenbahngesellschaft.			
St. Petersburg-Warschau	1043	1113	53—62
Landwarowo-Wirballen	162	173	61—62
Verbindungsbahn in Dünaburg	3	3	
Verbindungsbahn in Warschau (Pferdebahn)	6,5	7	66
Zur Leuchtenberg'schen Fabrik in St. Petersburg	1,5	2	
St. Petersburg-Moskau (Nicolai-Bahn)	604	644	47—51
Verbindungsbahn in St. Petersburg	4,6	5	
Zur Alexandrow'schen Fabrik in St. Petersburg	2,2	2,4	
Zweigbahn in Twer zu Wolga	5	5	
Moskau-Nishnij Nowgorod	410	437	61—62
Zweigbahn zum Kljasma-Flusse	2	2	
Pferdebahn in Nishnij	14	15	
10. Nowogorod-Tschudowo	68	73	71
11. Nowotorschok-Ostaschkow	32	34	70
12. Rybinsk-Bologoje	280	299	70
13. Baltische Bahn.			
Baltischport-Gatschina-Tosna	388	414	70
14. Libau-Szoaly	294	314	71
15. Putilowsche Bahn bei St. Petersburg	18	19	71
16. Riga-Mitau	39	42	68
17. Riga-Dünaburg	204	218	61
Verbindungsbahn in Dünaburg	3,7	4	
18. Dünaburg-Witebsk	244	260	66
19. Orel-Witebsk	488	521	68
20. Orel-Grjaesi	283	302	68—70
21. Grjaesi-Zarizyn	563	601	69—71
22. Moskau-Jaroslaw	260	277	62—70
23. Schuja-Jwanowo.			
Nowki-Jwanowo-Kineschma	171	182	68—71
24. Moskau-Brest	1024	1092	70—71
25. Moskau-Rjaesan	185	198	62—64
Verbindungsbahn in Moskau und Zweig nach der Moskwa und Oka	11	12	62
Wosskressensk-Jegorjewsk	22	23	70
Luchowitzi-Ssaraisk	25	27	70

	Werst.	Kilom.	Jahr der Eröffnung.
26. Rjaesan-Kozlow	198	211	66
27. Kozlow-Tambow	68	73	69
28. Tambow-Saratow	353	376	70—71
29. Rjaeschsk-Morschansk	121	130	67
30. Skopin-Rjaeschsk	43	46	70
31. Kozlow-Woronesh	168	179	68
32. Kursk-Charkow-Asow (Rostow)	763	814	69
33. Woronesh-Gruschewska-Rostow	596	636	63—71
Maksimowskaja-Atjukta	6	7	63
34. Wolga-Don.			
Zarizyn-Kalatsch	73	78	62
35. Kursk-Kiew	438	468	68—69
36. Kiew-Brester Bahn.			
Kiew-Schmerinka	253	270	70
Kassatin-Berditschew	25	27	70
Im Bau:			
Berditschew-Brest und Zweigbahn nach			
Radziwillow	535	570	
37. Charkow-Krementschug	243	259	70—71
38. Odessaer Bahn.			
Odessa-Elisabethgrad	442	471	68—69
Rasdelnaja-Kischinew	110	117	65—71
Nach dem Quarantaine-Hafen	9	10	65
Nach der Kujalnitzer Saline	9	10	68
Birsula-Schmerinka	187	200	70
Schmerinka-Wolotschisk	154	164	71
Im Bau:			
Kischinew zum Pruth	103	110	
39. Warschau-Wiener Bahn.			
Warschau-Granica	288	307	45—48
Skierniewice-Lowicz	20	21	45
Zombkowice-Sosnowice	17	18	59
Sosnowice-Milowice (Industriebahn)	5	6	69
40. Warschau-Bromberger Bahn.			
Lowicz-Alexandrowo	131	139	61—62
Alexandrowo-Ciechocinek	7	8	67
41. Lodzer Fabrikbahn.			
Koluski-Lodz	26	28	66
42. Warschau-Terespol	194	207	66—67

	Werst.	Kilom.	Jahr der Eröffnung.
48. Poti-Tiflis.			
Poti-Kutais	82	87	71
Im Bau:			
Kutais-Tiflis . . .	208	222	
Ausserdem waren Anfang 1872 im Bau oder dazu vorbereitet:			
Brest-Grajewo (preuss. Grenze gegen Lyck	202	215	
Jaroslaw-Wologda	194	207	
Riga-Bolderaa	18	19	
Konstantinowa-Nowotroizk . . .	85	91	
Alexandrowa-Karabanow . . .	10	11	
Alexikowo-Uropinsk	32	34	
Gutujewskaja-Bahn bei Petersburg .	8	9	
Losowo-Sebastopol . . .	580	619	
Landwarowo-Romny . . .	600	640	
Snamenski (Charkow)- Nicolajew .	225	240	
Projectirt sind:			
Von Mohilew nach der Warschauer Bahn	340	363	
Rostow-Wladikawkask	700	747	
Orenburg-Ssamara-Morschansk . .	970	1035	
Skopin-Tula-Wjasma	385	410	
Dünaburg-Schawli	200	213	
Von der Orel Grjaesi-Bahn nach der Tula Orel-Bahn	135	144	
Von Fastow (Kiew-Brest) nach der Elisabethgrader Bahn . . .	220	235	
Von Romny nach der Charkow-Krementschug-Bahn	240	256	
Von der Asow-Bahn nach der Woronesh-Rostow-Bahn . .	200	213	
Gruschewska-Kalatsch	270	288	
Uralbahn von der Kama bis Ssarapel	400	427	
Von Praga nach Nowogeorgijewsk ⎫ Von der Warschau-Terespoler Bahn ⎬ nach Iwangorod . . . ⎭	15	16	
Vom Wjatkaflusse nach der Dwina .	340	363	
Vom Elton-See zur Wolga . . .	120	128	

Geschichtstafel der russischen Eisenbahnen.

Tag der Eröffnung	Eröffnete Strecke	Name der Bahn	Länge in Kilom.	Am Schlusse des Jahres. Kilom.
4. Apr. 1838	St. Petersburg - Zarskoje Selo	Zarskoje-Selo	27	27
3. Juni 1845	Warschau-Grodziska	Warschau-Wien	30	
8. Oct. „	Grodziska-Skierniewice	„	36	
1. Nov. „	Skierniewice-Lowicz	„	21	
15. „ „	Skierniewice-Rogowa	„	30	144
11. Oct. 1846	Rogowa-Petrikau	„	49	
1. Dec. „	Petrikau-Czenstochau	„	85	278
7. Mai 1847	St. Petersburg-Kolpino	Nicolaibahn	26	
1. Dec. „	Czenstochau-Zombkowice	Warschau-Wien	63	367
1. Apr. 1848	Zombkowice-Granica	„	14	381
29. Juni 1850	Twer - Wischnij Wolotschok	Nicolaibahn	119	500
1. Nov. 1851	Kolpino-Wolotschok	„	333	
1. „ „	Twer-Moskau	„	166	999
1. Nov. 1853	St. Petersburg - Gatschina	Petersb.-Warschau	45	1044
21. Juli 1857	St. Petersburg-Peterhof	Peterhof	29	
5. Dec. „	Gatschina-Luga	Petersb.-Warschau	92	1165
10. Fbr. 1859	Luga-Pskow	„	137	
14. Juni „	Ligowo-Krassnoje Selo	Peterhof	13	
14. Aug. „	Zombkowice-Sosnowice	Warschau-Wien	18	1333
26. Jan. 1860	Pskow-Ostrow	Petersb.-Warschau	53	
8. Nov. „	Ostrow-Dünaburg	„	204	1590
11. Apr. 1861	Kowno-Wirballen	„	87	
14. Juni „	Moskau-Wladimir	Moskau-Nowgorod	189	
12. Sept. „	Riga-Dünaburg	Riga-Dünaburg	218	2084
5. März 1862	Kalatsch-Zarizyn	Wolga-Don	78	
20. „ „	Helsingfors-Tavastehus	Finnländische	110	
9. Mai „	Dünaburg-Kowno	Petersb.-Warschau	274	
20. Juli „	Moskau-Kolomna	Moskau-Rjaesan	125	
1. Aug. „	Wladimir-Nishnij	Moskau-Nowgorod	248	
18. „ „	Moskau-Sergijew-Possad	Moskau-Jaroslaw	70	
15. Dec. „	Landwarowo-Warschau	Petersb.-Warschau	396	3385
1. Jan. 1863	Lowicz-Alexandrowo	Warschau-Bromb.	140	
29. Dec. „	Gruschewska-Aksaisk	Gruschewska	70	3595
7. Juni 1864	Peterhof-Oranienbaum	Peterhof	12	
26. Aug. „	Kolomna-Rjaesan	Moskau-Rjaesan	85	3692
4. Dec. 1865	Odessa-Balta	Odessa	220	
4. „ „	Rasdelnaja-Kutschurgan	„	14	3926
25. Mai 1866	Dünaburg-Polotzk	Dünab.-Witebsk	160	
19. Juni „	Koluski-Lodz	Lodz	28	
5. Sept. „	Rjaesan-Kozlow	Rjaesan-Kozlow	211	
28. „ „	Warschau-Siedlce	Warschau-Terespol	90	

Tag der Eröffnung.	Eröffnete Strecke.	Name der Bahn.	Länge in Kilom.	Am Schlusse des Jahres. Kilom.
5. Oct. 1866	Polotzk-Witebsk	Dünaburg-Witebsk	99	
17. Nov. „	Moskau-Serpuchow	Moskau-Kursk	98	
19. „ „	Siedlce-Lukow	Warschau-Terespol	28	
1. Dec. „	Warschauer Pferdebahn	Petersb.-Warschau	7	4647
20. Mai 1867	Lukow-Mendsirscez	Warschau-Terespol	27	
28. Juni „	Mendsirscez-Biala	„	24	
1. Juli „	Alexandrowo-Ciechocinek	Warschau-Bromb.	8	
12. Aug. „	Kutschurgan-Tiraspol	Odessa	32	
1. Sept. „	Balta-Olwiopol	„	116	
6. „ „	Biala-Terespol	Warschau-Terespol	36	
5. Nov. „	Serpuchow-Tula	Moskau-Kursk	95	
2. Dec. „	Riajsk-Morschansk	Riajsk-Morschansk	130	5115
1. Fbr. 1868	Aksaisk-Rostow	Gruschewska	13	
1. „ „	Kozlow-Woronesh	Kozlow-Woronesh	179	
1. Juni „	Odessa-Kujalnizer Salinen	Odessa	9	
1. Aug. „	Olwiopol-Jelisawetgrad	„	144	
15. „ „	Tula-Orel	Moskau-Kursk	189	
24. „ „	Terespol-Lobatschew	Warschau-Terespol	2	
30. „ „	Jeletz-Grjasy	Orel-Grjasy	110	
7. Sept. „	Orel-Kursk	Moskau-Kursk	153	
16. „ „	Nowki-Iwanowo	Schuja-Iwanowo	89	
11. Oct. „	Witebsk-Roslawl	Orel-Witebsk	255	
14. Nov. „	Kursk-Woroshba	Kursk-Kiew	176	
21. „ „	Riga-Mitau	Riga-Mitau	42	
24. „ „	Roslawl-Orel	Orel-Witebsk	266	
17. Dec. „	Woroshba-Browary	Kursk-Kiew	267	7009
1. Juli 1869	Sosnowice-Milowice	Warschau-Wien	6	
6. „ „	Kursk-Charkow	Kursk-Asow	245	
28. Aug. „	Browary zum Dnjepr	Kursk-Kiew	19	
8. Oct. „	Jelisawetgrad-Krementschug	Odessa	139	
1. Nov. „	Riihimaki-Lahtis	Finnländische	59	
1. „ „	Terespol-Brest Litewski	Terespol-Brest	9	
4. Dec. „	Grjasi-Borissoglebsk	Grjasi-Zarizyn	208	
21. „ „	Kozlow-Tambow	Kozlow-Tambow	73	
23. „ „	Charkow-Rostow	Kursk-Asow	569	8336
1. Jan. 1870	Krementschug Bahnhofsverlängerung	Odessa	4	
1. „ „	Sergiewsk-Rostow	Moskau-Jaroslaw	151	
1. Febr. „	St. Petersburg-Wiborg	Finnländische	128	
14. „ „	Dnjeprbrücke bei Kiew	Kursk-Kiew	5	
15. „ „	Orel-Kasaki	Orel-Grjasi	174	
18. „ „	Rostow-Jaroslaw	Moskau-Jaroslaw	55	
26. Mai „	Schmerinka-Kiew	Kiew-Brest	270	
26. „ „	Schmerinka-Birsula	Odessa	200	

Tag der Eröffnung.	Eröffnete Strecke.	Name der Bahn.	Länge in Kilom.	Am Schlusse des Jahres. Kilom.
27. Mai 1870	Nowotorschok - Ostaschkow	Nowotorschok	34	
4. Juni „	Rybinsk-Bologoje	Rybinsk-Bologoje	299	
9. „ „	Kasaki-Jeletz	Orel-Grjasi	18	
15. Juli „	Kasatin-Berditschew	Kiew-Brest	27	
30. „ „	Poltawa-Krementschug	Charkow-Krem.	119	
9. Aug. „	Tambow-Umet	Tambow-Saratow	117	
30. „ „	Wiborg-Lahtis	Finnländische	181	
19. Sept. „	Moskau-Smolensk	Moskau-Brest	418	
24. „ „	Baltischport-Tossna	Baltische	414	
8. Nov. „	Wosskressensk - Jegorjewsk	Moskau-Rjaesan	23	
7. Dec. „	Luchowizy-Sarnisk	„	27	
8. „ „	Skopin-Rjajsk	Skopin	46	
26. „ „	Borissoglebsk-Filonowo	Grjasi-Zarizyn	110	
27. „ „	Woronesh-Liski	Woronesh-Rostow	87	11243
14. Jan. 1871	Umet-Atkarsk	Tambow-Saratow	171	
5. Febr. „	Iwanowa-Kineschma	Schuja-Iwanowo	93	
15. Apr. „	Von Liwny zur Orel Jeletz Bahn	Liwny	61	
17. Mai „	Tschudowo-Nowogorod	Nowogorod	73	
15. Juni „	Poltawa-Charkow	Charkow-Krem.	140	
3. Juli „	Atkarsk-Saratow	Tambow-Saratow	88	
1. Aug. „	Filonowo-Zarizyn	Grjaesi-Zarizyn	282	
14. „ „	Poti-Kutais	Poti-Tiflis	87	
15. „ „	Tiraspol-Kischinew	Odessa	71	
4. Sept. „	Libau-Szosly	Libauer Bahn	314	
15. „ „	St. Petersburg - Putilowsche Fabrik	Putilow'sche Bahn	19	
21. „ „	Schmerinka-Wolotschisk	Odessa	164	
7. Nov. „	Smolensk-Brest	Moskau-Brest	674	
28. „ „	Liski-Gruschewska	Woronesh-Rostow	470	13950

Türkei, Rumänien und Griechenland.

In der europäischen Türkei waren bis zum Jahre 1871 nur zwei von englischen Gesellschaften gebaute Eisenbahnen dem Betriebe übergeben, die Danube and Black Sea Bahn und die Varna Bahn. Im Jahre 1869 wurde die Gesellschaft der Ottomanischen Eisenbahnen gegründet und ihr die Concession für ein grosses Bahnnetz von ca. 2400 Kilom. Länge ertheilt, welches Constantinopel mit dem europäischen Bahnnetze in Verbindung setzen soll; eröffnet wurde davon im Anfange des Jahres 1871 ein kleines Stück von 10 Kilom., und die Arbeiten werden so rüstig betrieben, dass schon im Jahre 1872 ein nicht unbedeutender Theil der concedirten Linien dem Betriebe übergeben werden wird. Auch in Serbien ist eine Bahn von ca. 220 Kilom. zum Anschluss an die österreichischen Bahnen projectirt.

In den Donaufürstenthümern wurde 1869 die ebenfalls von einer englischen Gesellschaft gebaute Bahn von Bukarest nach Giurgewo eröffnet. Im Jahre 1868 wurde für ein Bahnnetz von mehr als 1000 Kilom. die Concession ertheilt, und zwar theils an die Lemberg-Czernowitzer Eisenbahngesellschaft, die ihre Firma demzufolge in Lemberg-Czernowitz-Jassy-Bahn umänderte, theils an ein von Dr. Strousberg gebildetes Consortium. Bekannt sind die Streitigkeiten, welche im Jahre 1871 zwischen der rumänischen Regierung und den Concessionären darüber entstanden, wer von ihnen verpflichtet sei, die am 1. Januar fälligen Zinsen der Aktien zu bezahlen, so wie dass in Folge davon die Concession des Consortiums Stronsberg für erloschen erklärt, und eine neue Aktiengesellschaft gegründet wurde, welche die theilweise eröffneten oder im Bau befindlichen Strecken (648 Kilom.) übernehmen und die noch nicht begonnenen (271 Kilom.) fertig stellen soll. Die Lemberg-Czernowitzer Bahn hat die ihr übertragenen Linien bereits sämmtlich eröffnet.

Demnach gestaltet sich das Bahnnetz der europäischen Türkei am Schlusse des Jahres 1871 folgendermassen:

	Kilom.	Jahr der Eröffnung.
1. Donau und Schwarzes Meer. Kustendje-Czernawoda .	66	1860
2. Varna-Rustschuk.	224	66

	Kilom.	Jahr der Eröffnung.
3. Ottomanische Bahn.		
Constantinopel-Kutschuk Tschekmedsche	10	71
Im Bau:		
Kutschuk-Adrianopel-Nissa-Brood	c. 1370	
Adrianopel-Dedeagatsch (Enos)	c. 240	
Adrianopel-Varna	c. 290	
Uskup-Salonich	c. 240	
Projectirt:		
Nissa-serbische Grenze (bei Belgrad)	c. 220	
4. Bukarest-Giurgewo	67	69
5. Lemberg-Czernowitz-Jassy.		
Suczawa-Jassy	137	69—70
Paskani-Roman	38	69
Verestie-Botuschani	44	71
Projectirt:		
Von Jassy zum Pruth	21	
6. Rumänische Bahn.		
Galatz-Roman	238	70
Braila-Bukarest	228	70
Im Bau:		
Bukarest-Turnu-Severin	338	
Galatz-Braila	4	
Tekutsch-Byrlat	52	

Geschichtstafel der türkischen und rumänischen Eisenbahnen.

Tag der Eröffnung.	Eröffnete Strecke.	Name der Bahn.	Länge in Kilom.	Am Schlusse des Jahres. Kilom.
4. Oct. 1860	Kustendje-Czernawoda	Danube u. Black Sea	66	66
7. Nov. 1866	Varna-Rustschuk	Varna B.	224	290
31. Oct. 1869	Giurgewo-Bukarest	Giurg.-Bukar.	67	
12. Dec. „	Suczawa-Roman	Lemberg-Czernow.	103	460
4. Juni 1870	Paskani-Jassy	„	72	
28. Nov. „	Bukarest-Plojeschti	Rumänische	60	
27. Dec. „	Braila-Plojeschti	„	168	
27. „ „	Galatz-Roman	„	238	998
4. Jan. 1871	Constantinopel-Kutschuk-Tschekmedsche	Ottomanische	10	
1. Nov. „	Verestie-Botuschani	Lemberg-Czernow.	44	1052

Im Königreiche Griechenland ist eine einzige 10 Kilom. lange Eisenbahn von Athen nach dem Hafen Piräus seit dem 18. Februar 1869 im Betriebe. Jedoch ist im Jahre 1870 die Concession für eine Griechische Centralbahn von Athen nach Lamia und der Türkischen Grenze ertheilt worden.

Die Darstellung des Eisenbahnwesens der einzelnen Länder im Vorhergehenden ergiebt, dass alle Länder in Europa ohne Ausnahme bereits in dem Besitze eines mehr oder weniger entwickelten Eisenbahnnetzes sind. Die Gesammtlänge (siehe die Tabelle am Schlusse des Buches) betrug am Schlusse des Jahres 1871 111909 Kilom. oder 14921 Reichsmeilen. Auf eine Quadratmeile kommen 0,61 Kilom. und auf eine Million Einwohner 378 Kilom. an Eisenbahnen.

Wenn ich nun zu der Entwickelungsgeschichte des Eisenbahnwesens der aussereuropäischen Länder übergehe, so muss ich die Bemerkung vorausschicken, dass sowohl für die Längen der einzelnen Strecken als auch für die Eröffnungszeiten, wenn sie überhaupt angegeben sind, sich in den verschiedenen Quellen mitunter abweichende Angaben finden. Ich bin zwar bemüht gewesen, sorgfältig das Richtige von dem Ungenauen zu sondern, jedoch wird immer noch manche Angabe einer späteren Revision vorbehalten bleiben müssen.

Asien.

Von allen asiatischen Ländern haben bis jetzt nur Kleinasien, Ostindien und Java Eisenbahnen aufzuweisen. Die am 14. August 1871 eröffnete, 87 Kil. lange Strecke der kaukasischen Bahn von Poti bis Kutais ist bereits unter den Russischen Bahnen mit aufgeführt. Von den in China und Japan projectirten Eisenbahnen ist bis jetzt noch keine ins Leben getreten, ausser einer Anfang 1871 eröffneten ca. 4 Kilom. langen Strecke in Tientsin.

Kleinasien.

In der asiatischen Türkei bestehen zwei von englischen Gesellschaften erbaute Eisenbahnen, die beide von Smyrna ausgehen, die eine 130 Kilom. lange südöstlich nach Aidin oder Guezel-Hissar, die andere 98 Kilom. lange nordöstlich nach Cassaba mit einer 6 Kilom. langen Zweigbahn nach dem Städtchen Burnabat bei Smyrna. Von der ersteren wurde die Strecke von Smyrna bis Trianda (43 Kilom.) am 24. December 1860, bis Jelat Kahve (16 Kilom.) am 9. September 1861, bis Kos Bounar (5 Kilom.) am 14. November 1861, bis Ephesus oder Ayassolouk (13 Kilom.) am 15. September 1862, die ganze Bahn bis Aidin (53 Kilom.) am 7. Juli 1866 dem Betriebe übergeben. Die Bahn nach Cassaba wurde am 25. October 1865 bis Manissa oder Magnesia (71 Kilom.) vollständig am 10. Januar 1866 eröffnet. Sie soll später über Sardes nach Karahissar fortgesetzt werden. Auch hat die türkische Regierung, ebenso, wie sie in den europäischen Provinzen den Eisenbahnbau förderte, für Kleinasien die Herstellung eines Schienenweges quer durch das Land ins Auge gefasst, welcher von Skutari, Konstantinopel gegenüber ausgehend, sich später an die Eisenbahnlinien anschliessen soll, welche dazu bestimmt sind, England und Ostindien einander näher zu bringen. Dies sind zwar sehr weit aussehende Pläne, deren Realisirung wohl noch Jahrzehnte erfordern wird, jedoch ist zu bemerken, dass ein Theil der kleinasiatischen Bahn von Skutari bis Ismid bereits im Bau weit vorgeschritten sein soll.

Ostindien.

Nachdem der berühmte Stephenson, wie für so viele Länder Europas, auch für die englischen Besitzungen in Ostindien ein Eisenbahnnetz im Jahre 1844 entworfen hatte, gingen die ersten Unternehmungen daselbst 1845 von zwei Privatgesellschaften aus, der Great Indian Peninsula und der East Indian Company, welche für kurze Strecken von Bombay und Calcutta aus die Concession erhielten. Am 18. April 1853 wurde auch die erste 35 Kilom. lange Strecke von Bombay bis Tannah eröfnet, der einige Monate später eine kurze Strecke der anderen Gesellschaft von Calcutta bis Burdwan nachfolgte. Jedoch fehlte es anfänglich an den nöthigen Capitalien und erst den Bemühungen des um das Eisenbahnwesen Ostindiens hochverdienten Generalgouverneurs Lord Dalhousie gelang es, durch Zinsgarantie und kostenfreie Ueberlassung der nöthigen Ländereien englische Capitalisten für den Eisenbahnbau in Ostindien zu interessiren. Es bildeten sich nun nach und nach 10 verschiedene Gesellschaften, welche rüstig mit dem Bau vorgingen, so dass jetzt die Hauptlinien des anfänglich projectirten und seitdem mehrmals erweiterten Netzes vollendet sind. Seit dem Jahre 1870 besteht eine ununterbrochene Eisenbahn-Verbindung zwischen Madras und Bombay, sowie zwischen Bombay und Calcutta und Calcutta-Delhi-Lahore. Soweit die Berichte reichen, waren von dem ostindischen Bahnnetze (incl. Ceylon) am 31. März 1871 5089 englische Meilen (8190 Kilom.) im Betriebe, die sich auf folgende Gesellschaften vertheilen:

1. **East-Indian.** 2420 Kilom. (1503 engl. Meilen.)
Die Hauptbahn, mit der Abkürzungslinie von Luckeserai nach Raneegungee 2056 Kilom. lang, geht von Calcutta bis Delhi; sie wurde 1854 bis Burdwan (60 Kilom.), 1855 bis Raneegungee (195 Kilom.), 1860 bis Rajmahal (465 Kilom.), 1862 bis Benares und 1864 bis Delhi eröffnet. Die Abkürzungslinie wurde am 1. Januar 1870 eröffnet. Eine 364 Kilom. lange Zweigbahn, welche 1867 fertig gestellt wurde, geht von Allahabad nach Jubbulpoor zum Anschluss an die Great Indian Peninsula Bahn.

2. **Great Indian Peninsula.** 2047 Kilom. (1272 engl. Meilen.)
Die Hauptbahn geht von Bombay nach Jubbulpoor (972 Kilom.) zum Anschluss an die East Indian. Sie wurde am 18. April 1853 bis Tannah (35 Kilom.), 1854 bis Kallian, am 3. September 1866 bis Khundma, am 7. März 1870 vollständig eröffnet. Eine Zweigbahn geht von Rhosawul nach Nagpoor (423 Kilom., eröffnet im November 1866), eine zweite von Bombay nach Mahim (3 Kilom.). Bei Kallian zweigt sich von der Hauptbahn eine 625 Kilom. lange Linie ab nach Raichoor, wo sie sich mit der Madrasbahn verbindet; sie wurde 1861 bis Sholapoor (381 Kilom.), am 16. Juli 1866 bis Poolgaum, am 1. Mai 1870 bis Raichoor eröffnet. Zwei weitere Zweigbahnen gehen von Padushuree nach Campoole bei Punah (11 Kilom.) und von Jhellum nach Khamgaon (13 Kilom., eröffnet 1870).

3. **Madrasbahn.** 1339 Kilom. (832 engl. Meilen.)

Die Hauptlinie, 653 Kilom. lang, zieht sich von Madras quer durch den südlichen Theil der Halbinsel nach dem auf der Malabarküste gelegenen Hafen Beypoor, und wurde von Madras bis Arcot (105 Kilom.) am 1. Juli 1856, bis Vellore (131 Kilom.) am 7. Mai 1857, bis Goriattum (155 Kilom.) am 19. Mai 1856, bis Salem (334 Kilom.) am 1. Februar 1861, bis Coimbatur (485 Kilom) 1862 dem Betriebe übergeben; von Beypoor aus war die Strecke bis Tiroor (30 Kilom.) schon am 12. März 1860 und bis Coimbatur (168 Kilom.) am 1. Juni 1860 eröffnet worden. Bei Arconum zweigt sich die 448 Kilom. lange Nordwestlinie ab nach Raichoor zur Verbindung mit der Great Indian Peninsula, eröffnet bis Gooty am 1. August 1869, vollständig am 15. März 1870. Zweigbahnen gehen nach Bangalore (138 Kilom., eröffnet 1. August 1864), von Koimbatur nach den Neilgherries (48 Kilom.) und von Goondacul nach Bellary (52 Kilom., eröffnet am 1. März 1870.)

4. **Bombay, Baroda und Central India.** 539 Kilom. (372 engl. Meilen.)

Die Bahn zieht sich die Westküste entlang von Bombay über Surate (295 Kilom., eröffnet am 1. März 1864) nach Ahmedabab (499 Kilom.) und wurde im Jahre 1865 vollständig dem Betriebe übergeben. Eine 3 Kilom. lange Verlängerung nach dem Sabarmutteeflusse wurde am 1. Januar 1870 und eine Zweigbahn von Ahmedabad bis Veerumgaum (60 Kilom.) am 30 November 1871 fertig gestellt. Eine Verlängerung bis Kurrachee ist projectirt.

5. **Scinde, Punjab und Delhi-Bahn.** 1086 Kilom. (675 engl. Meilen.)

Die Scinde-Bahn von dem Hafen Kurrachee nach Kotree am Indus, gegenüber von Haiderabad, 175 Kilom. lang, mit Einschluss einer 5 Kilom. langen Zweigbahn nach Ghizree Bunder wurde am 13. Mai 1861 eröffnet. Von Mooltan am Indus geht die 407 Kilom. lange Punjab-Bahn über Lahore (350 Kilom., eröffnet am 1. April 1865) nach Umritsir; die Strecke von Lahore nach Umritsir (57 Kilom.) wurde schon am 1. März 1862 eröffnet. In Umritsir schliesst sich die 504 Kilom. lange Punjab-Delhi-Bahn an, welche im November 1866 von Delhi bis Meerut, am 1. Januar 1869 bis Umballa, am 1. October 1869 bis Ludiana und im Jahre 1870 vollständig dem Betriebe übergeben wurde. Eine Bahn zwischen Kootre und Mooltan ist in Aussicht genommen.

6. **Great Southern of India.** 271 Kilom. (168 engl. Meilen.)

Die Hauptbahn (129 Kilom., eröffnet 1862) verbindet Nagapatnam an der Coromandelküste mit Trichinopoli, und schickt von da aus eine Zweigbahn nach Erode an der Madrasbahn (142 Kilom., eröffnet 1867). Eine zweite Zweigbahn von Trichinopoli südlich nach Madura und dem Hafen Tutikorim (200 Kilom.) ist projectirt.

7. **Eastern Bengal.** 255 Kilom. (159 engl. Meilen.)

Sie verbindet Calcutta mit Goalundo in der Nähe von Dhakka, und

wurde am 15. November 1862 bis Koosthee am Ganges (177 Kilom.) und vollständig am 31. December 1870 dem Betriebe übergeben.
8. **Calcutta und South Eastern**, 47 Kilom (29 engl. Meilen) von Calcutta südöstlich zum Mutlah-Flusse, 1862 eröffnet.
9. **Oude und Rohilcund**, 67 Kilom. (42 engl. Meilen.)
Von den 1150 Kilom., welche dieser Gesellschaft concessionirt sind, ist bis jetzt nur die am 23. April 1867 eröffnete Strecke von Cawnpore nach Lucknow (67 Kilom.) im Betriebe. Zu bauen sind die Hauptbahn von Benares nach Mooradabad (675 Kilom.) und die Zweigbahnen nach Byramgaut (35 Kilom.), nach Allyghur (98 Kilom.), nach Buxar und Nynee Tal (275 Kilom.).
10. **Indian Tramway**, 55 Kilom. (34 engl. Meilen), eine schmalspurige Bahn von Arconum an der Madrasbahn nach Conjeveram, 1866 eröffnet.
11. **Indian Branch**, 43 Kilom. (27 engl. Meilen), eine ebenfalls schmalspurige Bahn von Nulhattee an der East Indian-Bahn nach Azimguge (Murschidabad.)
12. Auch auf der Insel **Ceylon** wurde am 1. October 1865 (nach anderen Berichten erst 1867) eine Strecke von 58 Kilom. (36 engl. Meilen) zwischen Kandy und Colombo eröffnet.

Projectirt sind die Staatsbahnen von Lahore nach Peschawer (270 engl. Meilen), von Moultan nach Kootre (500 Meilen), von Agra nach Ajmere (236 Meilen), von Delhi nach der vorigen Bahn (125 Meilen), von Indore nach Khundwa (84 Meilen), von Wurda nach Warora (45 Meilen) und von Carwar nach Hooblee (60 Meilen).

Java.

Auf der Insel Java haben die Niederländer eine 109 Kilometer lange Eisenbahn von Samarang bis Solo oder Surakarta erbaut, welche am 10. August 1867 bis Tangveng (79 Kilom.) und am 14. August 1869 vollständig dem Betriebe übergeben wurde; sie soll quer durch die Insel bis Klatten fortgesetzt werden. Eine zweite Bahn von Batavia bis Buitenzorg (58 Kilom.) ist im Bau begriffen oder vielleicht schon im verflossenen Jahre eröffnet worden.

Afrika.

Auf diesem grossen Kontinente hat es die Kultur nur an den Rändern hier und da zu Eisenbahnen gebracht; das ganze Innere bleibt wohl noch auf lange Zeit hin für dies Verkehrsmittel verschlossen. Die einzigen afrikanischen Länder, welche bis jetzt sich im Besitze von Eisenbahnen befinden, sind Algier, Aegypten und die britischen Besitzungen in Süd-Afrika.

Algier.

Im Jahre 1860 wurde von der französischen Regierung die, später an die Paris-Lyon-Mittelmeer-Gesellschaft übergegangene Concession für ein vollständiges Eisenbahnnetz in Algier ertheilt, welches die Hauptorte dieser Provinz unter sich und mit dem Meere verbinden sollte. Lange Zeit aber blieb die am 15. August 1862 eröffnete Strecke von Algier bis Blidah (51 Kilom.) die einzige fertige. Erst am 1. November 1868 wurden 124 Kilom. von Oran bis Relizane, am 1. August 1869 weitere 40 Kilom. von Blidah nach Bou Medfa, und im Jahre 1870 durch Eröffnung der 205 Kilom. langen Linie von Bou Medfa nach Relizane die ganze Bahn von Algier nach Oran (420 Kilom.) fertig gestellt. In demselben Jahre wurde auch die Eisenbahn von Philippeville nach Constantine (87 Kilom.) in Betrieb gesetzt, so dass jetzt Algier 507 Kilom. fertige Bahnen besitzt. Zu bauen sind noch die Linien von Constantine nach Algier, von Bona nach Constantine, von Relizane nach Mostaganem, von Oran nach Tlemcen und einige andere.

Aegypten.

Die schnellere Beförderung auf der Ueberlandroute nach Indien war hauptsächlich die Veranlassung, dass auf Antrieb und mit Hülfe Englands von der Aegyptischen Regierung in den Jahren 1856 und 1857 die Eisenbahnen von Alexandrien nach Cairo (212 Kilom.) und von dort nach Suez (145 Kilom.) gebaut wurden, welchen sich bald einige Seitenbahnen anschlossen. Die Bahn von Cairo nach Suez durch die Wüste wurde aber im Jahre 1868 wieder aufgegeben, seitdem den Süsswasserkanal entlang nach dem neu entstandenen Ismailia und von dort den Suezkanal entlang nach Suez Bahnen gebaut worden waren.

Unter der Regierung des für europäische Kultur sehr günstig gesinnten Ismail Pascha hat sich Unter-Aegypten mit einem zweckmässig angelegten Eisenbahnnetze mit dem Knotenpunkte Zagazig bedeckt. Auch den Nil aufwärts liess er von dem Cairo gegenüber liegenden Gizeh eine Eisenbahn nach Minieh bauen, die weiter nach Siut im Bau befindlich ist, und jetzt geht er mit dem grossartigen Plane um, dieselbe bis an die Grenzen Nubiens und darüber hinaus fortsetzen zu lassen. Alle Bahnen in Aegypten, mit Ausnahme der kleinen Bahn von Alexandria nach Ramleh, sind Staatsbahnen. Am Ende des Jahres 1871 umfasste das ägyptische Eisenbahnnetz folgende Linien in einer Gesammtlänge von 1055 Kilom.:

Alexandria-Kairo	211 Kilom.,	eröffnet	Januar 1856,
Benha-Zagazig	39 „	„	1857,
Zagazig-Suez	158 „	„	12. Juni 1868,
Nefishe-Ismailia	3 „	„	6. Juli 1868,
Tantah-Samanud-Talkha	53 „	„	1857 und 69,
Tantah-Chibin el Kaum	30 „	„	1869,
Calioub-Zagazig-Mansurah	143 „	„	1865 und 68,
Mehallet-Rorh-Zifta	38 „	„	1869,
Mehallet-Rorh-Dezouk	58 „	„	1869,
Calioub-Barrage	12 „		
Mitbere Zweigbahn	13 „		
Embabeh- (Gizeh-) Minieh	243 „	„	11. Juni 1867,
El Wasta-Fayoum	40 „	„	1869,
Abd el Quakf Zweigbahn	6 „		
Alexandria-Ramleh	8 „		

1872 wurde die Bahn von Mansurah nach Damiette (ca. 60 Kilom.) eröffnet.

Britische Besitzungen in Afrika.

In der englischen Kolonie am Kap der guten Hoffnung besteht eine Eisenbahn von der Kapstadt nach Wellington (93 Kilom.), die am 13. Februar 1862 bis Eerste River (34 Kilom.), am 4. Mai 1863 bis Stellenbosch (50 Kilom.), am 3. November 1863 vollständig eröffnet wurde. Eine 9 Kilom. lange Zweigbahn, die ebenfalls 1863 gebaut wurde, geht südwärts von der Saltriverstation nach Wynberg.

In der Kolonie Natal wurde am 26. Juni 1860 eine 3 Kilom. lange Eisenbahn von D'Urban nach dem Landungsplatze beim Zollhause eröffnet.

Auch die Insel Mauritius erhielt in den Jahren 1862 bis 1865 von den Engländern zwei Eisenbahnen, die Nordbahn, 50 Kilom. lang, von St. Louis durch den nördlichen Theil der Insel, und die Midlandbahn, 56 Kilom. lang, von St. Louis nach Mahébourg.

Amerika.

Während in Asien und Afrika nur in den Küstenländern der Anfang mit dem Eisenbahnbau gemacht ist, und das Innere dieser Erdtheile des modernen Verkehrsmittels noch fast ganz entbehrt, tritt das Eisenbahnnetz Amerikas, besonders Nordamerikas, dem europäischen ebenbürtig gegenüber.

Vereinigte Staaten.

Mit noch grösserer Energie als England betrieb der rasch aufblühende amerikanische Staatenbund die Ergänzung seiner reichen Wasserkommunikationen durch die Ausbildung seines Eisenbahnnetzes. Keinerlei staatliche Beschränkung tritt dort dem Unternehmungsgeiste entgegen; die Bundes-Regierung hat mit der Concessions-Ertheilung nichts zu thun; die Freibriefe, welche die Anlage einer Eisenbahn erlauben, werden von der Regierung der Einzelstaaten ertheilt, und eine beliebige Anzahl Bürger kann zum Bau einer Eisenbahn zu einer Gesellschaft zusammentreten, sobald für jede englische Meile 1000 Dollars unterzeichnet und 100 Dollars eingezahlt sind. Concurrenzbahnen sind überall erlaubt, wann und wie gebaut werden soll, ist nicht vorgeschrieben, durch etwaigen Aufschub wird kein Recht verwirkt, über Betrieb, Dividende u. s. w. hat die Regierung eben so wenig Kontrolle, als über den Geschäftsbetrieb eines beliebigen Bürgers. Zu dieser grossen Freiheit, die allerdings auch auf der anderen Seite mancherlei Uebelstände im amerikanischen Eisenbahnwesen herbeigeführt hat, kommt der rührige Unternehmungsgeist des Amerikaners und das mässige Anlagekapital, da sowohl das Grundeigenthum, besonders nach dem Westen hin, meist noch einen geringen Werth hat, als auch das Material, besonders Holz, billig ist, und das Betriebspersonal möglichst eingeschränkt wird. Alles dies zusammen hat bewirkt, dass die Vereinigten Staaten alle Länder des Erdballs mit ihrem Eisenbahnnetze weit überflügelt haben.

Nachdem schon im Jahre 1827 der erste Schienenweg im Staate Massachusetts zum Transport von Steinen aus den Brüchen von Quincy bei Boston nach dem Flusse Neponset angelegt worden war, dem bald mehrere andere, aber noch mit Pferdebetrieb, nachfolgten, z. B. von Mauchchunk in

Pennsylvanien zu den Kohlenminen, von Carbondale nach Honesdale, eröffnete man am 28. December 1829 als erste Locomotivbahn die jetzt zur Baltimore-Ohio-Bahn gehörende Strecke von Baltimore nach Ellicotts Mills, 15 englische Meilen, und bald bedeckten sich die östlichen Staaten der Union mit einem dichten Eisenbahnnetze, dessen Länge am Schlusse des Jahres 1850 schon 13819 Kilom. betrug. Nun dehnte sich das eiserne Netz auch über die inneren Staaten aus, besonders Ohio, Indiana, Illinois gingen den anderen Staaten rüstig voran. Von 1850 bis 1860 betrug die jährliche Zunahme der Eisenbahnlänge durchschnittlich 3500 Kilom., nahm jedoch dann von 1861—1865 bis auf 1500 Kilom. ab; nach dem Schlusse des Bürgerkrieges aber entwickelte sich eine so gewaltige Thätigkeit im Eisenbahnbaue, dass der jährliche Zuwachs, welcher im Jahre 1866 schon wieder 2486 Kilom. betrug, im Jahre 1869 auf 10000 Kilom. und 1871 gar auf 13060 Kilom. oder 1741 Neumeilen stieg, mehr als Preussen oder Oesterreich, und beinahe so viel als Frankreich überhaupt an Eisenbahnen besitzen.

Bei dem Aufblühen der Staaten des Westens, namentlich Californiens in Folge der Goldentdeckungen im Anfange der fünfziger Jahre, entschloss man sich alles Ernstes, eine Eisenbahnverbindung zwischen dem atlantischen und stillen Oceane quer durch den ganzen Continent herzustellen. Drei Gesellschaften begannen mit bedeutender Staatsunterstützung im Jahre 1863 den Bau, die Union Pacific von Omaha im Staate Nebraska aus, die Central Pacific von Sacramento und die Western Pacific von S. Francisco aus. Mit unglaublicher Schnelligkeit wurde das kolossale Werk gefördert, und bereits am 10. Mai 1869 konnte die 2855 Kilom. lange Strecke von Omaha bis Sacramento unter grosser Feierlichkeit eröffnet werden. Aber so grossartig auch das Unternehmen war, eine kostspielige Eisenbahn durch die fast noch unbewohnte Hälfte des Continents und über die Pässe der Felsengebirge und der Sierra Nevada zu führen, so begnügt sich der Amerikaner keineswegs damit. Bereits erwächst in einer nördlichen und einer südlichen Pacificbahn, die schon mehrere Hunderte von Meilen vollendet haben, dem fertigen Werke eine gefährliche Concurrenz.

Die Länge der im Betriebe befindlichen Eisenbahnen der Union betrug in englischen Meilen (à 1609 Meter) am Schlusse des Jahres:

1827	3 Meilen,	1838	1920 Meilen,	1849	7475 Meilen,
1828	28 „	1839	2197 „	1850	8589 „
1829	41 „	1840	3319 „	1851	11027 „
1830	54 „	1841	3877 „	1852	13497 „
1831	131 „	1842	4174 „	1853	15672 „
1832	576 „	1843	4311 „	1854	17398 „
1833	762 „	1844	4522 „	1855	19251 „
1834	918 „	1845	4870 „	1856	22625 „
1835	1102 „	1846	5336 „	1857	25090 „
1836	1431 „	1847	5682 „	1858	26755 „
1837	1843 „	1848	6350 „	1859	28771 „

1860	30593 Meilen,	1864	34442 Meilen,	1868	42272 Meilen,
1861	31769 „	1865	35351 „	1869	48860 „
1862	32471 „	1866	36896 „	1870	54535 „
1863	33860 „	1867	38822 „	1871	62647 „

Zu den am 1. Januar 1872 im Betriebe befindlichen 62647 engl. Meilen (100818 Kilom.) kommen noch 42341 Meilen (68140 Kilom.) im Bau befindlicher oder dazu vorbereiteter Eisenbahnen. Wir geben nun im Folgenden eine detaillirte Darstellung dieses grossen Eisenbahnnetzes, und lassen derselben statt einer Geschichtstafel, welche wegen der oft mangelnden Angaben doch nicht vollständig sein würde, eine Tabelle über die Vertheilung der Eisenbahnen auf die einzelnen Staaten der Union von zwei zu zwei Jahren folgen.

Das Eisenbahnnetz der Vereinigten Staaten am 1. Januar 1872.

	Staat.	Engl. Meilen à 1609 M.	Kilom.
1. Maine Central Railway.			
Portland-Bangor	Maine	135	217
Portland-Skowhegan	„	100	161
Farmington-Bath-Rockland	„	112	180
Belfast-Burnham	„	35	56
Dexter-Newport	„	14	22
Bangor-Frankfort	„	25	40
Waterville-Carritunc Falls	„	40	64
2. European und N. American R.			
Bangor-St. Croix	„	115	185
3. Bangor und Piscataquis R.			
Oldtown-Guilford	„	43	69
4. Portland-Saco-Portsmouth	„	52	84
5. Portland-Rochester	„	c. 50	80
6. Calais-Baring-Princeton	„	28	45
7. Portland und Oxford Central.			
Mechanic Falls-Canton	„	25	40
8. Portland und Ogdensburg R.			
Portland-N. Conway	„	60	97
Hardwick-W. Concord	Vermont	43	69
9. Grand Trunk R. of Canada.			
Portland-Island Pond	Maine u. N. Hampsh.	149	240
Port Huron-Detroit	Michigan	62	100
10. Portsmouth-Concord	N. Hampshire	59	95
11. Manchester-Nashua	„	17	27
12. Manchester-Lawrence	„	26	42
13. Manchester-North Weare	„	19	31
14. Suncook V.: Hooksett-Pittsfield	„	10	16
15. Northern: Concord-White Riv. Ju.	„	69	111
Bristol-Franklin	„	15	24

	Staat.	Meil.	Kilom.
16. Cheshire: Fitchburg-Bellows Falls	N. Hampshire	64	103
17. Ashuelot: Keene-S. Vernon	„	24	39
18. Monadnock: Winchendon-Peterboro	„	17	27
19. Concord-Claremont	„	50	80
Contoocook-Hillsboro	„	15	24
20. Portsmouth-Great Falls-Conway	„	66	106
21. Dover-Alton Bay (Winnipisseogee)	„	28	45
22. Boston, Concord und Montreal R.			
Concord-Lancaster	„	135	217
Mount Washington R.	„	3	5
23. Vermont Central R.			
Grouts Corners-Ogdensburg	Verm. u. N. York.	347	558
New London-Grouts Corners	Conn. u. Mass.	100	161
Palmer-Gilbertville	Massachusetts	15	24
Bellows Falls-Burlington-Essex Jn.	Vermont	128	206
St. Albans-Canad. Grenze	„	20	32
St. Albans-Richford	„	28	45
Plattsburg-Canad. Grenze	New York	23	37
Plattsburg-Ausable River	„	20	32
Port Henry-Leicester Jn.	„	33	53
24. Connecticut u. Passumpsic R.			
White R. Jn.-N. Derby	Vermont	110	177
25. Eastern R.			
Boston-Portsmouth	Massachusetts	56	90
Boston-Saugus-Lynn	„	13	21
Boston-Peabody-Salem	„	19	31
Salem-Lawrence	„	21	34
Salem-Marblehead	„	3	5
Beverly-Gloucester	„	12	19
Salisbury-Amesbury	„	5	8
26. Boston und Maine R.			
Boston-S. Berwick Jn.	„	74	119
Gt. Falls Zweig	N. Hampshire	3	5
Medford Zweig	Massachusetts	5	8
Wakefield Jn.-Newburyport	„	31	50
Haverhill-Georgetown	„	5	8
27. Boston-Lowell-Wilton	„	55	88
Winchester-Woburn	„	2	3
E. Woburn-Stoneham	„	3	5
28. Stony Brook R.: Lowell-Groton Jn.	„	17	27
29. Lowell-Lawrence	„	13	21
30. Salem-Lowell	„	24	39
31. Worcester-Nashua	„	46	74
32. Fitchburg R.: Boston-Fitchburg	„	50	80
Watertown Zweigbahn	„	10	16
South Acton-Marlborough	„	13	21

	Staat.	Meil.	Kilom.
Groton Jn.-Mason Village	Massachusetts	23	37
Arlington-Lexington	,,	11	18
33. Vermont und Massachusetts R.			
Fitchburg-Hoosac-Tun.	,,	86	138
Greenfield-Turners Falls	,,	5	8
34. Boston, Barre und Gardner R.			
Gardner-Worcester	,,	26	42
35. Athol-Enfield-Palmer	,,	35	56
36. Boston, Clinton und Fitchburg R.			
Framingham-Fitchburg	,,	37	60
Fitchburg-Worcester	,,	26	42
Framingham-Mansfield	,,	58	93
Lowell-Framingham	,,	c. 30	48
37. Boston-Albany	Mass. u. N. York	200	322
Pittsfield-North Adams	Massachusetts	20	32
Framingham-Milford	,,	12	19
Riverside-Lower Falls	,,	2	3
Natick Jn.-Saxonville	,,	3	5
Millbury Zweigbahn	,,	3	5
Brookline Zweigbahn	,,	3	5
38. Boston, Hartford und Erie R.			
Boston-Putnam	,,	62	100
East Thompson-Southbridge	,,	17	27
Worcester-Norwich	Mass. u. Connect.	60	97
Boston-Woonsocket	Massachusetts	38	61
39. Providence-Worcester	Rhode J. u. Mass.	43	69
40. Connecticut River R.			
Springfield-Brattleboro'	Massachusetts	60	97
Chicopee Falls-Springfield	,,	6	10
Easthampton-Mt. Tom	,,	3	5
41. Old Colony und Newport R.			
Boston-Newport	,,	67	108
So. Braintree-Assonet	,,	33	53
Braintree-Cohasset und Duxbury	,,	15	24
Neponset-Mattapan	,,	8	13
Abington-Bridgewater	,,	7	11
Braintree-Plymouth	,,	25	40
42. Cap Cod R.			
Midleboro'-Wellfleet	,,	106	171
Yarmouth-Hyannis	,,	3	5
43. Middleboro'-Taunton	,,	10	16
44. New Bedford-Taunton Mansfield	,,	30	48
Taunton-Attleborough	,,	10	16
45. Fairhaven R: Tremont-New Bedford	,,	10	16
46. Boston-Providence	,,	43	69
Stoughton Zweigbahn	,,	18	29

	Staat.	Meil.	Kilom.
Dedham Zweigbahn	Massachusetts	9	11
Dedham-Walnut Hill	„	8	13
Attleboro' Zweigbahn	„	2	3
47. Stonington und Providence R.			
Providence-New London	Rhode Island	62	100
48. Providence-Bristol	„	14	22
49. Fall River-Providence	„	15	24
50. Hartford, Providence und Fishkill R.			
Providence-Waterbury	Rhode J., Connect.	123	198
Vernon-Rockville	Connecticut	3	5
So. Manchester Zweigbahn	„	2	3
51. New York-New Haven	N. York, Conn.	71	119
52. New Haven-New London	Connecticut	50	80
53. New Haven-Hartford-Springfield	„	62	100
Berlin-Middletown	„	10	16
54. New Haven-Middletown	„	20	32
55. New Haven-Northampton-Williamsburgh	Conn. u. Mass.	81	135
Farmington-New Hartford	Connecticut	13	21
Westfield-Holyoke	Massachusetts	10	16
56. Housatonic R.			
Bridgeport-Pittsfield	Conn. u. Mass.	110	177
Van Deusenville-State Line	Massachusetts	15	24
Bridgeport-Winsted (Naugatuck)	Connecticut	62	100
Waterbury-Watertown	„	3	5
Ansonia-Newhaven	„	5	8
Danbury-Norwalk	„	24	39
Branchville-Ridgefield	„	4	6
57. New York, Housatonic u. Northern R.			
Brookfield Jn.-Danbury	„	5	8
58. Connecticut Western R.			
Hartford-Millerton	„	69	111
59. Connecticut Valley R.			
Hartford-Saybrook Pt.	„	44	71
60. New Canaan-Stamford	„	c. 5	8
61. Long Island R.			
Hunters Point-Greenport	N. York	94	151
Mineola-Locust Valley	„	10	16
Hicksville-Northport	„	15	24
Manor-Sag Harbor	„	25	40
East New York-Jamaica	„	10	16
62. South Side R. of Long Island			
Brooklyn-Patchogue	„	54	87
Valley Stream-Far Rockaway	„	6	10
63. Flushing und North Side R.			
Hunters Point-Great Neck	„	14	22

	Staat.	Meil.	Kilom.
64. Brooklyn-Bath und Coney Island	N. York	10	16
65. New York Central und Hudson R.			
New York-Albany-Troy	„	148	238
Albany-Buffalo	„	297	478
Rochester-Niagara Falls	„	77	124
Syracuse-Auburn-Rochester	„	102	164
Rochester-Charlotteville	„	6	10
Batavia-Attica	„	12	19
Buffalo-Lewiston	„	30	48
Tonawanda-Lockport	„	15	24
Canandaigua-Tonawanda	„	86	138
66. New York und Harlem Extension R.			
New York-Rutland	N. York u. Vermont	242	389
67. Dutchess und Columbia R.			
Fishkill Landing-Millerton	N. York	59	95
Clove Branch Jn.-Sylvan Lake	„	5	8
68. Poughkeepsie-Stissing (Eastern)	„	21	34
69. Hudson und Boston R.			
Hudson-Chatham	„	12	19
70. Greenwich-Johnsonville	„	15	24
71. Troy und Boston R.			
Troy-North Adams	N. York, Massach.	48	77
Hoosac Jn.-State Line	N. York	5	8
72. Rensselaer und Saratoga R.			
Troy-Rutland	„	95	153
Schenectady-Ballston	„	15	24
Ft. Edward-Glens Falls	„	5	8
Eagle Bridge-Castleton	„	61	98
Albany-Junction	„	12	19
73. Adirondak R.			
Saratoga-North Creek	„	57	92
74. Utica-Watertown (Black River)	„	91	146
75. Rome-Watertown-Ogdensburg	„	142	228
Richland-Oswego	„	29	470
Pierrepont Manor-Sacketts Haven	„	15	24
De Kalb Jn.-Potsdam Jn.	„	25	40
De Kalb Jn.-Clifton Mines	„	25	40
Watertown-Cape Vincent	„	24	38
76. Cazenovia-Canastota	„	15	24
77. Syracuse-Sandy Creek (Northern)	„	44	71
78. Fonda-Johnstown-Gloversville	„	15	24
79. Rondout und Oswego R.			
Rondout-Roxbury	„	60	97
80. Southern Central R.			
Auburn-Athens	„	99	159

	Staat.	Meil.	Kilom.
81. Ithaca und Cortland R.			
Judd Falls-Freeville	N. York	5	8
82. New York und Oswego Midland			
Oswego-Sidney Plains	,,	124	199
Sidney Plains-New Berlin	,,	20	32
Utica-Ruyter	,,	78	125
Rome-Clinton	,,	13	21
Middletown-Liberty Falls	,,	39	63
Summitville-Ellenville	,,	9	14
Middletown-Pine Bush	,,	13	21
83. Erie R.			
New York-Dunkirk	N. Jersey, N. York	460	740
Corning-Rochester	N. York	95	153
Hornellsville-Buffallo-Clifton	,,	116	187
Avon-Buffalo	,,	66	106
Hackensack und Way Zweigbahn	N. Jersey	15	24
Paterson-Newark	,,	11	18
Newburgh Zweigbahn	N. York	20	32
Greycourt-Warwick	,,	10	16
Goshen-Rosendale	,,	35	56
Goshen-Pine Island	,,	12	19
Susquehanna-Carbondale	,,	38	61
Middletown-Unionville	,,	14	22
Lackawaxen-Honesdale	Pennsylvania	25	40
Carrolton-Gilesville	,,	26	42
Port Jervis-Monticello	N. York	24	39
84. Atlantic und Great Western R.			
Salamanca-Cincinnati	N. York, Pennsylvania, Ohio	447	719
Sharon-Cleveland	Ohio	80	129
Meadville-Oil City	Pennsylvania	36	58
85. Sterling-Lakeville	N. York	5	8
86. Buffalo, Corry u. Pittsburg R.			
Brocton-Corry	,,	43	69
87. Avon-Genesco und Mt. Morris	,,	16	26
88. Buffalo, New York u. Philadelphia R.			
Buffalo-Arcade	,,	36	58
89. Delaware, Lackawanna u. Western R.			
New York-Oswego	N.Jrs.,N.Yk.,Pens.	325	523
Washington-Easton	N. Jersey	14	22
Denville-Boonton	,,	8	13
Scranton-Northumberland	Pennsylvania	80	129
Owego-Ithaca	N. York	30	48
Binghampton-Utica	,,	95	153
Cassville Jn.-Richfield Springs	,,	35	56
Newark-Montclair	N. Jersey	5	8

	Staat.	Meil.	Kilom.
90. Delaware und Hudson Canal R.			
Albany-Binghampton	N. York	142	228
Cobleskill-Cherry Valley	„	23	37
91. Schoharie Valley-Middleburgh	„	15	24
92. Cooperstown-Susquehanna Valley	„	16	26
93. Staten Island R.			
Vanderbilt Landing-Tottenville	„	13	21
94. Northern R. of New Jersey.			
Jersey City-Nyack	N. Jersey	29	47
95. Central R. of New Jersey.			
Jersey City-Allentown	N. Jersey, Pennsylv.	92	148
Sommerville-Flemington	N. Jersey	15	24
Green Ridge-Allentown	*Pennsylvania	103	166
Bethlehem-Chapman's	„	15	24
Ashley-Newport (Nanticoke)	„	12	19
Mauch Chunk-Tamanend (Nesquehoning)	„	18	29
White Haven-Upper Lehigh	„	5	8
96. Chester-Dover	N. Jersey	10	16
97. New Jersey Midland.			
Hawthorne-Smithville	„	17	27
98. Sussex R.: Waterloo-Franklin	„	23	37
99. New Jersey Southern R.			
Sandy Hook-Philadelphia	„	89	143
Manchester Jn.-Toms River	„	8	13
Eatontown Jn.-Port Monmouth	„	c. 10	16
Whitings Jn.-Bay City (Vineland R.)	„	71	114
Tuckerton-Whitings	„	c. 20	32
100. Camden und Atlantic R.			
Cooper's Point-Atlantic City	„	59	95
101. West Jersey R.			
Philadelphia-Cape May City	„	81	130
Woodbury-Swedesboro'	„	11	18
Glassboro'-Bridgeton	„	19	31
Elmer-Salem	„	17	27
102. Pennsylvania R.			
New York-Philadelphia	„	90	145
South Amboy-Philadelphia	„	62	100
Rahway-Perth Amboy	„	5	8
New Brunswick-Millstone	„	5	8
Monmouth Jn.-Jamesburg-Farmingdale	„	30	48
Princeton Zweig	„	5	8
Trenton-Bordentown	„	5	8
Hightstown-Pemberton-Camden	„	50	80
Burlington-Mt. Holly-Medford	„	20	32

	Staat.	Meil.	Kilom.
Evansville-Vincentown	N. Jersey	5	8
Harrisburg-Erie	Pennsylvania	345	555
Erie-Pittsburg	,,	148	238
Pittsburg-Cincinnati	Pennsylv. u. Ohio	313	504
Columbus-Indianopolis	Ohio, Indiana	188	303
Bradford Jn.-Chicago	Indiana, Illinois	231	372
Richmond-Logansport-State Line	Indiana	168	271
Xenia-Dayton-Richmond	Ohio	57	92
Xenia-Springfield	,,	19	31
Pittsburg-Ft. Wayne-Chicago	Penns.,Oh.,Ind.,Ill.	468	753
Pittsburg-Youngstown	Pennsylvania	35	56
Pittsburg-Washington (Chartiers R.)	,,	31	50
Washington-Wheeling (Hempfield R.)	,,	35	56
103. Belvidere Delaware R.			
Trenton-Manunka Chunk	N. Jersey	68	109
Lambertville-Flemington	,,	12	19
Somerset-Jn.-Pennington	,,	5	8
104. Pennsylvania Central R.			
Philadelphia-Pittsburg	Pennsylvania	355	571
Downingtown-Waynesburg	,,	18	29
Dillerville-Columbia-Middletown	,,	41	66
Lewistown-Milroy	,,	13	21
Lewistown-Sunbury	,,	50	80
York-Columbia	,,	14	22
Tyrone-Lockhaven	,,	55	88
Bald Eagle-Clearfield	,,	41	66
Snowshoe-Bellefonte	,,	32	51
Altoona-Henrietta	,,	28	45
Hollidaysburg-Newry	,,	4	6
Cresson-Ebensburg	,,	11	18
Blairsville-Indiana	,,	16	26
Blairsville-Allegheny City	,,	67	108
Butler Jn.-Butler	,,	21	34
105. North Pensylvania R.			
Philadelphia-Bethlehem	,,	87	140
Lansdale-Doylestown	,,	10	16
106. Lehigh Valley.			
Waverley Jn.-Easton	,,	206	332
Mahony, Beaver Meadow u. Hazleton Zweigbahnen	,,	20	32
107. Catawissa R.			
Mauch Chunk-Milton	,,	91	146
108. Westchester-Philadelphia	,,	27	43
109. Barclay-Towanda	,,	16	26
110. Huntingdon-Bedford (Broad Top)	,,	52	84
Saxton-Dudley	,,	6	10

	Staat.	Meil.	Kilom.
111. Oil Creek und Allegheny R.			
Irvineton-Corry	Pennsylvania	95	153
112. Union City-Titusville	"	25	40
113. Shenango und Allegheny R.			
Greenville-Mines	"	22	35
114. Pithole City-Oleopolis	"	7	11
115. Allegheny Valley R.			
Pittsburg-Oil City	"	132	212
116. Pittsburg, Washington und Baltimore R.			
Pittsburg-Cumberland	"	150	241
Connellsville-Uniontown	"	14	22
Broad Ford-Mt. Pleasant	"	10	16
Mineral Point-Somerset	"	9	14
117. Blossburg, Corning und Tioga R.			
Corning-Fall Brook	"	47	76
Lawrenceville-Wellsboro'	"	23	37
118. Philadelphia und Reading R.			
Philadelphia-Pottsville	"	93	150
Germantown und Norristown Zweig	"	16	26
Perkiomen Jn.-Schwenksville	"	11	18
Phoenixville-Byers	"	11	18
Allentown-Harrisburg (East Penns.)	"	90	145
Lebanon-Pine Grove	"	24	39
Topton-Kutztown	"	5	8
Bridgeport-Downingtown (Chester V.)	"	22	35
Pottstown-Mt. Pleasant (Colebrookdale)	"	13	21
Tamaqua-Port Clinton (Little Schuylkill)	"	20	32
Herndon-Mahanoy-Tamaqua	"	62	100
Shenandoah-Mahanoy Plane	"	6	10
Auburn-Harrisburg	"	59	95
Pinegrove-Brookside	"	20	32
Schuylkill Haven-Glen Carbon	"	13	21
Ashland-Trevorton	"	24	39
Pottsville-Frackville (Mill Creek)	"	11	18
Tamaqua-Pottsville (Schuylkill V.)	"	18	29
119. South Mountain R.			
Carlisle-Pine Grove	"	18	29
120. Mauch Chunk-Summit Hill	"	9	14
121. Reading-Columbia	"	46	74
Lancaster Zweigbahn	"	8	13
122. Harrisburg-Hagerstown (Cumberland V.)	"	74	119
123. Catasauqua-Alburtis (Fogelsville)	"	20	32

	Staat.	Meil.	Kilom.
124. Danville, Hazleton u. Wilkesbarre R.			
Sundbury-Hazleton	Pennsylvania	54	87
125. Delaware und Hudson R.			
Scranton-Carbondale	"	17	27
126. Philadelphia u. Baltimore Central R.			
Philadelphia-Perryville	"	61	98
127. Wilmington-Reading	"	74	119
128. Northern Central R.			
Baltimore-Canandaigua	Maryland, Pennsylvania, N. York	325	523
Sunbury-Mt. Carmel	Pennsylvania	28	45
129. Susquehanna, Gettysburg u. Potomac R.			
Gettysburg-Hanover Ju.	"	30	48
Hanover-Taneytown	"	10	16
130. Philadelphia-Wilmington-Baltimore	Pennsylvania, Delaware, Maryland	98	158
131. Delaware R.			
Wilmington-Crisfield	Delaware, Maryland	135	217
Clayton-Smyrna	Delaware	2	3
132. Towsend-Kennedyville (Kent C.)	"	18	29
133. Maryland und Delaware R.			
Clayton-Easton	"	44	71
134. Junction und Breakwater R.			
Harrington-Lewes	"	40	64
135. Dorchester und Delaware R.			
Seaford-Cambridge	"	33	53
136. Wicomico und Pocomoke R.			
Salisbury-Berlin	Maryland	23	37
137. Western Maryland R.			
Relay-Mechanicstown	"	54	87
138. Baltimore und Ohio R.			
Baltimore-Wheeling	Maryl., W. Virginia	379	610
Baltimore-Washington	Maryland	40	64
Hagerstown Zweigbahn	"	24	39
Harpers Ferry-Strasburg	Virginia	51	82
Cumberland-Piedmont	Maryland	34	55
Grafton-Parkersburg	West Virginia	104	167
Bellaire-Columbus	Ohio	137	220
Sandusky-Newark	"	116	187
Prout's-Huron	"	9	14
139. Laurel Fork und Sand Hill R.			
Volcano-Laurel Ju.	West Virginia	5	8
140. Orange, Alexandria u. Manassas R.			
Washington-Lynchburg	Virginia	178	287
Manassas-Harrisonburg	"	112	180
Warrenton Zweigbahn	"	10	16

		Staat.	Meil.	Kilom.
141.	Alexandria-Washington	Virginia	7	11
142.	Washington und Ohio R.			
	Alexandria-Hamilton	,,	44	71
143.	Atlantic, Mississippi und Ohio R.			
	Norfolk-Bristol	,,	408	657
144.	Richmond, Frederiksburg und Potomac R.			
	Acquia Creek-Weldon	,,	161	260
	Hicksford-Gaston	,,	20	32
145.	Richmond-West Point (York River)	,,	38	61
146.	Chesapeake und Ohio R.			
	Richmond-White Sulphur Springs		227	365
	Huntington-Charleston	West Virginia	c. 50	80
147.	Richmond-Danville-Greensboro'	Virg., N. Carolina	189	304
148.	Seaboard und Roanoke R.			
	Portsmouth-Weldon	,,	80	129
149.	North Carolina R.			
	Goldsboro'-Charlotte	N. Carolina	223	359
150.	Weldon-Wilmington-Kingsville	N. und S. Carolina	334	537
	Rocky Mount-Tarboro'	N. Carolina	15	24
151.	Atlantic und North Carolina R.			
	Goldsboro'-Morehead City	,,	95	153
152.	Western (N. C.) R.			
	Salisbury-Old Fort	,,	125	201
	Fayetteville-the Gulf	,,	50	80
153.	Raleigh-Gaston-Weldon	,,	97	156
	Raleigh-Sandford (Chatham R.)	,,	44	71
154.	Wilmington, Charlotte und Rutherford R.			
	Wilmington-Road Head	,,	130	209
	Charlotte-Cherryville	,,	43	69
155.	Charlotte-Columbia-Augusta	S. Carolina	192	309
156.	Chester-Yorkville (Kings Mountain R.)	,,	22	35
157.	Greenville-Columbia	,,	143	230
	Cokesbury-Abbeville	,,	13	21
	Belton-Anderson	,,	9	14
	Anderson-Walhalla (Blue Ridge R.)	,,	33	53
158.	Spartanburg-Union-Alston	,,	68	109
159.	Laurensville-Helena	,,	25	40
160.	South Carolina R.			
	Columbia-Charleston	,,	137	220
	Branchville-Augusta	,,	75	121
	Kingsville-Camden	,,	38	61
161.	North Eastern R.			
	Charleston-Florence	,,	102	164
	Cheraw-Darlington-Florence	,,	40	64

	Staat.	Meil.	Kilom.
162. Savannah-Charleston	S. Carolina	104	167
163. Port Royal-Terminus	,,	40	64
164. Georgia R.			
Augusta-Atlanta	Georgia	171	276
Camak-Macon	,,	c. 70	113
Barnett-Washington	,,	c. 15	24
Union Point-Athens	,,	c. 30	48
165. Western und Atlantic R.			
Chattanooga-Atlanta	,,	138	222
Cartersville-Rockmart (Cherokee R.)	,,	20	32
166. Macon und Western R.			
Atlanta-Macon	,,	103	166
Griffin-Newnan	,,	36	58
Barnesville-Thomaston	,,	16	26
167. Atlanta-West Point	,,	87	140
168. Central R. of Georgia.			
Savannah-Macon	,,	190	306
Millen-Augusta	,,	53	85
Gordon-Eatonton	,,	38	61
Macon-Eufaula	,,	144	231
Fort Valley-Columbus	,,	71	114
Smithville-Albany	,,	11	18
Cuthbert-Ft. Gaines	,,	22	35
169. Atlanta und Richmond R.			
Atlanta-Gainesville	,,	53	85
170. Macon-Brunswick	,,	186	300
Cochran-Hawkinsville	,,	14	22
171. Brunswick und Albany R.			
Brunswick-Willicoochie	,,	100	161
172. Atlantic und Gulf R.			
Savannah-Bainbridge	,,	236	380
Thomasville-Albany	,,	58	93
Lawton-Live Oak	Georgia, Florida	48	77
173. Jacksonville, Pensacola u. Mobile R.			
Jacksonville-Quincy	Florida	189	304
Tallahassee-St. Marks	,,	21	34
Monticello Zweigbahn	,,	4	6
174. Florida R.			
Fernandina-Cedar Keys	,,	154	247
175. St. Augustine-Tocoi (St. Johns R.)	,,	15	24
176. Pensacola und Louisville R.			
Pensacola-Molina Ju.	,,	44	71
177. Selma-Rome-Dalton	Alabama, Georgia	236	380
178. Rome-Kingston	Georgia.	20	32
179. Alabama und Chattanooga R.			
Chattanooga-Meridian	Georg., Alab., Miss.	295	475

	Staat.	Meil.	Kilom.
180. South und North Alabama R.			
Montgomery-Birmingham	Alabama	97	156
181. Selma und Gulf R.			
Selma-Pineapple	,,	40	64
182. Alabama Central R.			
Selma-York	,,	80	129
Junction-Greensboro'	,,	c. 25	40
Uniontown-Newbern	,,	11	18
183. Western R.			
Westpoint-Selma	,,	138	222
Columbus-Opelica	,,	28	45
184. Savannah und Memphis R.			
Opelica-Slaughters	,,	25	40
185. Mobile-Montgomery	,,	186	300
186. Mobile und Girard R.			
Columbus-Troy	,,	84	135
187. Montgomery-Eufaula	,,	80	129
188. New Orleans, Jackson und Great Northern R.			
New Orleans-Canton	Louisiana, Miss.	206	332
189. Mississippi Central R.			
Canton-Jackson	Missis. Tenn.	238	383
190. Mississippi und Tennessee R.			
Memphis-Grenada	Mississippi	100	161
191. Vicksburg-Meridian	,,	140	225
192. Mobile und Ohio R.			
Mobile-Columbus	Alab., Miss., Tenn.	472	760
Narkeeta-Gainesville	Mississippi	22	35
Artesia-Columbus	,,	14	22
Muldon-Aberdeen	,,	10	16
193. New Orleans-Mobile	Louisiana, Mississ. Alabama	140	225
New Orleans-Donaldsonville	Louisiana	c. 60	97
194. Morgans Louisiana und Texas R.			
Algiers-Brashear	,,	80	129
195. Ponchartrain R.			
New Orleans-Lakeport	,,	5	8
196. Baton Rouge-Rosedale	,,	10	16
197. Port Hudson-Clinton	,,	26	42
198. Bayou Sara-Woodville	,,	26	42
199. New Orleans-Carrolton	,,	10	16
200. New Orleans-Proctorville	,,	25	40
201. North Louisiana und Texas R.			
Delta-Monroe	,,	72	116
202. Grand Gulf-Port Gibson	Mississippi	7	11
203. Natchez-Malcolm	,,	c. 20	32

	Staat.	Meil.	Kilom.
204. Memphis und Charleston R.			
Memphis-Stevenson	Tennessee, Alab.	272	438
Moscow-Somerville	Tennessee	c. 10	16
Tuscumbia-Florence	Alabama	3	5
205. Nashville-Chattanooga	Tennessee	151	243
Nashville-Hickman	"	170	274
Wartrace-Shelbyville	"	c. 10	16
206. Winchester und Alabama R.			
Fayetteville-Decherd	"	c. 40	64
207. Macminnville-Manchester-Tullahoma	"	34	55
208. East Tennessee, Virginia u. Georgia R.			
Bristol-Chatanooga	"	240	386
Rogersville Zweigbahn	"	14	22
Cleveland-Dalton	"	27	43
209. Knoxville und Charleston R.			
Knoxville-Maryville	"	16	26
210. Cincinnati, Cumberland Gap u. Charleston R.			
Morristown-Wolf Creek	"	40	64
211. Nashville-Decatur	Tennessee, Alab.	122	196
Columbia-Mt. Pleasant	Tennessee	c. 10	16
212. Tennessee und Pacific R.			
Nashville-Lebanon	"	31	50
213. Evansville-Henderson-Nashville	Kentucky, Tenn.	158	254
214. Louisville-Nashville	"	185	298
Memphis Jn.-Memphis	"	259	416
Bardstown Zweigbahn	Kentucky	17	27
Lebanon Jn.-Livingston	"	c. 120	193
Stanford-Richmond	"	35	56
Glasgow Zweigbahn	"	c. 10	16
215. Elizabethtown u. Paducah R.			
Elizabethtown-Nortonville	"	110	177
216. Paducah und Gulf R.			
Paducah-Troy	"	63	101
217. Louisville, Cincinnati u. Lexington R.			
Louisville-Covington	"	107	172
Lagrange-Lexington	"	66	106
218. Anchorage-Shelbyville	"	19	31
219. Kentucky Central R.			
Covington-Nicholasville	"	112	180
220. Owensboro'-Livermore	"	c. 20	32
221. Lexington u. Big Sandy R.			
Bellefont Furnace-Buen Vista Furnace	"	10	16

	Staat.	Meil.	Kilom.
222. Eastern Kentucky.			
Riverton-Grayson	Kentucky	23	37
Grenupsburgh-Cannell Mines	"	14	22
223. Memphis-Little Rock	Arkansas	135	217
224. Little Rock und Fort Smith R.			
Little Rock-Lewisburg	"	49	79
225. Southern Pacific R.			
Shreveport-Longview	Louisiana, Texas	66	106
Greenwood-Jefferson	Texas	c. 30	48
226. Galveston-Houston	"	50	80
227. Houston und Texas Central R.			
Houston-Corsicana	"	211	340
Hempstead-Mac Dade	"	81	130
228. Houston und Gt. Northern R.			
Houston-Trinity	"	88	142
229. Texas und New Orleans R.			
Houston-Orange	"	c. 100	161
230. Houston Tap und Brazoria R.			
Houston-Columbia	"	50	80
231. Buffalo, Brazos und Colorado R.			
Harrisburg-Columbus	"	84	135
232. Cincinnati, Dayton und Michigan R.			
Cincinnati-Toledo	Ohio	202	325
Hamilton-Richmond	"	45	72
233. Cincinnati, Sandusky u. Cleveland R.			
Sandusky-Dayton	"	155	249
Carey-Findlay	"	16	26
Springfield-London	"	20	32
234. Lake Erie und Louisville R.			
Fremont-Findlay	"	37	60
235. Cincinnati u. Indianapolis Junction	Ohio, Indiana	123	148
236. Cleveland, Columbus, Cincinnati und Indianapolis R.			
Cleveland-Indianapolis	"	282	454
Crestline-Columbus	Ohio	63	101
Delaware-Springfield	"	50	80
237. Cincinnati u. Muskingum Valley R.			
Cincinnati-Dresden	"	184	296
238. Cleveland, Mt. Vernon und Delaware R.			
Cleveland-Millersburg	"	87	140
Clinton-Massillon	"	13	21
239. Dayton-Union	"	47	76

	Staat.	Meil.	Kilom.
240. Columbus und Hocking Valley R.			
Columbus-Athens	Ohio	76	122
Logan-New Straitsville	,,	13	21
241. Newark-Somerset	,,	c. 20	32
242. Marietta-Cincinnati	,,	199	320
Belpre-Scotts Landing	,,	9	14
Hamden-Portsmouth	,,	c. 50	80
Blanchester-Hillsboro	,,	c. 20	32
243. Marietta und Pittsburg R.			
Marietta-Caldwell	,,	35	56
244. Cleveland-Pittsburg R.			
Cleveland-Rochester	,,	124	199
Belle Air-Yellow Creek	,,	43	69
New Philadelphia-Bayard	,,	32	51
245. Carrolton-Oneida	,,	12	19
246. New Lisbon-Niles	,,	33	53
247. Ironton-Center	,,	13	21
248. Ohio und Mississippi R.			
Cincinnati-St. Louis	Ohio, Indiana, Illin.	340	547
N. Vernon-Louisville	Indiana.	54	87
249. Cincinnati-Indianopolis-Lafayette	Ohio, Indiana	179	288
Fairland-Martinsville	Indiana	38	61
Valley Jn.-Hagerstown	,,	70	113
250. Indianopolis, Peru und Chicago R.			
Indianopolis-Michigan City	,,	161	260
251. Fort Wayne, Muncie u. Cincinnati R.			
Connersville-Fort Wayne	,,	109	175
252. Indianopolis-Vincennes	,,	116	187
253. Logansport, Crawfordsville u. South Western R.			
Kilmore-Rockville	,,	60	97
254. Evansville u. Crawfordsville R.			
Evansville-Rockville	,,	132	212
255. Jeffersonville-Indianopolis	,,	108	174
Columbus-Madison	,,	45	72
Columbus-Cambridge	,,	65	105
256. Louisville, New Albany und Chicago R.			
New Albany-Michigan City	,,	288	464
257. Cincinnati, Richmond u. Fort Wayne R.			
Richmond-Fort Wayne	,,	92	148
258. St. Louis-Vandalia-Indianopolis	Illinois, Indiana	238	383
259. Indianopolis, Bloomington u. West. R.			
Indianopolis-Peoria	,,	212	341

15*

	Staat.	Meil.	Kilom.
260. Todelo, Wabash u. Western R.			
Todelo-St. Louis	Ohio, Ind., Illinois	433	697
Decatur Pekin	Illinois	68	109
Decatur-Keokuk	"	166	268
Clayton-Quincy	"	28	45
Bluffs-Hannibal-Moberly	Illinois, Missouri	120	193
261. Chicago-Alton-St. Louis	Illinois	280	451
Bloomington-Mexico	Illinois, Missouri	198	319
Jacksonville-Alton	Illinois	68	109
Dwight-Washington	"	70	113
Varna-Lacon	"	10	16
262. Quincy, Alton und St. Louis R.			
Quincy-Pike	"	42	68
263. Indianopolis-Terre Haute-St. Louis	"	261	420
264. Evansville, Terre Haute u. Chicago R.			
Terre Haute-Danville	"	55	88
265. Paris und Decatur R.			
Paris-Oakland	"	18	29
266. St. Louis, Alton und Terre Haute R.			
St. Louis-Du Quoin	"	71	114
267. St. Louis und Southeastern R.			
St. Louis-Evansville	"	161	260
Macleansboro'-Shawneetown	"	41	66
268. Springfield u. Illinois S. East. R.			
Beardstown-Pana	"	88	142
Altamont-Shawneetown	"	107	172
269. Jacksonville N. West. u. S. East. R.			
Jacksonville-Virden	"	c. 40	64
270. Rockford, Rock Island u. S. Louis R.			
Sterling-St. Louis	"	291	469
271. Peoria-Rock Island	"	91	146
272. Peoria-Pekin-Jacksonville	"	83	134
273. Toledo, Peoria und Warsaw R.			
St. Line-Warsaw	"	227	365
La Harpe-Burlington	"	19	31
274. Chicago, Danville und Vincennes R.			
Chicago-Danville	"	128	206
275. Grand Tower-Carbondale	"	27	43
Carbondale-Marion (ShawneetownR.)	"	17	27
276. Illinois Central R.			
Chicago-Cairo	"	365	587
Dunleith-Centralia	"	343	552
Dubuque-Sioux City	Iowa	326	525
Waterloo-Mona	"	80	129

	Staat.	Meil.	Kilom.
277. Gilman-Clinton-Springfield	Illinois	110	117
278. Chicago, Burlington u. Quincy R.			
Chicago-Quincy	,,	263	424
Galesburg-Burlington	,,	44	71
Aurora-Streator (Fox River)	,,	60	97
Aurora-Geneva	,,	12	19
Aurora-Galena Ju.	,,	10	16
Mendota-Prophetstown	,,	45	72
Buda-Rushville	,,	109	175
Galva-Keithsburg	,,	57	92
Galesburg-Peoria	,,	53	85
Burlington-Quincy	,,	72	116
Burlington-Keokuk	Iowa	43	69
279. Chicago und Iowa R.			
Aurora-Oregon	Illinois	62	100
280. Chicago und North Western R.			
Chicago-Council Bluffs	Illinois, Iowa	488	786
Junction-Freeport	Illinois	91	146
Cortland-Sycamore	,,	c. 5	8
Chicago-Milwaukee	Illinois, Wisconsin	85	137
Chicago-Fort Howard	,,	242	389
Chicago-Madison	,,	138	222
Kenosha-Rockford	,,	72	116
Appleton-New London	Wisconsin	c. 25	40
Escanaba-Marquette	Michigan	75	121
Negaunee-Champion	,,	19	31
281. Lake Shore u. Michigan Southern R.			
Buffalo-Chicago	N. York, Penns., Ohio, Ind., Illinois	538	866
Toledo-Adrian-Elkhart	Michigan	144	231
Toledo-Detroit	,,	65	105
Monroe Ju.-Adrian-Jackson	,,	69	111
White Pigeon-Grand Rapids	,,	95	153
Jamestown-Oil City	Pennsylvania	50	80
282. Michigan Central R.			
Detroit-Chicago	Mich., Ind., Illinois	284	457
Lake-Joliet	Indiana, Illinois	45	72
Niles-Jackson	Michigan	103	166
Jackson-Whitehall	,,	149	240
Kalamazoo-South Haven	,,	40	64
Jackson-Lansing-Saginaw	,,	101	163
Saginaw-Wells	,,	c. 50	80
283. Port Huron u. Lake Michigan R.			
Port Huron-Flint	,,	66	106
284. Detroit u. Milwaukee R.			
Detroit-Grand Haven	,,	189	304

	Staat.	Meil.	Kilom.
285. Detroit, Lansing u. Lake Michigan R.			
Detroit-Howard	Michigan	149	240
286. Flint und Pere Marquette R.			
Toledo-Bay City	"	153	246
Saginaw-Reed City	"	90	145
287. Michigan Air Line R.			
Ridgeway-Romeo	"	16	26
288. Peninsular R.			
Lansing-South Bend	"	120	193
289. Michigan Lake Shore R.			
Kalamazoo-Muskegon	"	85	137
290. Chicago u. Michigan Lake Shore R.			
New Buffalo-Montagne	"	143	230
291. Detroit, Hillsdale und Indiana R.			
Ypsilanti-Roann	Michigan, Indiana	161	261
292. Jackson-Fort Wayne	"	100	161
293. Grands Rapids und Indiana R.			
Paris-Fort Wayne	"	202	325
294. Milwaukee-St. Paul	Wisc., Iowa, Minnes.	406	654
Milton Jn.-Monroe	Wisconsin	42	68
Brookfield-La Crosse	"	182	293
Watertown Jn.-Madison	"	37	60
Milwaukee-Portage City	"	96	154
Horicon-Berlin	"	42	68
Rush Lake-Winneconne	"	14	22
Ripon-Oshkosh	"	19	31
Conover-Decorah	Iowa	9	14
Calmar-Algona	"	126	203
Austin-Mason City	"	40	64
Milwaukee-Cedarburg (Northern R.)	Wisconsin	20	32
Minneapolis-St. Paul	Minnesota	15	24
Winona-St. Paul	"	103	166
Winona Jn.-Winona	"	28	45
Hastings-Corver	"	47	76
295. Madison-Portage	Wisconsin	c. 40	64
296. West Wisconsin R.			
Tomah-Hudson	"	156	251
297. Wisconsin Central R.			
Menasha-Steven Point	"	63	101
298. Sheboygan-Fond du Lac	"	45	72
299. Mineral Point R.			
Platteville-Warren	"	41	66
300. Western Union R.			
Milwaukee-Rock Island	Wisconsin, Illinois	197	317
Racine-Elkhorn	Wisconsin	41	66

		Staat.	Meil.	Kilom.
301. Sabula-Preston		Iowa	20	32
302. St. Paul und Pacific R.				
	St. Paul-Breckenridge	Minnesota	217	349
	St. Anthony Jn.-Sauk Rapids	"	68	109
303. Lake Superior und Mississippi R.				
	St. Paul-Duluth	"	156	251
	White Bear Lake-Stillwater	"	12	19
	Sioux City Jn.-White Bear Lake	"	39	63
304. Northern Pacific R.				
	Duluth-Red River	"	255	410
	Kaluma-Pumphreys Landing	Oregon	42	68
305. Winona-St. Peter		Minnesota	140	225
	Mankato Zweigbahn	"	4	6
306. St. Paul-Sioux City R.				
	St. Paul-St. James	"	122	196
307. Southern Minnesota R.				
	La Crosse-Winnebago	"	170	274
308. Chicago, Rock Island und Pacific R.				
	Chicago-Council Bluffs	Illinois, Iowa	490	789
	Bureau-Peoria	Illinois	47	76
	Wilton-Leavenworth	Iowa, Missouri	321	517
309. Dubuque Southwestern R.				
	Dubuque-Cedar Rapids	Iowa	79	127
310. Des Moines Valley R.				
	Keokuk-Fort Dogde	"	249	400
311. Central R. of Iowa.				
	Mason City-Albia	"	171	276
312. Iowa Midland R.				
	Clinton-Anamosa	"	71	114
313. Davenport und St. Paul R.				
	Davenport-Wyoming	"	54	87
	Eldridge-Maquoketa	"	32	51
314. Burlington, Cedar Rapids und Minnesota R.				
	Burlington-Austin	"	261	420
315. Burlington und Southwestern R.				
	Burlington-Moulton	"	100	161
316. Burlington und Missouri River R.				
	Burlington-Omaha	"	295	475
	Red Oak-East Nebraska City	"	50	80
	Plattsmouth-Harvard	Nebraska	136	219
317. Sioux City und Pacific R.				
	Missouri Valley-Sioux City	Iowa	75	121
	Missouri Valley-Wisner	Nebraska	88	142

	Staat.	Meil.	Kilom.
318. St. Louis, Kansas City u. Northern R.			
St. Louis-Kansas City	Missouri	275	443
Centralia-Columbia	,,	22	35
Brunswick-Pattonsburg	,,	80	129
N. Lexington-St. Joseph	,,	69	111
Moberly Jn.-Ottumwa	Missouri, Iova	131	211
319. Hannibal-St. Joseph	Missouri	206	332
Quincy-Palmyra Jn.	,,	15	24
Cameron Jn.-Kansas City	,,	53	85
320. Mississippi Valley und Western R.			
Quincy-Canton	,,	17	27
321. Kansas City-St. Joseph-Council Bluffs	,,	200	322
St. Joseph-Hopkins	,,	61	98
322. Pacific R. of Missouri.			
St. Louis-Atchison	,,	330	531
Tipton-Boonville	,,	25	40
Sedalia-Lexington	,,	c. 50	80
323. Atlantic und Pacific R.			
St. Louis-Vinita	,,	364	585
324. St. Louis und Iron-Mountain R.			
St. Louis-Belmont	,,	195	314
Mineral Point-Potosi	,,	4	6
Bismarck-Des Arc	,,	40	64
325. Missouri, Kansas und Texas R.			
Sedalia-Muscogee	Missouri, Kansas	276	445
Holden-Paola	,,	54	87
Junction City-Parsons	Kansas	156	251
326. St. Joseph und Denver City R.			
Elwood-Hanover	,,	127	204
327. Missouri River, Fort Scott u. Gulf R.			
Kansas City-Baxter	,,	159	255
328. Leavenworth, Lawrence u. Galveston Railway.			
Lawrence-Coffyville	,,	141	227
Kansas City-Ottawa	,,	53	85
329. Atchison, Topeka u. Santa Fe R.			
N. Topeka-Newton	,,	136	219
330. Central Branch of Union Pacific R.			
Atchison-Waterville	,,	100	161
331. Kansas Pacific R.			
Kansas City-Denver	Kansas, Colorado	639	1028
Leavenworth-Lawrence	Kansas	38	61
332. Omaha und Southwestern R.			
Omaha-Beatrice	Nebraska	117	188

	Staat.	Meil.	Kilom.
333. Omaha und Northwestern R.			
Omaha-York	Nebraska	40	64
334. Atchison und Nebraska R.			
Atchison- Table Rock	,,	84	135
335. Midland Pacific R.			
Nebraska City-Lincoln	,,	57	92
336. Union Pacific R.			
Omaha-Ogden	Neb., Col., Wyom., Utah	1032	1660
337. Denver Pacific R.			
Cheyenne-Denver	Colorado	106	171
338. Colorado Central R.			
Denver-Golden City	,,	17	27
339. Utah Central R.			
Ogden-Salt Lake City	Utah	37	60
340. Central Pacific R.			
San Francisco-Ogden	Calif., Nevada, Utah	881	1418
Oakland-San Jose	California.	50	80
Lathrop-Modesto	,,	20	32
Sacramento Jn.-Tehama (Oregon)	,,	105	169
Alameda Zweigbahn	,,	c. 20	32
Oakland Zweigbahn	,,	c. 20	32
341. South Pacific R.			
San Jose-Gilroy	,,	30	48
342. California Pacific R.			
South Vallejo - Knight's Landing (Sacramento)	,,	66	106
Vallejo-Calistoga	,,	42	68
Sacramento-Marysville	,,	c. 50	80
343. Sacramento Valley R.			
Sacramento-Phingle Springs	,,	45	72
344. Central und Yuba R.			
Folsom-Marysville	,,	40	64
345. Marysville-Oroville	,,	30	48
346. Petaluma-Rudsills Landing	,,	3	5
347. Petaluma-Santa Rosa	,,	5	8
348. Placerville-Folsom	,,	37	60
349. Oregon und California R.			
Portland-Eugene	Oregon	124	199
350. Oregon Central R.			
Portland-Cornelius	,,	25	40

Tabelle über die Entwickelung des

	Name des Staates.	1848	1850	1852	1854	1856
Neu England Staaten.	Maine	112	257	328	386	462
	New Hampshire	263	471	500	585	609
	Vermont	92	366	439	454	471
	Massachusetts	893	1012	1140	1220	1281
	Rhode Island	68	68	68	95	95
	Connecticut	270	450	570	596	601
Mittel-Staaten.	New York	1019	1410	2150	2685	2701
	New Jersey	232	232	290	428	472
	Pennsylvania	981	981	1215	1581	2041
	Delaware	16	16	16	50	93
	Maryland	324	324	355	355	378
	West Virginia	—	—	—	—	—
Südöstliche Staaten.	Virginia	306	306	548	986	1259
	North Carolina	155	249	249	348	533
	South Carolina	204	270	383	650	706
	Georgia	602	664	857	975	1030
	Florida	23	23	23	26	61
Golf- und Süd-Staaten.	Alabama	111	112	236	290	454
	Mississippi	95	95	95	210	410
	Louisiana	50	66	117	190	251
	Tennessee	—	—	185	326	500
	Kentucky	28	77	94	231	286
	Arkansas	—	—	—	—	—
	Texas	—	—	—	32	71
Nördliche innere Staaten.	Ohio	274	596	1418	2453	2850
	Indiana	86	226	755	1406	1807
	Illinois	22	148	296	1884	2571
	Michigan	264	357	427	474	636
	Wisconsin	—	20	50	240	559
	Minnesota	—	—	—	—	—
	Iowa	—	—	—	—	246
	Nebraska	—	—	—	—	—
	Missouri	—	—	37	37	245
	Kansas	—	—	—	—	—
	Colorado	—	—	—	—	—
Westliche Staaten.	California	—	—	—	—	22
	Nevada	—	—	—	—	—
	Oregon	—	—	—	—	—
	Wyoming	—	—	—	—	—
	Utah	—	—	—	—	—

Eisenbahnnetzes der Unionsstaaten.

im Betriebe (englische Meilen) im Jahre

1858	1860	1862	1864	1866	1868	1870	1871
462	476	509	509	509	672	810	
600	658	660	660	660	685	735	
532	554	554	586	594	613	618	4985
1281	1281	1281	1281	1331	1481	1481	
95	100	100	119	119	121	136	
601	608	621	635	637	699	729	
2701	2787	2787	2869	3026	3636	3892	
472	627	689	836	904	990	1092	
2943	2943	3134	3610	4037	5014	5056	13322
93	127	127	127	150	160	190	
378	406	449	467	523	627	695	
—	—	—	361	365	365	375	
1474	1740	1740	1379	1417	1483	1483	
770	887	945	977	977	1129	1178	
781	978	989	989	989	1090	1139	6567
1174	1401	1421	1421	1437	1695	1933	
157	326	401	401	407	410	440	
643	643	801	891	891	1036	1396	
410	798	867	867	867	900	978	
328	328	334	336	336	414	479	
962	1283	1305	1318	1318	1436	1490	7031
400	531	531	564	626	850	907	
38	38	38	38	113	191	286	
187	294	451	451	480	572	665	
2850	3004	3004	3390	3403	3721	3638	
1808	2058	2169	2199	2212	2977	3278	
2682	2925	3004	3119	3250	4708	5423	
636	807	833	894	966	1499	1733	
775	937	970	1045	1045	1491	1491	
—	—	4	161	392	823	972	29503
343	549	797	804	1151	2141	2550	
—	—	—	—	275	419	588	
547	813	837	926	938	1827	2140	
—	—	10	40	240	930	1501	
—	—	—	—	—	150	368	
22	70	70	117	321	810	997	
—	—	—	—	—	390	593	
—	—	3	19	19	119	160	2239
—	—	—	—	—	560	560	
—	—	—	—	—	365	365	

Britisch Nordamerika.

In Canada begann man im Jahre 1850 mit dem Eisenbahnbaue, und suchte zuerst die Verbindung mit den Handelsplätzen der Vereinigten Staaten herbeizuführen. Dieselbe gelangte am 17. December 1859 mit Eröffnung der über zwei Kilom. langen Röhrenbrücke über den St. Lorenzfluss bei Montreal zum Abschluss. Gegenwärtig besteht das weitverzweigte Eisenbahnnetz der Dominion of Canada aus 4634 Kilom. im Betriebe befindlicher Bahnen, wovon 3669 Kilom. auf Canada, 597 Kilom. auf Neubraunschweig und 368 Kilom. auf Neuschottland kommen. Gewöhnlich wird die Länge der Canadischen Bahnen zu gross angegeben, indem die von der Grand Trunk Gesellschaft gepachteten 240 Kilom. von Portland im Staate Maine bis zur Canadischen Grenze bei Island Pond und die ebenfalls gepachteten 100 Kilom. von Port Huron im Staate Michigan bis Detroit mit dazu gerechnet werden.

Die Längen der einzelnen Strecken sind folgende:

	Engl. Meil. à 1609 Met.	Kilom.	Eröffnungszeit.
1. Grand Trunk.			
Montreal-Grenze bei Island Pond.	148	238	1851—53
Richmond-Pt. Levi (Quebeck)	96	154	
Chaudière Curve-Rivière du Loup.	118	190	
Arthabaska-Doucets Land	35	56	
Montreal-Rouses Point	49	79	
Montreal-Province Line	40	64	
Montreal-Toronto-Sarnia	501	806	1859
St. Marys-London	22	35	27. Sept. 1859
Ft. Erie-Gooderich	161	260	
Kingston Zweigbahn	2	3	
Berlin-Doon	7	11	
2. Great Western Railway.			
Niagara Falls-Windsor	229	368	Januar 1851
Hamilton-Toronto	40	64	
Harrisburg-Guelph-Harriston	76	122	1871
Komoka-Sarnia	50	80	Januar 1859
Petrolia Zweigbahn	2	3	
Ft. Erie-Niagara	31	50	
3. St. Lawrence (Prescott) u. Ottawa R.	54	87	Dec. 1854
4. Brockville, Ottawa u. Canada Central R.			
Brockville-Sand Point	74	119	
Carlton Place-Ottawa	28	45	1871
Smith's Falls-Perth	12	19	
5. Cobourg-Peterborough	28	45	Mai 1854
6. Midland-R. of Canada.			
Port Hope-Beaverton	66	106	Dc. 1857, 1870
Millbrook-Lakefield	22	35	1870

	Meil.	Kilom.	Eröffnungszeit.
7. Toronto u. Nipissing R.			
Toronto-Coboconk	87	140	14. Oct. 1871
8. Northern R.			
Toronto-Collingwood	94	151	1853—1855
Barrie-Orillia	23	37	
Lefroy-Bell Ewart	2	3	
9. London-Port Stanley	24	39	1856
10. Welland R.			
Pt. Dalhousie-Pt. Colborne	25	40	27. Juli 1859
11. Preston-Berlin	11	18	
12. St. Lawrence u. Industrie	12	19	Mai 1850
13. Grenville-Carillon	13	21	October 1854
14. Quebeck-Gosford	26	42	1871
15. Stanstead und Chambly R.			
St. Johns-Waterloo	43	69	
16. Connecticut und Passumpsic R.			
Lennoxville-Stanstead	32	51	1870
17. European u. N. American R.			
St. John-Pt. du Chene	108	174	1. Aug. 1860
Painsec Jn.-Amherst	41	66	1870
St. Croix-St. John	92	148	20. Sept. 1871
Fredericton Zweigbahn	22	35	
18. N. Brunswick und Canada R.			
St. Andrews-Houlton	89	143	
St. Stephens-Watts Jn.	19	31	
19. Nova Scotia R.			
Halifax-Picton	113	182	1861—1868
Windsor Jn.-Windsor	32	51	1861
20. Windsor-Annapolis	84	135	18. Dec. 1869

Mexico.

Der ersten bereits im Jahre 1850 eröffneten kleinen Eisenbahn von Veracruz nach Medellin folgten später unter der Regierung des unglücklichen Kaisers Maximilian einige kurze Strecken in der Nähe der Hauptstadt. Aber die fortwährenden politischen Unruhen und die ungünstige Terrainbeschaffenheit des Gebirgslandes verzögerten die weitere Ausdehnung des Eisenbahnnetzes. Die Vollendung der Hauptbahn von Mexico nach Veracruz, welche am 8. October 1865 bis Chalco (37 Kilom.), am 24. Januar 1867 bis Apizaco (140 Kilom.), am 21. September 1869 bis Puebla (188 Kilom. von Mexico), so wie im Jahre 1864 von Veracruz bis Paso del Macho eröffnet worden war, wurde zwar schon im Jahre 1869 mitgetheilt, jedoch ist nach neueren Berichten die 208 Kilom. lange Strecke von Puebla nach Paso del Macho noch gar nicht fertig, sondern es wurden davon am 22. August 1871 nur 38 Kilom. von Paso del Macho bis Fortin eröffnet.

Die mexicanischen Eisenbahnen bestehen demnach aus folgenden Linien:

Mexico-Puebla	188	Kilom.,
Veracruz-Paso del Macho-Fortin	113	„
Veracruz-Medellin	12	„
Veracruz-Loma alta	35	„
Mexico-Guadelupe (1853)	4	„
Mexico-Tlalpam	16	„
Mexico-Tacubaya (1866)	19	„
zusammen	387	Kilom.

Honduras.

Von der im Bau begriffenen Bahn von Porto Caballo oder Porto Cortez am atlantischen nach der Fonseca-Bay am stillen Ocean wurde die erste 60 Kilom. lange Section bis S. Jago am 25. September 1871 eröffnet.

Columbia.

Da die oben erwähnte Hondurasbahn noch im Bau begriffen und die längst projectirten Bahnen durch Costarica und durch Nicaragua noch nicht ins Leben getreten sind, so ist nächst der grossen Pacificbahn der vereinigten Staaten die einzige Eisenbahnverbindung zwischen dem atlantischen und grossen Oceane bis jetzt noch die im Staate Panama liegende Eisenbahn von Aspinwall nach Panama, welche nach langjährigem, kostspieligem mit vielen Opfern an Menschenleben verknüpftem Baue am 28. Januar 1855 in einer Länge von 76 Kilom. dem Betriebe übergeben wurde.

In dem ebenfalls zum Columbischen Bunde gehörenden Staate Bolivar wurde am 3. December 1870 eine kleine Eisenbahnstrecke von 30 Kilom. von Sabanilla an der Mündung des Magdalenenstromes nach Baranquilla eröffnet.

Cuba.

Abweichend von den übrigen Ländern, deren Bewohner romanischer Abstammung sind, und wohl bestimmt durch das Beispiel des rührigen Nachbarvolkes, fing man in Cuba schon frühzeitig an, die Eisenbahnverbindungen der Hauptstadt mit den bedeutenderen Ortschaften der Insel herzustellen, und so besitzt der westliche Theil der Insel schon mehrere Jahrzehnte lang ein zusammenhängendes Netz mit dem Mittelpunkt Habana, während auch im östlichen Theile zwei einzelne Strecken, von Porto Principe nach S. Fernando und von Santiago de Cuba nach El Cobre vorhanden sind. Der ersten im Jahre 1837 eröffneten Eisenbahn von Habana nach Guines (50 Kilom.) folgten 1838 und 1839 die Bahnen von Cardenas nach Montalvo und nach Jucaro. Die Eröffnungszeiten der übrigen Bahnen, fast alle in den Jahren 1840 bis 1850 entstanden, können nicht genau angegeben werden. Das ganze Netz, in einer Gesammtlänge von 640 Kilom., besteht gegenwärtig aus folgenden Linien:

Habana-Guines-La Union mit Zweigbahnen nach Batabano und Guanatay	104 Kilom.,
Cardenas-Montalvo	88 „
Cardenas-Jucaro mit Zweigbahn	56 „
Matanzas-La Isabel	76 „
Matanzas-Kolisco	39 „
Regla-Guanaboca	5 „
Habana-Matanzas	76 „
Remedios-Colonia de Vives	5 „
Cienfuegos-Villa Clara	66 „
Matanzas-Sabanilla	71 „
Nuevitas (S. Fernando)-Porto Principe	39 „
S. Jago de Cuba-El Cobre	15 „

Jamaika.

Von den übrigen westindischen Inseln ist nur noch Jamaika im Besitze einer Eisenbahn, welche am 21. November 1845 von der Hauptstadt Kingston nach Spanish Town (19 Kilom.) mit einer Zweigbahn von Spanish Town nach St. Angel (6 Kilom.) eröffnet wurde. Am 1. Juli 1869 wurde die Verlängerung von Spanish Town nach Old Harbour (18 Kilom.) dem Betriebe übergeben.

Venezuela.

In Venezuela ist eine Eisenbahn von Caracas nach Petare und eine Centralbahn von Puerto Caballo aus einerseits nach S. Felipe, andererseits über Valenza nach Varinas schon seit geraumer Zeit im Bau begriffen; eröffnet ist jedoch erst im Februar 1866 eine kleine Strecke von Puerto Caballo bis Palito.

Britisch Guiana.

Eine Eisenbahn von 96 Kilom. Länge geht von Georgetown die Küste entlang nach Neuamsterdam; dieselbe wurde am 1. September 1864 bis Mabaica (32 Kilom.) und vollständig im Jahre 1866 eröffnet.

Brasilien.

Die erste durch eine brasilianische Aktiengesellschaft erbaute Eisenbahn war die am 30. April 1854 eröffnete Maua Bahn, welche 18 Kilom. lang von Porto de Maua an der Bai von Rio de Janeiro nach Raiz da Serra am Fusse der Serra d'Estrella geht und einen Theil des Weges von Rio nach Petropolis bildet. Ihr folgten in den nächsten Jahren zwei von englischen Gesellschaften gegen staatliche Zinsgarantie erbaute Eisenbahnen, welche bestimmt sind, die Hafenstädte Bahia und Pernambuco mit dem oberen schiffbaren Theile des Rio San Francisco zu verbinden. Die erstere wurde am

9. September 1861 von Bahia bis Feira Velha (56 Kilom.), am 31. Januar 1863 bis Alagoinhas (124 Kilom.) eröffnet, die andere am 8. Februar 1858 von Recife bei Pernambuco bis Villa de Escada (60 Kilom.) und am 30. November 1862 bis Una (125 Kilom.).

Die Hauptbahn, Dom Pedro II., welche die Hauptstadt Rio de Janeiro mit den Provinzen Minas Geraes und San Paulo verbinden soll, wurde im Jahre 1861 bis Belem (63 Kilom.) mit der 7 Kilom. langen Zweigbahn von Belem nach Macacos, am 20. November 1865 bis Comerino am Parahyba (130 Kilom.), im Jahre 1870 bis Porto novo eröffnet, eine Zweigbahn nach Valenza am 19. Juni 1871.

Ausserdem geht noch eine Eisenbahn von Santos nach Jundiahy (139 Kilom.), welche am 7. Sept. 1865 bis San Paulo und am 16. Febr. 1867 vollständig in Betrieb gesetzt wurde, und die Cantagallo Bahn von Porto das Caixas nach Caxoeira, eröffnet am 28. April 1860.

Die brasilianischen Eisenbahnen haben mit Einschluss der Pferdebahnen in Rio de Janeiro gegenwärtig eine Länge von 812 Kilom. und bestehen aus folgenden Linien:

Dom Pedro II.	260 Kilom.,
Valenza Zweigbahn	25 „
Santos-Jundiahy	139 „
Bahia B.	124 „
Pernambuco B.	125 „
Cantagallo	49 „
Maua	18 „
Apupicos nach Cascanga (Peru)	8 „
Recife-Olinda	8 „
Zum botanischen Garten in Rio	13 „
St. Christavao etc. in Rio	43 „

Im Bau begriffen waren im Juli 1871 noch 307 Kilom., nämlich:

Dom Pedro II. Fortsetzung	160 Kilom.,
Cantagallo-Neu Freiburg	35 „
Von Jundiahy nach Champinas	43 „
Von Jundiahy nach Itu	69 „

La Plata-Staaten.

In der Argentinischen Republik begann man erst im Jahre 1862 mit dem Baue von Eisenbahnen, hat aber doch seitdem ein Eisenbahnnetz von 1039 Kilom. Länge dem Verkehre übergeben. Von besonderer Wichtigkeit ist die Centralbahn von Rosario am Parana nach Cordova, welche am 1. Mai 1870 vollständig eröffnet wurde, und an deren westliche Fortsetzung über die Anden zum Anschluss an die Eisenbahnen Chiles man allen Ernstes denkt. Nach den neuesten Berichten bestand das Eisenbahnnetz der Argentinischen Staaten aus folgenden Linien:

1. Ostbahn, von Buenos Ayres nach Chivilcoy (159 Kilom.), eröffnet

bis Lujan (38 Kil.) 1864, bis Mercedes (101 Kil.) am 1. März 1865, bis Chivilcoy im Jahre 1865.
2. Nordbahn, eröffnet von Buenos Ayres bis Belgrano (8 Kilom.) am 1. December 1862, bis las Conchas (31 Kilom.) am 9. Januar 1865.
3. Südbahn, von Buenos Ayres nach Chascomus (113 Kilom.), eröffnet am 14. December 1865. Von der projectirten Fortsetzung nach Dolores (90 Kilom.) sind 5 Kilom. bis Boca y Barracas vollendet. Im April 1871 wurde eine Strecke von 58 Kilom. nach dem Saladoflusse eröffnet.
4. Centralbahn, von Rosario nach Cordova (400 Kilom.), eröffnet am 1. Mai 1866 bis Tortugas (112 Kilom.), am 1. September 1866 bis Fray le Muerto (197 Kilom.), am 1. Juni 1867 bis Villa nueva (253 Kilom.), vollständig am 1. Mai 1870. Projectirt ist die Fortsetzung nach Tucuman. (542 Kilom.)
5. In Entre Rios ist die 10 Kilom. lange Bahn von Gualeguay nach Porto Ruiz im Betriebe und eine zweite zwischen Parana und Negoya (102 Kilom.) projectirt.

Uruguay.

In dem Staate Uruguay wurde die Eisenbahn von Montevideo nach las Pedras (18 Kilom.), welche bis Durango fortgesetzt werden soll, am 1. Januar 1869, und eine zweite von Montevideo nach Maldonado (c. 80 Kil.) im Jahre 1870 eröffnet.

Paraguay.

In der Republik Paraguay wurde am 1. October 1863 eine Eisenbahn von Asuncion bis Itaugua (40 Kilom.) und im Jahre 1864 deren Fortsetzung bis Paraguary (72 Kilom.) eröffnet. Die Vollendung der weiteren Strecke bis Villarica (140 Kilom. von Asuncion) ist durch den Krieg, welchen der Dictator Lopez mit Brasilien führte, und welcher das Land vollständig zu Grunde richtete, wohl für längere Zeit aufgeschoben.

Peru.

Gehen wir nun zu den an der Westküste Südamerikas liegenden Republiken über, so haben wir in Bolivia nur Eisenbahnprojecte anzuführen, da von den concessionirten Linien vom Hafen Cobija nach Potosi (c. 750 Kil.) von Aygacha am Titacacasee nach La Paz (50 Kilom.) und von Tacna über Corocora nach La Paz (c. 350 Kilom.) bis jetzt noch keine zur Ausführung gelangt ist.

Auch in Peru ist die Länge der concessionirten Eisenbahnen viel bedeutender, als die Länge der schon dem Betriebe übergebenen. Die erste peruanische Bahn wurde im Jahre 1851 von Lima bis Callao eröffnet und ihr folgten in den Jahren 1854 und 1859 die Bahnen von Tacna nach Arica und von Lima nach Chorillos. In den letzten Jahren seit 1869 ist man aber dort mit grösserem Eifer an den Eisenbahnbau herangegangen, so dass nach den neuesten Berichten folgende Linien in einer Gesammtlänge von 411 Kil. sich im Betriebe befinden:

Lima-Callao	13 Kilom.,	eröffnet	1851
Lima-Chorillos	14 „	„	1859
Tacna-Arica	62 „	„	1854
Eten-Chiclayo	25 „	„	1870
Lima-Chancay	85 „	„	1869
Pisco-Ica	55 „	„	1870
Mollendo-Arequipa	97 „	„	1869
Iquique-Noria	60 „	„	1870

Im Bau begriffen oder concessionirt sind 640 Kilom., nämlich:

Arequipa-Puno	210 Kilom.,
Callao-Cocachacra	170 „
Ilo-Moquegua	60 „
Pacasmay-Cajamarca	200 „

Chile.

Mit grösserer Energie als in den übrigen südamerikanischen Staaten suchte man in der Republik Chile sich den Vortheil der Eisenbahnverbindungen zu verschaffen. Der ersten im Jahre 1853 eröffneten Bahn von Caldera nach Copiapo (89 Kilom.) folgten bald einige andere, unter denen sich besonders die Staatsbahn von Valparaiso nach Santjago durch ihre grossartigen Bauten, welche mit denen der Semmeringbahn verglichen werden können, auszeichnet. Dieselbe wurde am 1. Mai 1857 von Valparaiso bis Quillota (55 Kilom.), im Jahre 1861 bis Llaillai (92 Kilom.) und am 14. September 1863 vollständig (184 Kilom.) eröffnet. An sie schliesst sich die grosse Südbahn an, welche 1862 von Santjago bis S. Fernando (133 Kilom.) und 1866 bis Curico (185 Kilom.) dem Betriebe übergeben wurde, und an welche sich die projectirte Eisenbahn von Cordova in Argentina aus anschliessen soll. Das Eisenbahnnetz Chiles hat gegenwärtig eine Länge von 722 Kilom. und umfasst folgende Linien:

Santjago-Valparaiso	184 Kilom.,	eröffnet	1857—63
Santjago-Curico	185 „	„	1862—66
Caldera-Copiapo-S. Antonio	150 „	„	1853—69
Ovalle-Tongoy	68 „	„	1862
Coquimbo-Las Cardas	62 „	„	21. Mai 1862
Pabellon-Chanarcillo	43 „	„	1. Mai 1869
Carrizal Alto-Carrizal Bajo	40 „	„	1870

Im Bau befindlich sind:

Talcahuano-Chillan	180 Kilom.,
S. Fernando-La Palmilla	30 „
Llaillai-S. Felipe	29 „

Australien.

Wenn auch das Innere des Continents von Neuholland, welches ja kaum erst seit einem Jahrzehnte etwas mehr bekannt zu werden anfängt, noch lange dem Eisenbahnbaue verschlossen bleiben dürfte, so hat doch die Rührigkeit der angelsächsischen Race wie überall, wo sie colonisirend auftrat, auch hier von verschiedenen Stellen der Küste aus Eisenbahnen nach dem Innern zu vorgeschoben. Am Schlusse des Jahres 1871 waren in den britischen Kolonien in Australien bereits 1808 Kilometer Eisenbahnen im Betriebe, welche sich auf die einzelnen Kolonien folgendermassen vertheilen:

a. Neu Südwales. 552 Kilom.
  1. Paramatta und Great Southern Railway (217 Kilom.). Die Gesellschaft zum Bau der grossen Südbahn bildete sich im Jahre 1846; am 3. Juli 1850 wurde der Bau begonnen und im Jahre 1855 ging die Bahn in den Besitz der Kolonialregierung über. Sie wurde 1855 von Sydney bis Paramatta (23 Kilom.), 1861 bis Picton (87 Kilom.), 1868 bis Marulan (187 Kilom.) und am 23. Mai 1869 bis Goulbourn (217 Kilom.) eröffnet. Sie soll von Goulbourn nach Moama am Murray, gegenüber Echuca, von wo bereits eine Eisenbahn nach Melbourne geht, fortgesetzt werden.
  2. Great Western R. (156 Kilom.). Sie wurde 1861 von Paramatta bis Blacktown (11 Kilom.), 1862 bis Penrith am Fusse der blauen Berge (31 Kilom.), 1867 bis Hartley (98) Kilom.) und am 1. Juli 1870 bis Rydel (156 Kilom.) dem Betriebe übergeben. Die Fortsetzung bis Bathurst (55 Kilom.) ist im Bau begriffen und eine weitere Verlängerung bis Orange projectirt.
  3. Richmond R. von Blacktown bis Richmond (26 Kilom.), eröffnet 1862.
  4. Great Northern R. (193 Kilom.) von Newcastle an der Mündung des Hunter bis Singleton (90 Kilom.) im Jahre 1861, bis Muswellbrook (153 Kilom.) am 20. Mai 1869 und von da bis Murrurundi (193 Kilom.) im Frühjahr 1872 eröffnet.

b. Queensland. 356 Kilom.

In dieser Kolonie, welche im Jahre 1859 von Neu Südwales getrennt wurde, beschloss man, gewarnt durch die geringen Erträgnisse der kostspieligen Eisenbahnen von Neu Südwales und Victoria, sich mit schmalspurigen Bahnen zu begnügen, und baute:

1. die Südwestbahn von Ipswich bis Dalby, 210 Kilom., von welcher eine Strecke von 64 Kilom. am 31. Juli 1865, die ganze Bahn im Jahre 1867 eröffnet wurde, nebst einer 98 Kilom. langen Zweigbahn von Toowumba bis Warwick.
2. die Nordbahn von Rockhampton bis Westwood, 48 Kilom., im Mai 1870 eröffnet.

c. **Victoria.** 531 Kilom.
  1. Melbourne-Echuca, 250 Kilom., im Jahre 1859 bis Sunbury 37 Kilom., 1861 bis Woodend, 82 Kilom., 1863 bis Sandhurst, 160 Kilom., 1865 vollständig eröffnet.
  2. Melbourne-Ballarat, 148 Kilom., 1860 bis Geelong, 76 Kilom., 1861 vollständig eröffnet.
  3. Melbourne-Hobsons Bay, 10 Kilom., eröffnet am 13. September 1854 die erste Eisenbahn in Australien.
  4. Melbourne-Williamstown, 10 Kilom., eröffnet am 17. Februar 1859.
  5. Melbourne-St. Kilda und Brighton, 11 Kilom., eröffnet im August 1859.
  6. Melbourne-Essendon, 7 Kilom., eröffnet am 1. November 1860.
  7. Great North Eastern R. von Melbourne nach Belvoir am Murray (290 Kilom.), wovon die erste Strecke bis Seymour, 95 Kilom., am 16. April 1872 eröffnet wurde.

d. **Südaustralien.** 324 Kilom.
  1. Adelaide-Port Adelaide, 12 Kilom., eröffnet 16. April 1856.
  2. Northern R., 78 Kilom., eröffnet 1857 von Adelaide bis Salisbury, 19 Kilom., 1858 bis Gawler, 41 Kilom., 1860 bis Kapunda.
  3. Northern Extension, eröffnet am 3. Juli 1869 von Roseworthy an der Nordbahn bis Forresters, 39 Kilom., am 29. August 1870 bis zu den Burra-Kupferwerken bei Kooringa, 114 Kilom.
  4. Pferdebahn von Moonta auf der Halbinsel York nach Wallaroo, 16 Kilom., am 9. Juli 1866 eröffnet.
  5. Pferdebahn von Kadina nach Wallaroo, 12 Kilom., 1866 eröffnet.
  6. Adelaide-Glenelg, 10 Kilom., eröffnet 1869.
  7. Strathalbyn (Port Elliot)-Middleton, 34 Kilom., eröffnet Februar 1869.
  8. Port Wakefield-Hoyles Plain, 48 Kilom., eröffnet 1869.

  Projectirt ist eine grosse Bahn von 2900 Kilom. Länge von Port Augusta an der Südküste mitten durch den Continent nach Port Darwin an der Nordküste.

e. **Tasmanien oder Vandiemensland.**
  Mitte Februar 1870 wurde die Launceston und Western Bahn, 69 Kilom. lang, eröffnet, welche Launceston mit dem reichen Agrikulturdistrikte Deloraine verbindet.

f. **Neu Seeland.**
  Am 1. December 1863 wurde die Bahn von Christchurch nach Lyttelton bis zum Heathcote Flusse (2 Kilom.) eröffnet, am 15. October 1866 ferner die Bahn von Christchurch nach Rolleston, 24 Kilom., welche

im Jahre 1870 noch um weitere 45 Kilom. durch die Canterbury-Ebene verlängert wurde.

Schliesslich sei noch bemerkt, dass im Jahre 1868 auch die unter französischer Oberherrschaft stehende Insel Tahiti ihre erste Eisenbahn erhielt, welche, etwa 4 Kilom. lang, aus einer der fruchtbarsten Gegenden Panannia nach der Bucht Terapeua führt.

In der zum Schlusse folgenden Tabelle sind die Eisenbahnlängen der einzelnen Länder für Zeiträume von fünf zu fünf Jahren zusammengestellt, wobei für diejenigen Länder, über welche die Berichte für das Jahr 1871 noch nicht erschienen sind, die Längenangaben des Jahres 1870 wiederholt sind. Es ergiebt sich aus dieser Zusammenstellung, dass am Schlusse des Jahres 1871 auf der ganzen Erde 234000 Kilometer oder 31200 Neumeilen Eisenbahnen im Betriebe waren, und dass die Eisenbahnlänge in dem letzten Jahrzehnte um mehr als das Doppelte gestiegen ist; ferner dass sich die grosse Zahl auf Europa und Amerika fast gleichmässig vertheilt, während die übrigen Erdtheile nur einen geringen Bruchtheil davon in Anspruch nehmen. Auf eine Quadratmeile festen Landes kommt ungefähr ein Zehntel Kilometer und auf eine Million Menschen etwa 172 Kilometer Eisenbahn.

Tabelle über die Eisenbahnnetze

Name des Landes.	Eisenbahnlänge am Schlusse des Jahres						
	1830	1835	1840	1845	1850	1855	1860
Deutschland	—	6	469	2143	5856	7826	11089
Oesterreich	121	227	426	1058	2214	2829	5161
Grossbritannien	92	252	1349	4082	10655	13414	16790
Frankreich	32	141	427	870	2996	5529	9431
Belgien	—	20	334	577	854	1333	1706
Niederlande	—	—	17	156	179	314	388
Schweiz	—	—	—	4	28	212	1097
Italien	—	—	8	128	426	912	1800
Spanien und Portugal	—	—	—	—	28	479	1716
Dänemark	—	—	—	—	30	30	111
Schweden u. Norweg.	—	—	—	—	—	105	599
Russland	—	—	27	144	500	1044	1590
Türkei u. Griechenland	—	—	—	—	—	—	66
I. Europa	245	646	3057	9162	23766	34027	51544
Asiatische Türkei	—	—	—	—	—	—	43
Ostindien	—	—	—	—	—	251	1354
Java	—	—	—	—	—	—	—
II. Asien	—	—	—	—	—	251	1397
Algier	—	—	—	—	—	—	—
Aegypten	—	—	—	—	—	—	443
Britisch Afrika	—	—	—	—	—	—	3
III. Africa	—	—	—	—	—	—	446
Vereinigte Staaten	87	1773	5340	7837	13819	30974	49223
Britisch Nordamerika	—	—	—	—	—	1960	2864
Mexico	—	—	—	—	12	16	32
Columbia u. Honduras	—	—	—	—	—	76	76
Cuba und Jamaika	—	—	194	425	425	629	629
Venezuela	—	—	—	—	—	—	—
Britisch Guiana	—	—	—	—	—	—	—
Brasilien	—	—	—	—	—	18	127
Argentina u. Uruguay	—	—	—	—	—	—	—
Paraguay	—	—	—	—	—	—	—
Peru	—	—	—	—	—	75	89
Chile	—	—	—	—	—	89	195
IV. Amerika	87	1773	5534	8262	14256	33837	53235
V. Australien	—	—	—	—	—	33	264
Totalsumme	332	2119	8591	17424	38022	68148	106886

der einzelnen Länder und Erdtheile.

(in Kilom.)			Flächeninhalt in geogr. ☐Meilen.	Einwohnerzahl in Millionen.	Auf eine ☐Meile kommen Eisenbahnen. Kilom.	Auf eine Million Einwohner kommen Eisenbahnen. Kilom.
1865	1870	1871				
13900	18667	20080	9901	40,2	2,120	522
6397	9762	11899	11267	36,0	1,050	330
21386	24373	24603	5732	30,9	4,290	800
13577	17602	17666	9588	36,4	1,840	485
2250	2997	3011	535	4,9	5,690	621
865	1588	1616	643	3,8	2,510	425
1340	1448	1472	752	2,5	1,950	588
3982	6175	6378	5377	26,5	1,190	240
5461	6015	6108	10884	20,7	0,560	295
419	764	876	694	1,8	1,260	486
1580	2102	2258	13771	5,9	0,160	383
3926	11243	13950	98019	68,0	0,140	205
66	1008	1062	10280	17,8	0,100	60
75149	103744	111909	182000	296,0	0,610	378
148	234	234	9781	10,9	0,024	21
5420	7789	8190	47428	150,0	0,170	54
—	109	109	2400	15,5	0,045	7
5568	8132	8533	807000	782,0	0,010	11
51	507	507	12150	3,0	0,041	169
575	1055	1055	6000	4,5	0,176	234
211	211	211	9266	0,9	0,022	234
837	1773	1773	544000	192,0	0,003	9
56880	87758	100818	169385	38,5	0,590	2602
3589	4312	4634	153745	4,0	0,030	1158
142	349	387	35825	8,7	0,010	45
76	106	166	26389	3,1	0,006	53
665	683	683	2358	1,8	0,290	38
—	13	13	17320	1,6	0,0008	8
32	96	96	4700	0,1	0,020	640
450	787	812	151973	10,0	0,005	81
300	1079	1137	31500	2,1	0,036	541
72	72	72	5900	1,0	0,012	72
89	411	411	23993	2,5	0,010	164
440	732	732	6238	2,0	0,017	366
62735	96398	109961	747000	84,0	0,140	1300
825	1812	1812	161000	4,0	0,011	453
145114	221859	233988	2441000	1358	0,096	172

Druckfehler.

Seite 14 Zeile 6 von oben lies verpachtet.
„ 25 „ 14 „ „ „ Württembergische.
„ 26 „ 5 „ „ „ Wasselnheim.
„ 31 „ 14 „ „ „ Württembergische.
„ 108 „ 11 von unten lies Great.
„ 128 „ 14 von oben lies Centralisation.
„ 165 „ 2 „ „ „ 63.
„ 190 von Zeile 3 bis 7 sind die Eröffnungsjahre eine Zeile tiefer zu setzen.
„ 208 Zeile 14 von oben lies bis.
„ 210 „ 1 von unten lies Mauch Chunk.

Gruenauer'sche Buchdruckerei (Koerner) in Bromberg.

Geschichte der Eisenbahnen

2. Theil.

Statistische Darstellung

der Entwickelung sowie der Verkehrs- und finanziellen Verhältnisse sämmtlicher Eisenbahn-Netze der Erde während der Jahre

1871 bis 1875

von

Dr. G. Stürmer,

Oberlehrer an der Realschule zu Bromberg.

Bromberg 1876.

Mittler'sche Buchhandlung

H. Heyfelder.

Vorwort.

Im Anschlusse an die im Jahre 1872 erschienene „Geschichte der Eisenbahnen", welche nun als erster Theil des ganzen Werkes zu betrachten ist, wird im Folgenden die weitere Entwickelung aller Eisenbahnnetze während der Jahre 1871 bis 1875 statistisch dargestellt, und zugleich werden die im ersten Theile übergangenen Daten über Anlagekosten, Transportmittel, Frequenz und finanzielle Verhältnisse der Bahnen hinzugefügt. Die durchaus beifällige Aufnahme, welche die „Geschichte der Eisenbahnen" bei Fachmännern und Sachverständigen gefunden hat, lässt den Verfasser hoffen, dass auch die in dem vorliegenden neuen Theile enthaltenen Angaben aus der vergleichenden Eisenbahnstatistik, welche, soweit es anging, stets officiellen Quellen entnommen sind, besonders auch bei Erörterung der für das gesammte Eisenbahnwesen so überaus wichtigen Tagesfragen Manchem ein brauchbares und erwünschtes Material liefern möchten.

Bromberg, im Juni 1876.

G. Stürmer.

Obgleich die ungünstigen finanziellen Verhältnisse der letzten Jahre auf die Entwickelung des Eisenbahnwesens in manchen Ländern hemmenden Einfluss ausübten, so ist doch im Allgemeinen dieselbe in den letzten fünf Jahren nicht hinter derjenigen der Vorjahre zurückgeblieben. Das Eisenbahnnetz der Erde, welches nach der speciellen, im ersten Theile dieses Werkes enthaltenen Tabelle am Schlusse des Jahres 1850 auf 38022 Km., 1855 auf 68148 Km., 1860 auf 106886 Km., 1865 auf 145114 Km. und 1870 auf 211859 Km. angewachsen war, hatte am Schlusse des Jahres 1875 eine Länge von 294249 Km. erreicht. Die Längenzunahme betrug hiernach 79 pCt. von 1850—55, 57 pCt. von 1855—60, 36 pCt. von 1860—65, 46 pCt. von 1865—70 und 39 pCt. von 1870—75, während die absolute Zunahme des letzten Jahrfünfts von 82390 Km. bei weitem die aller vorhergehenden Zeiträume übertrifft.

In fast allen Ländern ist man bemüht, das moderne Verkehrsmittel auch den entlegensten und unzugänglichsten Landestheilen zuzuführen; in Deutschland haben die östlichen Landestheile eine zweite Verbindung mit dem Westen erhalten und die nördlichste Stadt Deutschlands, Memel, ist in das Eisenbahnnetz mit aufgenommen; neue Eisenbahnverbindungen mit Oesterreich, der Schweiz und den Niederlanden und eine grosse Zahl Abkürzungslinien sind entstanden. In Grossbritannien ist das Eisenbahnnetz bis zum äussersten Norden Schottlands, bis Thurso und Wick, ausgedehnt worden; in Schweden wurde zu derselben Zeit im Norden die bisher vereinzelte Eisenbahnstrecke Falun-Gefle mit dem übrigen Eisenbahnnetze des Landes verbunden und eine zweite Bahnverbindung des nördlichen Schwedens mit Norwegen ist im Bau begriffen. Russland hat seine Kaukasischen Provinzen durch die Eisenbahn nach Wladikawkas zugänglicher gemacht, die im Krimkriege schmerzlich vermisste Bahn nach Sebastopol ist vollendet, und eine Bahn nach Sibirien wird nicht mehr lange auf sich warten lassen, während auch mehrfache Anschlüsse an das Oesterreichische und Preussische Eisenbahnnetz hergestellt wurden. In Italien ist der südlichste Theil der Halbinsel durch ununterbrochene Schienenverbindung dem Norden genähert und eine doppelte Eisenbahnverbindung mit Frankreich, die Küste entlang und durch den Mont Cenis hergestellt, während die Verbindung mit der

Schweiz und Deutschland durch den St. Gotthard noch seiner Vollendung entgegensieht. Frankreich hat seit dem Kriege besonders in Erweiterung des Netzes seiner Localbahnen viel geleistet und selbst in der Türkei ist ein nicht unbedeutendes Eisenbahnnetz entstanden, welches allerdings bis jetzt noch einer Verbindung mit den mitteleuropäischen Eisenbahnen entbehrt.

Auch in den anderen Erdtheilen ist man nicht müssig geblieben. Das Ostindische Eisenbahnnetz gewinnt immer mehr an Ausdehnung und Zusammenhang, selbst in Japan hat man mit dem Eisenbahnbau begonnen. Aegypten hat seine Eisenbahnen südlich bis Siut vorgeschoben und im Caplande soll in nicht zu ferner Zeit der Oranje River Freistaat mit der Capstadt durch Schienen verbunden sein. In den Vereinigten Staaten von Nordamerika wurden in den beiden Jahren 1871 und 1872 allein 24862 Km. Eisenbahnen eröffnet, und wenn auch die Geldkrisis in den darauf folgenden Jahren den Eisenbahnbau daselbst ins Stocken brachte, so ist doch die direkte Schienenverbindung von Texas und Arkansas mit den Mittelstaaten, der nördlichen Staaten mit Neu-Braunschweig, des Lake Superior mit dem Missouri durch die Northern Pacific Bahn und eine Menge anderer für die Entwickelung des Landes wichtiger Eisenbahnen hergestellt worden. In Californien ist die Southern Pacific Bahn bis in die Nähe von Los Angeles vorgerückt, und von Texas her sowohl, als von der Südseeküste nähern sich die eisernen Arme einander immer mehr zu einer zweiten Verbindung zwischen den beiden grossen Weltmeeren. Auch in Südamerika werden die Anden nicht lange mehr ein Hinderniss für die Schienenverbindung des Grossen und Atlantischen Oceans bilden; denn bereits ist die Eisenbahn, welche den Hafen Callao mit der Stadt Oroya am östlichen Abhange der Cordilleren verbindet, fast vollendet und von Argentina her ebenso wie von Chile ist man mit der Eisenbahn diesem Gebirge schon ganz nahe gekommen. In Australien strebt man erfolgreich Eisenbahnverbindungen zwischen den einzelnen Colonien an, wenn auch die Transcontinentalbahn von Port Augusta an der Südküste nach Port Darwin an der Nordküste noch lange Project bleiben dürfte.

Die folgende Tabelle giebt die Eisenbahnlängen der einzelnen Länder nach den neuesten Ermittelungen, die sich bei allen europäischen Ländern, den Vereinigten Staaten und Canada auf den Schluss des Jahres 1875, bei den andern Ländern auf den Anfang oder die Mitte dieses Jahres beziehen, und ihre Vergleichung in Bezug auf Flächeninhalt und Einwohnerzahl des Landes. Die zu dieser Berechnung erforderlichen Angaben des Areals und der Bevölkerung sind dem Gothaischen Jahrbuche für 1876 entnommen. Die letzte Columne enthält die mittlere Proportionale (d. i. die Quadratwurzel aus dem Producte) der in den beiden vorhergehenden Columnen enthaltenen Zahlen. Die Zahlen dieser Columne sind von dem Director des Königl. Preussischen Statistischen Bureaus Dr. Engel als „Eisenbahnausstattungsziffern" bezeichnet worden, und geben an, in welchem Verhältnisse die Eisenbahnnetze der einzelnen Länder zu einander stehen, wenn beides, der Flächeninhalt und die Bevölkerung zugleich berücksichtigt werden. Die

Anordnung der einzelnen Länder jedes Erdtheils in der folgenden Tabelle ist nach der Grösse dieser Zahlen erfolgt, nach denen also z. B. Deutschland die vierte Stelle einnimmt.

	Länge der Eisenbahnen.	Es kommen Eisenbahnen		
		auf 1 geogr. ☐Meile.	auf 10000 Einwohner.	Mittlere Proportionale.
	Km.	Km.	Km.	
1. Europa.				
Belgien	3517	6,57	6,70	6,63
Grossbritannien . .	26870	4,69	7,86	6,07
Schweiz	2066	2,75	7,74	4,61
Deutschland . . .	27980	2,85	6,76	4,39
Niederlande . . .	1895	2,94	4,78	3,75
Frankreich	21587	2,25	5,98	3,67
Dänemark	1260	1,81	6,72	3,49
Oesterreich . . .	17368	1,53	4,73	2,69
Schweden	4138	0,56	9,53	2,31
Italien	7704	1,43	2,87	2,03
Spanien	5796	0,64	3,56	1,51
Rumänien	1233	0,56	2,73	1,23
Portugal	1033	0,61	2,35	1,20
Russland	18488	0,19	2,51	0,69
Türkei	1537	0,23	1,83	0,65
Norwegen	555	0,096	3,09	0,55
Griechenland . . .	12	0,013	0,082	0,033
2. Asien.				
Kaukasien	1004	0,12	2,05	0,51
Ostindien	10443	0,24	0,54	0,36
Ceylon	132	0,11	0,55	0,25
Java	261	0,10	0,14	0,12
Kleinasien	401	0,011	0,30	0,059
Japan	61	0,011	0,018	0,014
3. Afrika.				
Mauritius	106	3,05	3,34	3,19
Algier	537	0,044	2,50	0,33
Capland	201	0,019	2,80	0,23
Aegypten	1528	0,037	0,90	0,18
Tunis	60	0,028	0,30	0,09
4. Amerika.				
Vereinigte Staaten	119352	0,86	30,94	5,15
Canada	6719	0,24	18,50	2,13

	Länge der Eisenbahnen.	Es kommen Eisenbahnen		Mittlere Proportionale.
	Km.	auf 1 geogr. ☐Meile. Km.	auf 10000 Einwohner. Km.	
Cuba	640	0,29	4,57	1,16
Chile	991	0,16	4,79	0,87
Uruguay	305	0,093	6,77	0,79
Peru	1549	0,053	6,19	0,57
Argentina	1584	0,027	8,44	0,48
Panama	76	0,060	3,45	0,45
Jamaica	43	0,21	0,85	0,43
Costarica	47	0,046	2,54	0,34
Honduras	90	0,040	2,56	0,32
Brit. Guiana . . .	96	0,023	4,46	0,32
Paraguay	72	0,027	3,26	0,29
Bolivar	30	0,023	1,71	0,20
Brasilien	1338	0,008	1,37	0,11
Mexiko	607	0,017	0,65	0,10
Venezuela	13	0,001	0,09	0,01
5. Australien.				
Victoria	1004	0,24	13,35	1,79
Neu Seeland . . .	402	0,08	13,67	1,05
Neu Süd-Wales . .	702	0,048	13,30	0,80
Südaustralien . . .	408	0,023	21,25	0,69
Queensland . . .	423	0,013	35,26	0,69
Tasmania	72	0,058	7,27	0,65
Westaustralien . .	64	0,0014	25,60	0,19
Tahiti	4	0,19	2,90	0,74

Für die einzelnen Erdtheile ergeben sich folgende Gesammtsummen der Eisenbahnlängen, wobei zur leichteren Vergleichung die zu einigen früheren Jahren gehörenden Zahlen aus dem ersten Theile des Werkes hinzugefügt werden.

	1860. Km.	1865. Km.	1870. Km.	1875. Km.
Europa	51544	75149	103744	142944
Asien	1397	5568	8132	12302
Afrika	446	837	1773	2372
Amerika	52235	62735	96398	133552
Australien	264	825	1812	3050
Total	106886	145114	211859	

Es hat sich hiernach die Länge aller Eisenbahnen in den letzten 15 Jahren nahezu verdreifacht und in den letzten 10 Jahren mehr als verdoppelt.

Von den 294249 Km. hier nachgewiesener Eisenbahnen der Erde sind nur 33660 Km., also etwa der neunte Theil, Staatsbahnen oder Privatbahnen in Staatsverwaltung, wovon auf Deutschland allein 15227 Km., also mehr als die Hälfte kommen. Jedoch ist es ein charakteristisches Zeichen für das Eisenbahnwesen der Jetztzeit, dass nicht bloss bei uns in Deutschland, sondern auch in anderen Ländern, wie in Italien, Belgien u. a. m. das Bestreben sich zeigt, den grössten Theil oder alle Eisenbahnen in einer Hand, der des Staates zu vereinigen, oder wie z. B. in Oesterreich eine Anzahl kleinerer Eisenbahnen zu einem grösseren Complexe zu verbinden, wie solche in England und Frankreich schon seit vielen Jahren bestehen.

Wir gehen nun zu einer Darstellung des Eisenbahnwesens der einzelnen Länder in den letzten fünf Jahren über, wobei wir die im ersten Theile beobachtete Reihenfolge der Länder beibehalten, das Deutsche Eisenbahnwesen natürlich am ausführlichsten behandeln, auch die im ersten Theile übergangenen Angaben über Anlagekapital, Transportmittel und finanzielle Resultate hinzufügen.

Deutschland.

1. Ausdehnung des Eisenbahnnetzes.

Das Deutsche Eisenbahnnetz umfasste am 1. Januar 1876 folgende Bahnen unter 66 Verwaltungen:

	Betriebslänge. Km.
A. Staatsbahnen.	
Preussische Ostbahn	1494,70
Niederschlesisch-Märkische und Berliner Verbindungsbahn	688,02
Westfälische Bahn	395,75
Saarbrücker Bahn	174,85
Hannoversche Bahn	871,55
Nassauische Bahn	257,73
Frankfurt-Bebraer und Bebra-Eschweger Bahn	253,52
Main-Weser-Bahn	198,83
Sächsische Staatsbahn	1087,00
Oldenburgische Bahn	270,68
Main-Neckar-Bahn	87,50
Badische Staatsbahn (incl. 102,67 Km. Pachtbahnen)	1152,43
Württembergische Staatsbahn	1269,86
Elsass-Lothringische Bahn	863,00
Militairbahn	15,00
Bayerische Staatsbahn (incl. 304,86 Km. Pachtbahnen)	3434,85
	12515,29
B. Privatbahnen unter Staatsverwaltung.	
Bergisch-Märkische Bahn	1184,44
Münster-Enscheder Bahn	58,65
Oberschlesische Bahn	1403,98
Rhein-Nahe Bahn	121,65
Altenburg-Zeitzer Bahn	25,58
Gaschwitz-Meuselwitzer Bahn	27,66

	Betriebslänge. Km.
Gössnitz-Geraer Bahn	34,56
Greiz-Brunner Bahn	10,25
Hainichen-Rossweiner Bahn	19,95
Zittau-Reichenberger Bahn	26,73
	2913,45

C. Privatbahnen in eigener Verwaltung.

Tilsit-Insterburger Bahn	53,93
Ostpreussische Südbahn	242,96
Berlin-Stettiner Bahn	853,00
Märkisch-Posener Bahn	271,90
Breslau-Schweidnitz-Freiburger Bahn	460,80
Rechte Oder-Ufer-Bahn	313,60
Breslau-Warschauer Bahn	55,50
Posen-Kreuzburger Bahn	200,70
Oels-Gnesener Bahn	160,15
Cottbus-Grossenhainer Bahn	79,51
Berlin-Hamburger Bahn	440,63
Magdeburg-Leipziger und Halle-Casseler Bahn	373,27
Berlin-Potsdam-Magdeburger Bahn	263,45
Magdeburg-Halberstädter Bahn	935,20
Hannover-Altenbekener Bahn	288,50
Berlin-Anhaltische Bahn	429,05
Oberlausitzer Bahn	155,50
Berlin-Görlitzer Bahn	327,35
Berlin-Dresdener Bahn	174,00
Halle-Sorau-Gubener Bahn	294,31
Nordhausen-Erfurter Bahn	78,28
Saal-Unstrut-Bahn	52,77
Thüringische Bahn	472,06
Köln-Mindener und Venlo-Hamburger Bahn	1053,97
Rheinische Bahn	1043,68
Homburger Bahn	18,10
Cronberger Bahn	9,70
Dortmund-Gronau-Enscheder Bahn	96,19
Crefeld-Kreis Kempener Industriebahn	43,20
Aachener Industriebahn	32,97
Glückstadt-Elmshorner Bahn	33,40
Altona-Kieler Bahn	288,01
Schleswigsche Bahn	233,57
Lübeck-Büchener und Lübeck-Hamburger Bahn	111,27

	Betriebslänge. Km.
Braunschweigische Bahn	344,17
Halberstadt-Blankenburger Bahn	18,80
Mecklenburgische Bahn	321,00
Eutin-Lübecker Bahn	33,00
Leipzig-Dresdener Bahn	284,70
Chemnitz-Komotauer Bahn	66,87
Chemnitz-Aue-Adorfer Bahn	124,00
Muldenthal-Bahn	35,80
Zwickau-Lengenfeld-Falkensteiner Bahn	35,00
Sächsisch-Thüringische Bahn	57,40
Werra-Bahn und Wernshausen-Schmalkaldener Bahn	180,00
Saal-Eisenbahn	74,80
Oberhessische Bahn	176,00
Hessische Ludwigsbahn	491,00
Kirchheimer Bahn	6,51
Ermsthal-Bahn	10,04
Ludwigsbahn	6,04
Pfälzische Eisenbahnen	507,70
	12610,34

Wenn man von der Gesammtsumme von 28142,05 Km. die Länge der hierbei doppelt gerechneten Strecken, welche von zwei Eisenbahn-Gesellschaften zugleich betrieben werden, mit zusammen 58,19 Km. abzieht, nämlich Heidingsfeld-Würzburg (5,65 Km. Bayerische und Badische B.), Minden-Löhne (19,96 Km. Köln-Mindener und Hannoversche B.), Münden-Cassel (24,08 Km. Hannoversche und Halle-Casseler B.) und Wolkramshausen-Nordhausen (8,5 Km. Halle-Casseler und Nordhausen-Erfurter Bahn), so bleibt eine Betriebslänge der Deutschen Eisenbahnen von 28083,86 Km. Hiervon liegen 194,89 Km. ausserhalb des Deutschen Gebietes, nämlich 30,0 Km. in den Niederlanden, 12,75 Km. in Frankreich, 38,91 Km. in der Schweiz, 105,36 Km. in Oesterreich, 3,77 Km. in Dänemark und 4,1 Km. in Russland. Dagegen liegen 91,37 Km. Betriebsstrecken fremder Eisenbahnen auf Deutschem Gebiete, und zwar 23,92 Km. der Niederländischen Staatsbahn, 11,77 Km. der Niederländischen Rheinbahn, 7,60 Km. der Nordbrabantischen Bahn, 8,51 Km. der Aachen-Mastrichter Bahn, 10,9 Km. der Französischen Ostbahn, 6,78 Km. der Schweizerischen Nationalbahn, 5,75 Km. der Vorarlberger Bahn, 3,3 Km. der Kaiserin Elisabeth-Bahn, 6,71 Km. der Böhmischen Westbahn, 2,63 Km. der Süd-Norddeutschen Verbindungsbahn, 1,72 Km. der K. Ferdinands-Nordbahn und 1,78 Km. der Warschau-Wiener Bahn.

Zieht man von der Betriebslänge von 28083,86 Km. jene 194,89 Km. auf ausserdeutschem Gebiete ab, zählt aber dafür diese 91,37 Km. fremdländischer Betriebsstrecken hinzu, so erhält man 27980,34 Km. als Gesammtlänge der auf Deutschem Gebiete liegenden Eisenbahnen, wobei die blossen Industriebahnen unberücksichtigt geblieben sind. Diese hatten in Preussen — für die anderen Deutschen Staaten liegen keine neueren Angaben darüber vor, — am Schlusse des Jahres 1874 eine Länge von 857,25 Km., worunter 582,05 Locomotivbahnen und 275,20 Km. Pferdebahnen.

Die Vertheilung der Eisenbahnen auf die einzelnen Deutschen Staaten resp. Provinzen ist aus folgender Zusammenstellung zu ersehen, wobei bemerkt wird, dass die bei den kleineren nord- und mitteldeutschen Staaten angegebenen Eisenbahnlängen meist Strecken Preussischer Eisenbahnen sind, und dass die Bayerischen und Badischen im Betriebe des Staates stehenden Privatbahnen, die gewöhnlich der Länge der eigentlichen Staatsbahnen zugezählt werden, hier von diesen getrennt aufgeführt sind.

	Staatsbahnen. Km.	Privatbahnen in		Total. Km.	Auf 1 □Meile kommen Km.	Auf 10000 Einwohn.	Mittlere Proportionale.
		Staats-Verwaltung. Km.	eigener Verwaltung. Km.				
Preussen . . .	1050,05	4,00	355,78	1409,78	1,24	4,48	2,36
Brandenburg .	478,38	62,60	1400,61	1941,59	2,68	6,78	4,26
Pommern . . .	—	31,86	564,82	596,68	1,09	4,17	2,13
Posen	221,73	400,48	396,53	1018,76	1,93	6,43	3,52
Schlesien . . .	460,93	902,62	1054,08	2417,63	3,30	6,52	4,64
Sachsen	1,84	11,63	1772,02	1785,49	3,89	8,49	5,75
Schlesw.-Holst.	—	—	583,52	583,52	1,83	5,86	3,27
Hannover . . .	853,58	—	829,24	1682,82	2,40	8,60	4,55
Westfalen . . .	316,91	631,90	580,72	1529,53	4,17	8,61	5,99
Hess.-Nassau .	612,51	141,40	194,98	948,89	3,35	6,78	4,76
Rheinprovinz .	185,80	554,95	1453,76	2194,51	4,48	6,13	5,24
Hohenzollern .	55,00	—	—	55,00	2,65	8,39	4,71
Lauenburg . .	—	—	79,39	79,39	3,73	15,99	7,72
Su. Preussen .	4236,75	2741,44	9265,40	16243,59	2,57	6,58	4,11
Ob.-, Mittel- u. Unter-Franken	1067,49	94,69	6,04	1168,22	2,80	6,83	4,37
Oberpfalz . . .	502,64	—	—	502,64	2,86	10,09	5,37
Schwaben und Neuburg . .	501,80	85,12	—	586,92	3,40	10,07	5,85
Ober- u. Nied.-Bayern . . .	1106,92	92,65	—	1199,57	2,37	8,31	4,44
Rheinpfalz . .	—	—	503,95	503,95	4,67	8,19	6,18
Su. Kgr. Bayern	3178,85	272,46	509,99	3961,30	2,87	8,16	4,84

	Staats-bahnen.	Privatbahnen in Staats-Ver-waltung.	Privatbahnen in eigener Ver-waltung.	Total.	Auf 1 □Meile kommen	Auf 10000 Einwohn.	Mittlere Proportionale.
	Km.	Km.	Km.	Km.	Km.		
Kgr. Sachsen	988,52	47,79	756,47	1792,78	6,59	7,01	6,80
Württemberg	1197,27	—	16,55	1213,82	3,43	6,67	4,79
Baden	1044,70	98,35	6,78	1149,83	4,13	7,87	5,70
Hessen-Darm-stadt	138,70	—	576,51	715,21	5,13	8,38	6,56
Oldenburg	234,31	33,49	48,00	324,80	2,79	10,26	6,00
Mecklenburg-Schwerin	—	—	375,13	375,13	1,55	6,72	3,23
Mecklenburg-Strelitz	—	—	35,60	35,60	0,72	3,67	1,62
Braunschweig	14,76	—	309,36	324,12	4,85	10,40	7,09
Anhalt	—	—	170,72	170,72	4,04	8,39	5,82
Sachsen-Wei-mar	—	—	194,71	194,71	2,95	6,80	4,48
Coburg-Gotha	—	—	117,73	117,73	3,29	6,75	4,71
Altenburg	37,01	51,51	24,80	113,32	4,72	7,97	6,13
Meiningen	21,00	—	134,65	155,65	3,46	8,28	5,94
Reuss ält. Linie	1,74	8,00	9,30	19,04	3,81	4,22	4,01
Reuss jüng. L.	2,35	4,00	17,03	23,38	1,55	2,62	2,02
Schwarzburg-Sondershau-sen	—	—	35,62	35,62	2,28	5,30	3,47
Schwarzburg-Rudolstadt	—	—	17,54	17,54	1,00	2,32	1,52
Lippe-Det-mold	—	—	8,02	8,92	0,39	0,72	0,53
Schaumburg-Lippe	24,32	—	—	24,32	3,02	7,59	4,78
Waldeck	—	—	3,82	3,82	0,19	0,68	0,35
Hamburg	—	—	30,60	30,60	4,11	0,90	1,92
Lübeck	—	—	29,23	29,23	5,61	5,60	5,60
Bremen	25,36	—	5,45	30,81	6,60	2,51	4,07
Elsass-Lothringen	855,75	—	13,90	869,65	3,30	5,61	4,31
Sa. Deutsch-land	12010,39	257,04	12712,91	27980,34	2,85	6,76	4,39

Sehen wir von den kleinen Staaten, die sich zur Vergleichung nicht eignen, ab, so sind am besten mit Eisenbahnen ausgestattet der Reihe nach: Königreich Sachsen, Grossherzogthum Hessen, Rheinpfalz, Westfalen, Schwaben, Provinz Sachsen, Baden, Oberpfalz, Rheinprovinz; am schlechtesten: Pommern, Preussen, Mecklenburg, Schleswig-Holstein und Posen.

Von den für das Königreich Preussen angeführten Bahnen von 16243,59 Km. Länge gehören nichtpreussischen Verwaltungen an 95,03 Km. Staatsbahnen, 11,63 Km. Privatbahnen in Staatsverwaltung und 201,02 Km. Privatbahnen in eigener Verwaltung. Dagegen liegen von Preussischen Eisenbahnen ausserhalb des Preussischen Staatsgebietes 174,50 Km. Staatsbahnen, 38,91 Km. Privatbahnen in Staatsverwaltung und 888,78 Km. andere Privatbahnen. Dies ergiebt als Betriebslänge der Preussischen Eisenbahnen 17038,10 Km., wovon 4316,22 Km. auf die Staatsbahnen, 2768,72 Km. auf die Privatbahnen in Staatsverwaltung und 9953,16 Km. auf die Privatbahnen in eigener Verwaltung kommen.

Von den 3961,30 Km. Eisenbahnen in Bayern werden 56,10 Km. von fremden Staatsbahnen und 40,04 Km. von fremden Privatbahnen betrieben, wogegen 47,28 Km. bayerischer Staatsbahnen, 32,40 Km. Privatbahnen in Staatsverwaltung und 3 Km. Privatbahnen in eigener Verwaltung ausserhalb Bayerns liegen.

Unter den 1792,78 Km. Eisenbahnen im Königreiche Sachsen sind 210,1 Km. fremder Privatbahnen; dagegen liegen 98,48 Km. der sächsischen Staatsbahn und 96,94 Km. der Privatbahnen in Staatsverwaltung ausserhalb des Staatsgebietes.

Unter den 1197,27 Km. Eisenbahnen in Württemberg sind 27,79 Km. im Betriebe fremder Staatsbahnen; es liegen dagegen 100,38 Km. der Württembergischen Staatsbahn in Baden, Hohenzollern und Bayern.

Unter den bei Baden aufgeführten 1149,83 Km. sind 90,07 Km. fremder Staatsbahnen und 6,78 Km. fremder Privatbahnen; es liegen dagegen 89,50 Km. der badischen Staatsbahnen und 4,32 Km. der gepachteten Privatbahnen in der Schweiz, in Württemberg, Hohenzollern und Bayern.

Zeittafel der Deutschen Eisenbahn-Eröffnungen seit 1872.

(Für die früheren Jahre s. Theil I S. 32.)

Jahr.	Tag der Eröffnung.	Eröffnete Strecke.	Km.
1872	5. Januar	Stolberg-Alsdorf (Rhein. B.)	12,63
	8. „	Mülheim a. Rhein-Deutz (Berg.-Märk.)	3,22
	15. „	Süchteln-Kempen-Hüls (Crefeld-Kr. Kempen)	18,00
	1. Februar	Düsseldorf-Kupferdreh (Berg.-Märk.)	35,63
	1. März	Wartenberg-Kempen (Breslau-Warschauer)	20,32
	1. „	Cottbus-Forst (Halle-Sorau-Guben)	22,05
	13. „	Areushausen-Münden (Magdeb.-Leipz.)	25,63
	1. April	Ehrang-Quint (Rheinische)	3,01
	1. „	Karf-Beuthen (Oberschlesische)	3,00
	8. „	Chemnitz-Borna (Sächsische)	53,69
	8. „	Narsdorf-Rochlitz (Sächsische)	9,32
	8. „	Narsdorf-Penig (Sächsische)	10,30
	8. „	Wittgensdorf-Limbach (Sächsische)	6,45
	13. „	Hannover-Hameln (Hann.-Altenb.)	51,90
	1. Mai	Weetzen-Barsinghausen (Hann.-Altenb.)	13,50
	1. „	Falkenberg-Eilenburg (Halle-Sorau-Guben)	45,75
	1. „	Friedrich Wilhelms-Hütte-Siegburg (Rhein.)	3,92
	6. „	Elm-Gemünden (Frankfurt-Bebraer B.)	46,20
	11. „	Heudeber-Wernigerode (Magdeb.-Halberst.)	9,50
	16. „	Landau-Germersheim (Pfälzische B.)	20,67
	25. „	Siegelsdorf-Langenzenn (Bayerische B.)	5,71
	26. „	Kempen-Wilhelmsbrück (Breslau-Warschau)	9,62
	26. „	Posen-Bromberg (Oberschlesische)	151,88
	1. Juni	Braunschweig-Königslutter (Braunschw. B.)	24,53
	1. „	Altenessen-Essen (Köln-Mind.)	3,00
	10. „	Meschede-Bestwig Nuttlar (Berg.-Märk.)	8,25
	19. „	Altenburg-Zeitzer Bahn	25,58
	20. „	Weil der Stadt-Nagold (Württembergische B.)	42,45
	30. „	Eilenburg-Halle (Halle-Sorau-Guben)	49,42
	30. „	Forst-Sorau (Halle-Sorau-Guben)	36,98

Jahr.	Tag der Eröffnung.	Eröffnete Strecke.	Km.
1872	1. Juli	Magdeburg-Helmstedt (Berl.-Potsd.-Magdeb.)	47,83
	1. „	Eilsleben-Jerxheim (Berl.-Potsd.-Magdeb.)	28,55
	29. „	Aachen-Belgische Grenze gegen Welkenraedt (Berg.-Märk.)	5,10
	3. August	Annaberg-Weipert (Sächs.)	18,44
	7. „	Froendenberg-Menden (Berg.-Märk.)	5,17
	10. „	Hameln-Pyrmont (Hannover-Altenb.)	20,00
	10. „	Bursinghausen-Haste (Hannover-Altenb.)	13,90
	1. September	Strehlen-Münsterberg (Oberschles.)	—20,48
	1. „	Kisslegg-Leutkirch (Württemb.)	11,30
	15. „	Königslutter-Helmstedt (Braunschw.)	16,34
	15. „	Petershagen-Rüdersdorf (Preuss. Ostbahn.)	— 5,35
	1. October	Pyrmont-Steinheim (Hannover-Altenb.)	18,80
	1. „	Halle-Könnern (Magdeb.-Halberst.)	28,38
	15. „	Weisswasser-Muskau (Berl.-Görlitz.)	7,87
	16. „	Spalt-Georgensgmünd (Bayerische)	7,04
	23. „	Monsheim-Marnheim (Hess. Ludw. u. Pfälz.)	13,54
	24. „	Lindau-Grenze bei Bregenz (Bayer.)	5,75
	27. „	Gleiwitz-Königshütte (Oberschl.)	— 26,70
	27. „	Königshütte-Schwientochlowitz (Oberschl.)	— 3,00
	1. November	Saarburg-Saargemünd (Elsass-Lothr.)	54,00
	1. „	Buchloe-Landsberg (Bayerische)	16,17
	10. „	Wiesau-Tirscheureuth (Bayerische)	11,01
	16. „	Schwaben-Erding (Bayerische)	13,90
	1. December	Harburg-Hamburg (Köln-Mind.)	10,87
	1. „	Jablonowo-Osterode (Preuss. Ostbahn)	— 65,03
	1. „	Rothfliess-Allenstein (Preuss. Ostbahn)	— 30,49
	16. „	Magdeburg-Neuhaldensleben (Magdeb.-Halb.)	29,40
	19. „	Steinheim-Altenbeken (Hannover-Altenb.)	21,00
1873	1. Januar	Hude-Brake (Oldenburgische B.)	25,50
	6. „	Bestwig Nuttlar-Warburg (Berg.-Märk.)	65,17
	21. März	Monsheim-Grünstadt (Hess. Ludw u. Pfälz. B.)	9,97
	25. „	Inowrazlaw-Thorn (Oberschles.)	— 34,33
	31. „	Halberstadt-Blankenburger Bahn	18,80
	1. April	Metz-Amanvillers (Elsass-Lothr.)	15,00
	10. „	Lübeck-Eutiner Bahn	33,00
	15. „	Pr. Stargard-Hoch-Stüblau (Preuss. Ostbahn)	—15,45
	15. „	Salzwedel-Uelzen (Magdeb.-Halberst.)	50,30
	15. „	Uelzen-Langwedel (Magdeb.-Halberst.)	97,40
	1. Mai	Pasing-Kaufering (Bayerische)	49,00
	15. „	Regensburg-Seubersdorf (Bayerische)	44,00

Jahr.	Tag der Eröffnung.	Eröffnete Strecke.	Km.
1873	15. Mai	Burg - Centralbahnhof Magdeburg (Berlin-Potsdam-Magdeb.)	22,50
	15. „	Osnabrück-Hemelingen (Köln-Minden)	120,98
	31. „	Langmeil-Marnheim (Pfälz.)	14,00
	8. Juni	Münsterberg-Wartha (Oberschles.)	24,75
	15. „	Courcelles-Bolchen (Elsass-Lothr.)	22,00
	23. „	Batilly-Amanvillers (Elsass-Lothr.)	2,60
	1. Juli	Sünching-Straubing (Bayerische)	16,17
	1. „	Seubersdorf-Neumarkt (Bayerische)	21,00
	15. „	Nossen-Freiberg (Leipz.-Dresd.)	23,90
	17. „	Heidelberg-Schwetzingen (Badische)	10,00
	20. „	Dürkheim-Grünstadt (Pfälzische)	15,00
	26. „	Scheer-Sigmaringen (Württemb.)	6,70
	1. August	Linden Fischerhof-Linden Küchengarten (Hannover-Altenbeken)	3,60
	6. „	Neufahrn-Obertraubling (Bayer.)	31,32
	11. „	Schwackenreuthe-Pfullendorf (Bad.)	15,71
	15. „	Konitz-Hoch Stüblau (Preuss. Ostbahn)	56,70
	15. „	Osterode-Allenstein (Preuss. Ostbahn)	39,77
	15. „	Thorn-Mocker (Preuss. Ostbahn)	3,01
	15. „	Hemelingen-Bremen (Köln-Minden)	5,60
	6. September	Messkirch-Mengen (Bad.)	19,00
	6. „	Krauchenwies-Sigmaringen (Bad.)	10,00
	25. „	Leobschütz-Jägerndorf (Oberschles.)	17,91
	1. October	Odenkirchen-Jülich-Düren (Berg.-Märk.)	44,53
	1. „	Jülich-Stolberg (Berg.-Märk.)	21,77
	20. „	Leipzig-Zeitz (Thüring.)	37,10
	1. November	Hausach-Villingen (Badische)	52,00
	1. „	Steinach-Rothenburg (Bayerische)	11,07
	1. „	Löbau-Ebersbach (Sächsische)	15,00
	15. „	Immenstadt-Sonthofen (Bayerische)	8,34
	15. „	Frankfurt-Offenbach-Hanau (Frankf.-Bebra)	23,76
	15. „	Wanne-Sterkrade (Köln-Minden)	23,90
	10. December	Schwetzingen-Speyer (Bad. u. Pfälz.)	15,85
	15. „	Wittenberge-Hitzacker (Berlin-Hamburger)	55,90
	15. „	Angermünde-Schwedt (Berlin-Stettiner)	24,00
	27. „	Metzingen-Urach (Ermsthalbahn)	10,40
	31. „	Alzey - Kirchheimbolanden (Hess. Ludwigs- u. Pfälz.)	15,15
1874	31. Januar	Rheinbrücke bei Rheinhausen (Rhein.)	—
	1. Februar	Senftenberg-Kamenz (Berlin-Görlitzer)	31,05

Jahr.	Tag der Eröffnung.	Eröffnete Strecke.	Km.
1874	1. März	Wesel-Haltern (Köln-Minden)	41,10
	15. „	Oberhagen-Dahl (Berg-Märk.)	11,63
	1. April	Kamenz-Frankenstein (Oberschles.)	— 10,00
	1. „	Finnentrop-Attendorn (Berg.-Märk.)	8,43
	2. „	Wernshausen-Schmalkalden (Werrabahn)	7,00
	1. Mai	Buchloe-Memmingen (Bayer.)	47,00
	1. „	Lübbenau-Senftenberg (Berlin-Görlitzer)	40,34
	1. „	Grossheringen-Saalfeld (Saal-Bahn)	74,80
	1. Juni	Verbindungsbahn bei Darmstadt (Hessische Ludwigs-Bahn)	3,71
	1. „	Ingolstadt-Regensburg (Bayer.)	74,00
	1. „	Holzkirchen-Tölz (Bayer.)	21,48
	1. „	Herdecke-Hattingen (Berg.-Märk.)	26,84
	1. „	Dahlhausen-Ueberruhr (Berg.-Märk.)	6,45
	1. „	Zehlendorf-Neu Babelsberg (Berlin-Potsdam-Magdeburger)	10,75
	1. „	Rothenburg-Reppen (Breslau-Freiburger)	— 57,00
	1. „	Bremen-Harburg (Köln-Minden)	102,80
	1. „	Verbindungs - Bahn Sagehorn - Kirchwayhe (Köln-Minden)	17,20
	1. „	Kohlfurt-Falkenberg (Oberlausitzer)	148,21
	1. „	Horb-Nagold (Württemb.)	23,56
	1. „	Calw-Brötzingen (Württemb.)	23,85
	1. Juli	Biederitz-Zerbst (Berlin-Potsdam-Magdeburg. u. Berlin-Anhalter)	34,39
	18. „	Marnheim-Kirchheimbolanden (Pfälz.)	5,38
	1. August	Breslau-Raudten (Breslau-Freiburger)	— 75,00
	1. „	Hechingen-Balingen (Württemb.)	16,94
	14. „	Grossheringen-Straussfurth (Saal-Unstrut-B.)	52,77
	15. „	Donauwörth-Ingolstadt (Bayer.)	53,00
	15. „	Leutkirch-Isny (Württemb.)	15,90
	28. „	Hainichen-Rossweim (Sächs.)	19,95
	6. September	Dahl-Brügge (Berg.-Märk.)	14,26
	7. „	Gaschwitz-Meuselwitz (Sächs.)	27,66
	12 „	Landau-Annweiler (Pfälz.)	15,00
	12. „	Wartha-Glatz (Oberschles.)	— 11,17
	15. October	Wattenscheid-Bochum (Rhein.)	7,42
	1. November	Essen-Bochum-Herne (Berg.-Märk.)	24,20
	1. „	Essen-Schalke (Berg.-Märk.)	11,10
	1. „	Cronberg-Rödelheim (Cronberger B.)	9,70
	1. „	Eilenburg-Leipzig (Halle-Sorau-Guben)	23,63

Jahr.	Tag der Eröffnung.	Eröffnete Strecke.	Km.
1874	1. November	Neuhaldensleben-Oebisfelde (Magdeb.-Halb.)	34,90
	1. „	Plauen-Oelsnitz (Sächs.)	20,00
	1. „	Ebersbach-Seifhennersdorf (Sächs.)	15,00
	19. „	Troisdorf-Speldorf (Rhein.)	80,81
	19. „	Bochum-Dortmund (Rhein.)	19,17
	23. „	Bruchsal-Rheinsheim (Bad.)	21,00
	25. „	Dortmund-Lünen (Dortmund-Gronau)	14,95
	1. December	Herne-Stadt Castrop (Köln-Minden)	6,37
	1. „	Ebenhausen-Meiningen (Bayer.)	64,27
	15. „	Kamenz-Giessmannsdorf (Oberschles.)	29,00
	28. „	Hitzacker-Buchholz (Berlin-Hamburger)	85,90
	31. „	Wesel-Venlo (Köln-Minden)	48,30
1875	1. Januar	Denzlingen-Waldkirch (Bad.)	8,00
	2. „	Reppen-Cüstrin (Breslau-Freiburger)	31,00
	1. Februar	Eschhofen-Niederselters (Hess. Ludwigsbahn)	12,40
	15. „	Saal-Kelheim (Bayer.)	5,00
	15. „	Flöha-Pockau (Chemnitz-Komotau)	26,40
	22. April	Oberlauchringen-Stühlingen (Bad.)	18,00
	1. Mai	Ebersbach-Sohland (Sächs.)	14,00
	10. „	Glauchau-Penig (Muldenthal-Bahn)	18,40
	15. „	Augsburg-Ingolstadt (Bayer.)	66,47
	15. „	Nürnberg-Ansbach (Bayer.)	43,71
	15. „	Gassen-Arnsdorf (Niederschlesisch-Märk.)	92,58
	19. „	Hameln-Elze (Hannover-Altenb.)	29,00
	19. „	Vienenburg-Hildesheim (Hannover-Altenb.)	61,00
	24. „	Pockau-Marienberg (Chemnitz-Komotau)	12,40
	24. „	Pockau-Olbernhau (Chemnitz-Komotau)	10,60
	1. Juni	Pogegen-Memel (Preussische Ostbahn)	86,00
	1. „	Ansbach-Crailsheim (Bayer.)	46,66
	15. „	Lünen-Dülmen (Dortmund-Gronau)	29,70
	15. „	Glatz-Habelschwerdt (Oberschles.)	19,00
	17. „	Berlin-Dresdener Bahn	174,00
	25. „	Heidenheim-Niederstotzingen (Württemb.)	24,82
	30. „	Oels-Gnesener Bahn	160,15
	30. „	Löhne-Hameln (Hannover-Altenb.)	53,00
	1. Juli	Görlitz-Seidenberg (Berlin-Görlitzer)	16,93
	1. „	Sterkrade-Ruhrort (Köln-Minden)	10,80
	1. „	Burbach-Malstadt (Saarbrücker)	1,90
	5. „	Würselen-Höngen, Stollberg und Morsbach (Aachener Industrie-Bahn)	15,88
	12. „	Marienberg-Reitzenhain (Chemnitz-Komotau)	17,50

Jahr.	Tag der Eröffnung.	Eröffnete Strecke.	Km.
1875	17. Juli	Wolfsgefährt-Greiz (Sächs. Thüring.)	25,60
	1. August	Dülmen-Coesfeld (Dortmund-Gronau)	16,40
	14. ,,	Altshausen-Pfullendorf (Württemb.)	25,17
	5. September	Habelschwerdt-Mittelwalde (Oberschles.)	— 18,00
	7. ,,	Aue-Schöneck (Chemnitz-Aue-Adorf)	45,00
	8. ,,	Greiz-Plauen (Sächs. Thüring.)	22,02
	12. ,,	Dortmund-Hörde (Rhein.)	3,35
	20. ,,	Plauen-Weischlitz (Sächs. Thüring.)	7,48
	30. ,,	Coesfeld-Gronau-Grenze (Dortmund-Gronau)	35,40
	30. ,,	Münster-Gronau (Münster-Enschede)	58,65
	1. October	Kalscheuren-Euskirchen (Rhein.)	29,20
	15. ,,	Plattling-Mühldorf (Bayer.)	80,77
	15. ,,	Neukirchen-Weiden (Bayer.)	51,48
	15. ,,	Pirna-Grossröhrsdorf (Sächs.)	31,00
	15. ,,	Oldenburg-Quakenbrück (Oldenb.)	62,62
	15. ,,	Brake-Nordenhamm (Oldenb.)	18,06
	15. ,,	Riesa-Elsterwerda (Leipzig-Dresdener)	25,50
	15. ,,	Mittelwalde-Grenze (Oberschles.)	— 6,38
	15. ,,	Wittenberg-Falkenberg (Berlin-Anhalter)	53,95
	15. ,,	Tilsit-Pogegen (Preuss. Ostbahn)	— 6,20
	15. ,,	Nikrisch-Zittau (Berlin-Görlitzer)	23,41
	15. ,,	Rubland-Lauchhammer (Oberlausitzer)	7,50
	15. ,,	Zossen-Schiessplatz (Militair-Bahn)	15,00
	21. ,,	Bebra-Niederhone-Eschwege (Bebra-Friedland)	38,37
	23. ,,	Verbindungsbahn in Greiz (Thür. Sächs.)	2,30
	25. ,,	Vienenburg-Grauhof-Langelsheim (Magdeb.-Halberst.)	17,78
	25. ,,	Langelsheim-Lautenthal (Magdeb.-Halberst.)	10,75
	1. November	Attendorn-Olpe (Berg.-Märk.)	15,14
	1. ,,	Freiberg-Mulde (Leipzig-Dresdener)	14,30
	1. ,,	Neisse-Ziegenhals (Oberschles.)	— 19,00
	15. ,,	Niederstotzingen-Langenau (Württemb.)	9,47
	15. ,,	Chemnitz-Aue (Chemnitz-Aue-Adorf)	49,00
	15. ,,	Schöneck-Adorf (Chemnitz-Aue-Adorf)	18,00
	25. ,,	Zweibrücken-Anweiler (Pfälz.)	56,93
	25. ,,	Biebermühle-Pirmasens (Pfälz.)	7,13
	29. ,,	Zwickau-Falkensteiner Bahn	35,00
	1. December	Ziegenhals-Grenze bei Hennersdorf (Oberschl.)	— 11,20
	9. ,,	Rochlitz-Grossbothen (Muldenthal-Bahn)	17,40
	10. ,,	Neumünster-Oldesloe (Altona-Kieler)	44,80

Jahr.	Tag der Eröffnung.	Eröffnete Strecke.	Km.
1875	10. December	Posen-Creuzburger Bahn	−200,70
	20. „	Sinzing-Alling (Bayer.)	4,10
	24. „	Zwota-Klingenthal (Chemnitz-Aue-Adorf)	8,20
	31. „	Würselen - Aachen - Rothe Erde (Aachener Industrie-Bahn)	12,75
1876	5. Januar	Ulm-Langenau (Württemb.)	16,11
	10. „	Herne-Bismarck-Caternberg (Berg.-Märk.)	9,90
	1. Februar	Düsseldorf-Rath (Rheinische)	4,30
	6. (15.) März	Kettwig-Mülheim a. d. Ruhr (Berg.-Märk.)	14,17
	14. April	Dombühl-Feuchtwangen (Bayerische B.)	10,80

Nach dieser Zusammenstellung wurden in Deutschland eröffnet:

	1872. Km.	1873. Km.	1874. Km.	1875. Km.
Staatsbahnen	412,60	513,10	396,00	749,38
Privatbahnen in Staatsverwaltung	288,01	208,46	200,00	147,37
Privatbahnen in eigener Verwaltung	626,91	597,35	1047,34	1469,01
Total	1327,52	1318,91	1644,34	2365,76

2. Anlagekosten der Deutschen Eisenbahnen.

Nach den Angaben des Deutschen Reichs-Anzeigers zusammengestellt, betrugen die am Schlusse des Jahres 1875 auf 23181,44 Km. (excl. Bayern) verwendeten Anlagekosten 5970 409 267 Mark, nämlich 2413 358 465 M. für 8974,15 Km. Staatsbahnen (268 928 M. pro Km.), 829 804 854 M. für 2708,20 Km. Privatbahnen in Staatsverwaltung (306 427 M. pro Km.) und 2727 245 948 M. für 11499,09 Km. anderer Privatbahnen (237,150 M. pro Km.). Hierzu kommen die Anlagekosten der Bayerischen Staatsbahnen (incl. der früheren Ostbahn), die am Schlusse des Jahres 1874 für 2831,80 Km. 636 882 780 M. und für 304,86 Km. gepachteter Privatbahnen 40 393 404 M. betrugen, sowie die Kosten der Bayerischen Privatbahnen, am Schlusse des Jahres 1875 für 513,74 Km. 135 439 830 M. Dies giebt zusammen für 26831,84 Km. ein verwendetes Kapital von 6783 125 281 M. (252 800 M. pro Km.).

Hiervon kommen auf die Preussischen Staatsbahnen (incl. der Oldenburg-Wilhelmshavener und des Preussischen Theils der Main-Weser Bahn) 1071 214 146 M. für 4274,99 Km. (250 342 M. pro Km.), auf die Preussischen Privatbahnen in Staatsverwaltung 798 669 318 M. für 2552,15 Km. (312 940 M. pro Km.) und auf die anderen Preussischen Privatbahnen 2262 581 798 M. für 9431,84 Km. (239 883 M. pro Km.).

Am kostspieligsten gebaut ist, abgesehen von der Berliner Verbindungsbahn, deren Kosten 584 186 M. pro Km. betragen, von den Staatsbahnen die Saarbrücker Bahn (419 170 M. pro Km.), am billigsten die Oldenburgische Staatsbahn (112 205 M. pro Km.). Von den Privatbahnen in Staatsverwaltung ist am theuersten die Bergisch-Märkische (436 092 M. pro Km.), am billigsten die Greiz-Brunner Bahn (112 120 M. pro Km.), von den Privatbahnen in eigener Verwaltung am theuersten die Berlin-Potsdam-Magdeburger Bahn (437 239 M. pro Km.) und die Köln-Mindener (407 428 M. pro Km.), am billigsten die Cottbus-Grossenhainer Bahn (62 764 M. pro Km.).

Nehmen wir nun, um zu einer gewissen Vollständigkeit zu gelangen, bei denjenigen Eisenbahnstrecken, welche bereits am Schlusse des Jahres 1875 in Betrieb gesetzt waren, deren Baurechnung aber noch nicht abgeschlossen oder noch nicht veröffentlicht ist, in Ermangelung der wirklich verwendeten die veranschlagten Baukosten, so sind zu der oben berechneten Summe noch 78 874 000 M. für 298,19 Km. der im Jahre 1875 eröffneten Strecken der Bayerischen Staatsbahn, 8 400 000 M. für die neuen Strecken der Oldenburgischen Staatsbahn (Oldenburg - Quakenbrück und Brake - Nordenhamm 80,68 Km.), 48 000 000 M. für 205,25 Km. Privatbahnen in Staatsverwaltung (Breslau-Mittelwalde), und 130 355 000 M. für 667,9 Km. Privatbahnen in eigener Verwaltung (Breslau-Warschau, Dortmund-Enschede, Creuzburg-Posen, Oberlausitzer, Chemnitz-Komotau, Muldenthal-Bahn und Sächsisch-Thüringische Bahn), zusammen noch 265 629 000 M. für 1252,02 Km. Eisenbahnen hinzuzufügen. Dies giebt als Anlagekosten für 28 083,86 Km. Deutscher Eisenbahnen eine Summe von 7 048 754 281 M. (250 988 M. pro Km.).

Auf die Eisenbahnen der einzelnen Staaten vertheilt sich die angegebene Summe folgendermassen, wobei bemerkt wird, dass die bei dem Grossherzogthum Hessen für Staatsbahnen angegebene Summe die Anlagekosten der Main-Neckar-Bahn und des Hessischen Theils der Main-Weser-Bahn bezeichnet, dass die bei Oldenburg für Privatbahnen angegebene Summe sich auf die Eutin-Lübecker Bahn bezieht, und dass die bei den Thüringischen Staaten angeführte Zahl die Kosten der Werrabahn, der Saalbahn und der Sächsisch-Thüringischen Bahn bezeichnet. Die Anlagekosten der Bayerischen und Badischen Pachtbahnen (304,86 und 102,67 Km.) sind von denen der eigentlichen Staatsbahnen getrennt angegeben.

	Anlagekosten der			
	Staatsbahnen.	Privatbahnen in Staats-Verwaltung.	Privatbahnen in eigener Verwaltung.	Total.
	M.	M.	M.	M.
Preussen	1071 214 146	846 669 318	2342 149 034	4260 032 498
Bayern	715 756 780	40 393 404	135 439 830	891 590 014
Sachsen	307 449 281	31 135 536	137 598 030	476 182 847

	Anlagekosten der			Total.
	Staatsbahnen.	Privatbahnen in Staats-Verwaltung.	Privatbahnen in eigener Verwaltung.	
	M.	M.	M.	M.
Württemberg	326 755 881	—	2 237 764	328 993 645
Baden	316 024 905	11 461 132	—	327 486 037
Hessen	37 782 182	—	167 905 967	205 688 149
Oldenburg	23 884 290	—	5 400 000	29 284 290
Mecklenburg	—	—	42 960 708	42 960 708
Braunschweig . . .	—	—	95 963 746	95 963 746
Thüringen	—	—	63 385 699	63 385 699
Elsass-Lothringen . .	327 186 648	—	—	327 186 648
Deutschland . . .	3126 054 113	929 659 390	2993 040 778	7048 754 281
	für 12082,15 Km.	3320,98 Km.	12680,73 Km.	28083,86 Km.
Kosten pro Km.	258 736 M.	279 933 M.	236 025 M.	250 988 M.

Zur Vergleichung über das Anwachsen der Anlagekosten werden einige Angaben für frühere Jahre aus einer Abhandlung des Verfassers in No. 70 der Zeitung des Vereins Deutscher Eisenbahn-Verwaltungen für das Jahr 1873 hinzugefügt. Hiernach betrugen die Anlagekosten der Deutschen Eisenbahnen am Schlusse des Jahres

```
1850   956 453 667 M. für    5856 Km. 163 290 M. pro Km.
1855  1367 948 859  „    „   7826  „   174 795  „    „   „
1860  2138 848 188  „    „  11 089  „   192 879  „    „   „
1865  2894 946 741  „    „  13 910  „   208 269  „    „   „
1870  4100 728 473  „    „  18 667  „   219 663  „    „   „
1871  4730 711 499  „    „  20 980  „   225 486  „    „   „
1872  4798 723 737  „    „  21 070  „   227 745  „    „   „
1873  5541 116 289  „    „  23 332  „   237 483  „    „   „
1874  6149 390 760  „    „  24 248  „   253 602  „    „   „
1875  7048 754 281  „    „  28 083  „   250 983  „    „   „
```

In den letzten 25 Jahren hat sich also die Länge des Deutschen Eisenbahnnetzes nahezu verfünffacht, das Anlagecapital ist um mehr als das Siebenfache gestiegen, und die kilometrischen Kosten haben sich um 54 pCt. erhöht.

3. Transportmittel und Leistungen derselben.

Im Jahre 1873 waren nach der Statistik des Vereins Deutscher Eisenbahn-Verwaltungen auf den Deutschen Staatsbahnen 3504 Locomotiven, 7208 Personenwagen und 68 270 Lastwagen vorhanden, auf den Privatbahnen in Staatsverwaltung 1177 Locomotiven, 1040 Personenwagen und 28 402 Lastwagen, auf den Privatbahnen in eigener Verwaltung 3237 Locomotiven, 6270 Personenwagen und 73 736 Lastwagen, zusammen 7918 Locomotiven (0,33 auf einen Kilometer Bahnlänge), 14 518 Personenwagen (0,61 pro Km.), und 170 408 Lastwagen (7,21 pro Km.). Die Locomotiven legten 172 080 119 Nutzkilometer zurück, jede Locomotive durchschnittlich 21 732 Km. Dividirt man die Zahl der Nutzkilometer durch das 365fache der mittleren Betriebslänge von 23 216 Km., so erhält man die tägliche Zugfrequenz 20,3, eine Zahl, welche angiebt, von wie viel Zügen täglich durchschnittlich das ganze Eisenbahnnetz befahren wurde. Im Jahre 1874 stieg der Fahrpark der Deutschen Eisenbahnen auf 9080 Locomotiven, 16 016 Personenwagen und 192 890 Lastwagen, wobei jedoch für einige Bahnen (die Badische, Württembergische, Elsass-Lothringische und Mecklenburgische) der Bestand des Jahres 1873 genommen werden musste, weil noch keine Angaben hierüber für das Jahr 1874 vorlagen.

Auf den Preussischen Eisenbahnen allein waren im Jahre 1874 auf den Staatsbahnen 1947 Locomotiven, 3191 Personenwagen und 35 831 Lastwagen, auf den Privatbahnen in Staatsverwaltung 1305 Locomotiven, 1169 Personenwagen, 31 352 Lastwagen, auf den anderen Privatbahnen 2910 Locomotiven, 4717 Personenwagen und 65 314 Lastwagen vorhanden, zusammen 6162 Locomotiven, 9077 Personenwagen und 132 497 Lastwagen. Die Locomotiven legten 113 588 122 Nutzkilometer zurück, woraus sich die tägliche Zugfrequenz von 21,8 ergiebt, gegen 20,7 im Jahre 1873 und 17,9 im Jahre 1871. Jede Locomotive durchlief 18 547 Km. gegen 20 313 im Jahre 1873.

Zur Vergleichung folgen einige Angaben über die Betriebsmittel der Deutschen Eisenbahnen in früheren Jahren (siehe des Verfassers Aufsatz hierüber Zeitung des Vereins D. E. 1875 No. 45).

	1855.	1860.	1865.	1870.
Betriebslänge Km.	7859	11 398	14 194	18 043
Zahl der Locomotiven	1727	2550	3488	5428
„ „ Personenwagen	3821	4918	7324	10 258
„ „ Lastwagen	29 912	45 346	71 492	111 918
Auf je 10 Km. kommen:				
Locomotiven	2,2	2,2	2,4	3,0
Personenwagen	4,8	4,3	5,1	5,7
Lastwagen	38,0	39,8	50,3	62,0
Nutzkilometer der Locomotiven	35 294 630	48 306 690	76 516 030	114 458 559
Tägliche Zugfrequenz	12,3	11,6	14,8	17,3

In den 18 Jahren von 1855 bis 1873 stieg hiernach die Betriebslänge der Deutschen Eisenbahnen um 202 pCt., die Zahl der Locomotiven um 358 pCt., der Personenwagen um 280 pCt., der Lastwagen um 470 pCt., der von den Locomotiven zurückgelegten Nutzkilometer um 387 pCt. und die tägliche Zugfrequenz von 12,3 auf 20,3.

4. Frequenz.

Auf allen Deutschen Eisenbahnen wurden im Jahre 1873 befördert 179 507 032 Personen und 2399 962 958 Ctr. Güter gegen 154 654 327 Personen und 2034 957 007 Ctr. Güter im Jahre 1872.

Die von den Reisenden zurückgelegte Wegestrecke betrug 5692 690 816 Personen-Kilometer in 1873 gegen 5011 057 597 Km. in 1872, die specifische Personen-Frequenz d. h. die auf jeden Kilometer Bahnlänge durchschnittlich zurückgelegte Anzahl Personen-Kilometer 247 082 im Jahre 1873 und 232 782 im Vorjahre.

Die von den Gütern zurückgelegte Strecke betrug 198 089 061 002 Centner-Kilometer in 1873 gegen 163 907 346 006 in 1872, und die specifische Güter-Frequenz 8 532 478 Centner-Kilometer in 1873 gegen 7 569 974 im Vorjahre.

Auf den Preussischen Eisenbahnen wurden befördert im Jahre

	1874.	1873.	1872.	1871.
Personen	109 570 671	99 629 719	86 442 679	75 958 444
Güter Ctr.	1599 175 483	1626 348 123	1409 569 789	1189 622 443
Specifische Personen-Frequenz Pers.-Km.	259 121	261 427	249 175	285 304
Spec. Güter-Frequenz Centn.-Km.	10 349 743	10 408 454	8748 233	8033 900

	1865.	1860.	1855.
Personen	34 897 800	21 641 083	12 729 837
Güter Ctr.	612 002 893	295 772 814	189 212 711
Specifische Personen-Frequenz Pers.-Km.	212 693	160 141	141 356
Spec. Güter-Frequenz Ctr.-Km.	6 735 365	3 414 105	3 545 960

5. Finanz-Verhältnisse der Deutschen Eisenbahnen.

Die Brutto-Einnahme betrug im Jahre 1875 auf den Deutschen Staatsbahnen 379 177 200 M. (31 066 M. pro Km.), auf den Privatbahnen in Staatsverwaltung 120 327 995 M. (40 995 pro Km.), auf den Privatbahnen in eigener Verwaltung 329 914 772 M. (28 319 M. pro Km.), zusammen auf allen Deutschen Eisenbahnen 829 419 967 M. (30 960 pro Km.). Die grösste kilometrische Einnahme weist nach unter den Staatsbahnen die Niederschlesisch-Märkische Bahn (63 361 M. pro Km.), die Saarbrücker (57 251 M.) und die Main-Neckar Bahn (50 048 M.), die kleinste die Oldenburgische Bahn (14 209 M.); unter den Privatbahnen in Staatsverwaltung hatte die grösste Einnahme die

Bergisch-Märkische Bahn (53 168 M. pro Km.), die kleinste die Hainichen-Rossweiner Bahn (4011 M.), unter den anderen Privatbahnen hatten die grösste Einnahme die Köln-Mindener Bahn (ohne Köln-Giessen und Venlo-Hamburg 73 253 M. pro Km.), die Magdeburg-Leipziger Bahn (ohne Halle-Cassel 53 955 M,), die Berlin-Stettiner Stammbahn (51 933 M.) und die Leipzig-Dresdener Bahn (51 157 M.), die kleinste Einnahme die Oberlausitzer Bahn (3685 M. pro Km.) und die Crefeld-Kreis Kempener Industriebahn (4915 M. pro Km.).

Ueber die Betriebs-Ausgaben und den Reinertrag des Jahres 1875 können noch keine vollständigen Angaben gemacht werden. Ueber die finanziellen Ergebnisse aller einzelnen Deutschen Eisenbahnen in den Jahren 1855 bis 1873 giebt die Abhandlung des Verfassers in der Zeitung des Vereins Deutscher Eisenbahn-Verwaltungen 1874 No. 30 bis 47 Aufschluss.

Für die vorhergehenden Jahre waren die Finanz-Verhältnisse der Deutschen Eisenbahnen folgende:

Jahr.	Einnahme		Betriebs-Ausgabe		In pCt. der Einnahme.	Ueberschuss in pCt. des Anlage-Capitals.
	total M.	pro Km. M.	total M.	pro Km. M.		
1874	780 603 709	32 791	462 706 930	19 437	59,27	5,17
1873	750 669 090	32 241	463 976 820	20 007	61,81	5,26
1872	666 205 032	30 759	381 695 511	17 622	57,29	6,0
1871	606 993 000	31 377	291 894 000	15 831	50,4	7,0
1870	510 243 000	28 128	270 963 000	14 931	53,1	6,5
1865	354 780 000	25 560	159 666 000	11 502	45,0	7,0
1860	217 422 000	20 079	99 987 000	9234	46,0	5,8
1855	145 530 000	19 281	74 229 000	9834	51,0	5,4

Für die Preussischen Eisenbahnen allein waren die Finanz-Ergebnisse folgende:

Jahr.	Einnahme.		Ausgabe.		In pCt. der Einnahme.	Ueberschuss in pCt. des Capitals.
	total. M.	pro Km. M.	total. M.	pro Km. M.		
1874	515 612 376	36 432	359 551 440	25 266	69,7	4,4
1873	489 037 809	36 012	319 686 178	23 556	65,4	5,2
1872	432 665 961	34 245	263 572 299	20 862	60,9	6,1
1871	396 785 211	33 429	215 988 744	18 195	54,4	7,1
1870	340 886 931	31 474	177 390 501	16 389	52,0	7,0
1865	196 116 279	29 967	79 115 001	14 727	40,34	8,3
1860	116 060 514	21 222	50 643 174	10 947	43,64	6,2
1855	80 929 359	21 786	40 683 084	12 372	50,27	6,4

Hierbei ist zu bemerken, dass bei den Ausgaben für die Preussischen Eisenbahnen die zur Vermehrung der Betriebsmittel und zu Erneuerungen verwendeten Summen mit eingerechnet sind, wesshalb der Procentsatz der Ausgaben als ein etwas höherer erscheint. In's Auge fallend ist die ausserordentlich grosse Steigerung der Ausgaben im Verhältniss zur Brutto-Einnahme und die Abnahme der Verzinsung des verwendeten Anlage-Capitals.

Was die auf die Stamm-Actien und Stamm-Prioritäts-Actien der Deutschen Privatbahnen gezahlten Dividenden und Zinsen betrifft, so zahlten für das Jahr 1874 von 47 Deutschen Privatbahnen 18 über 5 pCt., nämlich die älteste Deutsche Eisenbahn, die Ludwigsbahn (Nürnberg-Fürth), 20 pCt., die Leipzig-Dresdener $14^1/_3$, die Magdeburg-Leipziger 14, die Berlin-Hamburger $12^1/_2$, die Oberschlesische 12, die Berlin-Stettiner $9^{11}/_{12}$, die Pfälzische Ludwigsbahn 9, die Berlin-Anhaltische 8,5, die Rheinische 8, die Breslau-Freiburger und die Thüringische 7,5, die Cottbus-Grossenhainer 7 (resp. 6), die Altenburg-Zeitzer 6,8, die Köln-Mindener $6^9/_{20}$, die Rechte Oderufer-Bahn $6^1/_3$, die Altona-Kieler und die Hessische Ludwigsbahn 6, und die Lübeck-Büchener Bahn $5^1/_2$ pCt.; 19 Eisenbahnen zahlten bis 5 pCt. und 10 Eisenbahnen zahlten auf die Stamm-Actien gar keine Zinsen.

Oesterreich.

Das Eisenbahnnetz der Oesterreichisch-Ungarischen Monarchie umfasste am Anfange des Jahres 1876 folgende 47 Eisenbahn-Gesellschaften:

a) Beiden Reichshälften gemeinsame Eisenbahnen.

Erste Ungarisch-Galizische Eisenbahn 267 Km., Kaschau-Oderberger Bahn 368 Km., Oesterreichische Staats- und Brünn-Rossitzer Bahn 1777 Km. Südbahn 2237 Km., Ungarische Westbahn 377 Km.

b) Oesterreichische Eisenbahnen.

Aussig-Teplitzer Bahn 92 Km., Böhmische Nordbahn 182 Km., Böhmische Westbahn 206 Km., Braunau-Strasswalchener Bahn 39 Km., Buschtěhrader Eisenbahn 434 Km., Dniesterbahn 113 Km., Dux-Bodenbacher Bahn 87 Km., Erzherzog Albrecht-Bahn 183 Km., Galizische Carl-Ludwig-Bahn 594 Km., Graz-Koeflacher Eisenbahn 91 Km., Kaiser Franz-Josef-Bahn 715 Km., Kaiserin Elisabeth-Bahn 954 Km., Kronprinz Rudolf-Bahn 637 Km., Kaiser Ferdinands-Nordbahn 587 Km., Mährisch-Schlesische Nordbahn 143 Km., Lemberg-Czernowitz-Jassy-Bahn (Oesterr. Linie) 356 Km., Leoben-Vordernberger Bahn 16 Km., Lundenburg-Grussbacher Bahn 93 Km., Mährische Grenzbahn 113 Km., Mährisch-Schlesische Centralbahn 154 Km., Oesterreichische Nordwestbahn 935 Km., Ostrau-Friedländer Bahn 34 Km., Pilsen-Priesener Bahn 166 Km., Prag-Duxer Bahn 139 Km., Staatsbahnstrecke Rakonitz-Protivin 103 Km., Südnorddeutsche Verbindungsbahn 284 Km., Turnau-Kralup-Prager Eisenbahn 121 Km., Vorarlberger Bahn 96,5 Km., Wien-Pottendorf und Wiener-Neustädter Bahn 76 Km.

c) Ungarische Eisenbahnen.

Alfoeld-Fiumaner Bahn 393 Km., Arad-Temesvarer Bahn 57 Km., Báttaszék-Dombovár-Zákány (Donau-Drau-Bahn) 164 Km., Eperies-Tarnower Eisenbahn 55 Km., Erste Siebenbürger Bahn 286 Km., Fünfkirchen-Barcser Bahn 68 Km., Mohacs-Fünfkirchener Bahn 55 Km., Raab-Ebenfurter Bahn 85 Km., Theiss-Eisenbahn 585 Km., Ungarische Nordostbahn 580 Km., Ungarische Ostbahn 609 Km., Ungarische Staatseisenbahn 1064 Km., Waagthalbahn 51 Km.

Die Gesammt-Betriebslänge dieser Eisenbahnen beträgt 16821,5 Km. Werden hiervon die in Deutschland und der Schweiz liegenden 23,2 Km. abgezogen, dagegen die auf Oesterreichischem Gebiete liegenden Betriebsstrecken fremder Eisenbahnen (128,3 Km.) addirt, so erhält man als Eisenbahnlänge auf Oesterreichischem Gebiete 16926,6 Km. für den Schluss des Jahres 1875 (incl. der am 2. Januar 1876 eröffneten Raab-Oedenburger Bahn), oder mit Hinzufügung der wichtigsten Local- und Montanbahnen 17 368 Km. Die Vertheilung dieses Eisenbahnnetzes auf die einzelnen Provinzen zeigt die folgende Uebersicht.

	Länge der Eisenbahnen.	Es kommen Eisenbahnen auf 1 geogr. ☐Meile.	auf 10000 Einwohner.
	Km.	Km.	Km.
Oesterreich unter der Ens	1134	3,15	5,70
Oesterreich ob der Ens	555	2,54	7,54
Salzburg	204	1,57	13,33
Steiermark	966	2,36	8,50
Kärnten	357	1,90	10,59
Krain	269	1,48	5,76
Küstenland	132	0,90	2,15
Tirol und Vorarlberg	578	1,08	6,52
Böhmen	3707	3,93	7,21
Mähren	984	2,43	4,86
Schlesien	301	3,23	5,92
Galizien	1388	0,97	2,55
Bukowina	117	0,61	2,28
Dalmatien	—	—	—
Summa Cisleithanien	10695	1,96	5,24
Ungarn	5692	1,37	4,90
Siebenbürgen	718	0,72	3,40
Croatien und Slavonien	263	0,63	2,29
Militairgrenze	—	—	—
Summa Transleithanien	6673	1,14	4,50
Total in Oesterreich-Ungarn	17368	1,53	4,73

Es folgt nun die Angabe der seit 1872 eröffneten Strecken.
(Für die früheren Jahre s. Th. I S. 77.)

Im Jahre 1872 wurden folgende Strecken eröffnet: Böhmische Nordbahn: Bensen-Böhmisch Leipa 20,48 Km. (14. Juli), Buschtěhrader: Komotau-Weipert 58,29 Km. (12. Mai) und Smichow-Hostiwic 19,53 Km. (3. Juli), Dniester-Bahn: Chyrow-Stryi 100,7 Km. und Drohobycz-Boryslaw 11,9 Km. (31. Dec.), Donau-Drau-Bahn: Zakany-Dombovar 100,42 Km. (14. Aug.), Dux-Bodenbacher Bahn: Ossegg-Komotau 35,48 Km. (19. Dec.), Elisabethbahn:

Penzing-Kaiserebersdorf 17,74 Km. (1. Mai), Summerau-Freystadt-St. Valentin
55,99 Km. (6. Nov.), Franz-Josef-Bahn: Absdorf-Krems 31,56 Km. (10. Jan.)
und Pilsen-Eger 105,45 Km. (28. Jan.), Kaschau-Oderberger Bahn: Iglo-
Abos 68,12 Km. (18. März), Leoben-Vorderuberger Bahn 15,25 Km. (18. Mai),
Lundenburg-Grussbacher Bahn 43,27 Km. (30. Dec.), Mährisch-Schlesische
Centralbahn: Olmütz-Jägerndorf 86,89 Km. (1. Oct.) und Troppau-Jägerndorf-
Hennersdorf 51,55 Km. (28. Oct.), Oesterreichische Nordwestbahn: Wien-
Jedlesee 5,31 Km. (1. Juni) und Zellerndorf-Siegmundsherberg-Horn 19,95 Km.
(1. Juli), Pilsen-Priesener Bahn: Saaz-Obernitz-Brüx 37 Km. (11. Sept.) und
Obernitz-Bilin 10,1 Km. (24. Oct.), Prag-Duxer Bahn: Brüx-Chlumcau 32,71 Km.
und Obernitz-Bilin 10,06 Km. (21. Nov.), Rudolfsbahn: Weyer-Rottenmann
85,29 Km. (20. Aug.) und Klein Reifling-Amstetten 46,98 Km. (11. Nov.),
Turnau-Kraluper Bahn: Neratowitz-Prag 33,99 Km. (28. Oct.), Ungarisch-
Galizische Bahn: Przemysl-Chyrow 33,98 Km. (8. Mai), Chyrow-Kroscienko
19,34 Km. (1. Juli), Kroscienko-Ustrzyki 8,04 Km. (3. Sept.), Ustrzyki-
Komancza 70,39 Km. (12. Nov.) und Komancza-Lupkow 13,95 Km. (17. Dec.),
Ungarische Nordostbahn: Sator Alja Ujhely-Legenye Mihalyi 16,01 Km.
(7. Jan.), Szathmar-Bustyahaza 79,58 Km. (16. Juni), Sator Alja Ujhely-
Csap-Unghvar 63,50 Km. (25. Aug.), Csap-Kiralyhaza 83,82 Km. (24. Oct.),
Nyiregyhaza-Kisvarda 42,25 Km. (20. Nov.), Bustyahaza-Szigeth 34,67 Km.
und Butyu-Munkacs 26,17 Km. (4. Dec.), Ungarische Ostbahn: Toevis-Mediasch
61,91 Km. (6. Mai), Mediasch-Schässburg 39,28 Km. (18. Juli) und Kiskapus-
Hermannstadt 44,60 Km. (11. Oct.), Ungarische Staatsbahn: Altsohl-Ruttka
94,5 Km. (12. Aug.), Füzes Abony-Erlau 16,50 Km. (3. Nov.), Ungarische
Westbahn: Stuhlweissenburg-Veszprim 45,13 Km. (9. Aug.), Steinamanger-
Jennersdorf 62,96 Km.(1. Sept.) und Veszprim-Klein Czell 78,37 Km. (3. Oct.),
Vorarlberger Bahn: Bludenz-Bregenz-Grenze 62,42 Km. (1. Juli), Feldkirch-
Buchs 18,14 Km. und Lindau-Oesterr. Grenze 5,94 Km. (in Bayern 24. Oct.),
Lautrach-St. Margarethen 10,04 Km. (23. Nov.).

Im Jahre 1873 wurden eröffnet: von der Böhmischen Nordbahn: am
8. Jan. Rumburg-Schluckenau 10,15 Km. und am 1. Nov. Rumburg-Georgs-
walde-Ebersbach 7,58 Km., von der Buschtěhrader Bahn: am 1. März Komotau-
Kaaden-Brunnersdorf 12,89 Km. und am 5. März Luzna Lischau-Rakonitz
9,09 Km., von der Donau-Drau-Bahn: am 20. Juli Dombovar-Báttuszék
65,31 Km., von der Erzherzog Albrecht-Bahn: am 16. Oct. Lemberg-Stryi
74,86 Km., von der Elisabeth-Bahn: am 10. Sept. Braunau-Steindorf 36,62 Km.
und am 20. Dec. Linz-Gaisbach-Wartberg 24,41 Km., von der Galizischen
Carl-Ludwigsbahn: am 28. Aug. Brody-Radziwillow 6,66 Km., von der Graz-
Koeflacher Bahn: am 9. April Lieboch-Wies 50,82 Km., von der Lundenburg-
Grussbacher Bahn: am 8. Dec. Neusiedl-Lau-Zellerndorf 49,45 Km., von der
Mährischen Grenzbahn: am 10. Oct. Sternberg-Grulich 89,96 Km., von der
Mährisch-Schlesischen Centralbahn: am 25. Sept. Jägerndorf-Grenze gegen
Leobschütz 3,33 Km., von der Oesterreichischen Nordwestbahn: am 4. Oct.
Königgrätz-Chlumetz 27,06 Km. und Nimburg-Prag 49,49 Km., von der
Oesterreichischen Südbahn: am 25. Juni St. Peter-Fiume 56,89 Km., von

der Pilsen-Priesener Bahn: am 21. Jan. Pilsen-Plass 22,22 Km., am 8. Aug. Plass-Priesen 78,05 Km., am 7. Sept. Neusattel-Saaz 6,07 Km. und am 27. Oct. Bilin-Dux-Ladowitz 3,94 Km., von der Prag-Duxer Bahn: am 2. Jan. Chlumcan-Schlan 38 Km. und am 12. Mai Prag (Smichow)-Schlan 54,61 Km., von der Rudolfs-Bahn: am 6. Jan. Hieflau-Eisenerz 14,47 Km. und am 25. Nov. Villach-Tarvis 28,06 Km., von der Ungarisch-Galizischen Bahn: am 12. Juni Homona-Mezoe Laborcz-Tunnel 54,61 Km., von der Ungarischen Nordostbahn: am 4. Febr. Csap-Kisvarda 28,51 Km. und am 22. Oct. Legenye Mihalyi-Kaschau 47,93 Km., von der Ungarischen Ostbahn: am 1. Juni Schässburg-Kronstadt 128,56 Km. und am 14. Aug. Klausenburg-Kocsard 68,05 Km., von der Ungarischen Staatsbahn: am 10. März Hatvan-Szolnok 67,73 Km., am 1. Mai Eperies-Orlo 53,78 Km., am 10. Aug. Garam Berzencze-Schemnitz 23,44 Km., am 3. Sept. Altsohl-Neusohl 21,38 Km., am 10. Sept. Fülek-Bánréve 48,2 Km., am 19. Oct. Miskolcz-Diósgyoer 8,78 Km. und am 23. Oct. Carlstadt-Fiume 172,9 Km., von der Ungarischen Westbahn: am 1. Mai Jennersdorf-Graz nebst Verbindungsbahn in Graz 72,73 Km., von der Waagthalbahn: am 1. Mai Pressburg-Tyrnau 45,05 Km.

Im Jahre 1874 wurden folgende Strecken in Betrieb gesetzt: Von der Aussig-Teplitzer Bahn: am 6. Juni Türmitz-Bilin 26,76 Km., von der Buschtěhrader Bahn: am 15. Juli Wejhybka-Neukladno-Duby 25,4 Km., von der Ferdinands-Nordbahn: am 23. Febr. die neue Linie Wien-Florisdorf 2,58 Km., von der Franz-Josef-Bahn: am 8. Juni Budweis-Wessely 17,1 Km., von der Oesterr. Nordwestbahn: am 1. Jan. Lissa-Aussig und Aussiger Verbindungsbahn 96 Km., am 14. Jan. Königgrätz-Wichstadtl-Lichtenau 83,14 Km. und mit der Mährischen Grenzbahn zusammen Lichtenau-Grulich 4,7 Km., am 5. Oct. Aussig-Tetschen-Mittelgrund 33,14 Km. und Geiersberg-Wildenschwert 14,14 Km., von der Oesterr. Staatseisenbahn: am 15. Jan. Tot Megyer-Nagy Surany 7,88 Km. und am 5. Sept. Vojtek-Deutsch Bogsán 46,61 Km., von der Südbahn: am 7. Mai Meidling-Pottendorf 31,54 Km., von der Prag-Duxer Bahn: am 1. April Bilin-Dux 4,8 Km., von der Ungarisch-Galizischen Bahn; am 31. Mai der Tunnel bei Lupkow, von der Ungarischen Staatsbahn: am 1. Mai Bánréve-Rosenau 45,6 Km., am 20. Juli Rosenau-Dobschau 24 Km. und am 5. Sept. Feled-Tiszolcz 49,53 Km., von der Waagthalbahn: am 31. Jan. die Verbindungsbahn Ratzersdorf-Weinern 4,8 Km., ferner am 7. März die Nussdorf-Kahlenberger Zahnradbahn 4,83 Km. und im Juli die Zahnradbahn auf den Schwabenberg bei Ofen 3,1 Km.

Im Jahre 1875 wurden eröffnet: von der Albrechtsbahn: am 1. Jan. Stryi-Stanislau 107,46 Km., von der Süd-Norddeutschen Bahn: am 1. Juli Reichenberg-Seidenberg 39,78 Km. und Eisenbrod-Tannwald, von der Staatseisenbahn: am 26. Juli Chotzen-Braunau 100 Km., von der Elisabethbahn: am 6. Aug. Hallein-Wörgl 175 Km. und Bischofshofen-Selzthal 99 Km., von der Buschtěhrader Bahn: Krima Neudorf-Reitzenhain 15 Km., von der Oesterr. Nordwestbahn: Wichstadtl Lichtenau-Mittelwalde 8,64 Km. (excl. 6,38 Km. in Preussen), von der Rakonitz-Protiviner Staatsbahn: am 20. Dec. Zditz-Protivin 102,22 Km.

Endlich wurde im Jahre 1876 am 2. Jan. die Raab-Ebenfurter Bahn von Raab bis Oedenburg 85 Km., am 1. Febr. die Verbindungsbahn Wenzelsberg-Starkotsch der Oesterr. Staatseisenbahn 2,81 Km. und am 30. April die Theilstrecke Rakonitz-Beraun der Rakonitz-Protiviner Bahn 41,6 Km. in Betrieb gesetzt.

Hiernach wurden 2135,5 Km. im Jahre 1872, 1671,64 Km. im Jahre 1873, 525,65 Km. im Jahre 1874 und 664,33 Km. im Jahre 1875 dem Betriebe übergeben, und es zeigt sich hier, wie in manchen andern Ländern, in den letzten Jahren ein nicht unbedeutender Rückgang im Eisenbahnbaue.

Das auf die Oesterreichisch-Ungarischen Eisenbahnen verwendete Anlage-Capital betrug am Schlusse des Jahres 1873 4054 422 015 M. (261 705 pro Km.); am theuersten war die Kaiserin Elisabeth-Hauptbahn gebaut (466 155 M. pro Km.) und die Kaiser Ferdinands-Nordbahn (384 291 M. pro Km.), am billigsten die Donau-Drau-Bahn (139 458 M.), die Ostrau-Friedländer (153 696 M.) und die Theissbahn (165 951 M. pro Km.). Ende 1871 betrug das Anlage-Capital 2881 139 726 M. (251 715 pro Km.), 1865: 1434 326 859 M. (226 986 pro Km.), 1860: 1078 061 064 M. (209 781 pro Km.) und 1850: 294 681 171 M. (133 098 M. pro Km.), so dass sich auch hier eine nicht unbedeutende Steigerung der kilometrischen Anlagekosten zeigt.

Was die Transportmittel anbetrifft, so besassen im Jahre 1874 die den beiden Reichshälften gemeinsamen und die Oesterreichischen Eisenbahnen 2734 Locomotiven, die Ungarischen Bahnen 480, zusammen 3214 Locomotiven. Ende 1873 bestand das Transportmaterial der Oesterreichisch-Ungarischen Eisenbahnen aus 3065 Locomotiven, 6648 Personenwagen und 68 982 Lastwagen; auf je 10 Km. kamen 1,9 Locomotiven, 4,2 Personenwagen und 44,4 Lastwagen. Die Locomotiven legten in diesem Jahre 62 231 355 Nutzkilometer zurück, jede Locomotive durchschnittlich 20 303 Km. Bei einer durchschnittlichen Betriebslänge von 14 718 Km. betrug die tägliche Zugfrequenz für das gesammte Bahnnetz 11,6, nicht viel mehr als die Hälfte der durchschnittlichen Zugfrequenz der Deutschen Eisenbahnen. Zur Vergleichung folgen die Angaben über das Transportmaterial in den Jahren 1865 und 1860. Es waren im Jahre 1865 vorhanden: 1334 Locomotiven (1860: 1289), 2718 Personenwagen (2462), 27 826 Lastwagen (22 258) auf je 10 Km. Bahnlänge kamen 2,2 (2,6) Locomotiven, 4,5 (5,0) Personenwagen und 46,2 (45,3) Lastwagen; von den Locomotiven wurden 22 711 962 (17 766 748) Nutzkilometer zurückgelegt, von jeder Locomotive durchschnittlich 17 025 (13 880) Km., die tägliche Zugfrequenz betrug 10,7 (10,0). Es ergiebt sich hieraus, dass sich in den letzten 15 Jahren die Grösse des Fahrparkes im Verhältniss zur Bahnlänge nicht wesentlich vermehrt hat.

Für die Frequenz der Oesterreichisch-Ungarischen Eisenbahnen geben wir die Zahlen für die Jahre 1873, 1872 und 1865. Es wurden befördert im Jahre

	1873.	1872.	1865.
Personen	43 739 886	36 933 588	12 627 208
Güter Ctr.	683 913 380	595 659 374	196 638 085
Personen-Kilometer . .	2293 918 568	1886 890 409	757 632 480
Centner-Kilometer . . .	72 011 227 526	65 141 206 630	28 610 841 367
Specif. Personenfrequenz	156 479	150 208	130 019
Specifische Güterfrequenz	4892 562	5138 312	4683 830

Hinsichtlich der Finanzresultate können für die letzten beiden Jahre nur die Brutto-Einnahmen angegeben werden; sie betrugen 362 028 820 M. (22 102 M. pro Km.) im Jahre 1875 und 352 932 306 M. (22 183 pro Km.) im Jahre 1874, so dass das Jahr 1875 eine wenn auch geringe Verminderung des kilometrischen Ertrages zeigt. Für einige frühere Jahre waren die Ergebnisse folgende:

	1873.	1872.	1865.
Einnahme total . . M.	381 983 598	329 277 531	151 784 196
„ pro Km. . M.	26 019	26 073	26 163
Betriebs-Ausgabe . M.	192 835 770	164 122 854	58 898 709
„ „ pro Km. M.	13 134	12 996	10 215
Betriebs-Ausgabe pCt. der Einnahme . .	50,48	49,84	39,0
Ueberschuss pro Km. M.	12 875	13 077	15 948
„ pCt. des Anlage-Capitals .	4,79	4,72	6,7

Von 36 Oesterreichisch-Ungarischen Bahnen zahlten im Jahre 1874 auf die Stamm-Actien und Stamm-Prioritäts-Actien an Zinsen und Dividenden 4 mehr als 5 pCt., nämlich die Kaiser Ferdinands-Nordbahn 12½ pCt., die Aussig-Teplitzer Bahn 9, die Galizische Carl-Ludwigsbahn 8½ und die Staatseisenbahn-Gesellschaft 8 pCt.; von den übrigen Eisenbahnen zahlten 24 bis 5 pCt., viele davon mit Zuhülfenahme der Staatsgarantie, 8 zahlten gar keine Zinsen auf die Stamm-Actien.

Grossbritannien.

Das Eisenbahnnetz des Vereinigten Königreichs, welches am Schlusse des Jahres 1871 bereits die bedeutende Länge von 15 376 englischen Meilen (24 740 Km.) besass, hat in den letzten Jahren keine beträchtliche Zunahme erfahren. Es waren am Ende des Jahres 1874 an Eisenbahnen 16 449 Ml. (26 466 Km.) im Betriebe, wovon 11 622 Ml. auf England und Wales, 2700 Ml. auf Schottland und 2127 Ml. auf Irland kamen; im Jahre 1875 sind ungefähr (— da genaue Längenangaben der neu eröffneten Strecken noch nicht vorliegen —) 250 engl. Ml. neu hinzugekommen, so dass am Schlusse dieses Jahres 16 700 Ml. (26 870 Km.) im Betriebe standen.

Ungefähr drei Viertel dieses ausgedehnten Eisenbahnnetzes befinden sich im Besitze von 20 grossen Eisenbahn-Gesellschaften. Es sind dies in England die Great Eastern Bahn 1371 Km., die Great Northern Bahn 960 Km., die Great Western 2495 Km., Lancashire and Yorkshire 725 Km., London and North-Western 2585 Km., London and South-Western 1102 Km., London, Brighton and South-Coast 555 Km., London, Chatham and Dover 253 Km., Manchester, Sheffield and Lincolnshire 462 Km., Midland 1792 Km., North-Eastern 2286 Km., North Staffordshire 309 Km. und South-Eastern 533 Km., in Schottland die Caledonian-Bahn 1329 Km., Glasgow and South-Western 507 Km., Great North of Scotland 460 Km., Highland 647 Km. und North-British 1363 Km., in Irland die Great Southern and Western 716 Km. und die Midland Great Western 639 Km.

Die Eröffnungen neuer Eisenbahnlinien seit dem Jahre 1872 (für die früheren Jahre vergleiche Theil I S. 109—126) waren folgende: Im Jahre 1875 wurden dem Betriebe übergeben von der Great Eastern: am 27. Mai Bethnal Green Junction - Stoke Newington 3 engl. Ml. (à 1,609 Km.), am 1. Juli Hackney Downs Junction-Clapton 1 Ml., am 1. Aug. Clapton-St. James Street 1¾ M. und Stoke Newington-Edmonton 4½ M., von der Gr. Northern: am 1. Jan. Bourne-Sleaford 4 M. und im April Finchley-High Barnet 4 M., von der London und North-Western: am 1. Jan. Huyton-St. Helens 5¼ M., am 1. Aug. Penygroes-Nantile 1½ M., am 1. Oct. Tattenhall Road-Whitchurch 14¾ M. und am 1. Nov. Wolverhampton-Walsall 6½ M., von der London und South-Western: am 18. Juli Bideford-Torrington 6 M. und am 2. Dec. die Hamworthy Zweigbahn 3 M., von der London, Chatham und Dover Bahn: am 1. Juli die Verbindungsbahn bei Brixton ¼ M., von der Midland-Bahn: am 10. Juni Bedford-Northampton 22 M., von der North-Eastern: am 1. März

Haggersgate Junction-Relley Mill 4 M. und North Seaton-Newbiggin 4 M., von der South-Devon-Bahn: am 1. Mai Totnes-Ashburton 10 Ml., von der East-Cornwall Mineral: am 7. Mai Callington-Calstock 7 M., am 15. Aug. die Watlington-Princes Risborough-Bahn 9 M., von der Northampton und Banbury Bahn: am 2. Sept. Towcester-Cockley Brake Junction 11 Ml., in Schottland von der Glasgow und South-Western: am 7. Mai Annbank-Cumnock 13 M. und von der North-British: am 1. Mai Monktonhall Junction-Macmery 8 M., in Irland von der Dublin, Wicklow und Wexford-Bahn: am 17. Aug. Enuiscorthy-Wexford 15 Ml. und von der Dublin-Meath-Bahn: am 1. Nov. Navar-Kilmainham Wood 16 M.

Im Jahre 1873 wurden folgende Linien eröffnet: Von der Great Eastern: am 17. Nov. Wood Street-Chingford 3 M., von der Great Northern: am 28. Juli Wainfleet-Skegness 5 M., von der Great Western: am 15. Jan. Witney-Fairford 14 M., am 27. Juni Marlow Road-Great Marlow 3 M., am 3. Aug. Ross-Monmouth 12 M., am 2. Sept. Bristol-Radstock 15 M., von der London und North-Western: am 1. Jan. Rhymney Bridge-Dowlais 3 M. und Allerton-Garston ½ M., am 1. Mai Dundalk-Greenore 13 M. (in Irland) und Runcorn-Frodsham 2 M., am 1. Sept. Nuneaton-Moira und Coatville 29 M., von der South-Eastern: am 1. Jan. Greenwich-Charlton 1 M., von der Llynvi und Ogmore Bahn: am 12. Mai Tondu Junction-Nantymoel, von der Neath und Brecon-Bahn: am 10. Nov. Ynisgeinon Junction-Capel Colbren Junction 7,5 M., von der Cheshire-Bahn: am 1. Aug. Cressington-Timperley 24,5 M. und am 2. Sept. Cornbrook-Glazebrook 8,5 M., von der Devon- und Somerset-Bahn: am 1. Oct. Wiveliscombe-Barnstaple 35,5 M., von der East and West Junction: am 1. Juli Towcester-Fenny Compton 18 M. und Kineton-Stratford on Avon 9 M., von der Isle of Man: am 1. Juli Douglas-Peel 12 M., von der North Staffordshire: am 1. Juli Hibel Road (Macclesfield)-Centralstation ¼ M., am 1. Nov. Hanley-Burslem 1,5 M. und am 1. Dec. Burslem-Tunstall 1 M., von der Van-Bahn: am 1. Dec. Caerws Garth-Van Road 6,5 M., in Schottland von der Caledonian-Bahn: am 1. Jan. die Muirkirk Zweigbahn 12,5 M. und am 1. Aug. Killin-Tyndrum 17 M., von der North-British: die Zweigbahn von Hawthorden Junction nach Penicuik 4,5 M., von der Glasgow, Barrhead und Kilmarnock: am 26. Juni Lugton-Beith 5 M. und Stewarton-Kilmarnock 5,5 M., in Irland von der Midland Great Western: am 1. Juni Foxford-Ballina 9 M. und von der Great Southern and Western: die Linie Fermoy-Lismore 15 M.

Im Jahre 1874 wurden folgende Strecken mit einer Gesammtlänge von 367 Ml. eröffnet: Norwich-North Walsham (Gr. Eastern), Ossett-Dewsbury (Gr. Northern), Bristol-Clifton Down, Worcester-Yearsett und Titley-Eardisley (Gr. Western), Port Erin-Douglas (Isle of Man), Sandown-Horringford (Isle of Wight), Portsmouth Station und Southsea Tramway (London, Brighton and South Coast), Otford Junction-Maidstone (London, Chatham and Dover), Birmingham-Harborne (London and North-Western), Ottery Road-Sidmouth, Barnstaple-Ilfracombe, Okehampton-Lidford, Bournemouth-Poole (London and South-Western), Worthington-Ashby (Midland), Helmsley-Kirby-

Moorside (N. East), Goldenhill-Tunstall (N. Staffordshire), Westenhanger-Sandgate (S. East), Bath-Radstock-Evercreech Junction (Somerset u. Dorset), Watchet-Minehead (West Somerset), in Schottland: Slateford-Balerno, Larbert-Graugemouth, Douglas-Muirkirk (Caledonian), Helmsdale-Wick und Georgemas Junction-Thurso (67 Ml. Highland).

Die im Jahre 1875 eröffneten Strecken, zusammen ca. 250 Ml. lang, waren folgende: Chester-Mouldsworth (Cheshire), Pilling-Garstang (Garstang u. Knotend), Canonbury-Finsbury Park u. Bradford-Shipley (Gr. Northern), Radstock-Frome, Presteign-Titley und Kington-New Radnor (Gr. Western), Horringford-Newport (Isle of Wight), Black Mill-Hendreforchan (Llynvi u. Ogmore), Halifax-Stainland (Lancashire and Yorkshire), Worsley-Bolton (London u. N. West.), Ashburys-Romiley, Reddish-Portwood und Shireoaks-Mansfield (Manchester, Sheffield and Lincolnshire), Moorgate Street-Bishopsgate (Metropolitan), Cricklewood-Acton, Pye Bridge-Ambergate, Manningham-Frizinghall (Midland), Kirby Moorside-Pickering, Melmerby-Masham, Saltburn-Loftus, Scotswood-Newburn und Knaresborough-Boroughside (N. Eastern), Goldenhill-Kidsgrove (North Staffordshire), Ryde u. Newport R. (Isle of Wight), Lydney-Lydbrook u. Coleford-Parkend (Severn u. Wye), Whitland-Crymmych Arms (Whitland u. Taf Vale), in Schottland: Newton Stewart-Garliestown (Wigtownshire), in Irland: Castleisland-Gortatlea (Castleisland), Kilfree Junction-Ballaghaderreen, Kilmainham Wood-Kingscourt und Westport Town-Westport Quay (Midland Great Western).

Das auf sämmtliche Grossbritannische Eisenbahnen verwendete Anlage-Capital betrug am Schlusse des Jahres 1874 (1 L. zu 20 Mark gerechnet) 12 197 918 620 M. (37 078 L. pro englische Meile oder 460 882 M. pro Km.) gegen 10 598 173 460 M. in 1870 (423 910 M. pro Km.), 6 962 602 540 M. in 1860 (414 767 M. pro Km.) und 4805 414 920 M. im Jahre 1850 (441 824 M. pro Km.). Die kilometrischen Anlagekosten, die sich fast doppelt so hoch stellen, als der Durchschnitt derselben bei den Deutschen Eisenbahnen beträgt, sind also in den letzten 25 Jahren nicht erheblich gewachsen. Am theuersten ist die Metropolitan-District-Bahn, welche 8547 694 M. pro Km. kostet, von den grösseren Bahnen die London, Chatham und Dover Bahn mit 1618 775 M. und die Manchester, Sheffield und Lincolnshire mit 955 671 M. pro Km., am billigsten gebaut unter den grösseren Bahnen die Schottische Hochland-Bahn (99 996 M. pro Km.), von den kleineren die schmalspurige Festiniogbahn (78 300 M. pro Km.).

Die Transportmittel der Grossbritannischen Eisenbahnen bestanden im Jahre 1874 aus 11 935 Locomotiven, 25 441 Personenwagen und 354 458 Lastwagen; auf je 10 Km. kamen 4,5 Locomotiven, 9,5 Personenwagen und 134 Lastwagen, im Vergleich zu den Deutschen Eisenbahnen, was die Wagenzahl betrifft, fast das Doppelte. Den stärksten Fahrpark besass die London und North Western Bahn mit 2110 Locomotiven, 3223 Personenwagen und 42 054 Lastwagen und die North-Eastern Bahn mit 1226 Locomotiven, 1703 Personenwagen und 75 459 Lastwagen. Die Locomotiven durchliefen im Jahre 1874 auf allen Eisenbahnen Grossbritanniens 322 579 179 Km., jede

Locomotive durchschnittlich 27 028 Km. (eine etwa um ein Drittel stärkere Ausnutzung als bei den Deutschen Bahnen). Die tägliche Zugfrequenz betrug 33,4; diese grosse Zugfrequenz, die der Deutschen Eisenbahnen weit übertreffend, hat ihren Grund nicht allein in dem stärkeren Verkehr auf den Englischen Eisenbahnen, sondern hauptsächlich darin, dass die Englischen Eisenbahnzüge, besonders die Personenzüge im Allgemeinen weit kleiner sind, als die auf den Deutschen Bahnen, sich aber dafür in kürzeren Zeiträumen folgen. Zur Vergleichung folgen die Angaben über das Transportmaterial der Grossbritannischen Eisenbahnen für einige frühere Jahre.

	1870.	1866.	1860.
Anzahl der Locomotiven	9379	8125	5801
„ „ Personenwagen . . .	20 121	19 228	15 076
„ „ Lastwagen	269 873	250 223	180 574
Auf je 10 Km. kommen:			
Locomotiven	3,7	3,6	3,4
Personenwagen	8,0	8,6	9,0
Lastwagen	108,5	112,2	107,5
Die Locomotiven legten zurück Km.	272 029 400	229 777 835	164 509 100
Jede Locomotive legte zurück Km.	29 000	28 280	28 358
Tägliche Zugfrequenz	30,6	28,2	26,8

Ueber die Frequenz der Grossbritannischen Eisenbahnen geben folgende Zahlen Auskunft.

Es wurden befördert im Jahre

	1874.	1871.	1866.	1859.
Personen	477 840 411	375 220 754	274 403 895	139 141 137
Güter Ctr.	3770 777 040	3387 293 960	2522 390 320	1462 485 890

Ueber die Anzahl der zurückgelegten Personen- und Güter-Kilometer, also auch über die specifische Frequenz lassen sich aus den amtlichen Berichten keinerlei Angaben entnehmen.

Die finanziellen Resultate der Eisenbahnen Grossbritanniens waren folgende:

	1874.	1872.	1870.	1860.
Brutto-Einnahmen M.	1137 989 960	1026 082 280	901 562 860	555 332 440
Brutto - Einnahmen pro Km. . . M.	42 996	40 296	34 630	32 745
Betriebs-Ausgaben M.	652 254 240	513 047 660	434 310 500	263 747 360

	1874.	1872.	1870.	1860.
Betriebs-Ausgaben pro Km. . . M.	23 915	20 161	16 866	15 555
Betriebs-Ausgaben in pCt. der Einnahme . . . M.	55,6	50,0	48,4	47,5
Ueberschuss in pCt. des Capitals .	4,14	4,51	4,2	4,1

Es ergiebt sich hieraus, dass die kilometrische Brutto-Einnahme um ein Drittel höher ist, als durchschnittlich bei den Deutschen Eisenbahnen, der Procentsatz der Betriebs-Ausgaben zu den Einnahmen etwas geringer, aber wegen der grösseren Anlagekosten dennoch die Verzinsung des gesammten Anlage-Capitals durch den Ueberschuss eine kleinere. Die grösste kilometrische Einnahme hatte im Jahre 1874 von den oben angeführten grösseren Eisenbahnen die Lancashire und Yorkshire Bahn (94 587 M. pro Km.) und die Manchester, Sheffield und Lincolnshire Bahn (86 108 M.), die kleinste die Schottische Highland-Bahn (10 014 M.), von den Englischen Bahnen die Great-Eastern Bahn (39 279 M. pro Km.).

Von dem Stamm-Actien-Capitale von 4970 Millionen Mark erhielten im Jahre 1874 an Zinsen und Dividenden 100 Millionen Mark von 10 bis 13 pCt., 20 Millionen Mark 9—10 pCt., 360 Millionen 8—9 pCt., 80 Millionen 7—8 pCt., 1540 Millionen 6—7 pCt., 480 Millionen 5—6 pCt., 700 Millionen 4—5 pCt., 340 Millionen 3—4 pCt., 160 Millionen 2—3 pCt., 200 Millionen 1—2 pCt., 120 Millionen unter 1 pCt., und ein Capital von 870 Millionen Mark erhielt weder Zinsen noch Dividende; die durchschnittliche Dividende für das ganze Stamm-Capital betrug 4,49 pCt.

Frankreich.

Das Französische Eisenbahnnetz, welches nach der Abtretung der Elsass-Lothringischen Bahnen (754 Km.) an Deutschland am Schlusse des Jahres 1871 eine Länge von 17 660 Km. hatte, wovon 17 240 Km. Eisenbahnen von allgemeinem Interesse und 420 Km. Localbahnen waren, hat am Schlusse des Jahres 1875 eine Länge von 21 587 Km. erreicht, nämlich 19 784 Km. Hauptbahnen und 1803 Km. Localbahnen. Von den ersteren gehören 17 885 Km. sechs grossen Gesellschaften an, der Nordbahn mit 1762 Km., der Ostbahn mit 2255 Km., der Westbahn mit 2549 Km., der Orléans-Bahn mit 4186 Km., der Paris-Lyon-Mittelmeer Bahn mit 5102 Km. und der Südbahn mit 2031 Km., der Rest von 1899 Km. vertheilt sich auf 24 kleinere Eisenbahn-Gesellschaften. Die 1803 Km. der nach Maassgabe des Gesetzes vom 12. Juli 1865 erbauten Bahnen von localem Interesse vertheilen sich auf 28 Departements. Ende 1872 waren überhaupt 4286 Km. solcher Localbahnen concessionirt.

Da im ersten Theile dieses Werkes S. 147 die Französischen Eisenbahn-Eröffnungen der Jahre 1870 und 1871 noch nicht genau und vollständig angegeben werden konnten, so sind dieselben in der folgenden Zusammenstellung der neu eröffneten Strecken mit aufgenommen worden.

Seit dem Anfange des Jahres 1870 wurden folgende Eisenbahnlinien in Frankreich dem Betriebe übergeben:

Nordbahn: Beauvais-Gournay 28 Km. (4. Aug. 1870), Senlis-Crepy 23 Km. (1. Juli 1871), Hirson-Vervins 18 Km. (1. Juli 1871), Valenciennes-Aulnoye 35 Km. (1 Sept. 1872), Gare d'eau de St. Ouen au chemin de Ceinture 2 Km. (21. Nov. 1873), Conty-Saleux 23 Km. (12. Aug. 1874), Beaumont s. Oise-Méru 16 Km., Beauvais - St. Omer en Chaussée 14 Km. und Abancourt-St. Omer en Chaussée 31 Km. (1. Juli 1875), Breteuil Bahnhof-Breteuil Stadt 7 Km., Montreuil-Etaples 11 Km. (1. Oct. 1875), Arras-St. Pol 38 Km. und St. Pol-Béthune 28 Km. (21. Nov. 1875).

Ostbahn: Aubréville-Verdun 26 Km. (14. April 1870), Bollweiler-Gebweiler 7 Km. (1. Nov. 1870, jetzt Deutsche Bahn), Pagny-Vaucouleurs 18 Km. (12. Juli 1872), La Varenne St. Maur - Sucy en Brie 3 Km. (3. Sept. 1872), Neufchâteau-Vaucouleurs 32 Km. (14. April 1873), Verdun-Conflans 41 Km. (7. Juni 1873), Conflans-Deutsche Grenze 12 Km. (23. Juni 1873), Sucy en Brie-Boissy St. Léger 2 Km. (9. Juli 1874), Boissy St. Léger-Brie Comte Robert 14. Km. (5. Aug. 1875).

Westbahn: Vire-Granville 57 Km. (3. Juli 1870), Gisors-Gournay 25 Km. (18. Juli 1870), St. Brieuc-Quintin 18 Km. (20. Nov. 1871), Quintin-Loudéac 31 Km. (1. Juli 1872), Gournay-Neufchâtel 40 Km. (20. Aug. 1872), Loudéac-Pontivy 23 Km. (16. Dec. 1872), Caen-Berjou Pont d'Ouilly 46 Km. (15. Mai 1873), Neufchâtel en Bray-Dieppe 34 Km. (22. Dec. 1873), Flers-Domfront 21 Km. (18. Mai 1874), Domfront-Mayenne 37 Km. (21. Sept. 1874).

Orléans-Bahn: Fourneaux-Aubusson 8 Km. (17. Febr. 1871), Aubigné-la Flèche 34 Km. (19. Juni 1871), Brive-Tulle 26 Km. (28. Aug. 1871), Orléans-Pithiviers 42 Km. (12. Aug. 1872), Villefranche-Romorantin 7 Km. (12. Dec. 1872), Orléans-Gien 61 Km. (3. Nov. 1873), Castillon-Port Ste. Foy 16 Km. (29. Dec. 1873), Limoges-Brive 82 Km. (20. Dec. 1875) und Port Sainte Foy-Bergerac 25 Km. (20. Dec. 1875).

Paris-Lyon und Mittelmeer-Bahn: Aix-Meyrargues 26 Km. (31. Jan. 1870), Langeac-Villefort 107 Km. (18. Mai 1870), Epinac-Santenay 17 Km. (13. Juni 1870), Livron-Crest 18 Km. (25. Sept. 1871), Châlon Ville-Dôle 78 Km. (2. Oct. 1871), St. Michel-Modane 15 Km. (16. Oct. 1871), Auxerre-Clamecy 53 Km. (Oct. 1871), Cannes-Grasse 20 Km. (13. Nov. 1871), Gallargues-Ganges 58 Km. (11. März 1872), Mentone-Italienische Grenze 4 Km. (18. März 1872), Marseille St. Charles-Marseille Prado 7 Km., Pertuis-Meyrargues 6 Km., Pont de Dore-Thiers 12 Km. und Boën-Montbrison 18 Km. (15. Mai 1872), Pertuis-Volx 43 Km. (8. Juli 1872), Marseille-l'Estaque 11 Km., Besançon-Vesoul 63 Km. (22. Juli 1872), Dijon-Is sur Tille 29 Km. (28. Oct. 1872), Cavaillon-Pertuis 43 Km. und Volx-Sisteron 42 Km. (25. Nov. 1872) Le Cailar-St. Cézaire 19 Km. und Lunel-Aigues Mortes 13 Km. (19. Mai 1873), Le Cheval Blanc-Miramas 32 Km. (26. Mai 1873), Cravant-Avallon 36 Km. (20. Oct. 1873), Is sur Tille-Vaux sous Aubigny 20 Km. und Saint Georges d'Aurac-le Puy 52 Km. (18. Mai 1874), Ganges-le Vigan 15 Km. (28. Juli 1874), Sisteron-Gap 77 Km. (1. Febr. 1875), Pontarlier-Jougne-Schweizer Grenze 19 Km. (1. Juli 1875), Zweigbahnen nach Hyères 10 Km. und nach Trinquetaille 2 Km. (6. Dec. 1875).

Südbahn: Lourdes-Pierrefitte 21 Km. (26. Juni 1871), Latour-Bousquet d'Orb 6 Km. (11. Mai 1872), Montrejeau-Bagnéres-de Luchon 35 Km. (17. Juni 1873), le Bousquet d'Orb-Millau 65 Km. und Tournemire-St. Affrique 13 Km. (18. Oct. 1874), Paulhan-Roujan Neffiés 14 Km. (19. März 1875), Port Vendres-Banyuls sur Mer 5 Km. (Aug. 1875).

Charentes-Bahn: Pons-Jonzac 19 Km. (26. Jan. 1870), La Roche sur Yon-La Rochelle 104 Km. (14. Juli 1871), Jonzac-Montendre 21 Km. (6. Nov. 1871), Montendre-St. Mariens 17 Km. und St. Mariens-Blaye 25 Km. (16. Oct. 1873), La Rochelle-Rochefort 30 Km. (29. Dec. 1873), St. Mariens-Coutras 27 Km. (19. Oct. 1874), Angoulême-Limoges und Verbindungsbahn 124 Km. (26. April 1875), Verbindungsbahn in La Rochelle 2 Km. (12. Aug. 1875).

Vendée-Bahn: Bressuire-La Roche sur Yon 87 Km. (27. März 1871), Bressuire-Thouars 29 Km. (10. Mai 1873), Thouars-Chinon 46 Km. (11. Aug. 1873), Chinon-definitiver Bahnhof 2 Km. (28. Sept. 1874), Chinon-Joué 46 Km. (19. April 1875), Joué-Tours 5 Km. (1. Juni 1875).

Nord-Ost-Bahn: Gravelines-Watten 19 Km. (9. März 1873), Boulogne-St. Omer 65 Km. (27. Mai 1874), Armentières-Berguette 34 Km. (1. Aug. 1875), Somain-Orchies 14 Km. (18. Dec. 1875).

Orléans-Châlons sur Marne-Bahn: Sens-Coolus 157 Km. (6. Mai 1873), Bellegarde-Montargis-Sens 87 Km. (19. Oct. 1874), Bellegarde-Orléans 47 Km. (21. Sept. 1875) und Coolus-Châlons 3 Km. (7. Oct. 1875).

Valenciennes-Lille etc.: Lille-Valenciennes 43 Km. (22. Juni 1870), Verbindungsbahn Beuvrages-Bruay 1 Km. (19. Sept. 1874), Lérouville-Verdun 54 Km. (28. Nov. 1874), St. Amand-Blanc Misseron 20 Km. (1. Juli 1875), Verdun-Dun Doulcon 40 Km. (20. Nov. 1875).

Dombes- und Süd-Ost-Bahn: L'Arbresle-St. Bel 3 Km. (15. Oct. 1873), Lyon-Montbrison 75 Km. (15. Oct. 1875).

Medoc-Bahn: Mouillis-Pauillac 15 Km. (30. Juni 1870), Pauillac-St. Germain d'Esteuil 15 Km. (1. Juli 1873), St. Germain-Lesparre 5 Km. (6. Sept. 1873), Lesparre-Soulac 27 Km. (1. Aug. 1874), Soulac-le Verdon 7 Km. (14. Aug. 1875).

Dünkirchen-Belgische Grenze 14 Km. (10. Febr. 1870), Verbindungsbahn 3 Km. (Aug. 1864).

Hazebrouck-Belgische Grenze 14 Km. (10. Juni 1870).

Armentières-Belgische Grenze 3 Km. (10. Nov. 1870).

Perpignan-Prades: Ille-Bouleternère 4 Km. (15. März 1870).

Lagny-Villeneuve le Comte 12 Km. (14. Sept. 1872).

Vitré-Fougères: Fougères-Moidrey 45 Km. (10. Oct. 1872).

Lille à Béthune: Verbindungsbahn Bouvray-Béthune 3 Km. (16. Apr. 1874).

Bressuire à Poitiers: Neuville de Poitou-Grand Pont 12 Km. (15. Mai 1874).

Somain à Anzin: Anzin-Vieux Condé 14 Km. (1. Juni 1874), Vieux Condé-Belgische Grenze 5 Km. (9. Aug. 1874).

Bondy à Aulnay les Bondy 8 Km. (7. Aug. 1875).

Hiernach wurden 406 Km. im Jahre 1870, 606 Km. in 1871, 598 Km. in 1872, 725 Km. in 1873, 596 Km. in 1874 und 818 Km. im Jahre 1875 eröffnet.

Von den Localbahnen, welche in der officiellen Statistik meist nur summarisch behandelt werden, geben wir im Folgenden ein vollständiges Verzeichniss der bis jetzt eröffneten Strecken.

An die Nordbahn anschliessend im Département Pas de Calais: Achiet-Bapaume 7 Km. (8. Mai 1871), im Dép. Seine inférieure: Longpré-Gamaches-Tréport 58 Km. (15. Mai und 1. Oct. 1872), Gamaches-Abancourt 41 Km. (14. Aug. 1873), im Dép. Somme: Longpré-Bouquemaison 44 Km. (Juli 1874), im Dép. Somme, Oise und Nord: Epéhy-St. Just 92 Km. (bis Péronne 21 Km. [1. Oct. 1873], bis Montdidier 49 Km. [1. Sept. 1873], bis St. Just 22 Km. [1. Juli 1875]), im Dép. Aisne: St. Quentin-Guise 40 Km. (bis Origny-St. Benoit 23 Km. [Febr. 1874], bis Guise 17 Km. [10. Oct. 1875]).

An die Ostbahn anschliessend im Dép. Vosges: Arches-Granges 29 Km. (bis Laveline 23 Km. [31. Oct. 1869], bis Granges 6 Km. [im Juli 1874]), Rambervillers-Charmes 28 Km. (16. Sept. 1871), im Dép. Ardennes: Carignan-

Messempré 7 Km. (3. Sept. 1871), Amagne-Vonziers 27 Km. (23. Febr. 1873), Monthermé (Est)-Monthermé (Laval Dieu) 2 Km. (8. März 1873), Pont Maugis-Raucourt 10 Km. (31. März 1873), Vrigne Meuse - Vrigne aux Bois 5 Km. (20. Juli 1873), im Dép. Marne: Oiry-Romilly 84 Km. (bis Vertus 16 Km. [12. Aug. 1870], bis Fère-Champenoise 18 Km. [24. Aug. 1871], bis Sézanne 20 Km. [21. Nov. 1871], bis Romilly 30 Km. [11. Mai 1872]), Bazancourt-Bétheniville 17 Km. (11. Mai 1872), im Dép. Meurthe et Moselle: Avricourt-Circy 18 Km. (26. April 1870), Nancy-Vézelise 36 Km. (11. Nov. 1872), Nancy-Château Salins u. Vic 42 Km., wovon 12 Km. im Elsass (21. Juni 1873).

An die Westbahn anschliessend im Dép. Eure: Glos Montfort - Pont Audemer 16 Km. (23. Aug. 1867), Pont de l'Arche-Gisors 54 Km. (28. Dec. 1868), Gisors - Vernonnet 40 Km. (15. Juli 1869), Vernonnet-Vernon 2 Km. (15. Mai 1870), Evreux-Louviers 27 Km. (11. April 1872), im Dép. Eure et Loire: Orléans-Elbeuf 208 Km. (von Orléans bis Chartres 76 Km. [28. Sept. 1872], bis Dreux 43 Km. [20. Mai 1873], bis Louviers 70 Km. [1. Mai 1873], bis Elbeuf 19 Km. [15. Aug. 1875]), Pacy - Vernon 20 Km. (1 Mai 1873), Gisors-Beauvais 35 Km. (11. April 1875), im Dép. Orne: Briouze - la Ferté Macé 14 Km. (6. Dec. 1869), Alençon-Condé sur Huisne 67 Km. (25. Mai 1873), im Dép. Seine et Oise: Magny-Chars 13 Km. (13. Aug. 1871), im Dép. Seine inférieure: Rouen-Petit Quevilly 2 Km. (14. Febr. 1870), im Dép. Sarthe: Mamers-St. Calais 77 Km. (20. Febr. 1873), im Dép. Calvados: Orbec-Lisieux 19 Km. (2. Juni 1873), Falaise-Berjou Pont d'Ouilly 30 Km. (15. April 1874), Caen-Luc sur Mer 17 Km. (1. Juli 1875), im Dép. Loire inférieure: Pont Rousseau-Pornic 55 Km. (Sept. 1875).

An die Orléans-Bahn anschliessend im Dép. Vienne und Maine et Loire: Poitiers-Saumur 110 Km. (15. Mai 1874).

An die Paris-Lyon-Mittelmeer-Bahn schliessen an im Dép. Rhône: Belleville-Beaujeu 13 Km. (25. Sept. 1869), in den Dép. Saône et Loire und Jura: Paray le Monial-Mâcon 78 Km. (22. Aug. 1870), Châlon-Lons le Saunier 66 Km. (30. April 1871), im Dép. Ain: Montalieu Vercieu - Ambérieu 18 Km. (1. Oct. 1875), im Dép. Puy de Dôme: Vertaizon-Billom 9 Km. (15. Juli 1875), im Dép. Bouches du Rhône: Pas de Lanciers-Martigues 19 Km. (22. Dec. 1872), Bonson-St. Bonnet le Château 27 Km. (4. Oct. 1873), Tarascon-St. Remy 15 Km. (1874), Arles-Fontvieille 9 Km. (1875), im Dép. Hérault: Palavas-Montpellier 12 Km. (6. Mai 1872), Pezénas-Mèze 20 Km. (20. Jan. 1873) und Béziers-Pezénas 25 Km. (11. Oct. 1873).

An die Südbahn schliessen an im Dép. Gironde: Nizan-St. Symphorien 18 Km. (2. Jan. 1873) und Bordeaux-la Sauve 26 Km. (15. Mai 1873).

An die Charentes-Bahn schliessen an im Dép. Charente: Barbezieux-Châteauneuf 19 Km. (20. Nov. 1872) und Pons-Royan 47 Km. (Sept. 1875).

Für den Schluss des Jahres 1873 betrugen die Herstellungskosten der fertigen Französischen Eisenbahnen (18 565 Km. ohne die Localbahnen) und die bis zur Vollendung des concessionirten Netzes von 21 987 Km. noch zu verausgabenden Posten zusammen 8110 800 000 M. oder 368 890 M. pro Km. (1 Franc = 0,80 Mark). Von dieser Summe hatte der Staat an Subventionen

1310 800 000 M. zu zahlen, und hatte von dieser Summe bereits 805 223 200 M. bezahlt. Ende 1869 betrugen die von den Gesellschaften bereits gemachten Ausgaben und die vom Staate gezahlten Subventionen zusammen 6499 285 868 M. und die kilometrischen Anlagekosten berechneten sich auf 360 765 M.; am Schlusse des Jahres 1865 betrug das verwendete Capital 4352 748 679 M. oder 402 150 M. pro Km. Es ergiebt sich, dass die Französischen Eisenbahnen etwas billiger als die Englischen, aber ungefähr anderthalbmal so theuer als die Deutschen Eisenbahnen gebaut sind. Von den grösseren Eisenbahn-Gesellschaften betrugen am Schlusse des Jahres 1874 die Anlagekosten der Nordbahn 687 244 286 M. (424 750 pro Km.), der Westbahn 847 771 357 M. (332 590 pro Km.), der Südbahn 628 490 400 M. (312 526 p. Km.), der Paris-Lyon-Mittelmeer-Bahn (Ende 1873) 2153 372 056 M. (430 145 p. Km.) und des alten Netzes der Ostbahn 244 216 632 M. (470 540 M. pro Km.).

Ueber die Transportmittel der Französischen Eisenbahnen liegt nur eine ältere Angabe vor, welche alle Bahnen umfasst; nach derselben waren im Jahre 1869 4933 Locomotiven vorhanden, von denen 4683 auf die 6 grossen Gesellschaften kamen; die letzteren besassen 11 126 Personenwagen und 116 388 Lastwagen, auf je 10 Km. kamen 3 Locomotiven, 7 Personenwagen und 73,6 Lastwagen. In Betreff der Leistungen der Locomotiven müssen wir bis zum Jahre 1866 zurückgehen. Es waren in diesem Jahre bei einer Betriebslänge von 14 531 Km. 4275 Locomotiven, 10 345 Personenwagen und 105 645 Lastwagen im Gebrauche, auf je 10 Km. kamen 2,9 Locomotiver, 7,1 Personenwagen und 72,5 Lastwagen; die Locomotiven legten 111 135 290 Nutzkilometer zurück, jede Locomotive durchschnittlich 26 863 Km., die tägliche Zugfrequenz war 22,1. Nach neueren Angaben für einzelne Eisenbahn-Gesellschaften besass im Jahre 1874 die Orléansbahn 726 Locomotiven, 1966 Personenwagen und 18 265 Lastwagen für 4123 Km. und die Ostbahn 899 Locomotiven, 2371 Personenwagen und 21 822 Lastwagen für 2240 Km.

Auch über die Frequenz-Verhältnisse geben die Berichte der letzten Jahre keine genügende Auskunft. Im Jahre 1868 wurden bei einer mittleren Betriebslänge von 15 821 Km. auf den Französischen Eisenbahnen 105 017 972 Personen und 811 568 360 Ctr. Güter befördert, jede Person durchschnittlich 37 Km., jeder Centner 150 Km.; die specifische Frequenz für das gesammte Bahnnetz betrug 245 602 Personenkilometer und 7722 970 Centnerkilometer; dies ist ungefähr die gleiche specifische Frequenz, welche die Deutschen Eisenbahnen gegenwärtig aufweisen. Im Jahre 1869 wurden 111 164 284 Personen und 880 268 660 Centner Güter befördert, im Jahre 1865 betrug die Frequenz 83 531 878 Personen und 740 133 700 Centner, auf die ganze Bahnlänge berechnet 251 329 Personen und 7694 475 Centner Güter.

Die Brutto-Einnahmen betrugen im Jahre 1874 auf allen Französischen Eisenbahnen 637 892 279 M. für 19 110 Km., also 33 380 M. pro Km., im Jahre 1873 641 763 419 M. oder 34 298 M. pro Km. Ueber Betriebs-Ausgaben, Ueberschuss und Verzinsung des verwendeten Capitals geben die Berichte der letzten Jahre keine, das ganze Bahnnetz umfassende Auskunft, und wir müssen hierbei wieder bis zum Jahre 1869 zurückgehen. In diesem

Jahre betrug die kilometrische Einnahme 34 200 M., die Betriebs-Ausgabe 16 680 M. oder 48,7 Procent der Einnahme; der Ueberschuss verzinste das verwendete Anlage-Capital mit 4 Procent. Im Jahre 1865 betrugen die kilometrischen Einnahmen 34 890 M., die Ausgaben 14 187 M. oder 40,7 Procent der Einnahme, die Verzinsung des Anlage-Capitals durch den Ueberschuss 6,1 Procent. Auf das Stamm-Capital zahlten an Zinsen und Dividenden im Jahre 1874 die Nordbahn 12 pCt. (1873 16¾ pCt.), die Ostbahn 6,6, die Westbahn 3,5, die Orléansbahn 11,2, die Paris-Lyon-Mittelmeer-Bahn 11 und die Südbahn 8 Procent.

Belgien.

Das Eisenbahnnetz des Königreichs Belgien, das am meisten entwickelte in Bezug auf Flächeninhalt und Einwohnerzahl des Landes, hatte im Jahre 1871 eine Länge von 3041 Km. und ist bis zum Schlusse des Jahres 1875 auf 3517 Km. angewachsen, von denen 1979 vom Staate und 1538 von Privatgesellschaften betrieben werden. Das Staatsbahnsystem, welches in Belgien früher als in allen andern Ländern in Anwendung kam, hat sich auch in neuerer Zeit daselbst sehr entwickelt, denn ausser den 1151 Km. theils fertiger, theils noch zu bauender Linien, welche der Staat durch den Vertrag vom 25. April 1870 von Privatgesellschaften übernahm, hat er auch seit dem 1. Januar 1873 die Linien des Grand Luxembourg (309,8 Km.) gekauft und steht jetzt im Begriff, auch die Lüttich-Limburger Bahn zu erwerben.

Die seit 1872 dem Betriebe übergebenen Eisenbahnstrecken sind folgende. Im Jahre 1872 wurden eröffnet: von der Staatsbahn am 1. Juni die Gürtelbahn von Gent 9,09 Km., am 1. Juli die Bahn der Steinbrüche von Quenast 9,05 Km., am 15. Juli die Bahn des Plateau von Herve von Chenée bis Micheroux 14,18 Km., am 22. Juli die Verbindungsbahn von Poits Périer 4,18 Km., am 29. Juli Welkenraed-Bleyberg-Aachen 17,46 Km., am 24. Nov. Jemappes-Produits nach Pâturages 2,47 Km. und von der Privatbahn Hesbaye à Condroz: am 10. Juni die Strecke Huy-(Statte)-Modave 12,5 Km. Im Jahre 1873 wurden dem Betriebe übergeben von der Staatsbahn: am 1. Jan. die Verbindungsbahn von Antwerpen nach Stuyvenberg 6,7 Km., am 1. Febr. Trazegnies-Courcelles-Centre 3,1 Km., am 1. April Dour-Quiévrain 4,8 Km., am 20. Sept. Brüssel-Calevoet 4,65 Km., am 23. Sept. die Zweigbahn des Kohlenbeckens von Bellecourt 2,07 Km., am 10. Nov. Micheroux-Herve 4,85 Km., 24. Nov. Verbindungsbahn gegen Forest der Brüsseler Gürtelbahn 0,98 Km., am 22. Dec. Calevoet-Rhode-St. Génese 5,77 Km., von Privatbahnen: am 28. Mai die Virton-Bahn von Marbehan bis Virton 24,46 Km., von der Bahn Ostende-Armentières: am 15. Aug. Thourout-Ypres 32,17 Km., und von der Bahn Eecloo-Antwerpen: am 20. Oct. die Section Moerbeke-St. Gilles-Waes 14,3 Km.

Im Jahre 1874 wurden eröffnet von der Staatsbahn: am 1. Jan. die Zweigbahn von Boulevard du petit dock nach Gent 1,54 Km., am 1. Febr. Rhode St. Genèse-Waterloo 4,1 Km., 10. März Waterloo-Braine l'Allend 3,41 Km., 15. März Verbindungsbahn bei Jurbise 0,92 Km. und bei Braine le Comte 1,31 Km., am 10. April Braine-l'Allend-Lillois 4,58 Km., 6. Mai Flénu Central-Jemappes 2,26 Km., 18. Mai Verbindungsbahn zwischen den Linien von Bleyberg und von Verviers 0,5 Km., am 23. Mai Courcelles-Gosselies und Roux 4,05 Km., 1. Juni Lillois-Luttre 15,97 Km., 9. August Péruvelz-Französ. Grenze gegen Anzin 1,91 Km., 24. Aug. Verbindungsbahn bei Flénu 0,32 Km., am 25. Sept. Verbindungsbahn bei Schaerbeck 0,1 Km., 9. Nov. Verbindungsbahn bei Mecheln 2,07 Km., 19. Nov. Lambusart-Gilly 7,85 Km., 1. Dec. Zweigbahn von Noir-Dieu nach Les haies de Gilly 1,96 Km.' und von Privatbahnen: am 3. März Hasselt-Maeseyck 40,45 Km. Aus dem Jahre 1875 sind als neu eröffnet anzuführen: im März die Strecken der Staatsbahn von Thuillies nach Beaumont 16 Km., von Berzée nach Thuillies 7 Km. und von Herve nach Battice 3 Km., am 5. Sept. die Strecke Termonde-Hamme der Termonde-St. Nicolas-Bahn und am 22. Nov. Huy-(Statte)-Landen der Bahn Hesbaye-Condroz 30 Km.

Die Anlagekosten der vom Staate gebauten oder zurückgekauften Eisenbahnen (698,5 Km.) beliefen sich am Schlusse des Jahres 1873 auf 307 037 442 M. oder 439 566 M. pro Km., fast so viel als bei den Englischen Eisenbahnen. Die Belgischen Privatbahnen sind bedeutend billiger gebaut. Im Jahre 1870 betrug das auf alle Belgischen Eisenbahnen verwendete Anlagekapital 716 827 728 M. oder 227 058 M. pro Km., im Jahre 1865 aber 525 395 400 M. oder 229 545 M. pro Km., und zwar: 315 867 M. bei den Staatsbahnen und 197 976 M. bei den Privatbahnen.

Die Transportmittel der Belgischen Staatsbahn incl. der Grand Luxembourg-Bahn bestanden im Jahre 1874 aus 942 Locomotiven, 3067 Personenwagen und 27 328 Lastwagen für eine Strecke von 1953 Km., auf je 10 Km. kamen 4,8 Locomotiven, 15,6 Personenwagen und 140 Lastwagen. Die Locomotiven legten 21 986 303 Nutzkilometer zurück, jede Locomotive durchschnittlich 23 340 Km., die tägliche Zugfrequenz war 30,8 also grösser als die der Deutschen Eisenbahnen. Für Staats- und Privatbahnen zusammen bestand im Jahre 1866 das Transportmaterial aus 680 Locomotiven, 1968 Personen- und 23 463 Lastwagen, auf je 10 Km. kamen 3,2 Locomotiven, 8,5 Personen- und 97,9 Lastwagen; die Locomotiven durchliefen 22 470 980 Km., jede Locomotive durchschnittlich 33 045 Km., die Zugfrequenz war 26.

Die Frequenz der Belgischen Staatsbahnen war im Jahre 1874 folgende. Es wurden befördert 32 444 823 Personen (gegen 29 101 509 in 1873) und 322 896 211 Ctr. Güter (gegen 325 716 445 in 1873). Auf allen Belgischen Eisenbahnen zusammen wurden im Jahre 1866 befördert 20 945 774 Personen und 360 053 260 Centner Güter; die specifische Personenfrequenz der Staatsbahnen betrug 362 818 Personenkilometer.

Was die Finanzverhältnisse betrifft, so hatten die Staatsbahnen (excl. des Grand Luxembourg) im Jahre 1874 eine Einnahme von 59 027 035 Mark oder 36 456 M. pro Km. (gegen 38 426 M. in 1873). Die Ausgaben betrugen 40 333 973 M., 24 911 M. pro Km. (gegen 27 674 M. in 1873) oder 68,33 pCt. der Einnahme (gegen 72,02 pCt. in 1873 und 59,6 pCt in 1872). Für alle Belgischen Eisenbahnen zusammen betrugen im Jahre 1866 die Einnahmen 58 214 499 M. oder 24 626 M. pro Km. (38 600 M. bei den Staats- und 17 629 M. bei den Privatbahnen), die Ausgaben 32 212 131 M. 56 pCt. der Einnahme und 13 646 M. pro Km. (22 220 M. bei den Staats- und 9320 M. bei den Privatbahnen). Der Ueberschuss verzinste das Anlagecapital bei den Staatsbahnen mit 5,69 pCt., bei den Privatbahnen mit 3,54 pCt., bei beiden zusammen mit 4,37 pCt.

Niederlande.

Das Niederländische Eisenbahnnetz umfasste am Schlusse des Jahres 1875 folgende Linien: Staatseisenbahn 988,6 Km., Holländische Bahn 239,5 Km., Centralbahn 102 Km., Rheinbahn 209,64 Km., Nordbrabantische Bahn 62 Km. Luxemburgische Wilhelmsbahn 170,25 Km. (im Betriebe der Elsass - Lothringischen Eisenbahnen) und Prinz Heinrichsbahn 97,57 Km., zusammen 1869,56 Km. Hiervon liegen 112 Km. in Belgien und 43,29 Km. in Deutschland; dagegen liegen 150 Km. Belgische und 80 Km. Deutsche Eisenbahn-Betriebsstrecken in den Niederlanden, so dass sich für das Gebiet des Königreichs der Niederlande incl. Luxemburg eine Eisenbahnlänge von 1894,27 Km. ergiebt.

Die seit 1872 dem Betriebe übergebenen Strecken sind folgende: Von der Niederländischen Staatseisenbahn: am 1. Jan. 1872 Zwaluwe - Dortrecht 14,60 Km., am 1. März 1872 Goes-Middelburg 18,97 Km., am 1. Nov. 1872 Dordrecht-Mallegat 15,37 Km. und Middelburg-Vlissingen 6,19 Km. und am 1. Mai 1876 Zwaluwe - Zevenbergen 7,89 Km., von der Nordbrabantisch-Deutschen Bahn: am 15. Juli 1873 Boxtel-Goch 62 Km., von der Holländischen Eisenbahn: am 8. Juni 1874 Amsterdam - Amersfoort 46 Km. und Hilversum-Utrecht 21 Km., am 15. Mai 1876 Amersfoort-Zutphen 60,43 Km., im Grossherzogthume Luxemburg: von der Prinz Heinrichs-Bahn: 1873 am

1. Aug. Esch sur Alzette-Steinfort 35,22 Km. und Petange-Rodange 2,52 Km., am 8. Dec. Diekirch - Echternach 27,16 Km., 1874 am 20. Mai Echternach-Wasserbillig 22,1 Km., am 1. Juni Clemency-Autel 7,65 Km. und am 1. Aug. Rodange-Athus 2,92 Km.

Im Jahre 1873 beliefen sich die Anlagekosten der Niederländischen Rheinbahn auf 334 929 M. pro Km., der Holländischen Bahn auf 326 136 M., der Staatsbahn auf 190 527 M., der Centralbahn auf 170 898 M. pro Km. Im Jahre 1870 betrug das auf alle Niederländischen Eisenbahnen incl. der Luxemburgischen verwendete Capital 335 507 900 M., 223 221 M. pro Km.

Das Transportmaterial der Niederländischen Eisenbahnen (excl. der Nordbrabantischen und der Luxemburger) bestand im Jahre 1874 aus 310 Locomotiven, 770 Personenwagen und 6331 Lastwagen; auf je 10 Km. kamen 2 Locomotiven, 5 Personenwagen und 41 Lastwagen; die tägliche Zugfrequenz betrug 14,6. Im Jahre 1866 waren auf allen Niederländischen Eisenbahnen (1113 Km.) 171 Locomotiven, 577 Personenwagen und 3033 Lastwagen im Dienste, auf je 10 Km. also 1,6 Locomotiven, 5,2 Personenwagen und nur 27,3 Lastwagen. Jede Locomotive durchlief durchschnittlich 22 167 Nutzkilometer, die tägliche Zugfrequenz war 11,7.

Was die Frequenz betrifft, so wurden auf den vier Niederländischen Hauptbahnen im Jahre 1874 befördert: 8 696 640 Personen und 43 997 580 Ctr. Güter; die specifische Frequenz betrug für das gesammte Staatsbahnnetz 128 610 Personenkilometer. Im Jahre 1866 wurden auf den Niederländischen und der Luxemburger Bahn zusammen 4 545 691 Personen und 33 847 160 Centner Güter befördert.

Die Einnahmen der vier Hauptbahnen beliefen sich im Jahre 1874 auf 26 183 556 M. oder 17 340 M. pro Km., die Betriebs-Ausgaben auf 17 070 041 M. oder 11 303 M. pro Km., 65,2 pCt. der Einnahmen. Im Jahre 1866 betrugen auf allen Bahnen die Brutto-Einnahmen 12 960 837 M. (13 565 M. pro Km.), die Betriebs-Ausgaben 7 123 479 M. (7 455 M. pro Km.), 54,9 pCt. der Einnahmen.

Schweiz.

In der Schweiz war man während der letzten Jahre im Eisenbahnbaue sehr thätig; es wurden 145,71 Km. im Jahre 1874 und 405,05 Km. im Jahre 1875 dem Betriebe übergeben, wodurch das Bahnnetz der Schweiz auf 2066 Km. anwuchs. Hierunter sind 61,78 Km. Betriebsstrecken Deutscher Oesterreichischer und Französischer Eisenbahnen, wogegen von Schweizerischen Eisenbahn-Gesellschaften 6,78 Km. in Baden und 19,46 Km. in Frankreich betrieben werden.

Seit 1872 (für die früheren Jahre s. Theil I S. 165) wurden neu eröffnet im Jahre 1872 von der Bödeli-Bahn: am 12. Aug. Daerlingen - Interlaken 4,2 Km., vom Berner Jura: am 15. Oct. Pruntrut-Delle 12,12 Km., von der Vorarlberger Bahn: am 24. Oct. und 23. Nov. die Schweizerischen Strecken der Zweigbahnen Feldkirch-Buchs 1,48 Km. und Lautrach - St. Margarethen 1,65 Km., von der Centralbahn: am 28. Oct. Pratteln-Schweizerhalle 1,73 Km., im Jahre 1873 am 23. Juni die Arther Rigibahn von Staffelhöhe bis Rigikulm 2 Km., am 3. Nov. die Verbindungsbahn der Centralbahn in Basel 4,86 Km. und am 5. Nov. von der Waadtländischen Bahn: die Strecke Lausanne-Cheseaux 7,5 Km.

Im Jahre 1874 wurden eröffnet vom Berner Jura: am 30. April Biel-Convers (Chaux de Fonds) 42,37 Km. und Sonceboz-Tavannes 6,89 Km., von der Waadtländischen Bahn: am 1. Juni Cheseaux-Echallens 7 Km., von der Aargauischen Südbahn: am 23. Juni Ruppersweil-Wohlen 12,7 Km., von der Bödeli-Bahn: am 1. Juli Böningen-Interlaken 4,1 Km., von der Gesellschaft Regina Montium: am 14. Juli Rigi Kaltbad - Unterstetten 3,5 Km., von der Gotthardbahn: am 6. Dec. Biasca-Bellinzona 19,1 Km. und Lugano-Chiasso 25,8 Km. und am 20. Dec. Bellinzona-Locarno 21 Km., im Jahre 1875 von der Appenzeller Bahn: am 12. April Winkeln-Herisau 5 Km., am 3. Mai die Tössthalbahn von Winterthur nach Bauma 25 Km., am 12. Mai die Bahn von Zürich auf den Uetliberg 9,17 Km., am 25. Mai die Emmenthalbahn von Solothurn nach Burgsdorf 24 Km., am 1. Juni die Arther Rigibahn von Arth nach Rigistaffel 11 Km. und von Unterstetten nach Scheidegg 3,25 Km., von der Aargauischen Südbahn: am 1. Juni Wohlen-Muri 9,6 Km., von der Westbahn: am 1. Juli Vallorbes - Grenze gegen Pontarlier 3,7 Km. (excl. 19 Km. in Frankreich), am 15. Juli die Bötzbergbahn von Pratteln nach Brugg 58 Km., am 15. Juli die Nationalbahn von Winterthur nach Singen 44,95 Km. (wovon 6,78 Km. in Baden) und von Etzweiler nach Constanz 30,11 Km., am 11. Aug. die Jura - Bern - Bahn von Langnau nach Luzern 54,5 Km., am 3. Sept. die Bergbahn Rorschach-Heiden 5,5 Km., am 18. Sept. die linksuferige Zürichsee-Bahn von Zürich nach Glarus 69 Km., am 24. Sept. die Jurabahn von Basel nach Delsberg 36,9 Km., am 15. Oct. die Appenzeller Bahn von Herisau bis Urnaesch 10 Km., im Oct. von der Broyethal-Bahn die Strecke Lyss-Fräschels 11,4 Km., am 1. Febr. 1876 die Bischofszeller Bahn von Sulgen bis Bischofszell 14,36 Km.

Ueber die Betriebs-Verhältnisse giebt uns die Schweizerische Eisenbahn-Statistik nur für das Jahr 1868 Auskunft; in diesem Jahre betrug das auf 1295 Km. Eisenbahnen verwendete Anlage-Capital 341 768 573 M. oder 271 595 M. pro Km.

Die Transportmittel bestanden im Jahre 1868 aus 226 Locomotiven, welche 5 852 271 Nutzkilometer durchliefen, jede Locomotive durchschnittlich 25 895 Km.; die tägliche Zugfrequenz war 10,9. Im Jahre 1873 waren nach der Schweizerischen Eisenbahn-Zeitung bei einer Betriebslänge von 1416 Km.

368 Locomotiven, 972 Personenwagen und 6049 Lastwagen im Dienste, also für je 10 Km. 2,6 Locomotiven, 6,9 Personenwagen und 42,8 Lastwagen; die Zugfrequenz betrug bei der Nordost- und der Centralbahn 21,5.

Die Zahl der beförderten Personen belief sich im Jahre 1868 auf 9 856 854, der Güter auf 45 698 336 Centner. Die specifische Frequenz betrug 189 771 Personenkilometer und 2 414 277 Centnerkilometer.

Die Einnahmen aller Schweizerischen Eisenbahnen im Jahre 1868 betrugen 25 086 460 M. oder 19 132 M. pro Km., die Ausgaben 12 096 917 M. oder 9227 M. pro Km. und 48,22 pCt. der Einnahme; der Ueberschuss betrug 3,69 pCt. des verwendeten Capitals. Im Jahre 1873 war die Einnahme 35 277 872 M. (24 563 M. pro Km.), 1874: 37 256 681 M. (24 846 pro Km.). Am höchsten waren die kilometrischen Einnahmen der Rigibahn, 60 264 M., der Centralbahn 40 399 M. und der Nordostbahn 36 315 M.; sie betrugen bei der Westbahn 28 812 M., bei den vereinigten Schweizerbahnen 18 437 M., bei der Berner Staatsbahn nur 15 825 M. Die Ausgaben betrugen bei der Rigibahn 42 pCt., bei der Centralbahn 62,3 pCt., bei der Nordostbahn 49 pCt., bei den Vereinigten Schweizerbahnen 59,9 pCt., bei der Westbahn 55,6 pCt. der Einnahmen. Im Jahre 1875 betrugen die Einnahmen aller Eisenbahnen 40 951 085 M., 20 425 M. pro Km., sind also im letzten Jahre gesunken.

An Zinsen und Dividende auf die Stamm-Actien zahlten im Jahre 1874 die Rigibahn 20 pCt., die Centralbahn und Nordostbahn 8 pCt., die Vereinigten Schweizerbahnen und die Westbahn Nichts.

Italien.

Am Schlusse des Jahres 1875 waren im Königreiche Italien 7704 Km. Eisenbahnen im Betriebe, wovon 1625 Km. Staatsbahnen und 6079 Km. Privatbahnen; der Staat hat bekanntlich die Absicht, sämmtliche Eisenbahnen zu erwerben, wird aber dann wohl den Betrieb nicht selbst übernehmen, sondern das ganze Bahnnetz gruppenweise einigen grossen Gesellschaften übergeben. Im Bau waren 670 Km. und concessionirt 703 Km. Die fertigen Eisenbahnen der Halbinsel vertheilen sich auf folgende Gesellschaften: Oberitalienische 3374 Km., wovon 579 Km. Staatsbahnen, Römische 1673 Km., wovon 97 Km. Staatsbahn, Südbahn 1454 Km., Calabrisch-Sicilianische 949 Km. (Staatsbahn), Sardinische 198 Km., Turin-Ciriè 21 Km., Settimo-Rivarolo 23 Km. und Turin-Rivoli 12 Km.

Die im Jahre 1872 eröffneten Strecken waren folgende: von der Oberitalienischen Bahn am 20. Jan. Savona - Ventimiglia 108 Km., am 18. März Ventimiglia-Französische Grenze 7 Km., am 25. Juli Piazza Principe in Genua bis Piazza Brignole 3 Km., von der Römischen Bahn: am 1. Mai Monte Amiato-Grosseto 62 Km., von der Südbahn: am 23. Sept. Maglie - Otranto 18 Km., von der Calabrischen Bahn: am 1. Juli Roccella-Monasterace 20 Km., von der Sardinischen Bahn: am 15. Jan. San Gavino - Oristano 45 Km., am 6. April Decimomanu-Siliqua 13 Km., am 10 April Sassari-Portoterres 20 Km. und am 20. Mai Siliqua-Iglesias 24 Km. Im Jahre 1873 wurden eröffnet von der Oberitalienischen Bahn: am 18. März Modena-Reggiolo Gonzaga 35 Km., am 2. Mai Reggiolo-Monteggiana 15 Km., am 21. Juni San Antonio-Borgoforte 15 Km. und am 22. Dec. Monza - Calolzio 31 Km., von der Südbahn: am 1. März Pescara-Popoli 53 Km. und am 25. Oct. Popoli-Solmona 14 Km. Im Jahre 1874 wurden eröffnet von der Alta Italia: am 10. März Orvieto-Orte 43 Km., am 24. Juni die Pobrücke bei Borgoforte, am 6. Sept. Cremona-Mantua 63 Km., am 28. Sept. Savona-Bra 98 Km. und San Giusseppe-Acqui 50 Km., am 24. Oct. Sestri Levante-Spezzia 46 Km. und am 10. November Troffarello - Chieri 9 Km., von der Römischen Bahn Pisa - Colle Salvetti 15 Km., von der Calabrisch-Sicilianischen Bahn: am 1. Juni Cariati-Cotrone 56 Km., am 5. Sept. von Palermo zum Hafen 7 Km., am 15. September von Lercara nach Cammarata 12 Km., am 1. Nov. von Porto Empedocle nach Comitini 26 Km., am 1. Dec. Eboli - Contursi 19 Km., von der Sardinischen Bahn: am 15. Aug. Sassari - Ploaghe 28. Km. und im Dec. Ploaghe-Ozieri 19 Km. Im Jahre 1875 wurden dem Betriebe übergeben von der Oberitalienischen Bahn: am 27. Juli Como-Camerlata 3 Km., am 15. November Mondovi-Bastia 9 Km. und Udine-Gemona 29 Km., von der Römischen Bahn: am 15. Nov. Terentola-(Tuoro)-Chiusi 28 Km., von der Südbahn: am 1. Febr. Solmona - Molina 18 Km. und am 10. Mai Molina - Aquila 42 Km., von der Calabrisch-Sicilianischen Bahn: am 20. Mai Catanzaro-Monasterace 46 Km., am 15. Juni Torremare-Pisticci 25 Km., am 30. Sept. Contursi - Romagnane 22 Km., Camarata-Spina 8 Km. und Comitini-Passofondato 7 Km., am 15. Nov. Pisticci-Ferrandina 13 Km. und Cotrone-Catanzaro 60 Km., die Schlussstrecke der an der Ost- und Südküste der Halbinsel entlang gehenden Eisenbahn.

Ueber die Anlagekosten aller italienischen Eisenbahnen kann für die letzten Jahre keine vollständige Angabe gemacht werden. Dieselben betrugen im Jahre 1874 für 2085 Km. der Oberitalienischen Bahn 420 798 616 Mark oder 201 822 M. pro Km.; für 2222 Km. der Südbahn und der Calabrisch-Sicilianichen Bahn im Jahre 1874 sind dieselben auf 328 433 527 M. oder 147 809 M. pro Km. angegeben, jedoch scheinen in dieser Summe die Subventionen des Staats, welche bis Ende 1875 für diese Bahnen 205 001 444 M. betrugen, nicht mitgerechnet zu sein; nach Hinzurechnung derselben würden sich die Kosten pro Km. auf 230 069 M. stellen. Für alle Bahnen hat der Staat in den 11 Jahren von 1865 — 1875 an Garantien und Subventionen 383 430 455 M. gezahlt. Im Jahre 1870 beliefen sich die Anlagekosten aller Eisenbahnen Italiens auf 1 350 000 000 M. oder 218 625 M. pro Km., im Jahre

1865 auf 930 000 000 M. oder 233 550 M. pro Km. (Vergleiche des Verfassers Aufsatz in No. 70 der Zeitung des Vereins D. E. für 1873).

Auch über die Transportmittel der Italienischen Eisenbahnen geben nicht alle Berichte Aufschluss. Im Jahre 1874 besass die Oberitalienische Bahn 748 Locomotiven, 2179 Personenwagen und 12 955 Lastwagen, und die Römische Bahn 216 Locomotiven, 829 Personenwagen und 3220 Lastwagen; das giebt für ein Bahnnetz von 4978 Km. auf je 10 Km. 1,9 Locomotiven, 6 Personenwagen und 32,5 Lastwagen. Auf der Oberitalienischen Bahn legten die Locomotiven 15 526 241 Km. zurück, was bei einer durchschnittlichen Betriebslänge von 3102 Km. einer täglichen Zugfrequenz von 13,7 entspricht. Im Jahre 1866 waren nach Hauchecorne auf 4884 Km. Italienischer Eisenbahnen 800 Locomotiven, 2989 Personenwagen und 11 489 Lastwagen vorhanden, also für je 10 Km. 1,7 Locomotiven, 6,1 Personenwagen und 23,5 Lastwagen; jede Locomotive legte durchschnittlich 18 808 Km. zurück, die tägliche Zugfrequenz betrug 9,0. Im Jahre 1872 waren nach einer Notiz in L'Italia economica in ganz Italien 1172 Locomotiven.

Die Frequenz der Oberitalienischen Bahn betrug im Jahre 1874: 17 409 870 Personen und 97 909 600 Ctr. Güter, die specifische Frequenz 214 711 Personen und 3 884 989 Ctr. Güter. Auf der Römischen Bahn wurden in demselben Jahre 3 679 971 Personen und 18 966 446 Ctr. Fracht befördert. Für die anderen Bahnen fehlen die Angaben. Auf allen Eisenbahnen Italiens wurden im Jahre 1868 auf 5706 Km. Betriebslänge 17 514 054 Personen befördert.

Die Bruttoeinnahme aller Italienischen Eisenbahnen belief sich im Jahre 1875 auf 115 855 430 M. (15 616 M. pro Km.), gegen 112 492 744 M. (16 102 M. pro Km.) im Jahre 1874 und 108 554 631 M. (16 074 pro Km.) im Jahre 1873. Die Oberitalienische Bahn allein hatte im Jahre 1874 eine Einnahme von 57 721 668 M. (29 254 M. pro Km.); die Betriebsausgaben betrugen 29 305 742 M. oder 14 852 M. pro Km. und 50,8 pCt. der Einnahme. Bei der Römischen Bahn beliefen sich in demselben Jahre die Einnahmen auf 20 648 962 M. (12 954 pro Km.), die Ausgaben auf 15 807 654 M. (9917 M. pro Km.) oder 76,5 pCt. der Einnahmen. Die Südbahn hatte eine Einnahme von 17 081 098 M. (12 324 M. pro Km.) und eine Ausgabe von 13 040 635 M. 9409 M. pro Km.); die Calabrisch-Sicilianische Bahn eine Einnahme von 3 489 953 M. (5092 pro Km.) und eine Betriebsausgabe von 3 784 170 Mark (5522 p. Km.).

Spanien.

Es war eine Folge des für solche Friedensarbeiten nicht förderlichen Bürgerkrieges, dass der Eisenbahnbau in Spanien fast ganz in's Stocken gerathen ist, und dass aus den letzten Jahren nur wenige Eröffnungen neuer Eisenbahnstrecken zu registriren sind. Am Schlusse des Jahres 1875 waren 5796 Km. im Betriebe. Eröffnet wurden im Jahre 1872: von der Nordwestbahn im Mai Pola de Gordon - Busdongo 18 Km., im Jahre 1873 von der Bahn Sevilla-Carmona die Strecke Sevilla-Alcala 14 Km. und von der Ciudad Real-Badajoz-Bahn im Sept. Alhondiguilla-Cordova 43,7 Km., im Jahre 1874: am 13. Mai die letzte Strecke der Bahn Malaga - Granada von Las Salinas nach Loja 32 Km., und von der Nordwestbahn im Juli Pola de Lena-Gijon 63 Km., im Jahre 1875: am 24. Febr. die Bahn von Palma nach Inca auf der Insel Mallorca 29 Km., ferner von der Nordwestbahn Lugo-Coruña 115 Km., von der Tarragona - Lerida-Bahn Vimbodi - Borgas 24 Km., von der Sevilla-Carmona - Bahn die Strecke Alcala - Gandol 7 Km., von der Utrera - Osuna-Bahn die Strecke Marchena-Osuna 22 Km., die Bahn von Santjago nach Carril 42 Km. und von der Medina-Salamanca-Bahn die Strecke Medina del Campo-Cantalapiedra 33 Km.

Die Anlagekosten der Spanischen Eisenbahnen betrugen im Jahre 1870 — neuere Angaben liegen nicht vor — für 5469 Km. 1 673 788 658 M. oder 296 298 M. pro Km., von welcher Summe die vom Staate an die Gesellschaften gezahlten Subventionen 303 125 327 M. ausmachten.

Die Transportmittel bestanden am Schlusse des Jahres 1866 aus 956 Locomotiven, 2886 Personenwagen und 13 043 Lastwagen; auf je 10 Km. Bahnlänge kamen 1,9 Locomotiven, 5,7 Personenwagen und 25,7 Lastwagen. Die Locomotiven legten 11 517 190 Nutzkilometer zurück, jede Locomotive durchschnittlich 12 754 Km.; die tägliche Zugfrequenz war 7,3.

Die Frequenz der Spanischen Eisenbahnen im Jahre 1869 betrug 10 201 270 Personen und 58 705 520 Ctr. Güter; im Jahre 1866 war sie ziemlich eben so gross, nämlich 10 889 581 Personen und 54 603 700 Ctr.

Die Einnahmen beliefen sich im Jahre 1866 auf 64 551 909 M. oder 13 659 M. pro Km., die Betriebsausgaben auf 32 820 852 M. oder 6945 M. pro Km., 50,8 pCt. der Einnahmen. Der Ueberschuss betrug 2,63 pCt. des verwendeten Anlagecapitals. Im Jahre 1869 betrugen die kilometrischen Einnahmen 12 982 M., die Ausgabe 6216 M. Im Jahre 1874 hatte die Madrid-Saragossa- und Alicante-Bahn (1408 Km.) eine Einnahme von 27 525 263 M.

(19 549 M. pro Km.) und eine Ausgabe von 11 161 440 M. (7927 M. pro Km.), die Nordbahn (731 Km.) eine Einnahme von 16 847 267 M. (23 046 M. p. Km.) und eine Ausgabe von 5 770 955 M. (7894 M. pro Km.), dagegen die Nordwestbahn (287 Km.) eine Einnahme von nur 1 570 914 M. oder 5505 M. pro Km. gegenüber einer Ausgabe von 1 111 054 M. oder 3871 M. pro Km. Für die anderen Spanischen Eisenbahnen fehlen die Berichte.

Portugal.

In Portugal, dessen Eisenbahnnetz viele Jahre hindurch nur unbedeutend vergrössert wurde, war die Bauthätigkeit in den letzten Jahren etwas reger. Es waren am Schlusse des vorigen Jahres 954 Km. Staatsbahnen im Betrieb, ungerechnet 79 Km. Privat-Industriebahnen; im Bau sind noch 141 Km. Dem Betriebe wurden übergeben im Jahre 1872: die Bahn von Lissabon nach Cintra 17 Km. und die zweite Section der Bahn von Lissabon nach Torres Vedras 45 Km., beide nach dem System Larmanjat erbaut, im Jahre 1874 die Strecke von Evora nach Extremoz 52 Km., am 21. Mai 1875 die Minho-Bahn von Oporto nach Braga 54 Km., am 1. Oct. 1875 die Bahn von Oporto nach Povao de Varzim ca. 15 Km. (wohl eine Zweigbahn der vorigen), und im Sept. 1875 die Theilstrecke der Duero-Bahn von Oporto nach Penafiel 38 Km.

Die Anlagekosten der Portugiesischen Eisenbahnen incl. des Ankaufpreises der Südostbahn betrugen im Jahre 1869 für 700 Km. 120 120 570 M. oder 171 600 M. pro Km.

Das Betriebsmaterial bestand im Jahre 1871 aus 51 Locomotiven, 194 Personenwagen und 942 Lastwagen für 502 Km. Bahnlänge, für je 10 Km. aus 1 Locomotive, 3,9 Personenwagen und 18,7 Lastwagen. Die Locomotiven durchliefen 1 045 300 Km., jede Locomotive durchschnittlich 20 500 Km., die tägliche Zugfrequenz war nur 5,7. Befördert wurden im Jahre 1866 auf derselben Strecke 729 272 Personen und 2 201 680 Ctr. Güter.

Die Einnahmen der Portugiesischen Eisenbahnen beliefen sich im Jahre 1874 auf 7 124 595 M. (14 192 pro Km.), die Ausgaben auf 2 871 523 M. (5720 pro Km. und 40,3 pCt. der Einnahme). Der Ueberschuss verzinste das Anlagecapital mit 4,9 pCt. Im Jahre 1873 betrugen die Einnahmen 7 359 336 M. (14 660 pro Km.), die Betriebsausgaben 2 567 052 M. (5113 p. Km.), die Verzinsung des verwendeten Capitals durch den Ueberschuss 5,5 pCt.

Dänemark.

Im Königreiche Dänemark betrug am Schlusse des Jahres 1875 die Länge der im Betriebe befindlichen Eisenbahnen 1260 Km., wovon 819 Km. auf die Jütisch-Fünensche Staatsbahnen, 348 Km. auf die Seeländische und 93 Km. auf die Laaland-Falstersche Privatbahn kommen. Dem Betriebe wurden übergeben: am 14. Aug. 1872 die Falsterbahn von Orehoved nach Nykjoebing 22,4 Km., am 2. Juli 1874 von der Laalandbahn die Strecken Maribo-Nakskow 24,6 Km., Maribo-Guldborgsund 22,95 Km. und Maribo-Roedby 14,5 Km., am 3. Oct. 1872 von der Staatsbahn: die Strecke Lunderskow-Esbjerg-Varde 73,06 Km., im Jahre 1875 von der Seeländischen Bahn am 1. Jan. Roeskilde-Kallundborg 79,3 Km., von der Jütisch-Fünenschen Bahn: am 31. März Holstebro-Ringkjoebing 47,4 Km., am 20. April Ribe-Bramminge 16,56 Km. und am 27. Juni Varde-Ringkjoebing 65,4 Km. als Schlussstrecke der Jütischen Ringbahn.

Die Anlagekosten der Jütisch-Fünenschen Bahnen beliefen sich im Jahre 1866 auf 25 615 686 M. oder 84 262 M. pro Km.; neuere Angaben liegen nicht vor, jedoch dürfte das Anlagecapital jetzt etwa 70—80 Millionen Mark betragen, da sich die Länge in dieser Zeit von 304 Km. auf 819 Km. vermehrt hat. Die Anlagekosten der Seeländischen Eisenbahn betrugen im Jahre 1874 für 269 Km. 34 648 200 M., also 128 804 M. pro Km.

Die Transportmittel der Jütisch-Fünenschen Bahn bestanden im Jahre 1874 aus 80 Locomotiven, 177 Personenwagen und 1081 Lastwagen; die Locomotiven legten 2 141 520 Km. zurück, die tägliche Zugfrequenz war 9,1. Die Seeländische Bahn hatte in demselben Jahre 39 Locomotiven, welche 961 000 Km. durchliefen, 193 Personenwagen und 745 Lastwagen; die Zugfrequenz war 9,8.

Befördert wurden im Jahre 1874 auf der Jütisch-Fünenschen Bahn 2 182 160 Personen und 6 544 127 Ctr. Güter, auf der Seeländischen Bahn 2 595 656 Personen und 6 596 261 Ctr. Die specifische Personenfrequenz betrug für die erstere 113 919, für die letztere 284 728; die specifische Güterfrequenz der Staatsbahn war 905 640 Centnerkilometer, für die Seeländische Bahn fehlen die Angaben zur Berechnung.

Auf der Staatsbahn betrug im Jahre 1874 die Einnahme 4 981 290 M. (7723 pro Km.), die Ausgabe 3 430 902 M. (5319 pro Km. und 68,8 pCt. der Einnahme), auf der Seeländischen Bahn die Einnahme 4 433 179 M. (16 480 pro Km.), die Ausgabe 2 074 320 M. (7711 M. pro Km. und 46,8 pCt. der Einnahme), der Ueberschuss verzinste das Anlagecapital mit 6,8 pCt.; an Zinsen und Dividende wurden 6 pCt. gegeben.

Schweden und Norwegen.

In Folge der regen Bauthätigkeit der letzten Jahre hat das Eisenbahnnetz des Königreichs Schweden am Schlusse des Jahres 1875 eine Ausdehnung von 4138 Km. erreicht, wovon 1920 Km. Staatsbahnen und 2218 Km. Privatbahnen sind. In Norwegen sind 555 Km. Staatsbahnen im Betriebe, und zwar: 190 Km. normalspurige und 365 Km. schmalspurige.

Zu den in Theil I, Seite 191 nachgewiesenen Schwedischen Eisenbahnen von 1836 Km. Länge kamen folgende neu eröffnete Strecken: am 16. Nov. 1871 von der Centralbahn die Strecke Frövi - Linde 19 Km., im Jahre 1872 von der Staatsbahn Norköping - Linköping 46 Km., von der Centralbahn am 1. Dec. Linde - Kopparberg 36 Km. und am 15. Dec. die Bahn von Vikern nach Möckeln 54 Km., im Jahre 1873 von der Staatsbahn am 4. August Upsala-Heby 47 Km., am 11. Sept. Heby-Sala 15 Km., am 15. Sept. Linköping - Mjölby 32 Km., am 1. Dec. Sala - Krylbo 33 Km. und am 30. Dec. Mjölby - Boxholm 17 Km., von der Nässjö - Oskarshamn - Bahn am 7. Mai Nässjö - Eksjö 21 Km., von der Centralbahn am 1. Oct. Nya Kopparberg-Grängesberg 25 Km., ferner am 19. Nov. die Bahn Hjo - Stenstorp 38 Km., am 1. Dec. die Bahn Nora - Karlskoga 67 Km. und Zweigbahn 6 Km., und am 15. Dec. Hallsberg - Mjölby 96 Km. Im Jahre 1874 wurden eröffnet von der Staatsbahn am 20. Juli Boxholm - Sommen 7 Km. und Nässjö - Aneby 23 Km., und am 23. Nov. die letzte Strecke der Ostbahn von Sommen nach Aneby 40 Km., von der Nässjö-Oskarshamn-Bahn am 29. Juni Oskarshamn-Hultsfred 65 Km., und am 4. Nov. die Schlussstrecke Hultsfred-Eksjö 65 Km., ferner am 1. Mai die Bahn Marienstad-Moholm 18 Km., am 29. Juni Sölvesborg-Christianstad 31 Km., am 1. Juli Stora-Guldmedshyttan 5 Km., am 6. Aug. Karlskrona - Wexiö 113 Km., am 11. Aug. Kalmar - Emmaboda 57 Km., am 1. Sept. Karlshamn - Vislanda 78 Km., am 14. Sept. Krylbo - Norberg mit der Zweigbahn nach Avesta 21. Km., am 21. Sept. Palsboda - Finspong 57 Km., am 11. Oct. die Schlussstrecke der Centralbahn von Graengesberg nach Ludvika 18 Km., am 28. Oct. Vadstena - Fogelsta 10 Km., am 23. Nov. die Zweigbahn Svensbro-Eksdalen der Hjo-Stenstorper Bahn 9 Km. und die Bahn Lidköping - Stenstorp 50 Km., am 15. Dec. die Bahn Upsala - Gefle 113 Km. mit den Zweigbahnen Orbyhus - Dannemora 9 Km. und Orrskorg - Soederfors 8 Km., und die Bahnen Ulricehamn - Vartofta 37 Km. und Malmö - Ystad 63 Km. Im Jahre 1875 wurden dem Betriebe übergeben: von der Staatsbahn die Schlussstrecke der Nordbahn von Krylbo nach Storvik 66 Km. und die

Bahn von Sundsvall nach Torpshammar 60 Km. (11. Aug.), ferner die Privatbahnen Lund-Trelleborg 43 Km. (23. Juli), Helsingborg-Hessleholm 74 Km., Köping-Westeras-Sala 75 Km., Falun-Ludvika 53 Km. und Christinehamn-Gammelkroppa 43 Km. Es waren zur Eröffnung im Jahre 1875 auch noch bestimmt die Strecken der Staatsbahn von Sköfde nach Karlsborg 43 Km. und von Storvik nach Torpshammar 267 Km., und die Privatbahnen Flen-Elskilstuna-Kungsör 58 Km. und Flen-Nyköping-Oxelösund 53 Km., doch ist über die wirklich stattgefundene Eröffnung derselben Nichts veröffentlicht worden.

In Norwegen wurden folgende schmalspurige Bahnen dem Betriebe übergeben: am 23. Oct. 1871 Grundset-Aamot 26 Km., am 10. Nov. 1871 Hougsund-Kongsberg 28 Km., am 7. Oct. 1872 Christiania-Drammen 53 Km., am 28. Nov. Vikersund-Kröderen 25 Km. und im Jahre 1875 Aamot-Koppang 56 Km. Ein Bericht über ein zu bauendes weit verzweigtes Netz meist schmalspuriger Eisenbahnen von 2460 Km. Länge und 184 142 000 M. veranschlagter Kosten ist im Jahre 1875 dem Norwegischen Storthing vorgelegt worden; dasselbe soll im Laufe von zehn bis fünfzehn Jahren ausgeführt werden.

Die Anlagekosten der Schwedischen Eisenbahnen beliefen sich im Jahre 1871 für 1187 Km. Staatsbahnen auf 120 568 452 M., also 101 531 M. pro Km. und für 637 Km. Privatbahnen auf 39 127 764 M. oder 61 425 M. pro Km., am Schlusse des Jahres 1874 für 1446 Km. Staatsbahnen auf 145 920 000 M. oder 100 913 M. pro Km. und für 1292 Km. Privatbahnen auf 55 022 000 M. oder nur 42 587 M. pro Km.

Die Transportmittel der Staatsbahnen bestanden im Jahre 1874 aus 188 Locomotiven, 471 Personenwagen und 4519 Lastwagen, also für je 10 Km. aus 1,3 Locomotiven, 3,2 Personenwagen und 31,2 Lastwagen. Im Jahre 1871 hatten die Staatsbahnen 110 Locomotiven und 2958 Wagen, die Privatbahnen 75 Locomotiven und 2014 Wagen. Von den Locomotiven der Staatsbahn legte im Jahre 1871 jede durchschnittlich 28 825 Km., im Jahre 1872 30 215 Km., im Jahre 1873 sogar 33 047 Km. zurück, eine Leistung, welche die durchschnittliche Leistung der Locomotiven auf den Deutschen Eisenbahnen weit übertrifft. Die Anzahl der im Jahre 1871 auf der Staatsbahn zurückgelegten Zugkilometer betrug 3 170 750, was einer täglichen Zugfrequenz von 7,3 entspricht.

Befördert wurden auf den Staatsbahnen 2 557 543 Personen und 21 452 825 Centner Fracht im Jahre 1873, gegen 1 659 204 Personen und 14 590 479 Ctr. im Jahre 1871, auf den Privatbahnen 944 306 Personen und 27 769 777 Ctr. Fracht im Jahre 1871. In diesem Jahre betrug auf das ganze Bahnnetz vertheilt die specifische Frequenz bei den Staatsbahnen 74 472 Personen und 1 494 060 Ctr., bei den Privatbahnen 34 705 Personen und 1 504 685 Ctr.

Die Einnahmen der Schwedischen Staatsbahnen beliefen sich im Jahre 1874 auf 16 030 196 M. (11 086 pro Km.) und gestatteten eine Verzinsung des Anlagecapitals von etwas mehr als 5 pCt., im Jahre 1873 auf 43 300 000 M. (9673 M. pro Km.); die Ausgaben betrugen hiervon 52,83 pCt., der Ueberschuss verzinste das Anlagecapital mit fast 5 pCt. Im Jahre 1871 betrugen bei den Staatsbahnen die Einnahmen 8 874 740 M. (7476 pro Km.), die Ausgaben 4 462 963 M. (3759 pro Km.) und 50,3 pCt. der Einnahme, der Ueberschuss 3,66 pCt. der Anlagekosten; die Privatbahnen hatten in diesem Jahre eine Einnahme von 4 625 585 M. (7261 pro Km.), eine Ausgabe von 2 185 914 M. (3431 pro Km. und 47,2 pCt. der Einnahmen) und eine Verzinsung des Anlagecapitals von 6,2 pCt. Die höchste Dividende zahlte im Jahre 1873 die kleine Kroppbahn, nämlich 31 pCt., dann folgte Söderhamn mit 17, Wessmann-Barken mit 14,5 und Gefle-Falun mit 11 pCt., am wenigsten gab Uddevalla-Wenersborg-Herrljunga mit 3,4 pCt.

Die Anlagekosten aller Norwegischen Bahnen beliefen sich im Jahre 1873 auf 37 379 630 M. oder 74 759 M. pro Km., und zwar waren die kilometrischen Kosten der breitspurigen Bahnen 97 993 M., die der schmalspurigen nur 60 519 M.

Die Transportmittel bestanden aus 49 Locomotiven, 153 Personenwagen und 1069 Lastwagen, auf je 10 Km. kamen 1 Locomotive, 3 Personenwagen und 21 Lastwagen; die Locomotiven legten 1 616 439 Km., jede derselben 32 988 Km. zurück, die tägliche Zugfrequenz war 8,9. Befördert wurden (excl. Drammen - Randsfjord) 1 331 446 Personen und 11 403 302 Ctr. Fracht, die specifische Frequenz auf diesen 356 Km. betrug 101 780 Personen und 1 344 896 Ctr.

Die Einnahmen beliefen sich auf 3 082 879 M. (8660 M. pro Km.), die Ausgaben auf 2 030 500 M. (5703 M. pro Km. und 65,8 pCt. der Einnahme), der Ueberschuss auf 3,6 pCt. des Capitals, und zwar betrug der Reinertrag bei den normalspurigen Bahnen 3 750 M. pro Km. oder 3,8 pCt. des Anlagecapitals, bei den schmalspurigen Bahnen 1692 M. pro Km. oder 2,8 pCt. des Capitals. Für die beiden normalspurigen Bahnen und die schmalspurige Hamar-Aamot-Bahn fügen wir noch die Ergebnisse des Jahres 1874 hinzu. Auf diesen 254 Km. wurden 602 485 Personen und 10 958 350 Ctr. Fracht befördert, und zwar mit einem Transportmaterial von 37 Locomotiven, 74 Personen- und 798 Lastwagen, bei einer Einnahme von 2 478 300 Mark (9757 pro Km.) und einer Ausgabe von 1 722 526 M. (6781 M. pro Km.).

Russland.

Das Russische Eisenbahnnetz hatte am Schlusse des Jahres 1875 eine Ausdehnung von 19 492 Km. (18 268 Werst à 1,067 Km.), wovon 1004 Km. in Kaukasien liegen. Im Besitze des Staates sind nur 693,5 Km., nämlich 623,9 Km. in Finnland, die schmalspurige Liwnybahn 60,6 Km. und die im Betriebe der Warschau-Terespoler Bahn stehende Strecke von Terespol nach Brest 9 Km.

Zu den Th. I S. 200 erwähnten 13 950 Km. kamen folgende neu eröffnete Strecken hinzu. Im Jahre 1871 von der Grjaesy-Zarizyn Bahn: am 25. Juli die Zweigbahnen nach Krutaja 17 Km. und von Zarizyn nach der Wolga 10 Km., von der Poti-Tiflis Bahn: am 21. Aug. Poti-Kwirilli 125 Km. (statt, wie in Theil I angegeben, Poti-Kutais 87 Km.), von der Moskau-Jaroslawer Bahn: am 19. Oct. die Zweigbahn Alexandrowo-Karabanowo 11 Km., und von der Grjaesy-Zarizyn Bahn: am 17. Dec. die Zweigbahn Alexikowo-Uropinsk 35 Km. Im Jahre 1872 von der Jaroslaw-Wologdaer Bahn: am 8. Jan. Jaroslaw-Danilow 66 Km. und am 10. Juni Danilow-Wologda 139 Km., von der Rjaeschk-Wjasma Bahn: am 10. März Skopin-Pawelez 31 Km., von der Charkow-Nikolajew Bahn: am 25. März Krjukow-Krementschug 4 Km., von der Konstantinowschen Bahn: am 21. März Konstantinowka-Alexandrowka 65 Km. und am 1. Aug. Alexandrowka-Jelenowka 27 Km., von der Riga-Dünaburger Bahn: am 1. Juni Riga-Mühlgraben 10 Km., und von der Kaukasischen Bahn: am 10. Oct. Kwirilli-Tiflis 183 Km.

Im Jahre 1873 wurden eröffnet: am 1. Jan. die Riga-Bolderaa Bahn 18 Km. und von der Baltischen Bahn: die Strecke Gatschina-Krasnoje Selo 20 Km., von der Landwarowo-Romnyer Bahn: am 14. Jan. Wileiskaja-Minsk 185 Km., am 16. Sept. Minsk-Bobruisk 148 Km. und am 17. Nov. Bobruisk-Gomel 151 Km., von der Kiew-Brester Bahn: am 1. März Berditschew-Kriwin 146 Km., am 25. Mai Kriwin-Brest 308 Km. und am 15. Aug. Sdolbunowo-Radziwillow 94 Km., am 28. Juli die Bahn Brest-Grajewo 214 Km und die Zweigbahn Staroseltsy-Bialystock 4 Km., von der Charkow-Nikolajew Bahn: am 20. Aug. Snamenka-Nikolajew und Zweigbahn zum Bug 237 Km., am 8. Oct. die Hangoe Bahn von Hyvinge nach Hangoe 148 Km., von der Libauschen Bahn: am 1. Nov. Kalkuhnen-Radzivilischki 197 Km., von der Mitauschen Bahn: am 1. Nov. Mitau-Moscheiki 97 Km., und von der Losowo-Sebastopoler Bahn: am 15. Nov. Losowo-Alexandrowka 173 Km. und Sonelnikowo-Jekaterinoslawl 44 Km.

Im Jahre 1874 wurden eröffnet: von der Landwarowo-Romnyer Bahn: am 12. Jan. Gomel-Bachmatsch 196 Km. und am 15. Juli die Endstrecke Bachmatsch-Romny 77 Km., von der Tambow-Saratower Bahn: am 5. März die Zweigbahn Sosnowka-Bykowa 14 Km., von der Losowo-Sebastopoler Bahn: am 23. Juni Alexandrowsk-Melitopol 112 Km. und am 14. Oct. Melitopol-Simferopol 243 Km., von der Nowotorschoker Bahn: am 23. Juni Torschok-Rschewo 102 Km., am 12. Oct. die Morschansk-Sysraner Bahn 517 Km., von der Rjaeschk-Wjasmaer Bahn: am 15. Dec. Pawelez-Wjasma 416 Km. und Chruschtowo-Jelez 192 Km.

Im Jahre 1875 wurde am 20. Jan. das Endstück der Losowo-Sebastopoler Bahn von Simferopol bis Sebastopol 80 Km. eröffnet, im April u. Sept. die Verbindungsbahnen der Kursk-Asower Bahn von Rostow nach Guilowskaja und von Nachitschewan nach der Rostow-Wladikawkas-Bahn 19 Km., am 1. Juli von der Odessaer Bahn die Endstrecke Kischinew-Korneschti-Ungheni am Pruth 106 Km. und am 11. Dec. die provisorisch schon am 12. Aug. eröffnete Bahn von Rostow nach Wladikawkas 696 Km. Am 1. Jan. 1876 wurde in Finnland die Bahn von Tawastehus nach Tamerefors (75 Km.) eröffnet.

Das Anlage-Capital der Russischen Eisenbahn-Gesellschaften belief sich im Jahre 1874 auf 1506 792 921 Rubel Credit (à 2,75 Mark) oder 4143 680 533 M., nämlich 1434 757 704 M. Actien und 2708 922 829 M. Obligationen; im Besitze der Regierung befanden sich hiervon 181 124 124 M. in Actien und 1842 027 000 M. in Obligationen, zusammen also 48,8 pCt. des Gesammt-Capitals. Die Schuld der Eisenbahn-Gesellschaften der Regierung gegenüber betrug 659 541 828 M., diese Schuld mit Hinzufügung der im Besitze der Regierung befindlichen Obligationen betrug 60,37 pCt. des Gesammt-Capitals incl. der Actien der Regierung sogar 81,28 pCt. desselben. Da die oben angegebene Summe sich auch auf die im Jahre 1874 im Bau befindlichen oder concessionirten Linien, zusammen auf 20 636 Km. bezieht, so kommt auf jeden Kilometer ein Anlage-Capital von 195 768 Mark.

Das Betriebsmaterial der Russischen Eisenbahnen am Schlusse des Jahres 1873 umfasste 3095 Locomotiven, 4867 Personenwagen und 61 211 Lastwagen; auf je 10 Km. Bahn kamen 1,9 Locomotiven, 3 Personenwagen und 37,5 Lastwagen. Das umfangreichste Transportmaterial besass die Grosse Russische Eisenbahn-Gesellschaft, auf deren 2370 Km. langen Linien 729 Locomotiven, 1008 Personenwagen und 13 838 Lastwagen sich im Dienste befanden. Die Leistungen der Locomotiven im Jahre 1873 sind in den Geschäfts-Berichten der einzelnen Bahnen für eine Länge von 10 796 Km., also etwa für zwei Drittel des damaligen Russischen Bahnnetzes, mit 50 468 032 Zugkilometer angegeben; jede von den an dieser Leistung betheiligten 2340 Locomotiven durchlief durchschnittlich 21 576 Km., die tägliche Zugfrequenz war 12,8.

Was die Frequenz der Russischen Eisenbahnen betrifft, so wurden im Jahre 1873 auf denselben 22 809 000 Personen befördert, gegen 20 580 000 in 1872, und 481 651 334 Ctr. Güter gegen 371 200 000 Ctr. im Jahre 1872.

Im Jahre 1870 betrug die Beförderung 14 373 308 Personen und 183 694 000 Centner. Die specifische Personenfrequenz lässt sich für das Jahr 1873 aus den Berichten der Eisenbahn-Gesellschaften für ein Bahnnetz von 9576 Km. und die specifische Güterfrequenz für 9460 Km. berechnen. Auf diesen Strecken wurden 1 848 163 846 Personenkilometer und 71 243 918 195 Centnerkilometer zurückgelegt, also das ganze Bahnnetz durchschnittlich in diesem Jahre von 192 993 Personen und 7 531 050 Ctr. Gütern befahren. Bei einzelnen Bahnen ist die specifische Frequenz weit grösser, als dieser Durchschnitt ergiebt; sie war im Jahre 1873 bei der Grossen Russischen Eisenbahn-Gesellschaft 321 085 Personenkilometer und 12 321 932 Centnerkilometer.

In Betreff der Finanzverhältnisse der Russischen Eisenbahnen wird bemerkt, dass in den folgenden Angaben da, wo die Berichte die Einnahmen u. s. w. in Rubeln ohne den Zusatz „Metall" oder „Credit" brachten, überall der Papierrubel (à 2,75 M.) und nicht der Metallrubel (à 3,25 M.) angenommen ist. Die Brutto-Einnahmen der Russischen Eisenbahnen excl. der Finnländischen Staatsbahn betrugen 387 777 500 M. (20 982 pro Km.) im Jahre 1875, gegen 387 567 919 M. (23 139 pro Km.) im Jahre 1874 und 339 397 440 M. (22 528 pro Km.) im Jahre 1873. In dem letzteren Jahre war der Reinertrag 142 609 181 M. oder 3,77 pCt. des verwendeten Anlagecapitals; die Betriebsausgaben nahmen 57,98 pCt. der Einnahme in Anspruch. Die grösste kilometrische Einnahme hatten im Jahre 1873 die Petersburg-Moskauer Bahn mit 81 142 M. (35 446 M. Ausgaben pro Km.), die Moskau-Rjaesaner Bahn mit 59 902 M. (24 126 M. Ausgaben) und die Rjaesan-Kozlower Bahn mit 56 002 M. (23 074 M. Ausgabe), die geringste Einnahme die Libauer Bahn mit 4245 M. pro Km. (4231 M. Ausgabe) und die Jaroslaw-Wologda-Bahn mit 3640 M. Einnahme und 3018 M. Ausgabe pro Km.

Türkei und Griechenland.

Im Fürstenthum **Rumänien** besteht gegenwärtig ein Eisenbahnnetz von 1233 Km. Ausdehnung, wovon 223 Km. auf die Lemberg-Czernowitz-Jassyer Bahn, 943 Km. auf die Linien der Rumänischen Eisenbahngesellschaft und 67 Km. auf die Giurgewo-Bukarester Bahn kommen. In der eigentlichen **Türkei** sind ausser den älteren Eisenbahnen von Kustendje nach Tschernawoda (66 Km.) und von Varna nach Rustschuk (223 Km.) von der Rumelischen Eisenbahn bis jetzt 1248 Km. im Betrieb, zusammen 1537 Km. Im Königreiche **Griechenland** ist die 10 Kilometer lange Eisenbahn von Athen nach dem Hafen Piraeus noch immer die einzige, da von den daselbst concessionirten Eisenbahnen bis jetzt noch keine zur Ausführung gebracht ist.

Seit dem Anfange des Jahres 1872 wurden dem Betriebe übergeben von der Rumänischen Bahn: am 13. Sept. 1872 Bukarest - Pitesti 108 Km., Braila - Barbosi 18 Km. und Tekutsch - Byrlat 50 Km., am 13. Dec. 1872 die Verbindungsbahn in Bukarest 6 Km., am 13. Mai 1874 Jassy - Ungheni am Pruth 23 Km. und am 5. Jan. 1875 Pitesti - Verciorova 271 Km. Von der Rumelischen Eisenbahn wurden eröffnet: am 15. Mai 1872 Dedeaghatsch-Demotica 98 Km., am 6. Juli Salonichi-Mirovce 101 Km., am 27. Juli Goldenes Horn-Jédicoulé 7 Km. und Kutschuk Tschekmedjé - Tschataldjé 49 Km., am 19. Aug. Demotica - Kuleli Burgas - Adrianopel - Hermanly 114 Km., am 23. Dec. Hermanly-Kajadjik-Haskeui 38 Km. und Banjaluka-Doberlin 103 Km., zusammen 472 Km. im Jahre 1872, am 9. Jan. 1873 Mirovce-Krivolac 44 Km., am 18. Jan. Kajadjick-Haskeui-Philippopel 78 Km., am 1. April Philippopel-Tatar - Bazarschick 36 Km., am 9. April Krivolac - Keupruly 49 Km., am 27. April Tschataldje - Kabatche 15 Km., am 6. Juni Tatar Bazarschick-Sarambey-Bellova 27 Km., am 17. Juni Kabatche-Kuleli Burgas 197 Km. und am 9. Aug. Keupruly - Uskup 50 Km., zusammen 496 Km. im Jahre 1873, am 22. März 1874 Uskub - Elleshan 24 Km., im Oct. Elleshan - Verisowitsch-Lipian 49,5 Km. und Ternova - Kermenly 83,5 Km., am 4. Nov. Kermenly-Jamboli 22,3 Km., am 15. Nov. Lipian - Pristina 19,3 Km. und am 1. Dec. Pristina-Mitrovica 26,6 Km., zusammen 225,2 Km. im Jahre 1874. Im Jahre 1875 wurde nur die kurze unterirdische Seilbahn zwischen Galata und Pera (0,61 Km.) eröffnet.

Bei den Rumänischen Linien der Lemberg - Czernowitz - Jassy - Bahn betrugen im Jahre 1874 die Anlagekosten 60 082 282 M. oder 267 777 M. pro Km., die Einnahmen 2 392 467 M. (10 680 M. pro Km.), die Ausgaben 1 866 957 M. (8334 M. pro Km. und 78 pCt. der Einnahme), der Ueberschuss betrug 0,88 pCt. des Anlagecapitals. Bei der Rumänischen Eisenbahn beliefen sich in demselben Jahre die Anlagekosten auf 273 427 700 M. oder 290 000 M. pro Km., die Einnahmen auf 9 000 327 M. oder 13 889 M. pro Km., die Ausgaben auf 5 827 649 M. oder 8994 M. pro Km. und 64,7 pCt. der Einnahmen, der Ueberschuss auf 1,1 pCt. des Capitals, so dass bei beiden Bahnen die Zinsgarantie des Staates stark in Anspruch genommen werden musste.

Das Betriebsmaterial der Lemberg - Czernowitz - Jassyer Bahn auf ihren Rumänischen Linien bestand im Jahre 1874 aus 22 Locomotiven, 40 Personenwagen und 480 Lastwagen, bei der Rumänischen Bahn aus 102 Locomotiven, 383 Personenwagen und 1506 Lastwagen; die Locomotiven der letzteren Bahn legten 1 616 752 Zugkilometer zurück, jede Locomotive durchschnittlich 15 850 Km., die tägliche Zugfrequenz war 6,8. Befördert wurden auf den Rumänischen Linien der Lemberg-Czernowitz-Jassyer Bahn im Jahre 1873 269 967 Personen und 2 863 668 Ctr. Fracht, auf der Rumänischen Bahn im Jahre 1874 683 533 Personen und 9 975 940 Ctr. Fracht.

Die beiden älteren türkischen Eisenbahnen von Kustendje nach Tschernawoda und von Varna nach Rustschuk, welche von englischen Gesellschaften gebaut wurden, kosteten 66 351 000 M., also 229 592 M. pro Km. Für die Rumelischen Eisenbahnen waren die Anlagekosten auf 264 000 M. pro Km. veranschlagt; wieviel jedoch wirklich verwendet worden ist, kann nicht angegeben werden. Auch über die Betriebsverhältnisse der Türkischen Eisenbahnen mangeln die Ausweise; die Transportmittel bestanden im Jahre 1873 aus 76 Locomotiven, 280 Personenwagen und 2115 Lastwagen für ein Netz von 1245 Km. Länge; auf je 10 Km. kamen hiernach 0,6 Locomotiven, 2,2 Personenwagen und 17 Lastwagen.

Ehe wir nun zu der statistischen Darstellung der Aussereuropäischen Eisenbahnen übergehen, möge hier noch eine Zusammenstellung von den Ergebnissen der Eisenbahnen Europas Platz finden. In dem Vorhergehenden sind für das letzte oder für eins der kurz vorhergehenden Jahre nachgewiesen die Anlagekosten von 133 332 Km. Eisenbahnen mit 39 727 Millionen Mark oder 290 456 M. pro Km., der Bestand der Transportmittel für 124 082 Km. mit 35 994 Locomotiven, 76 913 Personen- und 877 461 Lastwagen, auf je 10 Km. also 2,9 Locomotiven, 6,2 Personen- und 70,7 Lastwagen, die Frequenz für 116 230 Km. Eisenbahnen mit 928 644 000 Personen und 8 893 545 000 Centner Güter, die Bruttoeinnahme für 128 713 Km. mit 3 709 444 000 M. oder 28 820 M. pro Km., die Betriebsausgaben für 117 939 Km. mit 1 976 705 550 M. oder 16 760 M. pro Km. und 58,1 pCt. der Einnahmen, also der Ueberschuss mit 12 060 M. pro Km. oder ca. 4 pCt. der Anlagekosten. Nehmen wir aber für diejenigen Eisenbahnen, über welche genaue Angaben dieser Verhältnisse nicht zu ermitteln waren, die zu den betreffenden Ländern gehörenden Durchschnittszahlen, so erhalten wir für das gesammte Europäische Eisenbahnnetz, welches am Schlusse des Jahres 1875 eine Länge von 142 944 Km. hatte, folgende Durchschnittszahlen, welche hiernach nicht weit von der Wirklichkeit abweichen können. Das verwendete Anlagecapital beträgt 41 544 Millionen Mark oder 290 000 M. pro Km., die Transportmittel bestehen aus 42 000 Locomotiven, 90 000 Personenwagen und 1 000 000 Lastwagen, und befördern jährlich 1140 Millionen Personen und 10 800 Millionen Centner Güter, die Einnahmen dafür belaufen sich auf 4120 Millionen Mark und die Betriebsausgaben auf 2395 Millionen Mark.

Die Reihenfolge der Europäischen Staaten in Betreff der Dichtigkeit ihres Eisenbahnnetzes ist aus der Tabelle Seite 3 ersichtlich. Hinsichtlich der Höhe der kilometrischen Anlagekosten ihrer Eisenbahnen ergibt sich für die Länder Europas folgende Reihe: Grossbritannien 460 882 M., Belgische Staatsbahnen 439 566 M., Frankreich 368 890 M., Spanien 296 298 M., Schweiz

271 595 M., Rumänien 270 000 M., Oesterreich 261 705 M., Deutschland 250 988 M., Niederlande 223 221 M., Italien 218 625 M. Russland 195 768 M., Portugal 171 600 M., Dänemark 100 000 M., Norwegen 74 759 M., Schweden 73 390 M. pro Km. In Betreff der Brutto-Einnahmen pro Km. Eisenbahn erhält man aus den vorhergehenden Darstellungen folgende Reihenfolge für die Europäischen Staaten: Grossbritanien 42 996 M., Belgische Staatsbahnen 36 456, Frankreich 33 380, Deutschland 30 960, Schweiz 24 846, Russland 23 139, Oesterreich 22 102, Niederlande 17 340, Italien 15 616, Portugal 14 192, Spanien 13 659, Rumänien 11 843, Schwedische Staatsbahnen 11 086, Dänemark 9806 und Norwegen 8660 M. pro Km.

Asien.

Die Eisenbahnen in **Kaukasien** von Poti nach Tiflis 308 Km. und von Rostow nach Wladikawkas 696 Km. sind bereits bei den Russischen Eisenbahnen miterwähnt. Die erstere besass im Jahre 1872 ein Transportmaterial von 44 Locomotiven, 122 Personenwagen und 640 Lastwagen und hatte eine Einnahme von 1 657 790 M.

In **Kleinasien** kam zu den älteren Eisenbahnen von Smyrna nach Aidin (130 Km.) und von Smyrna nach Cassaba nebst Zweigbahn nach Burnabat (104 Km.), am 1. März 1875 die Fortsetzung der letzteren von Cassaba nach Alaschehr (75 Km.) hinzu. Die Bahn von Skutari, Constantinopel gegenüber, bis Ismid (92 Km.), deren vollständige Eröffnung schon am 1. Mai 1873 gemeldet wurde, ist nur auf der Strecke von Skutari bis Guebzeh (44 Km.) im Betriebe. Die Anlagekosten der Bahnen von Smyrna nach Aidin und nach Alaschehr betragen 58 846 000 M. oder 190 440 M. pro Km. Für die ersteren beliefen sich im ersten Halbjahre 1875 die Einnahmen auf 569 920 M. (4384 pro Km.), die Ausgaben auf 519 280 M. (3994 pro Km.); bei der Bahn Smyrna - Cassaba betrugen im Jahre 1871 die Einnahmen 1 241 400 M. (12 667 M. pro Km.), die Ausgaben 839 300 M. (8564 M. pro Km.).

Von der Ausführung des **Persischen** Eisenbahnnetzes, für welches während der europäischen Reise des Schah Nasireddin dem Baron Reuter eine Concession ertheilt wurde, ist späterhin nicht mehr die Rede gewesen, und auch die vielbesprochene **Euphratbahn** zur näheren Verbindung mit Indien wird wohl noch viele Jahre auf ihre Verwirklichung warten müssen.

Dagegen wird an dem Weiterbau des **Ostindischen** Eisenbahnnetzes eifrig gearbeitet und durch die Eröffnungen der letzten Jahre, 490 Km. im Jahre 1872, 507 Km. in 1873 und 898 Km. in 1874, hatte dasselbe nach den letzten Berichten am 31. März 1875 eine Ausdehnung von 6273 engl. Ml. oder 10 093 Km. erhalten, zu denen im Laufe des Jahres 1875, soweit bis jetzt bekannt ist, noch eine Strecke von 350 Km. hinzukam. Hiervon sind 9042 Km. Privatbahnen und 1051 Km. Staatsbahnen; die ersteren sind die East Indian 2420 Km., die Great Indian Peninsula 2056 Km., die Madras-Bahn 1380 Km., die Bombay-Baroda und Central India 691 Km., die Scinde, Punjab und Delhi-Bahn 1074 Km., die South Indian 299 Km., die Eastern

Bengal 254 Km. und die Oude und Rohilcund Bahn 868 Km. Die Staatsbahnen bestehen aus der Nulhattee Bahn 45 Km., der Calcutta und Eastern 45 Km., der Rajpootana 468 Km., der Holkars Bahn 92 Km., der Patree Zweigbahn 35 Km., der Wurda Valley Bahn 53 Km., Tirhoot-Bahn 85 Km., Khamgaon Bahn 12 Km., Oomrawuttee Bahn 10 Km. und der Nizams Bahn 206 Km.

Dem Betriebe wurden übergeben im Jahre 1872: von der Great Indian 21 Km., der Bombay und Baroda Bahn 64 Km. und der Oude und Rohilcund Bahn 405 Km., im Jahre 1873: von der Madras-Bahn 41 Km., der Eastern Bengal 3 Km., der Oude und Rohilcund 259 Km., der Rajpootana 145 Km., von Delhi nach Rewaree und von Agra nach Bhurtpore, die Patree-Zweigbahn 35 Km. und die Wurda Valley Bahn 24 Km., im Jahre 1874: von der Bombay-Baroda Bahn 28 Km., der Oude und Rohilcund 135 Km., von der Rajpootana 324 Km., die Holkars Bahn von Indore nach Khundwa 92 Km., von der Wurda Valley 29 Km., die Tirhoot-Bahn von Chumpta Gat nach Durbunga 84 Km. und die Nizams Bahn von Goolburga nach Hyderabad 206 Km. Aus dem Jahre 1875 ist bis jetzt nur die im November bei Anwesenheit des Prinzen von Wales erfolgte Eröffnung der Zweigbahn der South Indian von Trichinopoly über Madura nach Tuticorin 350 Km. aus den Zeitungen bekannt.

Die Anlagekosten der Ostindischen Eisenbahnen beliefen sich am 31. März 1875 auf 2 026 480 000 M. für 10 093 Km., also auf 200 780 M. pro Km., hiervon fallen auf die Privatbahnen 1 855 728 520 M. und auf die Staatsbahnen 170 751 480 M. Die Transportmittel bestanden im Jahre 1874 aus 1339 Locomotiven, 3766 Personenwagen und 23 080 Lastwagen; auf je 10 Km. Bahn kamen 1,3 Locomotiven, 3,7 Personenwagen und 22,9 Lastwagen. Die Locomotiven legten 29 726 793 Zugkilometer, jede durchschnittlich 22 200 Km., zurück; bei einer durchschnittlichen Betriebslänge von 9882 Km. ergiebt sich eine tägliche Zugfrequenz von 8,2. Befördert wurden 24 271 776 Personen und 93 260 320 Centner Fracht mit 35 493 Millionen Centnerkilometer, was einer specifischen Frequenz von 3 591 690 Centnerkilometern entspricht. Die Einnahmen der Indischen Eisenbahnen beliefen sich im Jahre 1874 auf 155 215 200 M. oder 15 707 M. pro Km., die Betriebs-Ausgaben auf 73 652 020 M. oder 7453 M. pro Km. und 47,4 pCt. der Einnahme; das verwendete Anlage-Capital wurde durch den Reinertrag mit 4,1 pCt. verzinst.

Auf der Eisenbahn der Insel **Ceylon**, welche seit 1867 vollständig auf einer Länge von 132 Km. zwischen Colombo und Candy in Betriebe ist, wurden im Jahre 1870 202 620 Personen und 3 124 100 Centner Fracht befördert mit einer Einnahme von 4 082 280 M. und einer Ausgabe von 1 470 940 M.

Auf den Eisenbahnen der Insel **Java** von Samarang nach Djokjokerta (Vorstenlanden) 203 Km. und von Batavia nach Buitenzorg 58 Km. betrugen im Jahre 1874 die Einnahmen 3 806 635 M. oder 14 571 M. pro Km., die Ausgaben 1 856 798 M. oder 7114 M. pro Km. und 48,8 pCt. der Einnahmen. Auf das Actien-Capital der Buitenzorger Bahn von 17 Millionen Mark wurden 3¾ pCt. Dividende gezahlt. Im Jahre 1870 betrug die Betriebslänge 109 Km., die Einnahmen 1 115 319 M., die Ausgaben 767 977 M. oder 68,8 pCt. der Einnahmen.

In **Japan** wurde die erste Eisenbahn von Yeddo nach Yokohama (29 Km.) am 12. Juli 1872 eröffnet; ihr folgte am 11. Mai 1874 die Bahn von Osaka nach Kobe (Hiogo) mit 32 Km. Die Eisenbahn von Osaka nach Saikio sollte im Juli 1875 bis Fuschinić und bis zum Schlusse des Jahres vollständig eröffnet werden. Auch war eine Bahn von Tsuraga nach Simassu, 9 Km. lang, mit einem Kostenanschlage von 616 000 M. im Bau begriffen. Auf der Eisenbahn von Osaka nach Kobe wurden vom 11. Mai 1874 bis zum Schlusse des Jahres 505 732 Personen mit einer Einnahme von 569 043 M. befördert.

Afrika.

In **Aegypten** waren am Schlusse des Jahres 1874 folgende Eisenbahnen mit einer Gesammtlänge von 1528 Km. im Betriebe: die Staatsbahnen Alexandria-Cairo 211 Km., Tanta-Mansura 53 Km., Talka-Schirbin-Damiette 40 Km., Tanta-Schirbin el kom 30 Km., Zifte-Mehallet-Dessuk 96,5 Km., Benha-Zagazig-Suez 205 Km., Benha-Mitberry 13 Km., Kaliub-Zagazig-Mansura 143 Km., Kaliub-Barrage 12 Km., Cairo-Abassieh 5 Km., Cairo-Minieh-Roda-Syut 368 Km. mit den Zweigbahnen El Wasta-Fayum 40 Km., Megaga-Aba el Quakf 13 Km., Aba el Quakf-Beni-Mazar 14,5 Km., El Fayum-Abuksa 25,8 Km., ferner Cairo-Tell Barud 137 Km., Dessuk-Atfeh-Damanhur 19 Km., Dessuk-Schirbin 93 Km., endlich die Privatbahn Alexandria-Ramleh 8,4 Km. Die zuletzt genannten drei Staatsbahnen sind in den Jahren 1873 und 1874 eröffnet. Die im Jahre 1874 bis Syut vollendete Oberägyptische Bahn soll über Chartum bis nach dem Sudan fortgeführt werden.

Die Anlagekosten der Aegyptischen Eisenbahnen betrugen im Jahre 1870 für 1055 Km. 174 000 000 M., also 164 929 M. pro Km. Die Transportmittel bestanden im Jahre 1871 aus 240 Locomotiven, 342 Personenwagen und 4156 Lastwagen, auf je 10 Km. kamen 2,3 Locomotiven, 3,2 Personenwagen und 39,4 Lastwagen, was ungefähr der durchschnittlichen Ausstattung der Russischen Eisenbahnen gleich kommt. Ueber die Frequenz können keine Angaben beigebracht werden. Die Einnahmen haben durch Eröffnung des Suezkanals bedeutende Einbusse erlitten; sie betrugen im Jahre 1868: 30 400 000 M., 1869: 19 200 000 M., 1870: 24 000 000 M., 1873: 29 565 900 M., die Betriebsausgaben nahmen im letzten Jahre 11 976 500 M. oder 40,5 pCt. der Einnahmen in Anspruch.

In **Tunis** wurde am 1. Sept. 1872 die erste Eisenbahnlinie von Tunis nach Goletta und im October desselben Jahres die Strecke von Tunis nach Bardo eröffnet. Ihnen folgten in den nächsten Jahren die Linien von Goletta nach Marsa und von Marsa nach Tunis. Die Gesammtlänge beträgt ungefähr 60 Km.

In **Algier** blieb die Länge der Eisenbahnen, bestehend aus den Linien von Algier nach Oran (420 Km.), von Philippeville nach Constantine (87 Km.) und der Bergwerksbahn von Bona nach Ain Mokra (30 Km.) gegen die Vorjahre unverändert. Concessionirt sind Eisenbahnen von Bona nach Guelma 88,5 Km. und von Constantine nach Sétif 154 Km.

Die Anlagekosten der Algierischen Eisenbahnen im Jahre 1873 betrugen 136 506 857 M. für 513 Km., also 266 095 M. pro Km., die Einnahmen 4 590 157 M. oder 8948 M. pro Km., die Ausgaben 4 014 405 M. oder 7825 M. pro Km., 87,4 pCt. des Capitals. Der Ueberschuss verzinste das Anlagecapital nur mit 0,42 pCt. Im ersten Halbjahr 1875 betrugen die Einnahmen 2 226 493 M. oder 4 340 M. pro Km.

In der **Capcolonie** beabsichtigt man jetzt, mit dem Eisenbahnbaue eifriger vorzugehen, als in den vorhergehenden Jahren. Zu der schon seit 1863 im Betriebe befindlichen Bahn von der Capstadt nach Wellington mit der Zweigbahn nach Wynberg (108 Km.) kam im Jan. 1876 die Eisenbahn von Ookiep nach Port Nolloth im Namaqualande 149 Km., es stehen also 257 Km. im Betriebe, wonach die in der Tabelle zu Anfang des Buches angegebene Zahl von 201 Km. zu rectificiren ist. Man strebt jetzt eine Verbindung der Capstadt mit Blœmfontain im Orange-River-Freistaat an, und auch in der Colonie Natal hat der Bau der projectirten Linien bereits begonnen.

Das Anlagecapital der Capbahn betrug im Jahre 1869 für 101 Km. 15 260 880 M. oder 151 098 M. pro Km., die Einnahme 874 960 M. oder 8663 Mark pro Km., die Ausgabe 714 820 M. oder 7076 M. pro Km. und 81,6 pCt. der Einnahme; der Ueberschuss betrug 1 pCt. des Capitals, auf welches aber von der Regierung 6 pCt. Zinsen garantirt sind.

Die seit dem Jahre 1865 auf der Insel **Mauritius** im Betriebe stehende Nordbahn und Midlandbahn von zusammen 106 Km. Länge, erforderten ein Anlagecapital von 28 984 000 M., also 273 440 M. pro Km. Die 13 Locomotiven derselben beförderten im Jahre 1870 auf beiden Bahnen 827 685 Personen und 2 402 600 Ctr. Fracht. Die Einnahme betrug dafür 1 929 660 M. oder 18 204 M. pro Km., die Ausgabe 1 228 140 M. oder 11 586 M. pro Km. und 63,6 pCt. der Einnahme. Der Ueberschuss verzinste das verwendete Anlagecapital mit 2,4 pCt.

Amerika.

Das Eisenbahnnetz der **Vereinigten Staaten** hatte am Schlusse des Jahres 1875 eine Länge von 74 178 englischen Meilen oder 119 352 Km. Da es hier zu weit führen würde, die einzelnen in den letzten Jahren eröffneten Strecken zu nennen, so geben wir in der folgenden Tabelle nach der Railroad Gazette die Länge der in den letzten vier Jahren eröffneten Strecken und die Gesammtlänge der am Schlusse des Jahres 1875 im Betriebe stehenden Eisenbahnen für die einzelnen Staaten der Union in englischen Meilen und verweisen im Uebrigen auf die ausführliche Darstellung in Th. I S. 210 bis 235.

| | Eröffnet im Jahre |||| Ende 1875 in Betrieb. |
	1872. M.	1873. M.	1874. M.	1875. M.	M.
Maine	62	—	37	10	967
New Hampshire . . .	43	60	45	16	933
Vermont	31	53	5	32	810
Massachusetts	37	118	28	36	1822
Connecticut	25	29	—	21	918
Rhode-Island	—	22	14	—	173
New York	435	242	125	206	5456
New Jersey	103	41	39	72	1510
Pennsylvania	251	203	192	122	5808
Delaware	27	22	19	5	285
Maryland	190	34	12	17	1077
Virginia	50	36	71	—	1638
North Carolina	60	15	68	13	1328
South Carolina	88	88	—	15	1335
Georgia	46	122	5	4	2264
Florida	11	—	18	—	484
Alabama	134	2	18	—	1722
Mississippi	22	7	27	—	1018
Louisiana	3	—	—	—	539
Texas	391	385	75	34	1684
Indian Territory . . .	149	—	—	—	279

| | Eröffnet im Jahre | | | | Ende 1875 in Betrieb. |
	1872. M.	1873. M.	1874. M.	1875. M.	M.
Arkansas	156	247	18	39	739
Tennessee	15	114	—	—	1630
Kentucky	143	66	31	—	1326
West Virginia	76	36	—	—	576
Ohio	456	172	143	21	4419
Michigan	571	196	48	30	3391
Indiana	183	85	209	109	4000
Illinois	686	274	231	200	6959
Wisconsin	459	320	102	23	2451
Minnesota	307	48	36	—	1990
Jowa	452	93	48	84	3850
Missouri	314	236	31	27	2907
Kansas	445	36	61	—	2150
Nebraska	212	41	—	22	1129
Dakotah	210	81	—	—	290
Colorado	105	121	23	111	793
Utah	57	85	59	27	486
Nevada	18	18	40	64	714
Wyoming	—	—	—	—	459
Washington	40	50	6	—	110
Oregon	82	—	—	—	251
California	195	85	141	180	1508
Total	7340	3883	2025	1540	74178

Es ergiebt sich aus vorstehender Tabelle, dass die ausserordentliche Zunahme des Eisenbahnnetzes der Union, welche 7876 Ml. im Jahre 1871 und 7340 Ml. im Jahre 1872 betrug, in den letzten Jahren bei weitem geringer geworden ist. Einige der wichtigeren Linien, welche in den letzten Jahren vollendet wurden, sind die European and North American Bahn von Bangor in Maine nach St. Croix und St. John in Neu Braunschweig, die Portland und Ogdensburg Bahn, die New York und Oswego Midland Bahn, die Vollendung der Chesapeake und Ohio Bahn von Richmond nach Huntington am Ohio, die Eisenbahnen, welche auch die nördlichen Theile von Michigan und Wisconsin dem Verkehre zugänglich machen, die West Wisconsin Bahn zur Verbindung von Milwaukee mit St. Paul in Minnesota, die Northern Pacific Bahn von Duluth am Lake Superior nach Bismarck am Missouri, die Missouri, Kansas und Texas und die Cairo-Fulton Bahn, welche Texas und Arkansas mit den inneren Staaten verbinden, die Fortsetzung der Atchison, Topeka und Santa Fé Bahn bis Las Animas und Pueblo in Colorado, und viele andere mehr. Besonders thätig ist man in den schwächer bevölkerten

Staaten im Bau schmalspuriger Eisenbahnen von nur drei Fuss Spurweite, von denen im Jahre 1874 schon 1023 engl. Ml. im Betriebe standen, während 3737 Ml. im Bau oder projectirt waren, und von denen die längsten bis jetzt fertig gestellten die Denver und Rio Grande Bahn in Colorado 160 Ml., und die Eureka und Palisade Bahn in Nevada 90 Ml. misst.

An Anlagekosten hatten 116 874 Km. Eisenbahnen im Jahre 1874 eine Summe von 17 309 230 735 M. erfordert oder 148 100 M. pro Km., am theuersten gebaut sind die Bahnen in den mittleren Staaten New York, New Jersey und Pennsylvania, nämlich 235 016 M. pro Km. und in den Pacifischen Staaten 173 553 M. pro Km., am billigsten die Bahnen der südöstlichen und südlichen Staaten 91 513 M. pro Km.

Die Transportmittel bestanden im Jahre 1873 für 113 676 Km. Eisenbahnen aus 14 223 Locomotiven, 13 725 Personenwagen und 338 427 Lastwagen, für je 10 Km. Bahn aus 1,3 Locomotiven, 1,2 Personenwagen und 29,7 Lastwagen, ein relativ viel geringeres Transportmaterial als z. B. das der Deutschen Eisenbahnen. Im Jahre 1875 waren nach dem Railroad Journal 16 190 Locomotiven, 15 296 Personenwagen und 379 670 Lastwagen vorhanden. Ueber die Arbeitsleistungen der Locomotiven können vollständige Angaben nicht gemacht werden, im Allgemeinen jedoch gehen dieselben weit über die der Englischen Locomotiven hinaus. So durchlief nach einer Notiz in der Zeitschrift des Oesterreichischen Ingenieur-Vereins auf der Illinois Centralbahn mit 1792 Km. Betriebslänge und einem Bestande von 187 Locomotiven, 147 Personenwagen und 4224 Lastwagen im Jahre 1870 jede Locomotive durchschnittlich 47 610 Km., und auf der Baltimore-Ohio Bahn mit 1541 Km. Betriebslänge, 338 Locomotiven, 217 Personenwagen und 5684 Lastwagen, jede Locomotive 43 887 Km., während die Durchschnittsleistungen der Locomotiven auf den Englischen Eisenbahnen 28 000 Km. nicht übersteigen. Nehmen wir, was nach dem Angeführten nicht zu hoch gegriffen sein dürfte, an, dass jede der 14 223 Locomotiven im Jahre 1873 durchschnittlich 30 000 Km. durchlief, so giebt dies für das ganze Eisenbahnnetz der Vereinigten Staaten ca. 426 690 000 Zugkilometer, entsprechend einer täglichen Zugfrequenz von ca. 10.

Ueber die Frequenz der Nordamerikanischen Eisenbahnen lassen sich keine genauen Angaben machen, da die Berichte vieler Bahnen das Material dazu nicht enthalten. Nach einer Zusammenstellung aus Poor's Manual wurden im Jahre 1870 auf einem Bahnnetze von 47 040 Km. 105 345 322 Personen befördert; man wird also nicht zu weit fehlen, wenn man für das gegenwärtige Eisenbahnnetz der Union eine Frequenz von etwa 300 Millionen Personen annimmt. Der Frachtverkehr betrug im Jahre 1872 auf einer Länge von 107 970 Km. 4180 Millionen Ctr. Hiernach würde sich im Verhältniss zur Bahnlänge der Personenverkehr auf etwa $^1/_3$ und der Frachtverkehr auf $^1/_2$ der Zahlen herausstellen, welche sich für die Europäischen Eisenbahnen als Durchschnitt ergeben, wobei aber nicht berücksichtigt ist, welche Strecke jede Person und jeder Ctr. Fracht durchschnittlich zurücklegt, eine Berechnung, für welche das nothwendige Material fehlt.

Im Jahre 1874 betrugen die Brutto-Einnahmen der Nordamerikanischen Eisenbahnen 2 133 910 665 M. oder 18 258 M. pro Km., wovon 27 pCt. auf den Personenverkehr kamen, die Betriebsausgaben 1 356 673 018 M. oder 11 608 M. pro Km. und 63,5 pCt. der Einnahmen, der Ueberschuss 4,5 pCt. der Anlagekosten. Im vorhergehenden Jahre betrugen pro Km. die Anlagekosten 146 411 M., die Einnahme 20 251 M., die Ausgabe 13 180 M. oder 65,1 pCt. der Einnahme, der Ueberschuss 4,96 pCt. der Anlagekosten, und die durchschnittliche Dividende auf das Actiencapital 3,45 pCt.

Um die grosse Verschiedenheit in den Verkehrsverhältnissen der einzelnen Eisenbahngesellschaften innerhalb des ausgedehnten Eisenbahnnetzes der Union zu zeigen, lassen wir hier noch die Berichte über je eine der Hauptbahnen aus den verschiedenen Staatengruppen folgen. Die New York Central and Hudson River Bahn, deren Hauptlinie von New York nach Buffalo 667 Km. lang ist, hat mit den Zweigbahnen 1191 Km. eigene Bahn, wozu noch 418 Km. Pachtstrecken kommen, also eine Betriebslänge von 1609 Km. Nach dem Berichte für das Jahr vom 1. Oct. 1874 bis 30. Sept. 1875, welchen die Railroad Gazette bringt, betrugen die Anlagekosten dieser Bahn 395 058 673 M. oder 331 703 M. pro Km.; die Transportmittel bestanden aus 558 Locomotiven, 508 Personenwagen und 14 597 Lastwagen, es wurden 27 672 995 Zugkilometer zurückgelegt, was für jede Locomotive die enorme Leistung von 49 593 Km. und eine tägliche Zugfrequenz von 47,1 ergiebt; befördert wurden 9 422 629 Personen und 120 039 080 Ctr. Frucht; die specifische Frequenz betrug 338 934 Personenkilometer und 28 080 160 Centnerkilometer und kommt ungefähr der der Oberschlesischen Bahn gleich (für diese waren 1873 die entsprechenden Zahlen 341 000 Personen-Kilometer und 33 080 000 Centnerkilometer). Die Einnahmen betrugen 119 011 594 M. oder 73 966 M. pro Km., die Ausgaben 70 774 638 M. oder 43 986 M. pro Km. und 59,47 pCt. der Einnahmen, der Ueberschuss nach Abzug der Pachtsummen 9 pCt. des Anlagecapitals; auf das Stammcapital wurden 10 pCt. Dividende gezahlt. Die Höhe der Zugfrequenz, so wie der kilometrischen Einnahmen und Ausgaben, welche die der Europäischen Eisenbahnen weit übertrifft, erscheint nicht mehr so überraschend, wenn man bedenkt, dass diese Bahn auf ihrer Hauptlinie als Doppelbahn zu betrachten ist, da sie auf einer Länge von 455 Km. doppeltes, auf 15 Km. dreifaches und auf 357 Km. gar vierfaches Geleise hat.

Die St. Louis, Iron Mountain and Southern Railway, welche von St. Louis durch Missouri und Arkansas bis zur Grenze von Texas 788 Km. weit führt und mit verschiedenen Zweiglinien 1100 Km. lang ist, hatte im Jahre 1875 ein Anlagecapital von 196 451 971 M. oder 178 592 M. pro Km., ein Transportmaterial von 122 Locomotiven, nur 52 Personenwagen und 2661 Lastwagen: es wurden 2 990 096 Zugkilometer zurückgelegt, von jeder Locomotive durchschnittlich 24 509 Km., bei einer täglichen Zugfrequenz von 7,4. Die zurückgelegten 40 740 182 Personenkilometer und 3 987 439 200 Centnerkilometer ergeben eine specifische Frequenz von nur 37 036 Personen- und 3 624 944 Centnerkilometern; der Verkehr ist also ungefähr neunmal schwächer als auf der vorigen Bahn. Die Einnahmen betrugen 15 592 058 M. oder 17 174 M. pro Km., die Ausgaben 8 256 797 M. oder 7506 M. pro Km. und 52,9 pCt. der Einnahmen, der Ueberschuss 3,7 pCt. des Anlagecapitals. Die Central Pacific Bahn von San Francisco bis Ogden am grossen Salzsee 1420 Km. und mit den Zweigbahnen 1952 Km. lang, hatte im Jahre 1874 ein Anlagecapital von 538 314 350 M. oder 275 790 M. pro Km. erfordert; die Einnahmen beliefen sich auf 59 578 555 M. oder 30 521 M. pro Km., die Ausgaben auf 23 980 806 M. oder 12 285 M. pro Km. und 40,2 pCt. der Einnahmen, der Ueberschuss auf 3 pCt. des Capitals. Endlich die Atlanta and Richmond Air Line von Charlotte in North Carolina nach Atlanta in Georgia, 428 Km. lang, hatte im Jahre 1875 eine Einnahme von nur 2 055 367 M. oder 4802 M. pro Km. bei einer Betriebsausgabe von 1 834 856 M. oder 4287 M. pro Km. und 89,27 pCt. der Einnahmen.

Das Eisenbahnnetz der **Dominion of Canada** hatte am Schlusse des Jahres 1875 eine Länge von 4176 englischen Meilen oder 6719 Km., zu denen noch 346 Km. Industriebahnen kommen. Nach einer Angabe der Railroad Gazette, bei welcher aber die in den Vereinigten Staaten liegenden Pachtstrecken der Grand Trunk und der Great Western Bahn mit inbegriffen zu sein scheinen, waren 4837 Ml. im Betriebe, der letzte officielle Bericht über die Englischen Eisenbahnen von Capitain Tyler giebt für den Schluss des Jahres 1874 eine Länge von 4002 Ml. an. Zu den im ersten Theile S. 236 angeführten Eisenbahnlinien kamen in den letzten vier Jahren folgende hinzu: Die Canada Southern Bahn von Buffalo nach Amherstburg und die St. Clair Division derselben von St. Thomas nach Courtright 492 Km., die Strecken der Great Western von Harriston nach Southampton, von Kincardine nach Palmerston, die Loop Line von Buffalo nach St. Thomas und Glencoe Junction, so wie die Allenburg und die Brantford Zweigbahn mit zusammen 482 Km., die Hamilton und North Western von Hamilton nach Jarvis 51 Km., die Toronto, Grey und Bruce Bahn von Toronto nach Owensound und von Orangeville nach Teeswater 315 Km., die Strecken der Midland Bahn von Beaverton nach Orillia 34 Km., der Northern von Collingwood nach Meaford und von Orillia nach Gravenhurst 79 Km., der Centralbahn von Sand Point nach Renfrew 24 Km., der Grand Trunk von Rivière du Loup nach Trois Pistoles 30 Km., der Intercolonialbahn von Truro nach Amherst und die Northern Division derselben von Moncton nach Campbellton zur Verbindung von Neu Braunschweig und Canada mit zusammen 422 Km., die South Eastern Bahn von West Farnham nach Richford 51 Km., die Whitby und Port Perry Bahn 30 Km., die Levis und Kennebec Bahn von Levis bei Quebec nach St. Marys 48 Km., die New Brunswick Bahn von Gibson nach Florenceville mit Zweigbahn nach Woodstock 128 Km., endlich die schmalspurige Prince Edwards Island Bahn 245 Km., zusammen 2431 Km.

Die Anlagekosten der Canadischen Eisenbahnen betrugen im Jahre 1871 für 4592 Km. 670 567 300 M. oder 145 830 M. pro Km., die Transportmittel für 4320 Km. bestanden 1870 aus 576 Locomotiven, 474 Personenwagen und 7524 Lastwagen, also aus 1,3 Locomotiven, 1,1 Personen- und 17,4 Lastwagen für je 10 Km.; es wurden 3 033 344 Personen und 54 457 720 Centner Fracht auf 3920 Km. Bahn befördert; die Einnahmen beliefen sich für ein Netz von 4156 Km. auf 54 136 721 M. oder 13 026 M. pro Km., die Ausgaben auf 37 854 981 M. oder 9108 M. pro Km. und 69,9 pCt. der Einnahmen, der Ueberschuss verzinste mit 2,4 pCt. das verwendete Anlagecapital.

In der Republik **Mexico** waren im Jahre 1874 im Betriebe die Hauptbahn von Mexico nach Veracruz 423,8 Km., deren letzte Strecke am 23. Jan. 1873 eröffnet wurde, mit den Zweigbahnen von Zamorana nach Medellin 17,2 Km. und von Apizaco nach Puebla 47,2 Km., ferner die kleinen Bahnen von Mexico nach Tlalpam 24,7 Km., nach Tacubaya 8,2 Km., nach Popotla 5,3 Km. und nach Atzcapozalco 10 Km., von denen die drei letzten mit Pferden betrieben werden. Hierzu kam am 17. Juni 1875 die 70 Km. lange Eisenbahn von Veracruz nach Jalapa, welche bis Puebla fortgeführt werden soll. Beschlossen ist der Bau einer 450 Km. langen Eisenbahn von der Hauptstadt über Queretaro nach Leon im Staate Guanajuato. Im Betriebe stehen 607 Km. Eisenbahnen. Die Einnahmen der Mexicanischen Bahn im ersten Halbjahr 1874 betrugen 4 620 000 M. oder 10 900 M. pro Km., die Betriebs-Ausgaben nahmen hiervon 63,3 pCt. in Anspruch. Ueber weitere Betriebsverhältnisse liegen keine Angaben vor.

Von den in **Central-Amerika** projectirten und theilweise im Bau befindlichen Eisenbahnen, welche die Verbindung zwischen dem atlantischen und stillen Ocean herstellen sollen, ist die erste Section der Bahn, welche in **Honduras** von Porto Caballo nach der Fonseca Bay führen soll, am 25. Sept. 1871 bis San Jago (90 Km.) eröffnet, von der Ausführung der **Nicaragua** Bahn ist nichts bekannt geworden, von der in **Costarica** begonnenen Eisenbahn ist seit 1874 die erste Strecke von Alajuela über Heredia und San Jose nach Cartago (47 Km.) im Betriebe; über eine Eröffnung der weiteren Strecke von Cartago über Matina nach Limon liegt keine Nachricht vor. Die einzige im Betriebe befindliche interoceanische Bahn ist immer noch die am 25. Jan. 1855 eröffnete Eisenbahn von Aspinwall nach **Panama**, 76 Km. lang. Ihr kostspieliger Bau erforderte die Summe von 38 950 000 M. oder 512 500 M. pro Km. In den zwölf Jahren von 1855 bis 1866 wurden auf dieser Bahn 396 032 Personen und 12 290 700 Centner Güter befördert; das Transportmaterial bestand aus 15 Locomotiven, 23 Personen- und 131 Lastwagen. Die Einnahmen beliefen sich im Jahre 1863 für die Beförderung von 31 700 Personen und 2 151 960 Centner Güter auf 9 942 400 M., der Nettogewinn auf 4 954 392 M.

Im Staate **Bolivar** ist seit 3. Dec. 1870 die 30 Km. lange Eisenbahn von Sabanilla am Magdalenenstrome nach Baranquilla im Betriebe, deren Bau nur 1 800 000 M. kostete.

Die Eisenbahnen auf der Insel **Cuba** (640 Km.) und **Jamaica** (von Kingston nach Spanish Town und Old Harbour 43 Km.) haben in den letzten Jahren, soweit bekannt, keine Erweiterung erfahren, ebenso die kurze Strecke in **Venezuela** (13 Km. von Puerto Caballo nach Palito) und in **Britisch Guiana** (96 Km. von Georgetown nach Neuamsterdam); von der letzteren Bahn führt der Bericht Tyler's über die Englischen Eisenbahnen nur eine Strecke von 32 Km. als im Betriebe stehend an.

Brasilien besass am Schlusse des Jahres 1872 ein Eisenbahnnetz von 1026 Km. Länge, wozu noch 162 Km. Pferde-Eisenbahnen kamen, und umfasste folgende Linien: Die Don Pedro II. Bahn von Rio de Janeiro nach Porto Novo do Cunha mit Zweigbahnen nach Macacos, Cachoeira und Valenza 385 Km., die Bahia Bahn von San Salvador nach Alagoinhas 123 Km., die Pernambuco Bahn von Recife bis Una 125 Km., die San Paulo Bahn von Santos nach Jundiahy 139 Km., die Maua Bahn nach Serra da Estrella 19 Km., die Cantagallo Bahn von Villa Nova nach Cachoeira 49 Km., die Bahnen von Jundiahy nach Campinas 49 Km., von Jundiahy nach Ita 67 Km., von Recife nach Caxanga 13 Km., von Recife nach Olinda 8 Km., von Belem nach Nazareth 9 Km., von Jaragua nach Imperatriz in der Provinz Alagoas 9 Km., von Campos nach Sao Sebastiao 11 Km. und von Sao Jeronymo nach den Kohlenminen am Arroio dos Ratos in der Provinz Rio Grande do Sul 20 Km. Bis zum Jahre 1875 hatte sich dieses Eisenbahnnetz bis auf 1338 Km. erweitert und 1655 Km. waren noch im Bau begriffen. Von den neuen Eisenbahnen ist die am 13. April 1873 eröffnete, 34 Km. lange Bahn von Porto Alegre nach der Deutschen Colonie Sao Leopoldo zu erwähnen. Für die Hauptbahnen Brasiliens (771 Km.) war im Jahre 1872 ein Anlage-Capital von 218 331 226 M. verwendet, 283 180 M. pro Km., die Einnahmen betrugen 18 373 036 M. oder 23 830 M. pro Km., die Ausgaben 10 305 696 M. oder 13 370 M. pro Km. und 56,1 pCt. der Einnahme, der Ueberschuss machte 3,9 pCt. des verwendeten Capitals aus. Befördert wurden auf 637 Km. Bahn 1 168 165 Personen und 5 604 980 Centner Güter.

In der Republik **Argentina** waren nach den letzten Berichten im Jahre 1875 folgende Eisenbahnen mit einer Gesammtlänge von 1584 Km. im Betriebe. Von Buenos Aires nach Chascomas und Flores 317 Km., nach Chivilcoy und Lobos 230 Km., nach Tigra 28 Km., nach Ensenada 60 Km., von Concordia nach Monte Caseros 155 Km., von Villa Maria nach Rio Cuarto 100 Km., die Centralbahn von Rosario nach Cordova 410 Km., von Cordova nach Recreo 270 Km. und die Gualeguay Bahn in der Provinz Entre Rios 14 Km. Von den im Bau befindlichen Eisenbahnen von Buenos Aires nach Campana 77 Km., von Santa Fé nach Villa Esperanza 27 Km, von Rio Cuarto nach Villa Mercedes 122 Km. und von Recreo nach Tucuman 270 Km. ist die Strecke von Mercedes nach San Luis im Sept. 1875 eröffnet worden und die Tucuman-Bahn, deren Fortsetzung späterhin eine Verbindung mit Chile herstellen wird, sollte im März 1876 fertig sein. Am Schlusse des

Jahres 1872 betrugen die Anlagekosten aller Argentinischen Eisenbahnen von 1093 Km. Länge die Summe von 26 863 109 Pesos fuertes oder 110 138 747 M., also 100 767 M. pro Km. Andere Angaben über die Betriebs-Verhältnisse dieser Bahnen fehlen.

In **Uruguay** waren 305 Km. Eisenbahnen im Jahre 1874 im Betriebe, und zwar von der Central Uruguay Bahn die Strecken von Montevideo nach Florida 90 Km. und von Florida nach Durazno 39 Km. (vollständig eröffnet am 11. Juni 1874), und von der Del Alto Uruguay Bahn die Strecke Salto Oriental - Santa Rosa 176 Km. Im Bau waren die Linien von Juan Chas nach Higueritas 330 Km. und von Montevideo nach Pando 39 Km.; genehmigt ist die Verlängerung dieser Linie über Minas, Cerco Largo bis Artigas c. 460 Km., ferner von Pando nach Maldonado c. 160 Km. und von Maldonado über San Carlos und Rocha bis Rio Sebatoie c. 360 Km.

In **Paraguay** ist, wie in den Vorjahren, die Eisenbahn von Asuncion bis Paraguary, 72 Km., noch die einzige.

In **Bolivia** soll die ca. 80 Km. lange Eisenbahn von der Hauptstadt La Paz nach dem Hafen Aygacha am Titicaca-See im Febr. 1872 eröffnet sein und die Bahn von dem Bergwerke Caracoles nach dem Hafen Mejillones sollte Anfangs 1874 fertig sein. Beschlossen ist der Bau der Eisenbahnen von La Paz über Corocoro nach Tacna in Peru, von Tutapucu nach Oruro, und die Bahn zur Vermeidung der Stromschnellen von Guajara Morin am Rio Madeira bis San Antonio am Flusse Mamoré ca. 290 Km., doch ist über die Ausführung dieser Bahnen bis jetzt nichts bekannt.

In **Peru** waren im Jahre 1874 im Betriebe: die Eisenbahnen von Pimentel nach Chiclayo, Lambayeque und Ferrenafe 72 Km., von Eten nach Ferrenafe mit Zweigbahnen 85 Km., von Pacasmayo nach La Viña 146 Km., von Solaverry nach Truxillo, Ascope und Checope 78 Km. (davon 14½ im Betriebe), von Chimbote nach Huaraz und Recuay 265 Km. (davon 52 im Betriebe), von Cerro de Pasco nach den Minen 19 Km., von Lima nach Chancay 66 Km., von Lima nach Callao 12 Km., von Lima nach Chorillos 14 Km., von Callao über Lima nach Oroya auf den Cordilleren, mit Bauten, welche an Kühnheit diejenigen der Semmering-Bahn und anderer Gebirgsbahnen übertreffen, 219 Km. (davon 115 im Betriebe), von Pisco nach Yca 74 Km., von Arequipa nach Puno 350 Km., von Mollendo nach Arequipa 173 Km., von Ilo nach Moquegua 101 Km., von Arica nach Tacna 63 Km., von Iquique nach La Noria 113 Km. und von Pisagua nach Sal de Obispo 80 Km., zusammen sind 1549 Km. im Betriebe. Im Bau sind die Eisenbahnen von Payta nach Piura 100 Km. und von Lima nach La Magdalena 6 Km., ferner concedirt von Lima nach Pisco 233 Km. und von Tacna zur Bolivianischen Grenze 174 Km. Im Jahre 1870 betrugen die Anlagekosten für die 986 Km. langen Peruanischen Eisenbahnen 419 799 000 M. oder

425 760 M. pro Km., doch scheint diese, einer Amerikanischen Quelle entnommene Angabe, zu hoch zu sein; nach einer anderen Angabe kosten die 1535 Km. Eisenbahnen, welche der grosse Eisenbahnunternehmer Henry Meiggs gebaut hat oder noch baut, 537 600 000 M. oder 350 228 M. pro Km.

In **Chile** sind 991 Km. Eisenbahnen im Betriebe, nämlich die Staatsbahnen von Santjago nach Valparaiso 184 Km. mit der Zweigbahn von Llaillai nach San Felipe und Los Andes 45 Km. und von Santjago nach Curico 185 Km. mit der Zweigbahn von San Felipe nach La Palmilla 30 Km. und die Privatbahnen Talcahuano-Chillan 185 Km., Caldera-San Antonio 150 Km., Ovalle-Tongoy 67 Km., Coquimbo-Las Cardas 62 Km., Pabellon-Chanarcillo 43 Km. und Carrizal Alto-Carrizal Bajo 40 Km. Im Bau waren die Bahnen von Curico nach Chillan 196 Km., von San Rosendo nach Angol 98 Km. mit der Zweigbahn von Santa Fe nach Los Anjeles 14 Km. Die Eisenbahn von Santjago nach Santa Rosa de los Andes wurde am 12. Febr. 1872 eröffnet, und am 2. Dec. 1875 gingen auf der grossen Südbahn von Curico nach Chillan die Eisenbahnzüge schon bis Linares, nahe dem Endpunkte dieser Bahn. Die Anlagekosten der Eisenbahnen in Chile beliefen sich im Jahre 1871 für 732 Km. auf 145 101 500 M. oder 198 362 M. pro Km. Weitere Angaben über diese Eisenbahnen fehlen.

Australien.

Die Eisenbahnen Australiens, welche im Jahre 1871 eine Länge von 1812 Km. hatten, waren im Jahre 1875 auf 3079 Km. angewachsen; eine Vermehrung von 1267 Km. in 4 Jahren ist für das schwach bevölkerte Land nicht unbedeutend.

In der Colonie **Neu-Süd-Wales** kamen zu den im ersten Theile dieses Werkes angeführten Staatsbahnen von 552 Km. Länge hinzu: die Zweigbahn der Richmond Bahn von Morpeth nach West Maitland 5 Km., ferner am 4. April 1872 die Verlängerung der Nordbahn von Muswellbrook bis Murrarundi 40 Km., am 1. Juli 1872 die Fortsetzung der Great Western von Rydal bis Macquarie Plains 39 Km. und im Jahre 1873 von Macquarie Plains bis Kelso, nahe bei Bathurst, 16 Km., endlich am 2. Nov. 1875 die Verlängerung der Südbahn von Goulburn bis Gunning 50 Km. Es sind hiernach in der Colonie gegenwärtig 702 Km. Eisenbahnen in Betrieb, nämlich die Paramatta Bahn 23 Km., die Great Southern 244 Km., die Great Western 211 Km., die Richmond Bahn mit Zweigbahn 31 Km. und die Great Northern 193 Km. Im Bau befindet sich die Fortsetzung der Nordbahn von Murrurundi bis Tamworth 98 Km. (sollte am 31. März 1876 fertig sein), die Fortsetzung der Westbahn von Bathurst nach Orange 75 Km. und die Bahn von Deniliquin nach Moama am Murrayflusse gegenüber der Stadt Echuca, dem nördlichen Endpunkte des Eisenbahnnetzes der Colonie Victoria, 75 Km.

Die Anlagekosten der Eisenbahnen in Neu-Süd-Wales beliefen sich im Jahre 1873 auf 135 518 360 M. oder 210 759 M. pro Km. Befördert wurden im Jahre 1870: 1 057 367 Personen und 15 330 460 Centner Fracht. Die Einnahmen im Jahre 1874 betrugen 10 657 140 M. oder 16 050 M. pro Km., die Ausgaben 47 pCt. derselben; im Jahre 1873 waren 9 649 700 M. Einnahmen oder 15 276 M. pro Km., die Ausgaben betrugen 4 725 680 M. oder 48,9 pCt., der Ueberschuss 3,6 pCt. des Anlage-Capitals. Im Jahre 1869 waren die Einnahmen nur 5 299 500 M. oder 10 412 M. pro Km., die Ausgaben betrugen 66,6 pCt. der Einnahme, so dass sich eine günstige Entwickelung des Eisenbahn-Verkehrs in den letzten Jahren ergiebt.

Die Colonie **Victoria** besass am Schlusse des Jahres 1875 ein Eisenbahnnetz von 964 Km. Staatsbahnen, zu denen noch 40 Km. der Suburban

Railway Lines kommen, welche Melbourne mit der nächsten Umgegend verbinden. Die Staatsbahnen sind die Murraybahn von Melbourne nach Echuca 251 Km., die Melbourne-Geelong Bahn 76 Km., die Ballarat Bahn von Geelong nach Ballarat 82 Km., die Nord-Ostbahn 303 Km., die Castlemaine Bahn 76 Km., die Ballarat-Maryborough Bahn 61 Km. und die Ballarat-Ararat Bahn 115 Km. (nach einer anderen Angabe nur 92 Km.). Seit dem Anfange des Jahres 1872 wurden hiervon eröffnet: am 2. April 1872 die Nordostbahn von Melbourne bis Seymour 95 Km., im Nov. 1872 von Seymour bis Longwood 40 Km., am 19. März 1873 bis Violet Town 32 Km., im Aug. 1873 bis Benalla 28 Km. und am 19. Nov. 1873 bis Belvoir (Wodonga) am Murray 108 Km., am 7. Juli 1874 die Bahn von Castlemaine nach Maryborough 54 Km. und am 6. Oct. 1874 von Maryborough bis Dunolly 22 Km., am 7. Juli 1874 die Ballarat-Maryborough Bahn bis Creswick 19 Km., am 16. Nov. 1874 von Creswick bis Clunes 18 Km. und am 1. Febr. 1875 von Clunes bis Maryborough 24 Km., endlich die Ararat Bahn am 11. Aug. 1874 von Ballarat bis Beaufort 41 Km. und am 6. April 1875 bis Ararat 74 Km. Der sofortige Bau von 8 anderen Eisenbahnen mit einer Gesammtlänge von 605 Km. ist vom Parlamente der Colonie genehmigt worden.

Die Anlagekosten der Eisenbahnen in dieser Colonie sind sehr beträchtlich; sie beliefen sich am 30. Juni 1874 auf 231 149 660 Mark oder 279 504 M. pro Km., jedoch sind die älteren Bahnen noch viel kostspieliger gebaut, als dieser Durchschnitt angiebt, von der Murraybahn z. B. kostet ein Km. 410 910 M., eine Summe, die den Anlagekosten der englischen Eisenbahnen nahe kommt. Die Transportmittel bestanden im Jahre 1868 bei 409 Km. Bahnlänge aus 77 Locomotiven und 1392 Wagen, auf je 10 Km. kamen 1,9 Locomotiven und 34 Wagen; die Locomotiven legten 1 831 248 Zugkilometer zurück, jede derselben 23 782 Km., die tägliche Zugfrequenz war 12,3. Es wurden 943 327 Personen und 8 669 400 Centner Fracht befördert; die Einnahme dafür betrug 11 628 040 M., die Ausgabe 48,66 pCt. davon, der Ueberschuss 3,46 pCt. des verwendeten Capitals. Im Jahre vom 30. Juni 1873—74 betrugen bei einer durchschnittlichen Betriebslänge von 664 Km. die Einnahmen 17 020 840 M., 25 634 M. pro Km., die Ausgaben 7 494 300 M., 11 286 M. pro Km. und 44 pCt. der Einnahme, der Ueberschuss 4,47 pCt. des Capitals; im Jahre 1874/75 war die Einnahme 18 400 140 M. (21 005 pro Km.) und die Ausgabe 52,36 pCt. davon; fast bei allen Linien sind im letzten Jahre in Folge der Herabsetzung des Passagiergeldes um 33 pCt. Mindereinnahmen im Personenverkehr eingetreten. Besser sind die Finanzresultate der Suburban Railway Lines, welche Melbourne mit dem Hafen Sandridge, mit Brighton, dem Badeorte St. Kilda und der Vorstadt Hawthorne verbinden, und der Hobsons Bay Railway Company angehören. Auf ihnen wurden im Jahre 1874 befördert 7 577 519 Personen und 4 661 260 Centner Fracht mit einer Einnahme von 3 154 680 M. und einem Reinertrage von 441 480 M., welcher $8^{1}/_{4}$ pCt. des Anlage-Capitals ausmacht.

Die Colonie **Queensland**, das erste Land, welches sich entschloss, schmalspurige Eisenbahnen in grösserer Ausdehnung zu bauen, hatte im Jahre 1875 423 Km. Eisenbahnen, von denen im Jahre 1874 die Bahn von Brisbane nach Ipswich und den Darling Downs 46 Km., im April desselben Jahres die Strecke der Nordbahn von Westwood nach Gogango 15 Km. und im Juni von Gogango bis Rocky Creek 11 Km. in Betrieb gesetzt wurden. Projectirt und jetzt wohl schon im Bau ist unter anderen eine Bahn von Dalby, dem jetzigen Endpunkte der Westbahn, nach dem Städtchen Roma 269 Km. und eine Bahn von Maryborough nach den Goldfeldern von Gympie 88 Km.; dagegen scheint das Project der Transcontinentalbahn von Brisbane bis zum Carpentaria Golfe vorläufig aufgegeben zu sein. Die Anlagekosten der Queensländer Eisenbahnen betrugen im Jahre 1873 für 351 Km. 44 649 940 M. oder 127 208 M. pro Km., eine allerdings sehr hohe Summe für schmalspurige Eisenbahnen, welche durch das sehr schwierige Terrain der Hauptbahn herbeigeführt wurde. Die Einnahmen beliefen sich im Jahre 1872 auf 1 794 300 M. (5112 M. pro Km.) und im Jahre 1873 auf 2 145 400 M. (6112 M. pro Km.).

In **Südaustralien** kamen zu den älteren Eisenbahnen von 316 Km. Länge, von denen 101 Km. schmalspurige mit Pferden betriebene Tramways sind, im Dec. 1875 die erste Strecke der von Kington an der Lacepede Bay nach der Stadt Narracoorte führenden Bahn bis Jacki White's Swamp 40 Km. und die Port Pirie and Gladstone Bahn 52 Km., so dass in der Colonie gegenwärtig 408 Km. Eisenbahnen im Betriebe stehen. Ausser den Staatsbahnen sind noch zwei kurze Privatbahnen, welche sehr gut rentiren (sie konnten 20 pCt. Dividende im Jahre 1874 vertheilen), im Betriebe, die eine von den Kupferminenorten Kadina und Moonta auf York Peninsula nach Port Wallaroo 28 Km., und von der Hauptstadt Adelaide nach dem Seebadeorte Glenelg 10 Km., welche letztere am 4. Aug. 1873 eröffnet wurde (nicht 1869, wie irrthümlich im ersten Theile angegeben). Projectirt sind auch in Süd-Australien eine Reihe neuer Bahnen mit einer Gesammtlänge von 860 Km. Die Anlagekosten der Staatsbahnen betrugen im Jahre 1874 für die Locomotivbahnen 26 575 100 M. (123 605 M. pro Km.) und für die Tramways 5 234 340 M. (51 825 M. pro Km.); befördert wurden im Jahre 1870 3 360 000 Ctr. Fracht. Die Einnahme der Locomotivbahnen betrug im Jahre 1872 für 215 Km. 1 652 920 M. oder 7688 M. pro Km., die Ausgabe 1 442 360 M. oder 6708 M. pro Km. und 87,2 pCt. der Einnahme, der Ueberschuss 0,8 pCt. des Anlagecapitals; im Jahre 1873 waren die Einnahmen 2 848 560 M. oder 13 249 M. pro Km., die Ausgaben 1 783 860 M. oder 8297 M. pro Km. und 62,6 pCt. der Einnahme, der Ueberschuss 4 pCt. des Capitals, im Jahre 1874 die Einnahmen 2 656 120 M. oder 12 354 M. pro Km., die Ausgaben aber 2 492 220 M. oder 11 126 M. pro Km. und 90 pCt. der Einnahmen, der Ueberschuss nur 1 pCt. des Capitals. Die Betriebsausgaben der Tramways betrugen im Jahre 1873 80,7 pCt., im Jahre 1874 sogar 107 pCt. der Einnahmen. Im Jahre 1875 beliefen sich die Einnahmen aller Staatsbahnen auf 3 661 920 Km. oder 11 588 M. pro Km.

In **Westaustralien** sind seit 1873 die kleinen Bahnen von Jarrahdale nach Rockingham, von Mason Bird nach Freemantle in der Nähe von Perth und von Yoganup nach Wonnerup, zusammen 64 Km. lang, im Betriebe. Begonnen ist der Bau der 54 Km. langen Eisenbahn von Geralton an der Champion Bay nordöstlich nach Northampton in den Minendistrikten und der Bahn von Freemantle über die Hauptstadt Perth nach Guilford 34 Km.

In **Tasmanien** wurde die am 6. Februar 1870 eröffnete erste Eisenbahn von Launceston nach Deloraine (69 Km.) am 1. Januar 1872 durch die anschliessende Mersey und Deloraine Bahn (3 Km.) erweitert. Die Anlagekosten der ersteren betragen 9 000 000 M. oder 130 435 M. pro Km.

In **Neuseeland** belief sich Ende 1874 die Länge der im Betriebe stehenden Eisenbahnen auf 380 Km., nämlich 270 Km. Staats- oder Colonialbahnen und 110 Km. Provinzialbahnen; Ende Juni 1875 waren überhaupt 402 Km. im Betriebe, und ausserdem 460 Km. im Baue soweit vorgeschritten, dass ihre Eröffnung in nächster Zeit in Aussicht stand. Die wichtigsten Linien sind: Auckland and Mercer, Auckland and Waikato, Dunedin and Clutha, Dunedin und Port Chalmers (eröffnet 26. Dec. 1872), Invercargill and Mataura, Waitemata and Kaipara (1873), Christchurch and Kaiapoi (Mai 1872), Littleton and Christchurch, Napier and Paki Paki, Picton and Blenheim, Wellington and Hutt. Es soll eine Hauptbahn von Auckland im Norden der nördlichen Insel nach Invercargill im Süden der mittleren Insel hergestellt werden, welche nur durch die Cook's Strasse eine Unterbrechung erleidet; projectirt wurde im Jahre 1872 überhaupt ein Eisenbahnnetz von 1230 Km. Länge mit einem Kostenanschlage von 63 600 M. pro Km. Am Schlusse des Jahres 1873 betrugen die Kosten der fertigen 168 Km. Eisenbahnen 31 000 000 M. oder 184 583 M. pro Km.

Die Insel **Tahiti** hat eine 4 Km. lange Eisenbahnstrecke von Punauuia nach der Bucht Terapeua.

Eine Zusammenstellung der vorstehend für die Aussereuropäischen Eisenbahnen beigebrachten Daten ergiebt, dass das Anlagecapital von 140 102 Km. derselben 21 954 924 625 M. oder 156 706 M. pro Km. beträgt, dass die Transportmittel für 135 537 Km. aus 18 494 Locomotiven, 20 123 Personen- und 416 493 Lastwagen bestehen, dass für 136 605 Km. die Einnahmen 2 460 528 354 M. oder 18 012 M. pro Km. und die Betriebsausgaben 1 527 490 253 M. oder 11 181 M. pro Km. und 62 pCt. der Einnahmen betrugen, und dass auf 123 684 Km. Eisenbahn 331 436 000 Personen und 4 365 000 000 Ctr. Güter befördert wurden. Nimmt man auch hier bei denjenigen Eisenbahnen, für welche die einschlagenden Augaben fehlen, die Durchschnittszahlen der betreffenden Länder oder Erdtheile, so erhält man mit Hinzunahme der oben für die Europäischen Eisenbahnen berechneten Daten, für das Gesammt-Eisenbahnnetz der Erde folgende annähernde Werthe für das Jahr 1875: Betriebslänge 294 249 Km., Anlagekosten 65 254 Millionen Mark oder 221 800 M. pro Km.; Betriebsmaterial 62 000 Locomotiven, 112 000 Personenwagen und 1 465 000 Lastwagen; Einnahmen 6745 Millionen Mark oder 22 922 M. pro Km., Ausgaben 4085 Millionen Mark oder 13 882 M. pro Km. und 60,5 pCt. der Einnahmen; Frequenz 1550 Millionen Personen und 16 130 Millionen Centner Fracht oder täglich über 4 Millionen Personen und über 40 Millionen Centner Güter.

Zusätze und Verbesserungen.

Seite 3 Zeile 6 von unten: Die Eisenbahnlänge der Cap-Colonie ist durch Eröffnung der Bahn nach Port Nolloth auf 257 Km. angewachsen.

Seite 5 Zeile 6 von oben. Statt „15 227 Km., also mehr als die Hälfte" lies: „15 267 Km., fast die Hälfte".

Gruenauer'sche Buchdruckerei G. Boehlke in Bro[m]

www.ingramcontent.com/pod-product-compliance
Lightning Source LLC
Chambersburg PA
CBHW030005240426
43672CB00007B/832